HISTOIRE
DES FRANÇAIS.

TOME XII.

Ouvrages du même Auteur, publiés par la Librairie TREUTTEL *et* WÜRTZ.

HISTOIRE DES RÉPUBLIQUES ITALIENNES DU MOYEN AGE; nouvelle édition, revue et corrigée. 16 vol. in-8°. *Paris,* 1826............................... 112 fr.

DE LA LITTÉRATURE DU MIDI DE L'EUROPE; *nouvelle édition*, revue et corrigée. 4 vol. in-8°. (Sous presse).

JULIA SEVERA, ou l'An quatre cent quatre-vingt-douze (Tableau des Mœurs et des Usages à l'époque de l'établissement de Clovis dans les Gaules). 3 vol. in-12. *Paris,* 1822........................ 7 fr. 50 c.

HISTOIRE DES FRANÇAIS,

PAR

J. C. L. SIMONDE DE SISMONDI,

Correspondant de l'Institut de France, de l'Académie impériale de Saint-Pétersbourg, de l'Académie royale des Sciences de Prusse, Membre honoraire de l'Université de Wilna, de l'Académie et de la Société des Arts de Genève, de l'Académie Italienne, de celles des Georgofili, de Cagliari, de Pistoia; de l'Académie Romaine d'Archéologie, et de la Société Pontaniana de Naples.

TOME DOUZIÈME.

A PARIS,

Chez TREUTTEL et WÜRTZ, Libraires,
RUE DE BOURBON, N° 17.

A Strasbourg et à Londres, même Maison de Commerce.

1828.

HISTOIRE DES FRANÇAIS.

SUITE DE LA CINQUIÈME PARTIE.

LA FRANCE DEPUIS L'AVÉNEMENT DE PHILIPPE DE VALOIS JUSQU'A LA MORT DE CHARLES VI. 1328-1422.

CHAPITRE XXI.

Premiers symptômes du dérangement de la raison de Charles VI. — Sa maladie à Amiens. — Tentative d'assassinat sur Clisson. — Folie du roi. — Le duc de Bourgogne s'empare du gouvernement. — Prolongement de la trève avec l'Angleterre. — Mort de Clément VII. — 1392-1394.

LE roi Charles VI avoit accompli, le 3 décembre 1391, sa vingt-troisième année. Elevé en roi, et régnant déjà depuis onze ans, il s'étoit accoutumé à voir tout céder à sa volonté, depuis le moment où il avoit pu reconnoître qu'il en avoit une. Jamais il n'avoit eu besoin de calculer les obstacles qui pouvoient s'opposer à l'accomplissement de ses désirs, de se contenir, de se dominer soi-même, de se demander même si ses caprices étoient dans les bornes des choses possibles. Il ne pouvoit savoir ce que c'étoit que persuader, que convaincre, qu'apprécier le caractère des autres hommes : on l'avoit accoutumé à mettre sa gloire à ce qu'aucune hésitation en lui-même ne précédât ses ordres, à ce qu'aucune délibération chez les autres ne pût les suivre. Il n'est pas besoin d'approcher les rois, il suffit d'étudier tous les hommes exerçant sur les hommes un pouvoir dont ils ne doivent point rendre compte, tous les maîtres, non pas seulement avec leurs esclaves, mais avec leurs domestiques, avec leurs apprentis, avec leurs ouvriers, pour savoir que ce qui les offense le plus c'est l'examen par le raisonnement des ordres qu'ils donnent. *Je vous entends raisonner, je crois,* répètent-ils souvent avec colère, sans songer seulement à l'abnégation d'entendement qu'ils exigent par cette phrase si usuelle. Celui qui impose l'obéissance, depuis le père ou le maître dans sa plus humble demeure, jusqu'au chef de l'État dans son palais, s'indigne, quand celui qui doit l'exercer fait usage de son intelligence. Il veut que la seule manifestation de son choix, de son caprice, rende superflue, chez l'homme dépendant, toute délibération, toute réflexion, comme toute résistance.

Cependant celui qui ne veut pas qu'on raisonne avec lui, perd bientôt l'habitude de raisonner avec les autres et pour les autres. Il ne sent point la nécessité de penser fortement, d'examiner une question sous toutes ses faces, de discuter des objections, à moins que la satisfaction de ses désirs ne soit soumise à la décision d'hommes ses égaux, ou tout au moins indépendans de lui, qu'il faille persuader ou convaincre au lieu de leur commander, et sur lesquels il ne puisse agir qu'en développant son intelligence. C'est bien rarement, bien foiblement, que cette nécessité d'étudier, et soi-même, et les autres, et les choses, pour arriver à ses fins, se fait sentir à un roi, même lorsqu'il a eu le bonheur de monter tard sur le trône, et que, durant son éducation et sa dépendance de l'autorité paternelle, il a senti le besoin de consulter d'autres volontés que les siennes. Assez de flatteurs, assez de courtisans, prenant les devans, et comptant qu'il les en récompensera un jour, s'empressent de lui adoucir, pendant sa dépendance temporaire, toute obéissance qui pourroit lui être pénible. Ils pensent pour lui; ils combinent pour lui; ils lui dissimulent toutes les oppositions; ils lui aplanissent tous les obstacles; ils lui dérobent la connoissance de tout le blâme qu'il a pu encourir;

ils le dispensent enfin du seul exercice de ses pouvoirs intellectuels qui doive l'élever au-dessus de la brute.

Mais un roi absolu dès l'âge de douze ans, comme le fut Charles VI, en raison de son émancipation; un roi absolu dès l'âge de treize ans et un jour, comme les lois françaises vouloient que le fût tout monarque qui montoit si jeune sur le trône; un roi qui n'a jamais connu le besoin, jamais connu la crainte et le respect, jamais connu la dépendance; qui n'a jamais exercé la persuasion, qui n'a jamais été appelé ou à comprendre ce qui lui sembloit obscur, ou à l'expliquer aux autres; qui a mis sa gloire dans la promptitude de ses décisions et dans leur inflexibilité, on doit l'admirer s'il lui arrive de réfléchir, car rien, dans ce qui l'entoure, ne lui en a fait sentir la nécessité. Son cerveau est foible, comme est foible la main qui n'a jamais été exercée, comme est foible le pied qui n'a jamais marché; et ce cerveau si foible est livré à l'action destructive de la passion qui trouble le plus la raison humaine, de la vanité, ou de l'orgueil que chacun s'empresse de nourrir en lui. Beaucoup de causes diverses peuvent offusquer notre entendement; mais aucune ne paroît le pervertir aussi foncièrement que la vanité : c'est dans tous les fous la passion dominante; encore qu'une tout autre cause les ait réduits à ce malheureux état, c'est presque toujours la vanité ou l'orgueil qui détermine chacun de leurs accès de folie; ils sont tourmentés du besoin d'étonner, de fixer l'attention des autres : presque toujours ils se calment quand ils sont bien convaincus qu'ils ne seront point vus ou entendus, qu'ils n'exciteront aucune attention.

Charles VI avoit, depuis trois ans, repris des mains de ses oncles l'administration de l'État, et déclaré qu'il ne gouverneroit plus que d'après sa seule volonté, lorsque la maladie mentale que toute son éducation étoit faite pour développer, se manifesta en lui assez fortement pour que ses conseillers, si intéressés à la dissimuler, ne pussent plus en dérober la connoissance à ceux qui, à cause de cette maladie même, alloient leur enlever le pouvoir.

Le jeune roi n'avoit été soumis à aucune discipline; il n'avoit été formé par aucune étude; il ne savoit rien que ce que la conversation des cours lui avoit appris. Cette conversation suffit pour donner un vernis léger d'idées et de notions communes; elle forme l'élégance des manières; elle accoutume à ce mélange de noblesse et d'affabilité qu'on remarquoit dans Charles VI, et qui fit donner au roi dont le règne fut le plus long fléau qu'ait éprouvé la France, le surnom ridicule de *Bien-Aimé*. D'autre part, aucune connoissance positive, ou de science, ou d'administration, ou de politique, ou de religion, ou de morale, n'avoit été développée en lui. Il excelloit dans les exercices du corps, parce qu'il avoit trouvé du plaisir à se donner cette éducation chevaleresque, et que sa vanité en étoit flattée; il leur consacroit tout le temps qu'il ne donnoit pas à la recherche de plaisirs plus vifs encore; mais il se livroit à ceux-ci sans aucune retenue, et ce n'étoient pas seulement les mascarades, les bals et les festins dans lesquels il passoit les jours et les nuits. Marié, dès l'âge de dix-sept ans, à une jeune femme remarquable par sa beauté; père à vingt-trois ans de quatre enfans, dont le dernier, le dauphin Charles, naquit le 6 février 1392 (1), il n'étoit point fidèle à sa jeune épouse; au contraire, soit dans ses voyages, soit à Paris, sa galanterie s'adressoit à toutes les jolies femmes, et l'on peut supposer qu'un monarque jeune, beau et prodigue d'argent, ne rencontroit guère de cruelles. Son incontinence fut en effet une cause ajoutée à toutes les autres qui le prédisposoient à la folie.

Ce fut peu de semaines après les conférences de Tours, et la signature du traité avec le duc de Bretagne, que Charles éprouva le premier accès, dont les traces soient parvenues jusqu'à nous, de sa funeste maladie. La cour s'étoit em-

---

(1) Religieux de Saint-Denis. L. XI, c. 6, p. 210.

pressée de quitter Tours; car le terme approchoit où elle devoit se trouver à Amiens, pour une conférence avec les deux oncles du roi d'Angleterre. On étoit convenu d'y traiter de la paix entre les deux royaumes (1). Charles VI s'y rendit, en effet, dès le mois de février 1392, peu après les couches de sa femme.

L'Europe retentissoit alors du récit des victoires d'Amurat Ier, sur le roi de Hongrie et sur le roi d'Arménie, Léon, qu'on avoit vû à la cour de France, où il étoit venu implorer des secours. Charles VI désiroit ardemment se mesurer avec Amurat, et il auroit voulu à tout prix faire la paix avec ses voisins, pour être libre de conduire une croisade dans le Levant (2). Ce n'étoit pas par des motifs si chevaleresques que Richard II désiroit également la paix. Plus adonné à la mollesse que son rival; épuisant ses finances dans les festins; employant trois cents serviteurs dans sa cuisine, et entretenant tous les jours dix mille personnes dans son palais (3), il désiroit la paix pour éviter les dépenses de la guerre et réserver plus d'argent pour les seuls plaisirs dont il fît cas. D'autre part, en France, la nation tout entière soupiroit après la paix, pour mettre un terme à la fois aux humiliations publiques et aux

---

(1) Froissart. T. XIII, c. 24, p. 20.
(2) Froissart. T. XIII, c. 27, p. 42.
(3) Rapin Thoyras. T. III, L. X, p. 317.

souffrances privées qu'elle avoit éprouvées dans cette longue lutte. Le conseil du roi la désiroit, comme seul moyen de rétablir l'ordre dans les finances; les oncles du roi la vouloient aussi, parce qu'ils n'aimoient ni les dépenses auxquelles la guerre les avoit obligés, ni le danger. En Angleterre, au contraire, la nation désiroit toujours la guerre. Les Anglais n'avoient jamais vu l'ennemi chez eux; ils n'avoient point éprouvé les ravages des armées, et parmi eux beaucoup de soldats étoient revenus enrichis par le pillage des pays étrangers. Le peuple, encore gonflé d'orgueil par les victoires d'Édouard III, ou ne vouloit point de paix, ou ne la vouloit qu'aux conditions les plus avantageuses.

Richard II pouvoit cependant parler de nouveau à peu près en maître. Après avoir, en 1389, accompli sa vingt-unième année, il avoit profité de la pitié que ressentent presque toujours les peuples pour les rois, dès qu'ils leur voient éprouver quelque gêne ou quelque humiliation; et, se sentant appuyé par l'opinion publique, il avoit déclaré qu'il vouloit désormais gouverner par lui-même : il avoit ôté les sceaux à l'archevêque d'York; il avoit éloigné de ses conseils le duc de Glocester et le comte de Warwick, de même que tous ceux que l'aristocratie victorieuse lui avoit imposés pour régens peu de temps auparavant. Il n'avoit cependant point rappelé ses anciens amis, mais il s'étoit entouré d'hommes nouveaux, dont aucun n'avoit du talent ou du caractère, dont aucun ne songeoit à modérer ses caprices (1). Comme le duc de Lancaster son oncle, qui étoit revenu de Gascogne au commencement de novembre 1389, lui inspiroit beaucoup de défiance par la supériorité de ses talens et par son ambition, il acheta son éloignement au plus haut prix possible, lui donnant, le 2 mars 1390, l'investiture du duché d'Aquitaine, sous la réserve de l'hommage-lige seulement (2). Il avoit encouragé le fils de ce duc, le comte de Derby, à aller en Prusse, pour y faire la guerre aux infidèles. Il avoit forcé à s'éloigner aussi de la cour le duc de Glocester, le plus jeune de ses oncles, qui avoit été le chef de la précédente révolution, et que la noblesse et le peuple de Londres regardoient comme le champion des libertés publiques. Celui-ci, qui avoit aussi annoncé son départ pour la Prusse, après avoir été porté par des vents contraires, en 1391, sur les côtes de Danemarck, de Norwége et d'Écosse, étoit revenu à Tynemouth, dans le Northumberland, où les vœux du peuple le sui-

---

(1) Thom. Walsingham, *Hist. Angl.*, p. 337. — *Ypodigma Neustriæ*, p. 544. — H. de Knyghton, *de Event. Angliæ*, p. 2735. — Rapin Thoyras, T. III, L. X, p. 316.

(2) Th. Walsingham, *Hist. Angl.*, p. 342. — Rymer, T. VII, p. 659.

voient, tandis que Richard II perdoit de nouveau sa popularité dans les plaisirs et la mollesse. (1)

Richard II avoit chargé ses deux autres oncles, les ducs de Lancaster et d'York, de le représenter aux conférences d'Amiens; il leur avoit adjoint les comtes d'Huntingdon et de Derby, Thomas de Percy, et les évêques de Durham et de Londres (2). Charles VI n'avoit pas voulu perdre cette occasion de briller dans des fêtes, et de déployer sa magnificence. Quoiqu'il accordât peu de confiance à ses oncles, il avoit voulu qu'ils fussent aussi présens pour ajouter à la splendeur de sa cour. En effet, le duc de Bourgogne, surtout, prit à tâche de dépasser en somptuosité tout ce qu'on avoit jamais vu. Les quatre ducs, oncles des deux rois, entrèrent de front dans Amiens, pour annoncer aux regards leur égalité parfaite; mais les habits du duc de Bourgogne étoient tout couverts de saphirs, de rubis et de perles (3). Les ducs anglais, au contraire, affectèrent d'être vêtus très simplement d'une étoffe vert-brun, et sans ornement; leur suite portoit la même livrée; mais ils avoient conduit avec eux plus de douze cents chevaux (4). Depuis le

(1) Th. Walsingham, *Hist. Angl.*, p. 343-345. — Froissart. T. XII, c. 16, p. 284.
(2) Froissart. T. XIII, c. 27, p. 32.
(3) Barante, Hist. des Ducs de Bourg. T. II, p. 131.
(4) Religieux de Saint-Denis. L. XI, c. 6, p. 210.

moment où ils eurent mis le pied sur le territoire français, ils furent complétement défrayés par le roi de France : des ordres avoient été donnés partout pour qu'ils fussent accueillis avec la politesse la plus scrupuleuse, et pour que tout sujet de querelle avec eux fût soigneusement évité.

Quand des fêtes et des cérémonies on passa à des conférences diplomatiques, on sentit bientôt combien il y avoit encore de chemin à faire pour réconcilier les deux nations. Leurs alliés, de part et d'autre, n'étoient pas l'obstacle qui les arrêtoit le plus : du côté de la France, les rois qui avoient été compris dans la précédente trêve de Lélinghen, qui devoit expirer au mois d'août, n'étoient plus sur le trône. Robert II, roi d'Écosse, étoit mort à l'âge de soixante et quatorze ans, à son château de Dundonald, le 19 avril 1390. Son fils Robert III, qui lui avoit succédé, avoit renouvelé, le 1er décembre suivant, l'alliance héréditaire qui unissoit son pays à la France (1). Jean Ier, roi de Castille, fils de Henri de Trastamare, étoit mort, le 24 août de la même année, à Alcala de Hénarès, d'une chute de cheval. Son fils Henri III, ou le maladif, qui lui succéda, n'étoit âgé que de onze ans; de même que le nouveau roi d'Écosse il confirma, la même année,

―――――

(1) *Buchanani Rerum Scoticar.* L. IX, p. 300. — *Rymer.* T. VII, p. 689.

son alliance avec la France (1); mais l'un et l'autre de ces souverains ne désiroit point la guerre. Le roi de Castille se trouvoit même déjà réconcilié avec l'Angleterre par son mariage avec Catherine, fille du duc de Lancaster et petite-fille de Pierre-le-Cruel.

C'étoit dans les prétentions contradictoires des Français et des Anglais eux-mêmes que se trouvoit la grande difficulté. Les derniers prenoient toujours pour base de leurs réclamations le traité de Bretigny. Ils demandoient la restitution de tout ce que les Français avoient conquis depuis sa rupture, et le paiement de ce qui restoit dû sur la rançon du roi Jean. Les Français paroissoient disposés à faire quelques restitutions en Guienne; ils ne refusoient pas même absolument le paiement de l'argent réclamé; mais ils demandoient que Calais leur fût rendu, ou du moins que cette ville, qui introduisoit les Anglais jusqu'au cœur du royaume, fût complétement rasée. Le duc de Lancaster, que ses instructions mettoient dans l'impossibilité de céder sur un point si important, proposa enfin de soumettre les termes du traité à la délibération non seulement de Richard II, mais aussi du parlement d'Angleterre, et pour se donner le temps de les

---

(1) Froissart T. XII, c. 19, p. 322. — *Mariana, de Rebus Hisp.* L. XVIII, c. 13, p. 745. — Religieux de Saint-Denis. L. X, c. 8, p. 198.

consulter, il offrit de prolonger d'une année la trêve de Lélinghen. Cette offre fut agréée, et la députation anglaise repartit pour Calais et pour Douvres. (1)

Les négociations avoient duré quinze jours, et Charles VI, qui n'en prenoit aucun souci, avoit passé tout ce temps dans les fêtes et les réjouissances, lorsqu'à la fin de mars 1392, le roi « es-
« chey, comme dit Froissart, par incidence et
« par lui mal garder, en fièvre et en chaude ma-
« ladie, dont lui fut conseillé à muer air. Si fut
« mis en une litière, et vint à Beauvais, et se
« tint, tant qu'il fut guéri, au palais de l'évê-
« que; son frère de Touraine de lez lui, et ses
« oncles de Berri et de Bourbon; et là tinrent
« ces seigneurs leur pâque. (2) » Toutefois, le délire ou transport au cerveau, qui paroît désigné par le mot de *chaude maladie*, fut regardé comme un accident de la fièvre. Ce fut seulement quelques mois plus tard qu'un nouvel accès de délire expliqua en quelque sorte la nature du premier.

Les forces physiques du roi n'étoient apparemment pas affectées par cette *chaude maladie*,

---

(1) Froissart. T. XIII, c. 27, p. 30-48. — Religieux de Saint-Denis. L. XI, c. 6, p. 210. — Juvénal des Ursins, p. 87. — Th. Walsingham, *Hist. Angl.*, p. 347. — Rymer. T. VII, p. 714.

(2) Froissart. T. XIII, c. 27, p. 45.

car pendant sa convalescence il vint à Gisors, pour s'y livrer avec fureur au plaisir de la chasse. De là, quand il se sentit *en bon point et en bon état,* il revint à Paris, pour les fêtes de l'Ascension, le 23 mai. Il n'y avoit encore passé que peu de semaines lorsque la cour fut troublée par le guet-à-pens dressé dans la nuit du 13 au 14 juin contre le connétable de Clisson. Le sire de Craon, qui, en quittant la cour, s'étoit retiré à son château de Sablé, près du Mans, avoit été de là joindre le duc de Bretagne, son cousin. En se contant l'un à l'autre leurs injures, ils s'étoient confirmés dans leur haine contre le connétable de Clisson. Celui-ci, qui avoit donné sa fille en mariage au comte de Penthièvre, frère de la duchesse d'Anjou, avoit appris de cette duchesse combien elle avoit de raisons d'accuser Craon d'avoir volé à son mari tout le trésor dont il étoit dépositaire à Venise; aussi Clisson avoit traité plusieurs fois Craon d'une manière fort insultante. De son côté, le duc de Bretagne savoit que Clisson ne perdoit point de vue le projet de faire recouvrer au comte de Penthièvre le duché de Bretagne, qu'il regardoit comme son héritage. L'un et l'autre savoit qu'à la cour de France celui qui est éloigné est bientôt oublié; que celui qui est mort ne trouve point de vengeurs. Le duc étoit persuadé que s'il avoit tué Clisson, tandis qu'il le tenoit prisonnier au château de l'Hermine, il auroit eu peu de peine ensuite à faire sa paix avec le roi, et il se reprochoit vivement de l'avoir laissé échapper. Craon, entendant faire au duc cette réflexion, répondit que ce qui ne s'étoit pas fait alors pouvoit se faire encore, et il prit ses mesures pour y réussir (1). Il ne doutoit point qu'ensuite les ducs de Berri et de Bourgogne, loin de venger le connétable, ne l'aidassent à renverser ses associés actuels, les sires de la Rivière, Jean le Mercier, Montagu, le Bègue de Vilaines, Jean de Bueil, et quelques autres, que les princes nommoient *les marmousets* du roi et du duc de Touraine. (2)

Pierre de Craon avoit un fort bel hôtel à Paris, rue du Marché-Saint-Jean. Dès le commencement du carême, il y fit amasser des armes et des vivres, et il y envoya secrètement et isolément jusqu'à quarante hommes déterminés, auxquels il recommanda de s'y cacher, et de l'y attendre pour exécuter ses ordres, qu'il eut bien soin de ne point leur faire pressentir d'avance. Depuis que Charles VI, au commencement de son règne, avoit fait abattre les portes de Paris pour punir les maillottins, elles étoient toujours restées ouvertes, à la suggestion de Clisson lui-même, pour tenir la ville dans une plus grande dépendance, et l'on pouvoit y entrer à toute heure

---

(1) Froissart. T. XIII, c. 28, p. 48.
(2) Froissart. T. XIII, c. 28, p. 50.

du jour et de la nuit. Craon put donc arriver secrètement à Paris, le 2 juin, et se cacher dans son hôtel. Il enferma sous clef, dans une chambre écartée, la femme et les filles du concierge, de peur que quelque indiscrétion de ces femmes ne trahît sa venue. Des espions, qu'il payoit richement, le tenoient avisé de tout ce qui se passoit à la cour : il sut que, le jeudi 13 juin, jour du Saint-Sacrement, le roi donnoit une grande fête à son hôtel de Saint-Paul, et que le connétable s'y trouvoit. Après les joûtes de l'après-midi et le soupé, on continua à danser jusqu'à une heure après minuit ; enfin, lorsque tous les autres s'étoient déjà retirés, le connétable prit congé du roi et du duc d'Orléans, et avec huit valets, dont deux portoient des torches, il s'achemina vers la rue Sainte-Catherine : c'étoit au coin de cette rue et de celle de Saint-Paul que Craon l'attendoit avec ses quarante brigands à cheval, dont il n'y avoit pas six qui sussent ce qu'ils étoient destinés à faire. Au moment où Clisson parut, les gens de Craon se jetèrent sur ses valets, et éteignirent leurs torches. Clisson crut d'abord que c'étoit un jeu du duc d'Orléans, qu'il supposoit l'avoir suivi ; mais Craon, tirant son épée du fourreau, s'écria : « A mort ! à mort, « Clisson ! Si vous faut mourir ! — Qui es-tu, dit « Clisson, qui dis de telles paroles ? — Je suis « Pierre de Craon, votre ennemi : vous m'avez

« tant de fois courroucé, que si le vous faut
« amender. Avant, dit-il à ses gens; j'ai celui que
« je demande, et que je veux avoir. » Le connétable tira l'épée; mais il ne put pas long-temps
se défendre contre des assassins qui avoient en
même temps sur lui l'avantage du nombre, de la
surprise, et celui des armes. Il reçut plusieurs
blessures, et fut renversé de son cheval : en tombant, sa tête vint donner contre la porte entr'ouverte d'un boulanger, qui céda sous le coup; ce
fut ce qui le sauva. Les spadassins de Craon,
lorsqu'ils reconnurent que c'étoit contre le connétable qu'on les avoit mis en embuscade, effrayés de s'être attaqués à un si grand seigneur,
s'étoient comportés avec mollesse; dès qu'ils le
virent tomber, ils le crurent mort, et pressèrent
Craon de se sauver. Ils entraînèrent, en effet, ce
dernier hors de Paris, par la porte Saint-Antoine.
Craon, n'en retenant qu'un petit nombre auprès
de lui, recommanda aux autres de se disperser.
Il partit au galop, gagna Chartres à huit heures
du matin, y changea de chevaux, et ne s'arrêta
point qu'il ne fût rentré dans son château de Sablé au Maine. (1)

La nouvelle de cet assassinat fut portée au roi,
comme il alloit se mettre au lit. Sans se rha-

(1) Froissart. T. XIII, c. 28, p. 58. — Religieux de Saint-Denis. L. XII, c. 1, p. 214. — Juvénal des Ursins, p. 88. — Lobineau, Hist. de Bret. L. XIV, c. 17, p. 479.

TOME XII.   2

biller, jetant seulement une houppelande sur ses épaules, il appela ses gardes, fit allumer des torches, et il se rendit à la maison du boulanger, où Clisson commençoit à recouvrer connoissance. « Connétable, lui dit le roi en entrant, comment « vous sentez-vous? — Il répondit : Cher sire, « petitement et foiblement. — Et qui vous a mis « en ce parti? dit le roi. — Sire, répondit-il, « Pierre de Craon et ses complices, traîtreuse- « ment, et sans nulle défiance. — Connétable, dit « le roi, oncques chose ne fut si cher payée « comme celle sera, ni si fort amendée. » (1)

En effet, Charles, blessé dans ses affections, blessé dans son orgueil, désiroit avec ardeur tirer une vengeance éclatante de celui qui, à sa cour même, assassinoit un de ses grands officiers. Il donna ordre au prévôt de Paris de poursuivre Craon avec toutes ses escouades : celui-ci ne put cependant atteindre que deux hommes d'armes et un page de sa suite, auxquels il fit trancher la tête, aussi-bien qu'au concierge de son hôtel. En même temps le procès de Craon fut fait par contumace, ses biens furent confisqués, ses maisons rasées, ses effets les plus précieux furent apportés au trésor du roi, ses terres furent distribuées au duc d'Orléans et à divers courtisans; sa femme et sa fille, enfin, furent chassées en chemise de la

---

(1) Froissart. T. XIII, p. 61.

Ferté-Bernard, château où elles résidoient (1). Lorsque Craon apprit à Sablé, non seulement que son adversaire vivoit encore, mais qu'il ne tarderoit pas à se guérir, tandis que des ordres étoient donnés pour l'arrêter, lui, dans sa retraite, il se hâta de passer en Bretagne ; il trouva le duc à Fusinet, qui lui dit en l'abordant : «Vous « êtes un chétif, quand vous n'avez su occire un « homme duquel vous étiez au-dessus. »

Le roi sut bientôt que Craon s'étoit réfugié en Bretagne, et qu'il y avoit été bien reçu par le duc. Il écrivit aussitôt à ce prince de lui livrer le traître qui avoit assassiné son connétable. Pour se dispenser de le faire, le duc fit cacher Craon, et prétendit ne pas savoir où il s'étoit réfugié. Charles VI, toujours plus irrité, convoqua sa noblesse, rassembla son armée, et jura qu'il ne prendroit point de repos jusqu'à ce qu'il eût puni le duc de Bretagne de sa présomption et de toutes ses rébellions. Le duc de Berri et le duc de Bourgogne reçurent l'ordre de rassembler leurs vassaux et de se préparer à cette guerre, que leur neveu entreprenoit sans les consulter. Le premier étoit cependant à Paris; il avoit même été averti du coup que méditoit Craon, le matin même de sa tentative; mais il n'en avoit point

---

(1) Froissart. T. XIII, c. 29, p. 69. — Religieux de Saint-Denis. L. XII, c. 1, p. 215.

prévenu le roi, sous prétexte de ne point troubler les fêtes du palais (1). On savoit combien il haïssoit le connétable; sa jalousie contre lui s'étoit accrue quand il avoit appris son immense richesse. Clisson, se croyant en danger de mourir à cause de ses blessures, avoit fait son testament, et le bruit se répandit qu'outre ses fiefs et son héritage, il avoit disposé de 1,700,000 francs en biens meubles : c'étoit le fruit de ses concussions, qu'il accumuloit avec beaucoup de soin. Les ducs de Berri et de Bourgogne, qui n'avoient pas pillé les provinces avec moins de rigueur, avoient, au contraire, dissipé tout le produit de leurs exactions, et ils s'indignoient de ce qu'un particulier possédoit un trésor qu'ils n'avoient point eux-mêmes, et qui n'auroit convenu qu'à un prince du sang royal. (2)

Pendant que tout se préparoit pour la guerre de Bretagne, que Clisson se guérissoit de ses blessures, que les seigneurs rassembloient leurs hommes d'armes, et qu'on envoyoit des munitions sur la route que devoit suivre l'armée, les conseillers du roi, que les princes nommoient les *marmousets*, cherchoient à rabaisser la faction qui leur étoit contraire; et, comme elle étoit appuyée par le pape Clément VII, tout dévoué

---

(1) Froissart. T. XIII, c. 29, p. 65.
(2) Froissart. T. XIII, c. 29, p. 74.

au duc de Berri, ils attaquèrent les abus des juridictions ecclésiastiques, les priviléges des prétendus clercs, qui ne prenoient la tonsure que pour se soustraire aux tribunaux ordinaires, et les droits que s'attribuoit l'Université. Ces tentatives pour rendre uniformes l'autorité des lois et l'administration de la justice, leur tournèrent bientôt à piége, lorsque le pouvoir eût passé aux mains de leurs ennemis. (1)

Vers le commencement de juillet, le roi partit de Paris, pour se mettre à la tête de l'armée qu'il vouloit conduire en Bretagne : cependant il s'arrêta à plusieurs reprises; d'abord à Saint-Germain, où il séjourna quinze jours; puis à Anveau, chez son secrétaire, Bureau de la Rivière; puis à Chartres, et enfin au Mans. Le duc d'Orléans et le duc de Bourbon étoient partis avec le roi; le duc de Berri, le comte de la Marche, et enfin le duc de Bourgogne, vinrent successivement le joindre. Ils désapprouvoient hautement cette expédition; ils vouloient persuader au roi que Craon s'étoit réfugié en Espagne, qu'il étoit même arrêté à Barcelone; ils ajoutoient que le roi n'avoit aucune occasion de se mêler de la guerre entre le duc de Bretagne et le connétable; qu'une décision semblable, qu'ils attribuoient aux *mar-*

---

(1) Religieux de Saint-Denis. L. XII, c. 2, p. 216. — Juvénal des Ursins, p. 90.

mousets, n'auroit point dû être prise sans leur avis. Mais Charles VI étoit devenu si violent, si emporté, qu'il étoit impossible de discuter avec lui; bien plus « depuis le premier jour d'août, « dit le religieux de Saint-Denis, il paroissoit aux « officiers qui l'approchoient de plus près, comme « tout idiot; il ne disoit que des niaiseries, et « gardoit dans ses gestes une façon de faire fort « messéante à la majesté. Néanmoins il n'en étoit « pas moins absolu, et il le fit bien voir le cin- « quième du mois, quand il fit publier par les « hérauts et les trompettes que toute l'armée sor- « tît en bataille de la ville du Mans. » (1)

Ce jour choisi pour mettre l'armée en mouvement étoit le plus chaud qu'on eût éprouvé depuis plusieurs années; le roi sortit du Mans entre neuf et dix heures du matin, par la route d'Angers; il portoit un jaque, ou justaucorps, de velours noir, qui l'échauffoit beaucoup, et un chaperon de vermeil : un soleil ardent dardoit sur lui; il n'y avoit aucun de ses hommes d'armes qui ne souffrît cruellement de la chaleur. Comme il traversoit une forêt, un fou, qui s'étoit caché parmi les arbres, s'élança tout à coup à la tête de son cheval. Cet homme, déchaussé, la tête nue, couvert seulement d'un sarreau blanc, saisit la

(1) Religieux de Saint-Denis. L. XII, c. 3, p. 219. — Juvénal des Ursins, p. 91. — Froissart, c. 29, p. 96.

bride du cheval de Charles, en s'écriant : « Roi, « ne chevauche plus avant, mais retourne; car « tu es trahi ». Les gardes accoururent et firent lâcher prise à ce malheureux. Le roi ne dit rien; mais ces mots avoient frappé son imagination. Peu de momens après, étant sorti de la forêt, il se trouva dans une grande plaine sablonneuse, qu'aucun ombrage n'entrecoupoit. Il étoit alors midi; une poussière intolérable se joignoit à l'ardeur du soleil : le cortége du roi se dispersa dans la crainte de l'incommoder; les seigneurs eux-mêmes s'écartèrent, pour ne pas le couvrir de leur poudre; quelques pages seulement le suivoient : l'un d'eux sommeillant, laissa tomber la pointe de sa lance sur le casque d'un de ses compagnons. Ce cliquetis de fer fit tressaillir le roi; il se crut attaqué par les traîtres dont l'homme de la forêt lui avoit dit qu'il étoit entouré; et, devenant aussitôt furieux, il s'écria en tirant son épée et lançant son cheval au galop : *Avant, avant sur ces traîtres !* Il fondit ensuite sur les pages et les écuyers les plus proches de lui. Personne n'osoit se défendre autrement qu'en fuyant, et dans cet accès de fureur, il tua successivement le bâtard de Polignac, chevalier de Gascogne, et trois autres hommes. Les pages croyoient encore que l'un d'eux avoit commis quelque désordre qui l'avoit courroucé; mais quand on le vit venir l'épée haute sur le duc d'Orléans son frère, on comprit enfin qu'il avoit perdu la raison. Le duc de Bourgogne fut le premier à crier : « Haro ! le grand meschef ! (malheur) monseigneur est tout dévoyé (égaré). » Heureusement pour le duc d'Orléans, il étoit monté sur un très bon cheval, et il put se dérober au roi, qui le poursuivoit vivement. On convint, pour arrêter celui-ci, de chercher à l'épuiser de fatigue, ainsi que son cheval, et de lui laisser donner la chasse, l'un après l'autre, à ceux qu'il lui prendroit la fantaisie de poursuivre : de cette manière il en abattit encore plusieurs, qui, quand ils ne pouvoient plus l'éviter, se laissoient choir devant le coup. Enfin, comme il étoit déjà tout haletant, baigné de sueur, ainsi que son cheval, qui se refusoit à galoper davantage, un chevalier normand qu'il aimoit beaucoup, Guillaume Martel, son chambellan, s'élança sur lui par-derrière, et lui arrêta les bras. On lui ôta alors son épée et ses armes; on le coucha par terre; on le couvrit de son manteau : déjà la foiblesse avoit succédé à ce paroxisme de fureur; il ne parloit plus, il ne faisoit plus aucun mouvement; mais ses yeux rouloient encore dans sa tête d'une manière effrayante. (1)

(1) Froissart. T. XIII, c. 29, p. 94.—Religieux de Saint-Denis. L. XII, c. 3, p. 219.—Juvénal des Ursins, p. 91.

Les deux oncles du roi se trouvant alors à côté de lui, furent obéis dès qu'ils essayèrent de donner des ordres. Ils décidèrent qu'on reporteroit le roi au Mans, et qu'on donneroit congé à tous les gendarmes, puisqu'aussi-bien l'expédition de Bretagne étoit désormais impossible. Dans un siècle superstitieux on s'empresse toujours de chercher des causes occultes aux événemens naturels; ceux qui entouroient le roi disoient qu'il avoit été sans doute empoisonné ou ensorcelé. On questionna ses échansons; on examina le vin qu'il avoit bu; enfin, le duc de Berri s'écria : « Il n'est empoisonné ni « ensorcelé fors que de mauvais conseils. » C'étoit la première explosion de la haine des ducs pour ceux qu'ils nommoient les *marmousets*. Dès l'heure même, ils interdirent à Bureau de la Rivière, le Mercier, Montagu, le Bègue de Vilaines, Guillaume des Bordes et Hélion de Lignac, d'approcher du roi, tandis qu'ils confièrent le soin de sa personne à quatre chevaliers, qu'ils choisirent parmi leurs créatures les plus dévouées. Le lendemain, comme Charles VI n'étoit pas mieux, ses oncles ordonnèrent qu'il fût transporté au château de Cray-sur-Oise, pour y être mis sous la garde des médecins, tandis qu'eux-mêmes partirent pour Paris. « Quand « nous serons là venus, dirent-ils, nous mettrons « ensemble tout le conseil de France; et là sera

« ordonné comment on se chevira (pourvoira)
« dans le royaume de France, et lesquels en au-
« ront l'administration du gouvernement, ou
« beau neveu d'Orléans, ou nous. » (1)

Ce que les ducs annonçoient ainsi qu'ils mett-
roient en délibération, ils l'avoient déjà décidé
par le fait en licenciant l'armée, en écrivant aux
villes de se tenir sur leurs gardes à cause de la
maladie du roi, en écartant de celui-ci ses conseillers intimes, et tous ceux qui avoient sa confiance; enfin, en désignant eux-mêmes ceux
qu'ils voudroient bien admettre dans ce *conseil
de France*, auquel ils déféroient le droit d'in-
stituer une nouvelle régence. Les autres historiens du temps ne parlent point de cette assemblée; Froissart seul nous la fait connoître, et
voici tout ce qu'il en dit : « Car pour lors les
« conseils de France, des nobles, des prélats et
« des bonnes villes étoient à Paris, pour voir et
« conseiller, lesquels ou lequel auroient le gou-
« vernement du royaume, tant que le roi seroit
« retourné en bon état, si retourner y devoit;
« son frère le duc d'Orléans, ses oncles, ou l'un
« d'eux tout pour lui : et fut-on sur cet état et
« conseil plus de quinze jours que on ne pou-
« voit être d'accord. Finalement avisé fut et
« conseillé, pour cause de ce que le duc d'Or-

(1) Froissart. T. XIII, c. 29, p. 98.

« léans étoit trop jeune pour entreprendre un si
« grand fait, que les deux oncles du roi, le duc
« de Berri et le duc de Bourgogne en auroient
« le gouvernement, et principalement le duc de
« Bourgogne; et que madame de Bourgogne se
« tiendroit tout coi, lez la reine, et seroit la
« seconde après elle. » (1) Le religieux de Saint-
Denis, au contraire, et Juvénal des Ursins ne
parlent point de ce conseil; mais ils donnent à
entendre que le duc de Bourgogne profita de la
première lueur de raison du roi pour *s'insinuer
auprès de lui, se rendre nécessaire, et reprendre le
gouvernement du royaume. Aussitôt que les ducs*,
ajoutent-ils, *eurent surpris le consentement du
roi*, ils mandèrent le connétable, les sires de la
Rivière, de Noviant et de Vilaines, et leur firent
défense expresse de se plus ingérer en l'administration des affaires, et même de se trouver
aux conseils. (2)

Ce récit n'est pas absolument inconciliable avec
le premier. Il est probable, en effet, que les ducs
assemblèrent un conseil des gens les plus mar-
quans de leur parti qui se trouvoient à la cour;
mais il est plus certain encore que les plus importantes décisions continuèrent à être prises comme
si elles étoient résolues par la volonté du roi; en-

---

(1) Froissart. T. XIII, c. 30, p. 102.
(2) Religieux de Saint-Denis. L. XII, c. 4, p. 221. — Juvénal des Ursins, p. 91.

core qu'il eût cessé d'en avoir une. Ce fut la pratique constante de ce règne malheureux : Charles VI vécut encore trente ans, toujours fou, ou près de l'être; l'intervalle entre ses accès devenant à chaque fois et plus court et plus troublé; sa raison, dans ses meilleurs momens, s'affoiblissant toujours plus; son incapacité, sa défiance de lui-même, augmentant sans cesse, et cependant la nation ne ressaisit jamais la souveraineté ; elle n'appointa jamais de régence par sa propre volonté; elle ne suspendit jamais l'autorité royale jusqu'à ce qu'une enquête sur l'état du malade eût mis une autorité compétente en état de décider si le roi étoit rentré ou non dans l'usage de ses sens. Quand Charles VI étoit furieux, qu'il n'entendoit rien, qu'il ne reconnoissoit personne, ceux qui se trouvoient momentanément autour de lui exerçoient le pouvoir en son nom; mais aussitôt qu'il reconnoissoit ses proches, et qu'il disoit *je veux*, quelque incapable qu'il fût d'avoir une volonté, on lui obéissoit.

En général, un seul cas, le moins compliqué de tous, est prévu dans les monarchies sur la transmission du pouvoir. La loi d'hérédité n'est rien moins que simple et claire ; et, dès l'instant qu'elle présente une difficulté quelconque, on ne sait où recourir pour la décider. Une folie comme celle de Charles VI pouvoit n'être point prévue, quoique dans l'histoire de nos jours l'exemple de l'Angleterre, de l'Espagne, du Portugal, du Danemarck, de la Suède et de la Russie, ne nous permette point non plus de l'appeler un cas rare. Mais les maladies temporaires de l'esprit, mais l'incapacité de s'occuper des affaires, sont des conséquences si inévitables de la foiblesse humaine, qu'en toute monarchie la loi devroit prévoir le cas où le souverain ne pourra point exercer sa volonté. Les résolutions qui furent prises à l'occasion de la maladie de Charles VI, n'étoient ni tracées d'avance par la constitution de l'État, ni en analogie avec la loi de l'hérédité; aussi on ne peut y voir autre chose que des usurpations plus ou moins malheureuses.

Selon la loi de la monarchie, les plus proches du roi régnant, dans l'ordre de la succession, sont les premiers princes du sang. Le duc d'Orléans, frère du roi, devoit donc passer avant ses deux oncles : il avoit accompli vingt-un ans le 13 mars précédent; et dans un pays où la majorité des rois est fixée à treize ans et un jour, on ne voit guère comment on pouvoit l'écarter du gouvernement, sous prétexte de sa jeunesse. La reine Isabeau de Bavière avoit aussi alors vingt-un ans accomplis; il semble que c'étoit à elle que devoit appartenir la garde de son mari malade : au contraire, ce fut elle qui fut mise sous la garde de la duchesse de Bourgogne, sous

prétexte, il est vrai, qu'elle étoit grosse, et qu'on vouloit l'empêcher d'apprendre par hasard l'état de son mari. Isabeau, qui étoit nonchalante, d'un esprit lent et épais, et qui n'avoit de goût que pour l'étiquette de cour et pour la gourmandise, se soumit, sans difficulté, à cette espèce de captivité. « La duchesse de Bourgogne, dit Frois-
« sart, qui étoit une crueuse et haute dame, se
« tenoit à Paris, de lez la reine de France, et en
« avoit la souveraine administration, ni nul ni
« nulle parloit à la reine, fors par le moyen
« d'elle. » (1) Enfin, le duc de Berri étoit l'aîné du duc de Bourgogne; il n'avoit pas de souveraineté indépendante, comme son frère, dont l'intérêt fût quelquefois contraire à celui de la France, il auroit donc dû avoir la plus grande part à la régence, il eut la moindre. Le duc de Bourbon, oncle maternel du roi, qui avoit été appelé à la régence pendant la minorité de son neveu, par le choix de Charles V, et qui étoit celui auquel le feu roi avoit accordé le plus de confiance, en fut écarté dans cette circonstance où sa prudence n'étoit pas moins nécessaire.

On peut dire, il est vrai, que le duc de Bourgogne, qui s'emparoit du pouvoir, étoit, après le duc de Bourbon, le moins incapable des princes

---

(1) Froissart. T. XIII, c. 30, p. 107.

du sang. Dans un gouvernement électif, ce motif seroit le premier de tous; mais quand on veut que le prince soit désigné par un choix, il faut que la loi détermine ceux qui doivent l'élire, et qu'elle entoure leur élection de formalités et de garanties; tandis que ce ne fut ni par droit héréditaire, ni par droit électif, que le duc de Bourgogne prit les rênes de l'État des mains du roi son neveu. Le peuple se soumit cependant sans murmurer, parce que le duc d'Orléans n'étoit ni moins prodigue, ni moins rapace, ni moins indifférent aux malheurs du pauvre que ses oncles, et que le duc de Berri n'avoit qu'un esprit borné, incapable d'application, dominé par ses valets; qu'il ne sentoit d'autre passion qu'une basse avarice, et qu'il ne désiroit le pouvoir que comme moyen d'amasser de l'argent. Il paroît qu'il demanda à être rétabli dans le gouvernement du Languedoc; et, comme on le lui promit, le religieux de Saint-Denis, en général bien instruit de ce qui se passoit à Paris, et très ignorant de ce qui se faisoit dans les provinces, crut qu'il l'avoit été en effet (1). Cependant il n'y exerça aucune autorité, directement ou indirectement, depuis 1389 jusqu'en 1401. Pierre de Chevreuse, le maréchal de Sancerre, et les autres commissaires nommés par le roi, conti-

----
(1) Religieux de Saint-Denis. L. XII, c. 3, p. 218.

nuèrent, au contraire, à gouverner la province. (1)

Le duc de Bourgogne se fut à peine emparé du pouvoir, qu'il le tourna contre ceux qui venoient de l'exercer. Le plus considérable d'entre eux étoit le connétable de Clisson. Il étoit particulièrement odieux à la duchesse de Bourgogne, cousine et zélée protectrice du duc de Bretagne. Un jour qu'il venoit à l'hôtel d'Artois, réclamer, auprès du duc de Bourgogne, la solde des chevaliers qui avoient accompagné le roi à sa dernière expédition, le duc, en le regardant de travers, lui dit : « Clisson, Clisson, vous ne vous
« avez que faire d'ensonnier (vous inquiéter)
« de l'état du royaume; car, sans votre office, il
« sera bien gouverné. A la male heure vous en
« soyez-vous tant mêlé ! Où diable avez-vous
« tant assemblé ni recueilli de finance, que naguère vous fîtes testament et ordonnance de
« dix-sept cent mille francs? Monseigneur et
« beau frère de Berri ni moi, pour toute notre
« puissance à présent, n'en pourrions tant mettre
« ensemble. Partez de ma présence, sortez de
« ma chambre, et faites que plus je ne vous voie;
« car si ce n'étoit pour l'honneur de moi, je vous
« ferois l'autre œil crever (2). — A ces mots, le

(1) Hist. de Languedoc. L. XXXIII, c. 55, p. 405.
(2) Nous avons déjà vu que, depuis la bataille d'Auray, Clisson étoit borgne.

« duc se départit de lui, et laissa le seigneur de
« Clisson tout coi ; lequel yssit hors de la cham-
« bre, baissant le chef et tout pensif, ni nul ne
« lui fit convoi. Et passa parmi la salle, et la des-
« cendit tout jus, et vint à la cour, et monta à
« cheval, et se départit avecque ses gens, et se
« mit en chemin à la couverte, et retourna à
« son hôtel. » (1)

En sortant du palais d'Artois, Clisson fit avertir Montagu de la manière dont il avoit été traité,
et sans s'arrêter un moment de plus il quitta Paris, où il sentoit bien qu'on ne le laisseroit pas
long-temps en repos, et il se retira d'abord à son
château de Montlhéri pour y attendre d'autres
nouvelles ; peu de jours après il passa dans les
fiefs qu'il avoit en Bretagne. Montagu, de son côté,
partit aussitôt, et ne s'arrêta point qu'il ne fût
arrivé à Avignon. Jean le Mercier, sire de Noviant, étoit plus odieux que l'un ou que l'autre au
duc de Bourgogne, parce que peu de mois auparavant il lui avoit refusé de lui donner, à l'insu
du roi, trente mille écus de son épargne (2). Le
duc de Bourgogne fit investir sa maison, aussi-
bien que celle du Bègue de Vilaines, qui étoit
comte de Ribadia en Espagne : tous deux furent
conduits en prison au Louvre. Le Barrois des

(1) Froissart. T. XIII, c. 30, p. 112.
(2) Juvénal des Ursins, p. 91. La cousine de cet historien
avoit épousé le sire de Noviant ou Nogent.

TOME XII.

Barres fut dépêché avec trois cents gendarmes, à la poursuite de Clisson et de Bureau de la Rivière, avec l'ordre de les amener morts ou vifs. Le premier s'étoit déjà mis en sûreté à Châtel-Josselin en Bretagne : le second étoit aussi dans une bonne forteresse à lui, à Auneau, près de Chartres; cependant il se rendit sans faire aucune résistance, mais la duchesse de Berri, qui lui avoit des obligations, supplia son mari avec tant d'instances de lui sauver la vie, qu'elle finit par l'obtenir. Ce ne fut toutefois qu'après qu'il eut été long-temps exposé aux plus cruelles angoisses : on l'avoit transféré avec les autres membres du conseil du roi, que les princes vouloient perdre, à la Bastille, qu'on nommoit aussi le châtel Saint-Antoine; le prévôt du Châtelet de Paris instruisoit leur procès; souvent on leur annonçoit qu'on alloit leur couper la tête; en attendant, tous leurs biens, meubles et immeubles, avoient été confisqués et distribués aux courtisans; enfin, au mois de février 1393, le roi, dans un intervalle lucide, les fit remettre en liberté, en les exilant toutefois à cinquante lieues de Paris, et leur interdisant pour la vie d'exercer aucun office royal (1). En même temps le procès d'Olivier de Clisson fut instruit par-devant le

---

(1) Froissart. T. XIII, c. 30, p. 122.—Religieux de Saint-Denis. L. XII, c. 4, p. 221. — Juvénal des Ursins, p. 92.

parlement, qui ne se refusa point à servir contre ce grand capitaine les passions du duc de Bourgogne : on l'ajourna solennellement, il refusa de comparoître ; la cour le déclarant alors coupable d'extorsions dans l'office de la connétablie, rendit contre lui un arrêt, par lequel elle le bannit du royaume de France, comme faux, mauvais et traître, lui imposa une amende de cent mille marcs d'argent, et le priva à perpétuité de son office. Cet office fut donné l'année suivante par le roi, qu'on disoit avoir recouvré la raison, à Philippe d'Artois, comte d'Eu, que le duc de Berri venoit de choisir pour époux de sa fille. (1)

Le duc de Bretagne avoit, sur ces entrefaites, recommencé la guerre contre Olivier de Clisson ; mais désormais il invoquoit, en l'attaquant, l'autorité royale que récemment encore Clisson dirigeoit contre lui-même. Le duc prétendoit ne prendre les armes que pour mettre à exécution l'arrêt du parlement de Paris contre ce rebelle ; mais quoique personne ne disputât au duc de Bourgogne le pouvoir souverain dont il s'étoit mis en possession, Clisson ne fut pas abandonné par tous ses amis. Plusieurs de ses anciens compagnons d'armes passèrent en Bretagne pour lui offrir leur assistance ; le duc d'Orléans lui-même

---

(1) Froissart, c. 30, p 128, et c. 34, p. 155. — Religieux de Saint-Denis. L. XII, c. 5, p. 222.

encouragea ses serviteurs à aller combattre sous les ordres de l'homme avec lequel il venoit tout récemment de partager la faveur de son frère, et qu'il supposoit devoir être rappelé, dès que Charles VI reprendroit l'entier usage de sa raison. (1)

Bientôt on annonça en effet que le roi recouvroit la santé : au commencement de l'hiver il revint à Paris avec la reine, et s'établit à son hôtel de Saint-Paul. Il y eut dans tout le royaume de grandes réjouissances pour sa guérison; mais le duc de Bourgogne eut soin de dire à son neveu, que s'il vouloit éviter une rechute, il devoit s'interdire toute occupation sérieuse. Ce duc garda donc seul le maniement des affaires, tandis que toutes les nuits se passoient au palais : « en « dansés, caroles, et ébattemens, devant le roi, « la reine, la duchesse de Berri et d'Orléans, et « les dames. » (2)

Parmi ces fêtes, il y en eut une, dans la nuit du 29 janvier 1393, qui se termina d'une manière bien funeste. Une veuve, dame d'honneur de la reine, se remaria à un chevalier du Vermandois : le roi déclara qu'il vouloit que ses noces se célébrassent au palais; les noces des veuves étoient une occasion d'extrême licence;

---

(1) Religieux de Saint-Denis. L. XII, c. 5, p. 223. — Lobineau, Hist. de Bret. L. XIV, c. 34, p. 485.

(2) Froissart, c. 31, p. 138.

on s'y permettoit des actions et des propos dont on auroit rougi partout ailleurs, dans un temps où l'on ne rougissoit guère. Le roi vouloit en profiter (1), il se déguisa en satyre, avec cinq de ses jeunes courtisans. Des tuniques enduites de poix, recouvertes de longues étoupes de lin, les faisoient paroître velus de la tête aux pieds : dans cet accoutrement ils entrèrent en dansant dans la salle du festin, où personne ne sut les reconnoître. Tandis que les cinq autres s'étoient emparés de la mariée, et cherchoient à l'embarrasser par leurs danses lascives, Charles s'étoit détaché d'eux pour aller tourmenter sa tante la duchesse de Berri, qui, mariée à un vieillard, étoit la plus jeune des princesses, et qui ne devinoit point qui il pouvoit être. Le duc d'Orléans s'approchant des autres, une torche à la main, comme pour reconnoître leur visage, mit le feu aux étoupes dont ils étoient couverts : ce n'étoit de sa part qu'une espiéglerie insensée, quoiqu'elle lui ait été reprochée plus tard comme une tentative pour faire périr son frère. Celui-ci se nommant aussitôt à la duchesse de Berri, elle le couvrit de son manteau, le préserva des flammes, et l'entraîna hors de la salle. Cependant les malheureux que le duc d'Orléans avoit mis en feu, et qui ne paroissoient plus que comme

---

(1) Religieux de Saint-Denis. L. XII, c. 9, p. 235.

des colonnes de flammes, couroient ainsi que des forcenés, en poussant des hurlemens effroyables ; deux d'entre eux périrent sur la place, sans qu'on pût réussir à les éteindre ; deux autres survécurent jusqu'au lendemain et au surlendemain : un cinquième, Nantouillet, se souvenant d'avoir vu dans l'antichambre une cuve pleine d'eau s'élança dedans, et quoiqu'il dût aussi passer par des souffrances horribles, il fut enfin guéri. (1)

Il paroît que l'effroi que causa ce spectacle épouvantable, suspendit pour quelque temps les divertissemens du palais, et ramena le roi à des occupations plus sérieuses. Avant tout il voulut, par une sorte d'expiation, travailler à rendre la paix à l'Église. Le schisme avoit déjà duré si long-temps qu'on y étoit presque accoutumé ; l'Université de Paris avoit bien fait entendre ses plaintes sur l'odieuse vénalité, et sur les scandales de la cour d'Avignon, mais le duc de Berri, tout dévoué à Clément VII, n'avoit jamais voulu permettre qu'on révoquât en doute la légitimité de ce pontife (2). Lorsque la nouvelle de la folie du roi fut portée aux deux cours pontificales, toutes deux affectèrent d'y voir

---

(1) Froissart. T. XIII, c. 32, p. 140. — Religieux de Saint-Denis. L. XII, c. 9, p. 235. — Juvénal des Ursins, p. 93. — Barante, Ducs de Bourg. T. II, p. 197. — Monstrelet. T. I, p. 312, et p. 423.

(2) Religieux de Saint-Denis. L. XII, c. 6, p. 224.

une punition du ciel : selon Boniface IX, c'étoit pour avoir embrassé le schisme; selon Clément VII, c'étoit pour n'avoir pas écrasé l'usurpateur de Rome. La fatale mascarade du palais fut, au dire des deux papes, une seconde plaie, un second avertissement au roi d'accomplir son devoir, dans lequel on pouvoit visiblement reconnoître le doigt de Dieu, quoiqu'ils l'expliquassent de deux manières opposées (1). Boniface IX, pour profiter de l'impression que de telles épreuves avoient faites sur l'esprit du roi, lui envoya un savant cordelier, chargé d'offrir des moyens de réconcilier l'Église; mais des négociations entre des cours aussi éloignées que celles de Paris, Rome et Avignon, étoient nécessairement fort longues, et elles n'avoient fait aucun progrès sensible, lorsqu'un nouvel accès de la maladie du roi les suspendit encore. (2)

Aux premiers accès de cette maladie, on ne savoit point si elle ne seroit pas mortelle, et on avoit jugé convenable de régler la succession. Le fils aîné du roi étoit mort, le second étoit âgé seulement d'une année : on fit rendre à Charles VI, au mois de novembre 1392, une ordonnance qui confirmoit celle de Charles V, et déclaroit majeurs les rois à venir, au moment où

---

(1) Froissart. T. XIII, c. 30, p. 103 et 104, et c. 33, p. 150. — *Raynaldi Annal. eccles.* T. XVII, anno 1392, §. 7.
(2) Froissart, c. 33, p. 151.

ils entreroient dans leur quatorzième année (1). Deux ordonnances du mois de janvier suivant, pourvurent à la tutelle de ses enfans et à la régence du royaume, pour le cas où Charles VI viendroit à mourir avant que son fils eût atteint sa quatorzième année. Par la première, il nommoit la reine pour tutrice, et lui adjoignoit en la même capacité, ses trois oncles, les ducs de Berri, de Bourgogne et de Bourbon, et son beau-frère Louis, duc de Bavière. Les survivans de ces cinq personnes, n'en restât-t-il qu'une seule, devoient exercer la tutelle, conjointement avec un conseil composé de trois prélats, trois clercs, et six gentilshommes. Paris et sa vicomté, les bailliages de Senlis et de Melun, et le duché de Normandie, étoient attribués aux tuteurs, soit pour leurs dépenses et celles des enfans de France, soit comme lieux de sûreté (2). Par la seconde ordonnance le duc d'Orléans étoit nommé régent, sans qu'il lui fût adjoint aucun conseil, ni substitué aucun remplaçant en cas de mort. C'étoit probablement un dédommagement que ses oncles consentoient à lui donner, pour l'avoir exclu du gouvernement dans la dernière circonstance. Du reste, ces deux ordonnances ne de-

---

(1) Ordonn. de France. T. VII, p. 517-518. — Religieux de Saint-Denis L. XII, c. 6, p. 229. — Juvénal des Ursins, p. 94.

(2) Ordonn. de France. T. VII, p. 530.

voient s'exécuter qu'à la mort du roi; rien n'étoit réglé pour le cas où il auroit un nouvel accès de sa maladie. (1)

Quand le roi recommença à s'occuper des affaires, il demanda ses amis qu'on avoit éloignés de lui : on lui dit qu'ils étoient en prison, et qu'on leur faisoit leur procès comme à des traîtres. Il se sentoit la tête trop foible pour essayer d'approfondir cette accusation : il se contenta donc d'ordonner qu'on leur rendît leurs biens, qu'on les remît en liberté, et qu'on les exilât de la cour. Il mit un peu plus de zèle à ramener auprès de lui Olivier de Clisson ; il lui envoya deux chevaliers pour lui demander en son nom, et au nom de son frère une explication sur les trahisons dont on l'accusoit. Mais Clisson savoit « que, quoique le roi de France fût retourné en « assez bon point et bon état, si ne se départoient « point les ducs de Berri et de Bourgogne du gou- « vernement du royaume, mais en avoient le « faix et la charge, et vouloient avoir, pour le « grand profit qui leur en sourdoit; et avoient « mis de lez le roi toutes gens à leur plai- « sance. » (2) Il ne voulut pas, en se confiant à un roi qui n'avoit pas la force de choisir ses entours, se remettre réellement entre les mains de

(1) Ordonn. de France. T. VII, p. 535.
(2) Froissart. T. XIII, c. 33, p. 153.

ses ennemis. Il ne se laissa jamais trouver par les chevaliers envoyés pour traiter avec lui; ceux-ci, après avoir visité tous ses châteaux, revinrent à la cour sans avoir eu de ses nouvelles (1). La guerre continuoit cependant entre Clisson et le duc de Bretagne, avec un acharnement proportionné à la haine qu'ils avoient l'un pour l'autre. Jamais leurs partisans ne s'accordoient mutuellement de quartier. Les nobles de Bretagne s'étoient, pour la plupart, maintenus neutres entre les deux rivaux; mais la duchesse de Bourgogne faisoit passer des secours au duc de Bretagne, et le duc d'Orléans à Clisson, en sorte que les deux partis qui divisoient la cour, en étoient déjà réellement venus aux mains dans cette province écartée. (2)

Les oncles des rois de France et d'Angleterre étoient convenus l'année précédente, aux conférences d'Amiens, qu'ils se réuniroient de nouveau à Lélinghen, au mois d'avril, pour reprendre leurs négociations. Les ducs de Lancaster et de Glocester vinrent en effet s'établir à Calais, les ducs de Berri et de Bourgogne à Boulogne, et Charles VI s'avança lui-même jusqu'à Abbeville. Un tente ornée étoit dressée à Lélinghen, sur l'extrême frontière, et depuis le 7 jusqu'au

(1) Froissart, c. 34, p. 158.
(2) Froissart, c. 34, p. 165.

29 avril, les quatre ducs, accompagnés de plusieurs évêques et de plusieurs clercs, s'y rencontroient tous les jours, dès neuf heures du matin. (1)

Les Anglais prenoient toujours pour base de leurs demandes, le traité de Bretigny, qu'ils avoient dû à leurs victoires, tandis que depuis 1369, que Charles V l'avoit rompu, ils n'avoient éprouvé que des revers; ils étoient fondés à accuser ce monarque d'avoir agi avec mauvaise foi à cette époque, mais vingt-cinq ans s'étoient écoulés dès-lors et des droits fondés par la force avoient été remplacés par d'autres droits que la force avoit également sanctionnés. Aussi, lorsque le duc de Glocester, pour flatter les passions du peuple anglais, demanda la restitution de toutes les provinces que son père Édouard III avoit possédées, et le paiement du solde de la rançon du roi Jean, le duc de Bourgogne lui répondit avec justice qu'il demandoit qu'on remontât plus haut encore, à l'époque où ce même Édouard étoit monté sur le trône. Tout ce que ce roi avoit conquis, il devoit s'attendre à le reperdre. De ces conquêtes il ne restoit plus aux Anglais que Calais; qu'ils rendissent cette ville, et on leur rendroit ce qu'ils avoient perdu dans la Guienne.

Après plusieurs conférences, les négociateurs parurent un peu se rapprocher; les Français, en

(1) Froissart, c. 35, p. 167 et 171. — Religieux de Saint-Denis. L. XIII, c. 1, p. 239.

renonçant à recouvrer Calais, offrirent de restituer le Bigorre, l'Agénois et le Périgord ; ils auroient gardé le Quercy, le Rouergue, le Limousin et le Ponthieu. Les ducs convinrent de porter à leurs cours respectives ce projet de traité, et de rapporter le 21 mai leurs réponses dans le même lieu. Comme on rédigeoit ces bases du traité, le duc de Glocester s'exprima avec la plus grande défiance sur ce qu'il appeloit, « la par-
« lure française, à mots subtils et couverts, et
« sur double entendement, que les Français tour-
« nent là où ils veulent à leur profit et avantage,
« ce que les Anglais ne sauroient faire. » (1) Il savoit bien que par ces propos il offensoit les Français, et rendoit la paix plus difficile à conclure ; mais, d'autre part, il flattoit les passions populaires des Anglais, et il se plaçoit mieux comme chef de parti, en opposition à son neveu Richard, qui auroit volontiers acheté la paix à des conditions bien plus onéreuses. Les négociateurs revinrent en effet à Lélinghen au jour fixé, mais quoiqu'ils fussent à peu près d'accord sur des conditions que de part et d'autre ils enveloppoient du plus profond mystère, quelque obstacle s'opposoit encore à la signature de la paix définitive : pour se donner le temps de l'écarter, ils convinrent de prolonger la trève encore d'une

---

(1) Froissart. T. XIII, c. 35, p. 174-175.

année, ou jusqu'au 29 septembre 1394, jour de la Saint-Michel. (1)

La ratification royale ne put point être donnée par Charles VI à cette prolongation de la trève, parce que, vers le milieu de juin, lorsque les chaleurs recommencèrent, il fut atteint d'un nouvel accès de folie, qui se prolongea jusqu'au mois de janvier. Souvent il étoit furieux; il repoussoit alors sa femme, ses enfans, ses serviteurs : la seule Valentine Visconti, duchesse d'Orléans, conservoit sur lui de l'empire. Toujours il l'accueilloit avec tendresse, et il faisoit à sa demande ce qu'il avoit refusé à tous les autres. C'en fut assez pour qu'on répandît le bruit qu'elle l'avoit ensorcelé. Les ducs de Berri et de Bourgogne, jaloux de quiconque avoit du crédit sur leur neveu, n'épargnèrent pas les calomnies pour noircir ceux qu'ils vouloient écarter de lui. Déjà, lors du premier accès de folie du roi, ils avoient prétendu que les *marmousets* l'avoient empoisonné, quoique ceux qu'ils nommoient ainsi fussent, de tous les Français, les plus intéressés à le conserver en bonne santé. Valentine Visconti perdoit de même, par la maladie de son beau-frère, tous les avantages du crédit dont elle jouissoit auprès de lui; mais elle étoit Italienne, et

(1) Froissart. T. XIII, c. 35, p. 182. — Religieux de Saint-Denis. L. XIII, c. 1, p. 240. — Juvénal des Ursins, p. 97. — Th. Walsingham, *Hist. Angl.*, p. 350. — *Rymer.* T. VII, p. 748.

les Français, demi-barbares, regardoient la haute civilisation et les sciences des Italiens comme des arts diaboliques. Les Italiens, qui, depuis long-temps, ne croyoient plus aux sorciers, étoient encore entichés de l'astrologie judiciaire, parce qu'elle se présentoit à eux sous l'apparence d'une science. On les accusoit aussi de faire un fréquent usage des poisons, quoique jusqu'au seizième siècle, où la liberté finit chez eux, les empoisonnemens se présentent bien plus rarement dans leur histoire que dans celle de France. Pour accroître les soupçons contre Valentine, on rappeloit que c'étoit son mari qui avoit mis le feu aux étoupes dans la mascarade fatale du mois de janvier, et l'on en concluoit qu'il avoit eu dessein de faire périr son frère pour lui succéder (1). Mais, par une inconséquence remarquable, ces mêmes ducs, qui vouloient noircir Valentine en l'accusant de magie, appeloient eux-mêmes du Languedoc, un sorcier, nommé Arnaud Guillem, auquel ils confièrent le roi pour le guérir. Cet imposteur ne manqua pas d'annoncer que la folie de Charles étoit une œuvre du diable, et que, pour le guérir, il lui falloit vaincre les arts magiques d'une personne qu'il ne nommoit pas, et qui avoit mis le roi dans cet état. (2)

(1) Thom. Walsingham, *Hist. Angl.*, p. 349.
(2) Religieux de Saint-Denis. L. XIII, c. 3, p. 241. — Juvénal des Ursins, p. 100. — Froissart, c. 35, p. 187.

L'historien Juvénal des Ursins, archevêque de Reims, assure que son père, le prévôt des marchands, qui portoit le même nom que lui, courut à cette époque grand risque d'avoir la tête tranchée, parce que le zèle avec lequel il s'entremettoit pour réconcilier les factions de la cour et protéger les opprimés avoit excité la jalousie des oncles du roi : de faux témoins subornés contre lui, l'accusoient d'avoir mal parlé du duc de Bourgogne. Par un heureux hasard, les informations tombèrent entre les mains de des Ursins, qui put ainsi préparer sa défense, et des témoins à décharge. On ne sauroit, il est vrai, donner beaucoup de croyance aux récits de ce prélat, qui n'a eu d'autre but, en écrivant l'histoire de Charles VI, que de relever l'importance et les services de son père. (1)

1393.

Comme on cherchoit en général à cacher l'état de folie du roi, rien n'étoit changé dans la marche apparente de l'administration ; les ordonnances étoient toujours rendues en son nom, et en général, on trouvoit moyen de les lui faire signer dans ses momens les plus calmes. On lui avoit, de la même manière, surpris quelques permis de chasse dans les forêts royales; ses oncles jugèrent cet abus beaucoup plus grave que ceux qui compromettoient la vie des hommes et non celle

---

(1) Juvénal des Ursins, p. 98.

du gibier. Une ordonnance fut donc rendue à Beauté-sur-Marne, le 7 septembre 1393, pour déclarer que ces permis de chasse seroient considérés comme nuls, s'ils n'étoient visés par le duc de Bourgogne (1). D'ailleurs, la maladie du roi étoit cause que toutes les affaires demeuroient dans une sorte de stagnation, et le reste de l'année s'écoula sans événemens d'aucune importance, si ce n'est la négociation du roi de Navarre avec le roi d'Angleterre, pour obtenir la restitution de la ville de Cherbourg. L'ordre en fut donné le 24 et le 27 octobre 1393; mais il se passa plus de deux ans avant qu'il fût exécuté (2). Cette place très forte avoit été livrée aux Anglais par Charles-le-Mauvais, quand il n'espéroit plus de la défendre contre la France. Soit Richard d'Angleterre, soit Charles III de Navarre, se réconcilioit alors avec la France, et il étoit dans l'intérêt de tous deux de ne pas prolonger plus longtemps une occupation qui causoit aux Français une juste défiance (3); mais, quelque juste que fût cette restitution, les ministres de toutes les cours se faisoient toujours un mérite de la retarder.

Lorsqu'au mois de janvier 1394, la raison du roi parut s'être un peu raffermie, on lui fit ac-

---

(1) Ordonn. de France. T. VII, p. 579.
(2) *Rymer.* T. VII, p. 755, 756, 759.
(3) Favyn, Hist. de Navarre. L. IX, p. 476.

complir divers vœux qu'on avoit faits en son nom pour obtenir du ciel son rétablissement : c'étoient, pour la plupart, des pélerinages. Le premier, pour lequel il partit peu après la mi-janvier, fut celui du mont Saint-Michel-en-Mer : comme ce voyage l'amenoit sur les frontières de Bretagne, il réveilla en lui le désir de rendre la paix à Olivier Clisson ; il envoya dans ce but des ambassadeurs au duc de Bretagne. Ce duc, s'attendant à ce que le roi ne jouît que d'un court intervalle de raison, ne crut pas d'abord devoir faire beaucoup d'attention à ses demandes. Il commença par traiter les ambassadeurs de France avec fort peu d'égards ; leur refuser un logement à Tréguier ; raser, malgré leur intercession, la Roche-de-Rien, qu'il avoit prise devant eux (1). Mais le roi paroissoit mettre plus de suite dans ses volontés que durant son précédent intervalle de bon sens ; le duc de Bourgogne conseilla lui-même au duc de Bretagne de céder, et d'annoncer sous quelle condition il accorderoit la paix à Clisson. La négociation se prolongea ; Clisson refusa une conférence, persuadé qu'on ne la lui proposoit que pour l'y massacrer en trahison (2). Le 25 juin, des lettres-patentes du roi avoient nommé le duc de Bourgogne arbitre entre ces

---

(1) Religieux de Saint-Denis. L. XIII, c. 4, p. 245.
(2) Froissart. T. XIII, c. 34, p. 163.

deux seigneurs; mais ce ne fut que le 12 novembre qu'ils consentirent enfin à se rencontrer à Ancenis, en sa présence et sous sa garantie; et ce ne fut que le 24 janvier de l'année suivante qu'il prononça entre eux la sentence arbitrale qui devoit régler leurs prétentions réciproques. (1)

Pendant ce temps, Charles VI continuoit ses pélerinages : après celui de Saint-Michel, il en fit un autre à Notre-Dame du Puy en Velay, où il arriva le 24 mars, suivi des ducs de Berri et de Bourgogne. Les cruelles souffrances et l'humiliation de sa maladie lui avoient inspiré plus de pitié pour ceux qui souffroient aussi. Son voyage sur les frontières du Languedoc fut utile à la province; il y rappela les fugitifs que la tyrannie de ses oncles avoit forcés à abandonner leurs foyers; il les exempta de toute taille ou imposition arbitraire, pendant les six ans qui suivroient leur retour. Comme Pierre de Chevreuse, directeur des finances du Languedoc, étoit mort, il nomma un conseil de finances pour le remplacer, et ce conseil prépara un édit, qui parut seulement deux ans plus tard, le 28 mars 1396, pour diminuer considérablement les diverses impositions de la province. (2)

Parmi les actes d'une sage bienfaisance qui fu-

---

(1) Lobineau, Hist. de Bret. L. XIV, c. 48, p. 490.—Daru, Hist. de Bret. T. II, L. V, p. 217.

(2) Hist. de Languedoc. L. XXXIII, c. 58, p. 407 et 408.

rent suggérés à cette époque à Charles VI par quelques hommes de bien, peut-être par l'habile médecin Renaud Fréron, auquel on l'avoit récemment confié, et qui sembloit rendre de la vigueur à son esprit, on doit compter une ordonnance par laquelle il supprimoit les jeux de hasard, et les remplaçoit par des tirages de l'arc et de l'arbalète, qu'il faisoit établir dans tous les villages, et auxquels il invitoit les hommes de tout âge à s'exercer. Jusqu'alors la défiance de la noblesse avoit interdit aux villageois l'usage de toute espèce d'armes : aussi les campagnes de France ne fournissoient point d'infanterie aux armées; et pour résister aux archers anglais, on avoit été obligé d'en solder à grands frais dans les montagnes de Gênes. La substitution des exercices du corps, qui donnoient de la dignité à l'homme, aux jeux de hasard, qui le ruinoient, fut accueillie avec joie par le peuple; de toutes parts on forma des compagnies d'archers et d'arbalétriers, et l'ardeur pour ce nouvel exercice fut telle, que beaucoup d'archers français l'emportoient déjà en habileté sur les Anglais. La noblesse, qui regardoit l'asservissement du peuple comme beaucoup plus important que l'indépendance du royaume, s'alarma de ce que les paysans commençoient à développer leurs forces et à les sentir; elle fit entendre ses clameurs à la cour, et, au premier moment favorable, elle fit révoquer l'ordonnance de Charles VI, fermer les exercices de l'arc et de l'arbalète, et rouvrir les maisons de jeux. (1)

Dans la disposition sérieuse à laquelle la maladie avoit ramené le roi, le médecin n'étoit pas seul écouté; le confesseur l'étoit à son tour; et celui-ci persuada à Charles VI de révoquer les ordonnances favorables aux Juifs, et de les exiler de nouveau du royaume. Le clergé protestoit que leur séjour au milieu des fidèles profanoit le sol de la France; la noblesse, après leur avoir emprunté de l'argent, les prenoit en haine dès que le moment de payer étoit venu; le peuple étoit jaloux de leur richesse et de leur habileté supérieure dans le commerce. Le confesseur fit enfin agir aussi la reine, qui joignit ses haines religieuses à celles de tous ses sujets. Il falloit ce concert d'intérêts et de passions pour triompher de la protection que les financiers du roi donnoient aux juifs. Leurs contributions annuelles étoient un article important pour le trésor; les percepteurs craignoient si fort de les perdre, qu'ils ne permettoient point aux juifs de changer de religion : quand un juif se convertissoit au christianisme, tous ses biens étoient confisqués; deux ordonnances récentes avoient aboli cette coutume,

---

(1) Religieux de Saint-Denis. L. XVI, c. 1, p. 254. — Juvénal des Ursins, p. 104.

mais elle n'en étoit pas moins observée (1). Le confesseur l'emporta sur les financiers : une ordonnance, rendue à Paris le 17 septembre, obligea tous les Juifs à sortir du royaume; avec une loyauté qu'on n'avoit encore jamais observée à leur égard, elle leur donna un mois pour régler leurs affaires, au bout duquel ils devoient être conduits en sûreté, avec leurs biens, à la frontière qu'ils désigneroient (2). Il est vrai qu'on ne fut pas long-temps juste envers ces malheureux; les quatre plus riches juifs de Paris furent accusés, non seulement sans preuves, mais même sans indices, du meurtre d'un juif converti qui avoit disparu. On leur déchira le corps à coups de verges, deux dimanches de suite, dans tous les carrefours de Paris, jusqu'à ce que la douleur les eût forcés à donner 18,000 francs en or pour se racheter. C'est avec cet argent que fut bâti le petit pont en face de la rue Saint-Jacques. (3)

Peu après Pâques, les ducs de Berri et de Bourgogne retournèrent à Boulogne pour renouveler leurs conférences avec les oncles du roi d'Angleterre. Ce furent, cette fois, les ducs de Lancaster et d'York qui les rencontrèrent à Lé-

---

(1) Le 4 avril 1392, et le 25 avril 1393. Ordonn. de France. T. VII, p. 557 et 792.

(2) Ordonn. de France. T. VII, p. 675 et 677.

(3) Religieux de Saint-Denis. L. XIII, c. 7, p. 249. — Juvénal des Ursins, p. 103.

linghen. Après d'assez longues négociations, ils convinrent, le 27 mai, de prolonger la trêve jusqu'au 29 septembre 1398, ou pour un peu plus de quatre ans. (1)

D'autres négociateurs avoient été, dans le même temps, chargés de renouveler les anciennes alliances de la France avec la Castille ; un traité qui les confirmoit fut signé le 16 janvier 1394, avec Henri III, surnommé *le maladif*, qui étoit alors âgé de quinze ans. (2)

Ces deux traités paroissoient, au public et à la cour de France, bien moins importans que celui qui auroit pu mettre fin au schisme, et qui auroit rendu ainsi la paix à l'Église. Les deux papes avoient répété si souvent que la maladie du roi étoit une punition du ciel, selon l'un pour avoir embrassé le schisme, selon l'autre pour ne l'avoir pas étouffé par les armes, que Charles VI lui-même, et ses princes, et son peuple, trembloient dans l'attente de nouveaux châtimens. Le duc de Berri continuoit, il est vrai, à déployer un zèle ardent pour Clément VII, et à s'opposer à ce qu'on lui demandât aucune concession ; mais on commençoit à ne voir dans ses scrupules que le désir d'abuser de la foiblesse et de la servilité de la cour d'Avignon, qui, pour s'assurer sa protec-

---

(1) *Rymer*. T. VII, p. 769.
(2) *Rymer*. T. VII, p. 763.

tion, s'étoit prêtée à toutes ses fantaisies, et avoit accordé avec scandale les plus hautes promotions ecclésiastiques aux plus viles créatures du duc de Berri. L'Université de Paris étoit blessée dans ses intérêts comme dans ses sentimens par une telle corruption de l'Église. Les membres les plus distingués de ce corps, qui croyoient avoir acquis, par leur savoir, leur talent, leurs vertus, des droits à l'avancement, ne pouvoient obtenir ni bénéfices, ni prélatures, parce que toutes étoient réservées à des intrigans de la cour d'Avignon, ou à des laïques qu'elle favorisoit par des vues politiques. Le scandale de la conduite de ces intrus retomboit ensuite sur le corps entier du clergé : d'ailleurs, l'école de théologie de Paris étoit animée par une sorte d'esprit démocratique; elle n'accordoit la distinction qu'au savoir, au mérite personnel, de quelque rang de la société qu'on fût sorti; elle avoit souvent témoigné une jalousie très marquée de la cour pontificale ; elle avoit attaqué successivement ses agens les plus dévoués, les franciscains et les dominicains; elle avoit, à plusieurs reprises, condamné ses doctrines sur plusieurs points de foi, et, tout récemment encore, elle avoit forcé le pape à céder dans la question de la conception immaculée. Une bulle que Boniface IX, le pontife de Rome, adressa à Charles VI, pour le prier de faire cesser le schisme, donna à l'Université de Paris une occasion nouvelle de revenir à la charge, et de se porter en quelque sorte pour arbitre entre les deux pontifes (1). Le docteur Nicolas de Clémengis présenta au roi, le 30 juin, au nom de la Sorbonne et en présence des quatre ducs de Berri, de Bourgogne, d'Orléans et de Bourbon, un traité dans lequel il exposoit les moyens que l'autorité royale devoit employer pour faire cesser le schisme : il vouloit que les deux papes fussent invités à abdiquer en même temps leur dignité, pour laisser à l'Église la liberté d'en élire un nouveau : c'est ce qu'on nomma la voie de *cession mutuelle*. S'ils s'y refusoient, il leur proposoit encore de nommer des arbitres, qui examineroient leurs droits, qui décideroient lequel des deux étoit le pape véritable; et comme ils devoient promettre d'avance de se soumettre à leur décision, ce second expédient fut nommé la voie de *compromis*. Si les deux compétiteurs refusoient d'embrasser à l'amiable l'une ou l'autre de ces voies, le roi devoit, par son autorité, recourir à la troisième, la convocation d'un concile général, auquel on appelleroit, avec les évêques, et vu leur ignorance, un certain nombre de docteurs choisis dans les universités les plus célèbres de l'une et l'autre obédience. Ce concile, en vertu de son autorité souveraine, prononceroit entre

(1) Religieux de Saint-Denis. L. XIII, c. 5, p. 246.

les deux papes, sans avoir eu besoin d'obtenir au préalable leur assentiment. (1)

Charles VI parut d'abord goûter les propositions que lui faisoit la Sorbonne; mais, foible et se défiant de lui-même, il ne savoit pas maintenir contre ses oncles les résolutions qu'il avoit adoptées. Le duc de Berri cria au scandale; il prétendit que l'école de théologie ne proposoit rien moins qu'une révolte contre le saint-père, et il lui fit intimer par Arnaud de Corbie, chancelier de France, la défense de se mêler de cette affaire. L'Université de Paris, prenant fait et cause pour la Sorbonne, c'est le nom qu'on donne à sa faculté de théologie, ferma ses écoles, et suspendit ses leçons. En même temps elle envoya au pape Clément VII le traité de Nicolas de Clémengis : ce pape, en voyant avec quelle hardiesse un corps aussi accrédité dans la chrétienté attaquoit son autorité, en conçut beaucoup d'inquiétude : elle redoubla encore lorsqu'il reconnut que les cardinaux d'Avignon partageoient l'avis de l'Université, et se disposoient à le presser de consentir ou à la cession mutuelle, ou à la convocation d'un concile. Sur ces entrefaites, Clément VII fut frappé d'apoplexie, le 16 septembre 1394, et mourut lorsqu'on s'y attendoit le moins : l'Université de Paris ne douta point que ce ne

---

(1) Religieux de Saint-Denis. L. XIV, c. 1, p. 255.

fût une suite du dépit qu'il avoit éprouvé. (1)

Dès que la cour de France fut instruite de la mort de Clément VII, elle écrivit aux cardinaux que c'étoit leur devoir de mettre à profit cette circonstance pour travailler à l'union de l'Église, et elle les invita à suspendre l'élection jusqu'à ce que le roi eût pu ouvrir des négociations avec leurs adversaires de Rome; mais les cardinaux sentirent bien que celle des deux églises qui se trouveroit sans pasteur au moment de la réunion devroit subir la loi de l'autre; en sorte que, pour demeurer sur un pied d'égalité avec leurs adversaires, ils résolurent d'entrer au conclave, et de procéder à l'élection, sans ouvrir la lettre du roi de France, dont ils devinoient aisément le contenu. Comme ils désiroient cependant sincèrement la cessation du schisme, ils rédigèrent un engagement ou cédule qu'ils signèrent tous, et qu'ils confirmèrent par serment, par lequel chaque cardinal promettoit que, s'il venoit à être élu pape, il n'emploieroit la dignité dont il seroit revêtu qu'à effectuer la réunion de l'Église; qu'il ne se refuseroit pour cela à aucun sacrifice, et qu'il se prêteroit entre autres à la cession mu-

---

(1) Religieux de Saint-Denis. L. XIV, c. 2, p. 267. — Juvénal des Ursins, p. 105.—Froissart. T. XIII, c. 36; p. 189. — *Vitæ Roman. Pont.* T. III, P. II, p. 758-771. — *Raynaldi Annal. eccl.* T. XVII, anno 1394, §. 4.

tuelle, si son adversaire vouloit y consentir (1). Le cardinal Pierre de Luna, d'une illustre famille d'Aragon, avoit rédigé cette cédule ; il passoit pour le plus savant des cardinaux d'Avignon, et pour l'âme du parti ; tout récemment il avoit été envoyé en ambassade à Paris, et aux conférences de Lélinghen. Ce fut lui qui fut élu le 28 septembre par le conclave d'Avignon, et il prit le nom de Benoît XIII (2). Quand la nouvelle de cette élection fut portée à Paris, Charles VI, au lieu de reconnoître le nouveau pape, convoqua le clergé de France, l'invitant à se réunir dans son palais le 2 février suivant, pour aviser avec lui aux moyens de rendre enfin la paix à l'Église. (3)

(1) Religieux de Saint-Denis. L. XIV, c. 4, p. 271.
(2) Froissart. T. XIII, c. 35, p. 179.
(3) Religieux de Saint-Denis. L. XIV, c. 6, p. 276. — Juvénal des Ursins, p. 107.

CHAPITRE XXII.

Le gouvernement travaille à rétablir l'ordre et la paix dans tout le royaume. — Expédition du comte de Nevers en Hongrie; — sa captivité à Nicopolis. — Intrigues en Italie. — Gênes se donne au roi de France. — Isabelle de France mariée à Richard II. — Complot de celui-ci pour ressaisir le pouvoir absolu. — La France se soustrait à l'obédience de Benoît XIII. — 1395-1398.

L'EFFRAYANTE calamité dont le roi de France avoit été frappé, sembloit avoir été regardée par lui-même, et par ceux qui partageoient avec lui le pouvoir, comme un avertissement salutaire dont ils cherchoient à faire leur profit. Charles VI, confié aux soins d'un habile médecin, Renaud Fréron, au lieu de passer, comme auparavant, ses jours et ses nuits dans les fêtes, les bals et les mascarades, étoit rappelé par lui à des occupations plus sérieuses : on cherchoit à fixer son esprit sur son devoir, sur le bien de son peuple, à donner ainsi de la suite à ses idées. En effet, il avoit passé tout l'été de 1394 sans avoir de rechute; il n'avoit point joui, il ne devoit point jouir de nouveau d'un si long intervalle de santé ; il n'avoit, même avant sa première attaque de folie, jamais paru plus pleinement dans son bon sens ; jamais, du moins, il n'en avoit fait un meilleur usage. Ses oncles et son frère, rendus sérieux à leur tour par le désir qu'il manifestoit d'apaiser le courroux du ciel, sembloient reconnoître que la cour avoit d'autres devoirs à remplir que l'amusement du monarque, ou même que la guerre, lorsque aucun grand intérêt national ne forçoit à la faire. Ils travailloient, de concert avec Charles VI, à rétablir l'ordre dans le royaume, ou du moins ils ne contrarioient point ses efforts pour faire jouir les peuples de quelque repos.

La trêve avec l'Angleterre, qui s'étoit déjà prolongée à plusieurs reprises, avoit suspendu le fléau dont la France avoit le plus long-temps et le plus cruellement souffert. Le comte d'Armagnac et les sénéchaux de Languedoc avoient successivement racheté toutes les forteresses occupées par des capitaines aventuriers qui se disoient anglais, dans la Guienne, l'Auvergne, le Limousin, le Bigorre (1). Leur voisinage n'étoit plus ravagé chaque année par ces brigands : les uns après les autres ils avoient quitté la France ; ceux même qui ne s'étoient pas engagés dans les deux compagnies formées par les comtes Ber-

1395.

(1) Hist. de Languedoc. L. XXXIII, p. 406-408.

nard et Jean d'Armagnac, et conduites l'une en Aragon, l'autre en Lombardie, mais qui étoient restés égrenés dans leurs demeures, pour y dissiper dans la débauche l'argent qu'ils avoient amassé par le pillage, à mesure qu'ils arrivoient au bout de leurs ressources, passoient le Rhône, pour s'enrôler en Provence sous les drapeaux de Raymond de Turenne. Ce comte, reconnu pour chef par tous les partisans de la maison de Duraz, avoit de nouveau soumis presque toute la Provence au roi Ladislas de Naples. La mauvaise foi de la reine-mère Marie, qui avoit violé les capitulations de la Provence, avoit été funeste aux Angevins. Cette reine vivoit tour à tour, ou à Paris, ou à Angers : son fils Louis II étoit à Naples, où on lui montroit peu d'obéissance. Le sénéchal de Provence, l'évêque de Valence et le pape d'Avignon dirigeoient seuls le parti angevin : la Provence étoit dévastée par la guerre civile ; mais ce comté étoit toujours regardé comme terre d'Empire, et comme étranger à la France. Cependant, pour lui épargner de plus grandes calamités, Charles VI avoit, à deux reprises, donné l'ordre au sénéchal de Beaucaire d'interdire le passage du Rhône à tous les gens de guerre qui voudroient se rendre de France en Provence, pour servir sous le comte de Turenne. (1)

(1) Bouche, Hist. de Provence. T. II, L. IX, p. 422. — Hist. de Languedoc. T. IV, L. XXXIII, c. 59, p. 407.

Il ne restoit en France d'autre guerre que celle que le duc de Bretagne, Jean IV, continuoit à faire à Olivier de Clisson; et Charles VI ayant manifesté une ferme volonté que celle-là aussi fût terminée, le duc de Bourgogne, tout favorable qu'il étoit au duc de Bretagne, travailla sérieusement à y mettre fin, et, par des efforts répétés, il y réussit. Le 25 juin 1394, il avoit été nommé par le roi arbitre entre ces deux seigneurs : le 12 novembre suivant, il avoit réussi à les faire rencontrer en sa présence à Ancenis, et il leur avoit fait promettre, aussi-bien qu'au comte de Penthièvre, gendre de Clisson, de se soumettre à la sentence arbitrale qu'il prononceroit après de plus amples informations. Il prononça cette sentence à Paris, le 24 janvier 1395, en présence du chancelier de Bretagne et des procureurs des parties. Il y entra dans de grands détails sur le réglement des comptes, le paiement et le partage des sommes prétendues de part et d'autre, en prenant pour base les traités de Guérande et de Tours, qu'il confirmoit (1). Les deux parties reconnurent que l'arrangement qui leur étoit proposé étoit équitable, et le duc de Bretagne fit même publier immédiatement la paix dans la basse Bretagne, qui avoit été le théâtre des combats les plus acharnés. Toutefois un ré-

------

(1) Lobineau, Hist. de Bret. L. XIV, c. 49, p. 491.

glement de compte, purement pécuniaire, ne pouvoit éteindre des haines si violentes et si enracinées. Dès le mois de juin, les offenses et les provocations mutuelles recommencèrent. Le duc fit raser le château de Tonquedec, appartenant au vicomte de Coetmen. Clisson, d'autre part, saisit la vaisselle d'or et d'argent du duc, comme gage des paiemens qu'il réclamoit : on s'attendoit à voir éclater de nouveau les hostilités (1); mais les conseils pacifiques du duc de Bourgogne avoient fait sur le duc de Bretagne une impression plus profonde qu'on ne l'auguroit. Ce dernier, Jean IV, qui avoit commencé, en 1345, à se faire connoître, dès l'âge de quinze ans, comme rival de Charles de Blois, et qui avoit gagné, dans sa lutte contre lui, le surnom de *Conquérant,* par lequel les Bretons le désignent, après cinquante ans de combats, sentoit les atteintes de l'âge; il avoit alors soixante-cinq ans, et sa santé déclinoit visiblement. Ses enfans étoient encore en bas âge ; leur mère, fille de Charles-le-Mauvais de Navarre, étoit peu aimée des Français. Le comte de Penthièvre, au contraire, fils de son ancien rival, Charles de Blois, gendre d'Olivier de Clisson, et frère de la duchesse d'Anjou, reine de Naples, étoit encore dans la vigueur de l'âge. Il avoit de nombreux partisans

(1) Lobineau, Hist. de Bret. L. XIV, c. 51, p. 492.

dans la noblesse bretonne, et Jean IV songeoit avec inquiétude quel concurrent redoutable il laisseroit à ses enfans, s'il ne s'étoit pas réconcilié avec lui avant de mourir. (1)

Ayant donc résolu de mettre complétement en oubli son ancienne inimitié, et d'en venir à une réconciliation sincère avec Olivier de Clisson et le comte de Penthièvre, Jean IV écrivit au premier, qui étoit alors à Castel-Josselin, dans les termes les plus pressans, pour lui demander un rendez-vous. Clisson, fort surpris, et conservant son ancienne défiance, répondit toutefois avec politesse; mais il demanda, avant de se mettre entre les mains du duc, que celui-ci lui envoyât son propre fils en otage. Jean IV le lui fit conduire sans hésiter; et Clisson, qui ne vouloit pas se laisser vaincre en générosité, ramena aussitôt lui-même au duc cet enfant, qui n'avoit pas plus de six ans. Les deux ennemis, qui avoient si souvent attenté à la vie l'un de l'autre, eurent alors une conférence parfaitement amicale : personne ne fut admis en tiers entre eux, et ils ne racontèrent point eux-mêmes quels avoient été leurs discours; mais, peu de jours après, le 19 octobre 1395, un nouveau traité fut signé entre eux et le comte de Penthièvre, à Aucfer, près de Rédon, par

(1) Froissart. T. XIII, c. 46, p. 280.

lequel tous leurs différends furent terminés. (1)

1395.

Dès la date du prononcé du duc de Bourgogne, entre Jean IV et Clisson, le sire de Craon, se regardant comme compris dans cette pacification, avoit demandé la permission de revenir à la cour. La duchesse de Bourgogne, loin de lui savoir mauvais gré de sa tentative d'assassinat sur Clisson, la regardoit plutôt comme un titre à sa faveur. « Craon se sentoit encore, dit Froissart, « en la malveillance et haine du roi de France « et du duc d'Orléans; mais le duc et la duchesse « de Bourgogne le confortoient, aidoient et con- « seilloient tant qu'ils pouvoient. Il avoit grâce « d'être à Paris, mais c'étoit couvertement, et se te- « noit le plus en l'hôtel d'Artois, près la duchesse « de Bourgogne. » (2) Toutefois la reine Marie de Sicile, veuve du duc d'Anjou, avoit intenté, depuis trois ans, un procès à Pierre de Craon, pour qu'il lui restituât 100,000 francs, qu'elle l'accusoit d'avoir soustraits à son mari, tandis que le Parlement se refusoit à rendre un arrêt, tant qu'il n'avoit pu entendre Craon en sa défense; et Craon, toujours sous le réat d'un assassinat, n'osoit point se présenter en cour; enfin, la reine Marie sollicita elle-même des lettres

(1) Froissart, c. 46, p. 285. — Lobineau, Hist. de Bret. L. XIV, c. 53, p. 493. — Daru, Hist. de Bret. T. II, L. V, p. 219.

(2) Froissart. T. XIII, c. 46, p. 291.

d'abolition en faveur de Craon, pour le guet-apens de la rue Sainte-Catherine, afin qu'il pût comparoître et plaider contre elle. Elle les obtint ; la cause fut instruite : « Et au jour que les
« seigneurs du Parlement rendirent leur arrêt,
« y eut grande foison des nobles du royaume de
« France, afin que la chose fût plus authentique;
« et étoit là la reine de Sicile et de Jérusalem,
« duchesse d'Anjou et comtesse de Provence,
« et son fils Charles, prince de Tarente, et Jean
« de Blois, dit de Bretagne, comte de Penthièvre
« et de Limoges, les ducs d'Orléans, de Berri,
« de Bourgogne et de Bourbon; et, d'autre part,
« messire Pierre de Craon, et plusieurs nobles
« de son lignage...... Et fut dit ainsi, par sen-
« tence du Parlement, que messire Pierre de
« Craon étoit tenu envers madame la reine de
« Naples et de Jérusalem, en la somme de cent
« mille francs, à payer en deniers appareillés,
« ou son corps aller en prison, tant qu'elle seroit
« de tous points contente et satisfaite. De cet
« arrêt remercia la dessudite dame les seigneurs
« de Parlement ; et tantôt incontinent, à la com-
« plainte de la dame, main fut mise de par le
« roi de France; et messire Pierre de Craon
« saisi et mené sans déport, ni sans aucune ex-
« cusation au château du Louvre, et là enfermé
« et bien gardé. » (1)

(1) Froissart. T. XIII, c. 49, p. 313.

La paix de l'Église paroissoit toujours à Charles plus importante encore que celle de l'État, et il ne se relâchoit point dans ses efforts pour terminer le schisme. L'assemblée du clergé, qu'il avoit convoquée pour le 2 février, se réunit dans son palais; elle se composoit de cinquante archevêques ou évêques, onze abbés, et un grand nombre de théologiens, de docteurs et de députés des universités (1). Les prélats choisirent le patriarche d'Alexandrie pour les présider. Après d'assez longues délibérations, ils convinrent de reconnoître Benoît XIII; mais en même temps de recommander aux deux pontifes la *voie de cession*, ou leur abdication simultanée, comme le meilleur moyen de rendre la paix à l'Église (2). En conséquence de cette résolution, le roi chargea les trois ducs d'Orléans, de Berri et de Bourgogne, qu'il fit accompagner par les plus savans prélats, et les plus illustres personnages de son royaume, d'aller porter à Benoît XIII le vœu de l'Église de France. Les ducs, avec leur brillant cortége, partirent de Paris peu après Pâques; mais ils n'arrivèrent à Avignon que le 21 mai. Là, ils rencontrèrent dans leurs négociations une difficulté ridicule, et cependant invincible, c'est qu'ayant à faire avec des prélats, et comptant

---

(1) Religieux de Saint-Denis. L. XIV, c. 6, p. 276. — Juvénal des Ursins, p. 107.

(2) Religieux de Saint-Denis. L. XIV, c. 7, p. 277.

sur des prélats pour les persuader dans leurs conférences, tous les interlocuteurs cédèrent à leurs habitudes, et, au lieu de délibérer, prêchèrent : ils prenoient un texte dans l'Écriture, divisoient leur sermon en plusieurs points, le semoient de passages de l'Écriture et des Pères, et n'arrivoient jamais à une conclusion précise. Le pape Benoît XIII, qui passoit pour fort éloquent, adressa le premier un sermon aux ambassadeurs à leur première conférence. Son but étoit cependant tout personnel : dans ce discours, qui avoit toutes les formes et le ton d'une homélie, il vouloit établir quels étoient les inconvéniens de la voie de cession, et proposer plutôt que le pape de Rome avec ses cardinaux s'approchât de lui, pour avoir, avec lui et ses cardinaux, une conférence sur les limites du royaume de France, et sous la protection du roi. Après ce long discours et les prières d'usage, l'assemblée étoit fatiguée, et elle se sépara. Dans le consistoire suivant, le 1ᵉʳ juin, ce fut un docteur de théologie, maître Gilles Deschamps, venu avec les ambassadeurs, qui prêcha. Il démontra que les deux papes ne s'entendroient jamais sur le lieu propre à une conférence, et il recommanda la cession. Ce jour-là, l'assemblée entendit deux discours; car le pape répliqua tout aussi longuement. Dans les jours suivans, tous les cardinaux, et presque tous les docteurs de théologie, firent chacun leur sermon. Les princes étoient mortellement fatigués, d'autant qu'ils voyoient bien qu'ils n'avançoient point, quoiqu'ils eussent obtenu, après beaucoup d'instances, que le pape leur communiquât la cédule qui avoit été souscrite en conclave, par tous les cardinaux, avant son élection. Pour les rebuter davantage encore, le pape fit mettre le feu une nuit au pont qui communiquoit à Villeneuve, où ils étoient logés vis-à-vis d'Avignon. Enfin, n'étant arrivés à aucun résultat, ils repartirent avec toute leur suite, et rentrèrent à Paris le 24 août. (1)

A leur retour les princes ne trouvèrent plus le roi dans l'état où ils l'avoient laissé. Ennuyé de la gêne que lui imposoit son médecin, Renaud Fréron, fatigué des occupations sérieuses qu'il lui recommandoit, et commençant déjà sans doute à ressentir les premières atteintes de son mal, il exila ce médecin de France : on admira sa magnanimité, de lui avoir permis de se retirer à Cambrai avec l'argent qu'il avoit gagné, au lieu de confisquer ses biens. A peine cependant Fréron étoit-il parti, et les grandes chaleurs avoient-elles recommencé, que le roi eut un nouvel accès de frénésie. (2)

Le duc de Bourgogne, de retour à Paris, reprit

---

(1) Religieux de Saint Denis. L. XV, c. 3 à 10, p. 288 à 307. — Juvénal des Ursins, p. 112.

(2) Religieux de Saint-Denis. L. XV, c. 14, p. 324.

la direction des affaires au préjudice du duc d'Orléans, qui, à mesure qu'il avançoit en âge, sembloit avoir toujours plus de droits de remplacer son frère. Mais les oncles du roi accréditoient la clameur populaire qui accusoit la duchesse d'Orléans, Valentine Visconti, d'avoir ensorcelé le roi, et ils s'en faisoient un prétexte pour ne pas faire profiter son mari de la calamité qu'elle avoit causée. Le duc d'Orléans sentit lui-même la nécessité de déférer à ces clameurs injurieuses, et de renvoyer la duchesse à Orléans, pour éviter qu'elle ne fût insultée. (1)

1395

Une négociation importante étoit dès-lors entamée avec l'Angleterre, pour le mariage de Richard II avec une fille de Charles VI; le duc de Bourgogne put la continuer au nom du roi, d'autant plus facilement que celui-ci avoit de bons intervalles dont on profitoit pour lui faire recevoir les ambassadeurs, paroître dans les cérémonies publiques, et remplir les fonctions extérieures de la royauté. Richard II avoit été marié une première fois, en 1381, avec Anne de Bohême, fille de l'empereur Charles IV, et sœur de Wenceslas; cette princesse étoit morte le 7 juin 1394 (2). Pour la remplacer, le duc de

---

(1) Religieux de Saint-Denis. L. XV, c. 14, p. 325. — Froissart, c. 50, p. 339.

(2) Froissart. T. XIII, c. 39, p. 200. — Thom. Walsingham, *Hist. Angl.*, p. 350.

1395. Glocester lui offroit sa fille, qui étoit belle, et en âge d'être mariée; mais Richard, loin de vouloir s'allier au prince dont l'opposition lui avoit causé le plus profond ressentiment, vouloit que son mariage lui donnât au dehors un allié dont il pût s'aider contre son peuple, pour recouvrer en Angleterre une autorité despotique. Il résolut de demander Isabelle, fille aînée de Charles VI; il avoit alors trente ans, tandis que cette jeune fille n'en avoit que sept (1). De plus, elle avoit été promise au fils aîné du duc de Bretagne, et il falloit engager celui-ci à consentir à un échange, et à se contenter de la seconde, nommée Jeanne. Six ambassadeurs, chargés de ces négociations, furent envoyés en France; leurs instructions, en date du 8 juillet, leur prescrivoient de demander d'abord deux millions de francs pour la dot d'Isabelle, et d'y persister un jour; de se réduire ensuite à quinze cent mille francs, et de maintenir pendant trois jours qu'ils ne pouvoient pas se contenter à moins; cependant ils devoient se rabattre à un million, et enfin à huit cent mille francs, plutôt que de faire manquer la négociation (2); pourvu qu'en retour Charles VI et ses oncles s'engageassent *à aider et soutenir Richard de tout leur pouvoir, encontre aucuns de ses su-*

---

(1) Froissart. T. XIII, c. 41, p. 222.
(2) *Rymer.* T. VII, p. 802 et 804.

jets (1). Ce fut en effet huit cent mille francs que le roi promit de donner en dot à sa fille, savoir, trois cent mille francs au moment de la célébration du mariage, et cent mille dans chacune des cinq années suivantes. (2)

1395.

Les ambassadeurs anglais chargés de cette négociation, et qui furent constamment défrayés par Charles VI pendant leur séjour en France, avec leur suite de six cents chevaux, demeurèrent à Paris depuis la fin de juillet jusqu'à la fin d'octobre. Ils avoient à régler toutes les conditions relatives à la sûreté de la dot, et à sa restitution en cas de mort de l'un ou l'autre époux, avant la consommation du mariage : en même temps ils traitoient de la paix générale, et comme celle-ci présentoit toujours les mêmes difficultés, ils avoient proposé de prolonger de vingt-huit ans la dernière trève qui avoit été conclue, de sorte qu'elle auroit expiré seulement le 29 septembre 1426, et que jusqu'à cette époque l'une et l'autre puissance auroit gardé ce qu'elle possédoit. Il fallut que les ambassadeurs anglais retournassent à Londres, et en revinssent une seconde fois, avant que ces deux traités pussent être signés au mois de mars 1396. (3)

(1) *Rymer.* T. VII, p. 811.
(2) *Rymer.* T. VII, p. 817.—Froissart. T. XIII, c. 50, p. 315.
(3) Religieux de Saint-Denis. L. XV, c. 11, p. 307 et suiv. — Juvénal des Ursins, p 113.—*Rymer.* T. VII, p. 813-832.

La probabilité d'une aussi longue paix entre la France et l'Angleterre fit saisir avec ardeur le projet d'une nouvelle croisade à la jeune noblesse française, qui soupiroit après les dangers, la gloire et les aventures, et qui entrevoyoit peu de chances d'obtenir de long-temps une occasion de se distinguer dans sa patrie. Bajazet Ilderim, fils d'Amurath Ier, poursuivoit ses conquêtes au levant de l'Europe. Il avoit forcé Manuel II, empereur de Constantinople, à lui payer un tribut; il avoit ravagé la Dalmatie, la Croatie, la Bosnie, l'Esclavonie: il avoit exigé que le despote de Walachie lui livrât une de ses filles, pour l'introduire dans son sérail; et déjà Boniface IX, le pape de Rome, avoit offert tous les pardons de la croisade à ceux qui marcheroient au secours de Sigismond, roi de Hongrie, qui, à l'orient de l'Europe, sembloit le seul champion de la chrétienté. (1)

Le nouveau connétable, Philippe d'Artois, comte d'Eu, étoit à peine de retour d'une expédition qu'il avoit tentée l'année précédente en Hongrie. Il savoit que beaucoup de gens lui reprochoient d'avoir profité du malheur d'Olivier de Clisson, pour s'approprier une dignité à laquelle ce guerrier illustre avoit plus de droits que lui, et il sentoit le besoin d'acquérir quelque ré-

---

(1) *Raynaldi Annal. eccles.* 1394. §. 24.

putation dans les armes. Sigismond, qui avoit voulu en 1393 faire lever à Bajazet Ilderim le siége de Constantinople, s'étoit avancé jusqu'à Nicopolis, mais il s'y étoit laissé surprendre par le sultan, et il y avoit perdu beaucoup de monde (1). C'étoit la nouvelle de ce désastre qui avoit engagé le comte d'Eu à partir pour la Hongrie, avec cinq cents gentilshommes français, et une somme d'argent considérable que lui avoit avancée Charles VI. Mais le sultan étoit cette année fort éloigné des frontières de Hongrie, en sorte que Sigismond, pour profiter de l'ardeur de ces chevaliers français, les avoit menés contre des gens qu'il leur avoit désignés comme paterins et hérétiques, et que le connétable avoit passés au fil de l'épée. C'étoient apparemment ou des Bulgares, ou des Bohêmes, qui avoient déjà adopté la réforme de Jean Hus et de Jérôme de Prague. (2)

Bajazet, en rentrant l'année suivante en Europe, avoit menacé de mener bientôt son cheval manger l'avoine jusque sur l'autel de Saint-Pierre à Rome, et Sigismond avoit écrit au roi de France pour lui demander une aide plus efficace. Il le prioit « de laisser chevaliers et

---

(1) *Laonici Chalcocondylæ de Rebus Turcicis*. L. II, p. 28. — *Leunclavii Annal. Turcici*. p. 249.

(2) Religieux de Saint-Denis. L. XIII, c. 8, p. 250. — Juvénal des Ursins, p. 103.

« écuyers de France s'émouvoir sur l'été sui-
« vant, à eux aller en Hongrie pour résister
« contre le roi Basaach, afin que sainte chrétienté
« ne fût foulée ni violée par lui, et que ses van-
« tises lui fussent ôtées et reboutées. » (1) Le
duc de Bourgogne avoit lui-même suggéré cette
proposition à Sigismond; il accueillit avec faveur ses ambassadeurs, et le comte de Nevers son
fils, âgé alors de vingt-deux ans, s'offrit à conduire les aventuriers qui iroient combattre les
infidèles. Wenceslas, empereur et roi de Bohême,
frère de Sigismond, et le duc d'Autriche son
cousin, offroient un libre passage à cette armée,
qui, bien différente de celles des premiers croisés,
alloit aider des alliés à repousser une invasion
terrible, et à soutenir une guerre défensive, juste
et nécessaire. Les premiers seigneurs de France
s'empressèrent à se ranger sous les drapeaux que
le comte de Nevers devoit conduire dans le levant de l'Europe. (2)

L'hiver fut employé aux préparatifs de cette
expédition, et au mois de mars 1396, le comte
Jean de Nevers put se mettre en route. Son père
l'avoit particulièrement recommandé à Enguerrand de Coucy, à Gui et Guillaume de la Trémoille, et à Jean de Vienne, amiral de France;

---

(1) Froissart. T. XIII, c. 47, p. 292.
(2) Froissart. T. XIII, c. 47, p. 293-303.

c'étoient les guerriers à la prudence desquels il se fioit le plus : mais l'on voyoit encore avec lui le comte d'Eu, connétable de France, et le comte de la Marche, tous deux du sang royal ; Henri et Philippe de Bar, Boucicault, maréchal de France ; deux bâtards de Flandre, et tous les chevaliers ou écuyers que la France considéroit comme les plus illustres, les plus riches et les plus vaillans, quoiqu'ils ne fussent pas en tout plus de mille (1). Ils traversèrent l'Allemagne par petites troupes, pour se rendre à Bude, où ils devoient se réunir. Le comte de Nevers déploya dans ses équipages toute la magnificence dont se piquoit son père. Les bannières, les guidons, les housses, étoient chamarrés d'or, d'argent et d'armoiries brodées ; les tentes et les pavillons étoient de satin vert ; la livrée, composée de plus de deux cents personnes, étoit aux mêmes couleurs ; les armures, la vaisselle, les habits, tout étoit resplendissant (2). Mais aussi les malheureux contribuables avoient été soumis à des vexations proportionnées à tant de magnificence, car c'étoit un prince toujours sans argent, toujours endetté, qui étaloit ce grand luxe. Les sommes que le duc de Bourgogne avoit arrachées à ses vassaux pour l'équipement de son fils, auroient suffi

---

(1) Froissart. T. XIII, c. 48, p. 307. — Religieux de Saint-Denis. L. XVI, c. 2, p. 332.

(2) Barante, Hist. des Ducs de Bourg. T. II, p. 261.

pour mettre sur pied une armée considérable, s'il avoit eu pour but le succès de son opération militaire, non l'étonnement et la stupide admiration des étrangers. (1)

Ces dépenses étoient d'autant plus ruineuses pour le duc de Bourgogne, que dans le même temps il avoit une autre guerre sur les bras : tandis qu'il envoyoit le comte de Nevers son fils, en Hongrie, son gendre, le comte d'Ostervant, marchoit contre les Frisons, pour les ramener sous le joug, qu'ils avoient secoué : le roi lui donna quatre cents hommes d'armes pour cette guerre, et la jeune noblesse française, impatiente du repos, se partageoit pour aller chercher les combats, ou en Hongrie, ou en Frise. (2)

Pendant que toute cette chevalerie partoit pour ces expéditions lointaines, le duc de Bourgogne s'occupoit à terminer les deux traités avec l'Angleterre, et à les mettre à exécution. Le comte de Rutland, le comte Maréchal, et William Scroop, chambellan de Richard II, les avoient signés à Paris, le 9 mars (3). Ils avoient demandé en même temps que les deux souverains se rencontrassent. Richard II et Charles VI, tous deux dans la force de l'âge, mais tous deux

(1) Planche, Hist. de Bourg. L. XIV, c. 150, p. 147.
(2) Religieux de Saint-Denis, L. XVI, c. 3, p. 334. — Froissart. T. XIII, c. 48, p. 304, et c. 50, p. 361.
(3) *Rymer.* T. VII, p. 813, et 820.

foibles d'esprit, et ne connoissant d'autres fonctions de la royauté que les pompes et les fêtes, ressentoient une égale impatience de déployer aux yeux l'un de l'autre toute leur magnificence. Au milieu d'août le duc de Bourgogne vint trouver à Guines les ducs de Lancaster et de Glocester, qui le conduisirent à Calais, où les attendoit le roi d'Angleterre (1). Le duc de Bourgogne signala son faste, et par la splendeur de son cortége, et par les présens qu'il fit à Richard et à sa cour. En même temps il convint avec lui que les deux rois se rencontreroient sous des tentes, à l'extrême frontière de leurs États, entre Ardres et Calais. Deux mois furent encore donnés aux préparatifs somptueux de cette entrevue, où l'un et l'autre monarque prenoit à tâche de dépasser le faste et la prodigalité qui avoient jamais été déployés par aucun de leurs prédécesseurs. Enfin le vendredi 27 octobre, Charles VI sortit d'Ardres, pour se rendre aux tentes qui avoient été préparées pour l'entrevue : chaque monarque avoit une garde choisie de quatre cents hommes, armés seulement d'arcs et d'épées, et il avoit été interdit à tout autre de porter des armes d'aucun genre. Cependant, au milieu des précautions excessives qui sem-

1396.

---

(1) Religieux de Saint-Denis. L. XVI, c. 5, p. 338.—Froissart, c. 50, p. 355.

bloient indiquer la crainte réciproque d'une surprise, les deux rois enchérirent l'un sur l'autre dans leurs témoignages d'affection mutuelle (1). Le lendemain la petite reine fut remise par Charles VI au roi d'Angleterre; l'archevêque de Cantorbéry les maria, le mercredi 1er novembre, dans l'église de Saint-Nicolas à Calais, et le samedi elle repassa la mer avec son mari, pour aller s'établir dans son palais de Westminster (2). Le mariage de sa sœur, Jeanne de France, avec le jeune garçon, fils aîné du duc de Bretagne, qui portoit le titre de comte de Montfort, fut célébré ensuite, le 2 décembre, à Vannes; ce duc, dont le fils étoit devenu gendre du roi de France, et beau-frère du roi d'Angleterre, obtint de leur bienveillance la grâce entière de Craon, qui fut remis en liberté; il obtint encore la restitution du comté de Richmond, et celle de la forteresse de Brest, que les Anglais évacuèrent enfin le 28 mars 1397 (3). Ils avoient aussi évacué vers le même temps celle de Cherbourg, dont ils remirent en possession le roi de Navarre. (4)

D'autres négociations en Italie occupoient en

---

(1) Religieux de Saint-Denis. L. XVI, c. 6, p. 339. — Juvénal des Ursins, p. 118. — Thom. Walsingham, *Hist. Angl.*, p. 353 — Froissart, c. 51, p. 378.

(2) Froissart, c. 51, p. 389.

(3) Lobineau, Hist. de Bret. L. XIV, p. 495. — Daru, Hist. de Bret. T. II, L. V, p. 219. — *Rymer*. T. VII, p. 852.

(4) Religieux de Saint-Denis. L. XVI, c. 9, p. 346.

même temps le duc de Bourgogne ; elles se lioient à sa jalousie du duc d'Orléans, et à son désir d'humilier la maison Visconti, sur laquelle ce prince s'appuyoit. Jean Galeaz Visconti, père de la duchesse d'Orléans, avoit acheté de l'empereur élu, Wenceslas, le titre de duc de Milan : d'après le diplôme impérial, qui lui fut expédié le 1er mai 1395, son nouveau duché comprenoit, avec la ville de Milan, toutes les autres seigneuries que la maison Visconti possédoit en Italie. L'investiture lui en avoit été donnée le 5 septembre par les ambassadeurs de Wenceslas (1). Jean Galeaz l'emportoit en habileté et en force de caractère sur tous les souverains de cette époque : son ambition étoit démesurée ; sa richesse lui assuroit les services de tous les capitaines d'aventuriers, qui formoient alors la force militaire de l'Italie, et toutes les chances sembloient favoriser son projet de soumettre à sa domination toute cette péninsule. Les Florentins seuls osoient lui résister, et ils cherchoient un appui contre lui à la cour de France, qu'une ancienne habitude faisoit considérer par les Italiens comme protectrice des Guelfes. Cette cour n'entendoit rien à la politique italienne, elle ne savoit pas ce qu'étoient les Guelfes et les Gibelins, elle ne se soucioit ni de l'équilibre entre les deux partis

(1) Hist. des Rép. ital. T. VII, c. 54, p. 359.

ni de l'élévation ou de l'abaissement de l'autorité impériale; mais tandis que Jean Galeaz avoit cru s'assurer de la maison de France, en mariant sa fille au frère du roi, il avoit au contraire inspiré par là, à ceux qui gouvernoient ce roi, le désir de le détruire. (1)

L'objet vers lequel se dirigeoit alors l'ambition de Jean Galeaz étoit la soumission de la république de Gênes. Cette puissante cité, dont les flottes avoient si long-temps dominé sur la Méditerranée et fait trembler les infidèles, dont le commerce avoit accumulé d'immenses richesses que le crédit multiplioit encore, étoit depuis quatorze ans livrée aux plus furieuses guerres civiles. Les factions des Adorno et des Fregoso, triomphant alternativement, avoient, à chaque révolution, inondé de sang la capitale, et toute la Ligurie. Jean Galeaz souffloit le feu de ces discordes; il s'allioit alternativement avec tous les exilés; il leur fournissoit de l'argent et des soldats pour rentrer de force dans leur patrie, et il regardoit chacune de ces convulsions comme hâtant toujours plus le moment qui soumettroit Gênes à son pouvoir. Le doge, Antoniotto Adorno, qu'il avoit aidé dans ses conspirations, lorsqu'Adorno étoit exilé, et contre lequel il avoit conspiré ensuite, comprit enfin toute l'étendue des dangers

(1) Hist. des Rép. ital. T. VII, c. 55, p. 372.

de sa patrie. Il crut qu'elle n'étoit plus en état de résister à Jean Galeaz par ses seules forces, et qu'au despote ambitieux, puissant, riche, perfide, qui la pressoit de près, il étoit nécessaire d'opposer un autre souverain, plus puissant et plus riche encore, mais plus éloigné, et qu'il supposoit devoir être de bonne foi, parce qu'il le savoit inhabile aux affaires. Il entra en négociations, en 1395, avec Enguerrand de Coucy, qui représentoit alors le duc d'Orléans à Asti, ce qui ne l'empêcha point d'entamer un traité tout favorable au duc de Bourgogne (1). L'année suivante, Arnaud Boucher, trésorier des guerres du roi, et François de Casenatico, furent envoyés à Adorno pour y mettre la dernière main.

Le traité qui déféroit à Charles VI la seigneurie de Gênes, au temps même où ce malheureux prince, privé de raison, n'étoit pas en état de gouverner son propre palais, fut signé à Gênes, le 25 octobre 1395. Le roi de France s'engageoit à envoyer à Gênes un vicaire français, qui gouverneroit la république avec l'autorité qu'avoit eue le doge, et d'après les mêmes lois; il promettoit d'appeler aux divers conseils autant de Guelfes que de Gibelins, autant de plébéiens que de nobles, et le vicaire royal ne devoit avoir d'autre

1396.

---

(1) *Uberti Folietœ Genuens. Hist.* L. IX, p. 506. — Religieux de Saint-Denis. L. XV, c. 14, p. 324.

prérogative dans le conseil souverain que d'y faire compter sa voix pour deux suffrages. Il ne pouvoit ni établir de nouveaux impôts, ni s'ingérer dans les finances de la république, ni introduire des troupes dans ses forteresses, ni lui faire adopter l'obédience du pape d'Avignon, ni aliéner aucune partie de son territoire, ni la faire renoncer aux alliances de l'empereur de Constantinople et du roi de Chypre. Tous les historiens génois rapportent scrupuleusement ces articles d'un traité auquel ils attachoient la plus haute importance (1); les Français, au contraire, qui regardoient comme des lois les caprices de leurs rois, trouvoient tout simple que ces conditions, imposées à leur monarque, fussent subordonnées à son bon plaisir; aussi les signèrent-ils sans y donner aucune attention; et quand ils les eurent toutes violées, ils s'étonnèrent de l'inconstance des Génois, qui se révoltoient. (2)

Toutefois, en prenant la protection de Gênes, Charles VI savoit bien qu'il rompoit les projets de Jean Galeaz Visconti, et qu'il se mettoit, en quelque sorte, à la tête de ses ennemis. Toutes les fois

(1) Hist. des Rép. ital. T. VII, c. 55, p. 373. — *Georgii Stellæ Annal. Genuens.* T. XVII, L. III, p. 1151. — *Uberti Folietæ Hist. Genuens.* L. IX, p. 507. — *Petri Bizarri S. P. que Genuens. Hist.* L. VIII, p. 178. — *Giustiniani Annali di Genova.* L. IV, f. 159.

(2) Religieux de Saint-Denis. L. XVI, c. 8, p. 344. — Juvénal des Ursins, p. 127.

qu'il étoit malade, il redoubloit d'affection pour la duchesse d'Orléans, Valentine, fille de Jean Galeaz, qu'il reconnoissoit toujours, qu'il nommoit sa chère sœur, et aux volontés de laquelle il se hâtoit de se conformer : mais depuis que, cédant aux clameurs alarmantes excitées par les partisans de Bourgogne, la duchesse s'étoit retirée à Orléans, l'on avoit réussi à persuader à Charles qu'elle l'avoit réellement ensorcelé, ou peut-être seulement il l'avoit prise en haine, comme il arrive aux fous, sans autre raison que parce qu'il l'avoit aimée, et qu'elle lui rappeloit ses souffrances et son humiliation passée. Il avoit donc résolu de faire la guerre au duc de Milan, son père; il déclara même à Richard II, en lui donnant sa fille, « que lui retourné en An-
« gleterre, jamais n'entendroit à autre chose qu'il
« seroit allé à puissance sur le duc de Milan; et le
« roi d'Angleterre, qui s'écrivoit et nommoit son
« fils, lui avoit promis en ce voyage mille lances de
« purs Anglais, et six mille archers, dont le roi de
« France étoit grandement réjoui; et furent, les
« pourvéances pour le roi de France, faites et or-
« données en la comté de Savoie et au dauphiné de
« Vienne, et par là vouloit le roi de France en-
« trer en Piémont et en Lombardie. (1) » Les secours de la république florentine lui étoient

(1) Froissart. T. XIII, c. 55, p. 437.

également assurés par un traité d'alliance avec elle, qui fut signé le 29 septembre 1396. (1)

Tous ces projets furent renversés par les nouvelles que l'on ne tarda pas à recevoir de Hongrie. La nuit même de Noël, le 25 décembre 1396, Jacques de Helly se présenta tout botté et éperonné, au moment même où il arrivoit à Paris, à l'hôtel de Saint-Paul, où se trouvoient réunis autour du roi les ducs d'Orléans, de Berri, de Bourgogne, de Bourbon, le comte de Saint-Pol, et beaucoup de nobles du royaume : il se mit à genoux devant le roi, et lui exposa la commission dont l'avoient chargé le comte de Nevers et les autres seigneurs prisonniers des Turcs. Déjà un certain nombre de pauvres fugitifs étoient revenus à demi nus de Hongrie, et ils avoient jeté l'alarme parmi le peuple sur le sort de toute cette noblesse engagée dans une croisade lointaine; mais, pour se dispenser de les croire, on les avoit arrêtés, enfermés au Châtelet, et menacés de les faire noyer s'ils parloient (2). On ne pouvoit imposer le même silence au sire de Helly, qui avoit partagé avec les princes les désastres de Nicopolis, et qui revenoit, avec un sauf-conduit de Bajazet, pour traiter de leur rançon. (3)

---

(1) Hist. des Rép. ital. T. VII, c. 55, p. 382.
(2) Froissart, c. 52, p. 415.
(3) Froissart, c. 53, p. 415.

Dans leur marche vers le levant de l'Europe, les Français avoient étonné les Allemands et les Hongrois par leur luxe et par leurs débauches. Lorsqu'ils furent arrivés à Bude, et qu'ils apprirent que Bajazet n'étoit point cette année en Romanie, ils déclarèrent qu'ils iroient le chercher, et ils décidèrent le roi de Hongrie à marcher avec eux. Des bateaux chargés de vins exquis, de vivres, et de tous les équipages de luxe, étoient appareillés sur le Danube. L'armée ne quitta jamais ses bords; mais, suivant la rive droite de ce fleuve, elle traversa la Hongrie, puis la Servie; elle entra enfin en Bulgarie, et, après s'être emparée d'Orsowa, Rakowiza et Widin, villes qu'elle traita avec une excessive cruauté, elle mit le siége devant Nicopolis. Pendant ce temps, Bajazet étoit entré en Bulgarie avec une armée formidable, et il avoit fait annoncer aux défenseurs de Nicopolis qu'il ne tarderoit pas à les secourir. Il étoit déjà à six lieues du camp français, que le maréchal Boucicault nioit encore qu'il fût en marche, et faisoit couper les oreilles aux paysans qui annonçoient son approche; enfin, un message de Sigismond en donna la nouvelle certaine, et la résolution de lever le siége fut prise aussitôt; mais, comme les assiégés poussoient des cris de joie en voyant les Français s'éloigner, les chevaliers, aveuglés par la colère, en tirèrent une lâche vengeance en massacrant tous les

1396.

prisonniers qu'ils avoient reçus sur parole. (1)

Les Français, unis aux Hongrois, attendirent la bataille à peu de distance de Nicopolis. Sigismond, qui étoit accoutumé à la tactique des Turcs, avertit les chevaliers que Bajazet se feroit précéder par des nuées de troupes légères, destinées seulement à fatiguer l'ennemi, et qu'il estimoit si peu, qu'il les sacrifioit sans regret. Il vouloit, de son côté, les faire combattre par son infanterie hongroise, bien suffisante pour se mesurer avec eux, et il réservoit les chevaliers français à soutenir l'effort des janissaires, de qui dépendoit le sort de la bataille. Le sire de Coucy, l'amiral de Vienne, et les autres vieux guerriers, comprirent la sagesse de ce conseil; mais le comte de Nevers, le comte d'Eu, connétable, Boucicault, La Trimouille, et tous les jeunes gens, n'écoutant que leur présomption, s'écrièrent que le poste d'honneur étoit à l'avant-garde ; qu'il leur appartenoit de droit, et qu'ils n'avoient pas fait tant de chemin pour venir combattre à la queue des milices hongroises. Malgré les instances de Sigismond, malgré celles de tous les hommes qui entendoient le mieux l'art de la guerre, ils s'obstinèrent à vouloir porter les premiers coups, et la jalousie que le connétable ressentoit contre Coucy ajouta encore à son opiniâtreté. Les Turcs

---

(1) Religieux de Saint-Denis. L. XVI, c. 11, p. 352.

engagèrent l'attaque le jeudi 28 septembre : aussitôt les chevaliers français s'élancèrent sur eux, sans permettre aux milices hongroises de prendre aucune part au combat. Le succès fut tel que l'avoit annoncé le roi de Hongrie ; les chevaliers, s'épuisant sur des ennemis indignes d'eux, s'engagèrent toujours plus avant entre les deux puissantes ailes de l'armée turque ; celles-ci se resserrèrent autour d'eux, les enveloppèrent de toutes parts, et les écrasèrent. Les chevaliers qui survécurent au combat assurèrent que, dans cette rencontre, eux et leurs compagnons d'armes avoient fait des prodiges de valeur, et que, quoiqu'ils ne fussent que sept cents, ils n'avoient pas tué moins de cent mille Turcs. Les historiens chrétiens leur ont accordé une entière créance. La seule chose certaine cependant, c'est que Guillaume de La Trimouille, Jean de Vienne, Philippe de Bar, Montcaurel, et quatre cents autres chevaliers, furent tués dans le combat ; que les comtes de Nevers, d'Eu, de la Marche, les sires de Coucy, Henri de Bar, Gui de La Trimouille, Boucicault, et près de trois cents autres, furent faits prisonniers.

Bajazet, qui étoit violemment irrité contre eux, pour avoir massacré la veille leurs prisonniers contre la foi donnée, ordonna que les vingt-huit plus grands seigneurs et plus riches d'entre eux, seroient seuls réservés en vie, pour être mis

à grosse rançon, et que l'on couperoit immédiatement la tête à tous les autres. Il chargea Jacques de Helly, qu'il connoissoit personnellement parce que celui-ci avoit précédemment servi en Turquie, de lui désigner, parmi ceux qui étoient prisonniers avec lui, les princes et les plus grands seigneurs. « Messire Jacques, vous nous connois-
« sez tous, lui disoient ceux-ci; et si voyez comme
« la fortune est contre nous, et que nous sommes
« en grand danger et en la merci de ce roi; si que,
« pour nous sauver la vie, faites-nous encore plus
« grands devers le roi que nous ne sommes, et lui
« dites que nous sommes hommes et seigneurs
« pour payer grand' finance. — Dont répondit
« messire Jacques : Messeigneurs, tout ce ferai
« volontiers, et à ce faire suis-je tenu. (1) » Après que Helly eut rendu témoignage à Bajazet que ces seigneurs étoient bien ceux pour lesquels ils se donnoient, les autres chevaliers furent amenés en chemise devant le sultan et devant les princes, et on leur trancha la tête à tous. Ensuite Jacques de Helly fut dépêché en France pour y porter ces nouvelles, et traiter de la rançon des prisonniers. Il annonça en même temps que le roi de Hongrie, Sigismond, avoit réussi à se sauver : un bateau, qu'il avoit eu le bonheur de trouver, l'avoit porté, avec Philibert de Naillac, grand-maître de Rhodes, jusqu'à l'embouchure du Da-

(1) Froissart. T. XIII, c. 52, p. 408.

nube, où Thomas Mocenigo, qui commandoit une flotte vénitienne, les reçut à son bord. (1)

La mort de tant de braves chevaliers, la captivité des plus grands seigneurs de l'armée, et le prix excessif que le sultan demandoit pour leur rançon, répandirent le trouble et la consternation en France, et plus encore dans les États de Bourgogne, où l'on ne s'occupa plus que de rassembler de l'argent pour racheter le comte de Nevers. L'agitation de la cour, l'inquiétude et la tristesse universelle, parurent aussi agir sur le roi, et hâter l'accès de sa folie. Les autres années il n'en avoit guère été atteint qu'aux approches des grandes chaleurs, tandis qu'au printemps de 1397, ou même avant que l'hiver fût fini, il avoit déjà perdu l'usage de sa raison. (2)

Jamais cependant les peuples ne vouloient attribuer à des causes naturelles une calamité à laquelle ils auroient dû commencer à s'accoutumer. Les uns prétendirent que le ciel étoit irrité de ce que les ordonnances de Saint-Louis contre les blasphémateurs n'étoient pas plus régulièrement exécutées, et, le 7 mai, une ordonnance nouvelle condamna celui qui prononceroit un premier blasphème à avoir une lèvre coupée; pour une

---

(1) Froissart. T. XIII, c. 52, p. 392-415. — Religieux de Saint-Denis. L. XVI, c. 11, p. 352. — Juvénal des Ursins, p. 125-126.

(2) Religieux de Saint-Denis. L. XVI, c. 15, p 360.

récidive, la seconde lèvre ; pour une troisième fois, la langue : de plus l'ordonnance soumit quiconque ne dénonceroit pas les blasphémateurs à une amende de 60 francs (1). D'autres prétendirent que la colère du ciel venoit de ce qu'on refusoit la confession aux malheureux condamnés au supplice ; et une ordonnance du 12 février, obtenue surtout à la sollicitation de Pierre de Craon, voulut que désormais ils fussent réconciliés avec le ciel avant que d'être envoyés à la mort. Ce seigneur, qui en toute occasion manifestoit son zèle pour la religion, et qui avoit obtenu l'année précédente qu'on lui pardonnât un vol et un assassinat, fit élever une croix de pierre avec ses armes auprès du gibet de Paris ; c'étoit là que les criminels s'arrêtoient pour se confesser ; et il donna un fonds aux cordeliers pour les obliger, à perpétuité, à assister les suppliciés à leur dernier moment (2). D'autres enfin attribuoient la folie du roi à la punition du ciel pour la prolongation du schisme, et de nouveaux efforts furent tentés auprès des deux papes pour les amener à une cession mutuelle. Les rois d'Angleterre, de Castille, de Navarre, furent invités à seconder le roi de France auprès des deux cours de Rome et d'Avignon,

---

(1) Ordonn. de France. T. VIII, p. 130.
(2) Ordonn. de France. T. VIII, p. 122.—Lobineau, Hist. de Bret. L. XIV, c. 64, p. 495.

et des ordres furent envoyés le 12 septembre aux sénéchaux et gouverneurs de chaque province, pour qu'ils eussent à faire punir sévèrement quiconque se permettroit de prêcher, dogmatiser ou écrire contre la voie de cession, que le conseil du roi jugeoit être la plus convenable pour faire cesser le schisme. Ce conseil étoit loin de comprendre que la discussion auroit pu lui fournir des lumières utiles, et qu'avant de soumettre les consciences aux ordres d'un roi fou, il auroit fallu au moins les éclairer et leur montrer que ce qu'on leur demandoit étoit raisonnable. (1)

En même temps, on continuoit à croire que le meilleur régime pour le roi malade étoit la distraction et le plaisir : on le laissoit chasser beaucoup, lorsqu'il se connoissoit assez lui-même pour pouvoir se livrer à cet exercice; et comme on remarqua une diminution de gibier dans les forêts royales, on en prit occasion pour faire rendre, le 10 janvier, à Charles VI, une ordonnance contre la chasse, par laquelle il en réservoit exclusivement le privilége aux gentilshommes et aux gens d'église. Au reste, ce n'étoit que la confirmation du droit exclusif que la noblesse avoit toujours prétendu, et toujours maintenu avec beaucoup de jalousie (2)

---

(1) Ordonn. de France. T. VIII, p. 153.
(2) Ordonn. de France. T. VIII, p. 117.

1397. La même superstition qui faisoit chercher la guérison du roi dans l'accomplissement scrupuleux des ordres de l'Église portoit, le moment d'après, à les violer d'une manière scandaleuse. Deux moines ermites de l'ordre de saint Augustin, qui professoient la médecine, avoient acquis en Languedoc la réputation d'être d'habiles magiciens; le maréchal de Sancerre, qui commandoit dans cette province, les envoya à Paris pour traiter le roi. Les moines n'hésitèrent point à se reconnoître pour sorciers, et à entreprendre la guérison du roi. Les prêtres ne s'opposèrent point à leurs essais; ils se contentèrent de dire dévotement, qu'il vaudroit bien mieux brûler ces deux hommes, selon les ordres de l'Église, que de leur offrir des récompenses. L'accès se termina dans le mois de juillet, et les sorciers s'en attribuèrent le mérite, au risque d'être rendus responsables ensuite de la première rechute du roi, de la première cure qu'ils ne réussiroient pas à faire. (1)

L'état de santé du roi suspendoit ou ralentissoit l'expédition des affaires dans tout le royaume. Comme on n'avoit point nommé de régence, comme on n'avoit pris aucune mesure permanente pour suppléer à sa signature quand il étoit incapable de la donner, on attendoit ses retours

(1) Religieux de Saint-Denis, L. XVII, c. 1, p. 365.

de santé, qui étoient fréquens, et on ajournoit les affaires jusqu'à ce qu'il pût paroître du moins y prendre quelque part. Le duc d'Orléans entroit au conseil avec ses oncles; et quoiqu'il y eût entre eux beaucoup de défiance et des mauvais offices réciproques, ils ne s'étoient pas ouvertement brouillés. Le duc de Berri étoit indolent et indifférent à tout, quand l'avarice ne le réveilloit pas. Le désordre étoit grand; mais le peuple l'avoit encore à peine remarqué, tant il étoit accoutumé à l'injustice et à l'irrégularité.

1397.

La grande affaire du duc de Bourgogne étoit alors de retirer son fils de la captivité de Bajazet. En même temps qu'il avoit renvoyé le sire de Helly en Turquie, il avoit chargé Dino Rispondi, riche marchand lucquois qui avoit des correspondans dans tout le Levant, de trouver des garans pour la rançon des princes, qui pussent satisfaire le sultan. Cette rançon avoit été fixée à deux cent mille ducats; et Bajazet accepta, comme caution pour cette somme, Barthelemi Pellegrini, génois établi dans l'île de Chio, qui étoit en même temps assez riche et assez connu du sultan pour qu'il se contentât d'un tel répondant. Le sire de Métélin, le roi de Chypre, et Jean Galeaz Visconti, employèrent leur crédit auprès de Bajazet pour faciliter ce traité, et les deux derniers rentrèrent ainsi en grâce auprès de la cour de France. Enfin les prisonniers, qui étoient encore détenus à Burse en Bithynie, furent remis en liberté; mais Enguerrand de Coucy et Philippe d'Artois, comte d'Eu et connétable de France, y étoient déjà morts de maladie; les autres, à leur retour, visitèrent Mételin, Rhodes, et diverses îles de l'Archipel; ils arrivèrent ensuite à Venise, où ils devoient séjourner jusqu'à ce qu'ils eussent remboursé Pellegrini, qui avoit avancé leur rançon. Henri de Bar y mourut encore; et ce ne fut que le 28 février 1398 que le comte de Nevers rentra à Dijon, avec le petit nombre de grands seigneurs qui avoient échappé à tant de désastres. (1)

Le duc de Bourgogne avoit voulu que son fils, pendant tout son voyage, et surtout pendant son séjour à Venise, déployât tout le faste de sa maison; en même temps, il n'avoit rien retranché de ses propres dépenses ou de celles de la duchesse: aussi, pour suffire à ce surcroît de frais, il avoit imposé des tailles extraordinaires, ou demandé des dons gratuits à tous ses États; les usages féodaux l'y autorisoient pour le cas prévu du rachat de l'héritier présomptif de ses seigneuries. La ville de Gand seule lui donna cinquante mille ducats; Ypres, Bruges, et les autres villes de Flandre se taxèrent elles-mêmes dans la même proportion (2). De son côté, le duché de Bourgogne

---

(1) Froissart. T. XIV, c. 58, 59, 60, p. 31-76.
(2) *Meyer, Annal. Fland.* L. XIV, f. 214.

donna cinquante mille francs; le comté de Bourgogne, douze mille; celui d'Artois, seize mille; Nevers, dix mille; Réthel, cinq mille; Charolais, cinq mille; et tous les autres fiefs en proportion. Le roi de France et le roi de Hongrie contribuèrent aussi à payer ces rançons; en sorte que le duc de Bourgogne se fit rembourser par ses sujets et ses amis au moins deux fois plus qu'il n'avoit payé aux Turcs. (1)

La mort du comte d'Eu avoit laissé vacant l'office de connétable. Il auroit semblé juste de le rendre à Olivier de Clisson, qui en avoit été dépouillé sans qu'on eût allégué aucun motif raisonnable pour l'en priver; mais Charles VI, qu'on disoit alors revenu à sa raison, oublioit toujours ses amis absens, tandis que le duc de Bourgogne n'oublioit jamais ses ennemis : Louis de Sancerre, qui avoit été long-temps maréchal de France, fut fait connétable, et Boucicault, qui avoit montré de la valeur, mais peu de prudence, dans la campagne de Hongrie, fut fait maréchal (2). Il n'en étoit pas encore de retour, lorsqu'un oncle de l'empereur Manuel Paléologue vint en ambassade à la cour de France pour implorer des secours pour l'empire grec, qui, réduit presque à la seule ville de Constantinople, étoit sur le point

---

(1) Planche, Hist. de Bourg. T. III, L. XIV, p. 153.
(2) Religieux de Saint-Denis. L. XVII, c. 2, p. 366.

de succomber. Le duc d'Orléans se jeta aux genoux du roi, en le suppliant de lui permettre de conduire en Grèce les chevaliers français, qui étoient impatiens de venger l'affront que venoit de recevoir son cousin le duc de Nevers. Mais le duc de Bourgogne n'avoit garde de permettre à un neveu dont il étoit jaloux de briller ainsi aux dépens de son propre fils. Charles VI refusa au duc d'Orléans le congé qu'il demandoit, et l'on annonça que Boucicault, le nouveau maréchal de France, retourneroit dans le Levant avec les chevaliers qui voudroient s'engager sous ses drapeaux, pour tenter de nouveau la fortune des armes, ainsi que Bajazet avoit invité ses prisonniers à le faire en les congédiant. (1)

Le duc de Bretagne partageoit alors à la cour la faveur du duc de Bourgogne, et sa présence offensoit le duc d'Orléans, qui s'étoit toujours montré son ennemi, mais qui cherchoit à se distraire des mortifications qu'il éprouvoit, en poursuivant avec plus d'ardeur tous les plaisirs de la jeunesse. Quoique le fils du premier eût déjà épousé à Vannes, l'année précédente, la seconde fille du roi, ses noces furent de nouveau célébrées à l'hôtel de Saint-Paul, le 30 juillet 1397 (2), tandis que la troisième fille de ce malheureux mo-

---

(1) Religieux de Saint-Denis. L. XVII, c. 5, p. 369.
(2) Lobineau, Hist. de Bret. L. XIV, p. 495.

narque avoit été vouée à la Vierge dès sa naissance, comme une victime expiatoire qui devoit le préserver de la folie. Le sacrifice fut accompli cette année, et elle fut enfermée dans un couvent. (1)

L'état du roi sembloit avoir livré la France au gouvernement des princes du sang. Il étoit assez naturel que Charles III, roi de Navarre, qui avoit été élevé avec son cousin Charles VI, voulût reprendre parmi eux le rang qui sembloit lui appartenir. Depuis qu'il avoit été remis en possession de sa forteresse de Cherbourg par les Anglais, il demandoit que la France lui rendît aussi le Cotentin et le comté d'Évreux, qui avoient été enlevés à son père. Il chargea d'abord le cardinal de Navarre, D. Martin de Salva, évêque de Pampelune, de traiter pour lui. Il vint ensuite lui-même à Paris, au mois de juillet 1397. Les ducs de Berri et de Bourgogne allèrent au-devant de lui, et le reçurent avec de grands honneurs ; mais ils ne montrèrent pas pour cela plus de disposition à satisfaire ses désirs : l'expérience des deux derniers règnes leur avoit appris combien la possession d'une province maritime par un prince étranger pouvoit devenir dangereuse, et ils ne consentirent à faire révoquer la sentence de confiscation prononcée contre Charles-le-

---

(1) Religieux de Saint-Denis. L. XVII, c. 4, p. 368.

1397. Mauvais, qu'autant que son fils seroit disposé à échanger l'héritage qui lui seroit rendu, contre des terres situées dans une province plus dépendante. Charles III, sans avoir terminé cette négociation, retourna en Navarre au mois de septembre 1398. (1)

Pendant ce temps, l'alliance entre Richard II et Charles VI avoit encouragé le premier à commencer l'œuvre pour laquelle il l'avoit conclue. C'étoit pour se venger sur ses peuples de leurs précédentes insurrections qu'il avoit renoncé aux conquêtes de son aïeul, aux animosités de sa famille, et qu'à l'âge d'homme il avoit épousé un enfant (2). Il gardoit un profond ressentiment de la violence qui lui avoit été faite lorsqu'on avoit chassé d'auprès de lui ses favoris; qu'on en avoit envoyé plusieurs au supplice, et qu'on avoit en même temps limité ses dépenses. Il en vouloit en même temps à ses oncles, qu'il avoit trouvés en tête de l'opposition; à ses nobles, qui l'avoient formée; aux communes, et surtout aux bourgeois de Londres, qui s'étoient alliés contre lui avec l'aristocratie. Il regardoit la richesse des bourgeois comme nourrissant cette arrogance qu'il vouloit humilier. Thomas, comte de Kent,

---

(1) Religieux de Saint-Denis. L. XVII, c. 1, p. 363. — Juvénal des Ursins, p. 130. — Favyn, Hist. de Navarre. L. IX, p. 477.

(2) Religieux de Saint-Denis. L. XVII, c. 3, p. 367.

et Jean, comte de Holland, ses deux frères maternels, qui avoient alors le plus de crédit sur son esprit, lui persuadoient qu'il trouveroit toute sorte d'avantages à appauvrir ce peuple insolent; il rempliroit ainsi son trésor; il seroit en état de récompenser mieux ses amis, et en même temps il maintiendroit ses sujets dans une plus complète obéissance. Pour avoir un prétexte de leur demander un subside extraordinaire, il répandit le bruit que les électeurs de l'empire germanique, rebutés par l'ivrognerie et la brutalité de Wenceslas, qui tout récemment avoit été retenu en prison par les habitans de Prague, songeoient à le déposer, comme ils firent en effet peu après (1), et qu'ils étoient en négociation avec lui pour nommer à sa place Richard, empereur. A ce titre, il demanda des prêts considérables aux prélats, aux cités, à tous les bourgeois qui passoient pour riches : personne n'osa le refuser. Ce qu'il avoit déjà obtenu le mettoit en mesure de demander et d'obtenir davantage; et ceux qui lui avoient remis leur argent se trouvoient en même temps plus foibles pour lui résister et plus effrayés d'un bouleversement qui leur feroit perdre leur créance. (2)

(1) Schmidt, Hist. des Allemands. L. VII, c. 10, T. V, p. 29.
(2) Thom. Walsingham, *Hist. Angl.* p. 353. La liste des prêts est dans *Rymer*. T. VIII, p. 9.

1397.   Richard déploya deux ou trois fois dans sa vie des talens extraordinaires, de la décision dans le caractère, de l'adresse, et une profonde dissimulation ; mais le plus souvent il se laissoit entraîner ou par la violence de son caractère, ou par son goût pour le faste et la mollesse, ou par sa passion aveugle pour quelque favori (1). Dans la conduite de cette conspiration contre son peuple, il développa une habileté peu commune ; il employa surtout les juges, qui se montrèrent les instrumens les plus serviles et les plus déhontés du despotisme, à intimider les membres du parlement ; par des artifices qui nous sont mal connus, il brouilla les lords les uns avec les autres, et les engagea à s'accuser mutuellement de trahison : il divisa de la même manière ses oncles entre eux ; il flatta le duc de Lancaster, et il le prépara ainsi à abandonner le duc de Glocester, dont il vouloit se défaire. Ce dernier, Thomas de Woodstock, étoit le plus jeune des fils d'Édouard III. Quoique violent et impétueux, il avoit toujours eu soin de ménager sa popularité : il avoit pris à tâche de décrier Richard II ; il l'accusoit d'avoir dégénéré de son père et de son aïeul ; d'avoir soumis l'Angleterre à de longs revers dans sa lutte avec la France, et d'avoir terminé cette lutte

---

(1) Hallam. L'Europe au moyen âge. T. II, c. 4, P. III, p. 237.

par une alliance honteuse avec ses ennemis. Il s'attachoit à flatter l'orgueil et les ressentimens nationaux, et à réveiller la cupidité de tous ces soldats qui s'étoient enrichis en pillant la France, et qui languissoient de puiser de nouveau aux mêmes sources de richesses. (1)

L'orgueilleux duc de Lancaster avoit été, au contraire, pendant un temps, fort impopulaire en Angleterre; mais depuis son retour de Castille, il avoit pris à tâche de regagner l'affection de ses concitoyens. Il avoit en même temps aliéné ses deux frères, en épousant une maîtresse dont il avoit déjà eu plusieurs enfans. L'orgueil des Plantagenets se révolta de cette alliance, qu'ils nommoient monstrueuse. Richard en profita, au contraire, pour s'attacher son oncle. Il légitima ses enfans naturels; il donna à l'aîné le comté de Sommerset, en même temps qu'il nomma duc d'Hereford l'aîné des fils légitimes; il engagea enfin Lancaster à promettre qu'il abandonneroit le duc de Glocester au châtiment qu'il assuroit que celui-ci avoit mérité. En effet, il prétendit avoir découvert un complot de ce duc avec les comtes d'Arundel, de Warwick et plusieurs autres, pour se saisir de sa personne et le déposer. Lancaster persuada alors à son autre frère, le duc d'York, de se retirer avec lui dans ses terres, pour ne

---

(1) Froissart. T. XIV, c. 56, p. 1.

prendre ni l'un ni l'autre aucune part aux événemens qui se préparoient. (1)

A peine ces deux ducs s'étoient éloignés, que Richard II, au commencement de juillet, rendit une visite inattendue au troisième, le duc de Glocester, à son château de Plaissy, en Essex, et il lui demanda de le suivre à Londres, où il avoit, disoit-il, une affaire importante à traiter avec les bourgeois, pour laquelle il avoit besoin de son crédit et de ses conseils. Glocester monta en effet à cheval, avec une suite peu nombreuse, et il prit, avec le roi, la route de Londres; mais, comme ils passoient à Strafford, Thomas Mowbray, comte de Nottingham et maréchal d'Angleterre, que Richard y avoit mis en embuscade, s'élança sur Glocester, l'arrêta au nom du roi, l'entraîna sur un vaisseau qui l'attendoit au milieu de la Tamise, et fit mettre immédiatement à la voile pour Calais, dont le comte maréchal étoit gouverneur. (2)

Les villes de France soumises aux Anglais prenoient trop peu d'intérêt à la politique anglaise, pour que l'opinion publique ou la faveur populaire y couvrissent de leur garantie ceux qui

---

(1) Th. Walsingham, *Hist. Angl.*, p. 353-355. — *Ypodigma*, p. 550. — Froissart. T. XIV, c. 56, p. 21.

(2) Froissart. T. XIV, c. 57, p. 28. — Proclamation du 15 et du 28 juillet pour calmer le peuple sur ces arrestations. *Rymer.* T. VIII, p. 6 et 7.

avoient déplu à la cour. Dès que Glocester avoit touché le rivage de Calais, il étoit perdu : en effet, le comte maréchal le fit bientôt étrangler ou étouffer sous ses yeux (1). Les comtes d'Arundel et de Warwick avoient été arrêtés en même temps : le premier fut décapité à Cheapside; le second fut confiné dans l'île de Man. Les ducs de Lancaster et d'York, effrayés de la mort de leur frère, songèrent d'abord à se mettre eux-mêmes en état de défense; mais leurs fils étoient déjà engagés dans le complot de Richard contre leur oncle et ses adhérens. Le comte de Derby, duc d'Hereford, fils de Lancaster; le comte de Rutland, fils d'York; le comte de Sommerset, fils légitimé de Lancaster; les deux frères maternels du roi, et le comte maréchal, se portèrent appelans contre les prétendus conspirateurs, devant un parlement que le roi avoit, d'avance, ou fait choisir par des shérifs serviles, ou intimidé par des menaces. Ce parlement, assemblé à Londres au milieu de septembre 1397, flétrit la mémoire de Glocester et d'Arundel, exila l'archevêque de Cantorbéry, et les lords Warwick et Colbham, proclama les maximes les plus serviles, abandonna toutes les conquêtes qui, depuis vingt ans,

(1) Froissart. c. 61, p. 76. Le 21 septembre le parlement croyoit encore le duc de Glocester vivant, mais le 6 octobre, sa mort fut avouée, et des prières ordonnées pour son âme. *Rymer*. T. VIII, p. 15.

avoient été faites en faveur de la liberté, et rendit ainsi complet le triomphe de Richard II sur son peuple. Pour en jouir pleinement, il ne manquoit plus à ce roi que de se débarrasser des créatures par lesquelles il l'avoit remporté; mais ce dernier effort devoit lui coûter le trône et la vie. (1)

En effet, il avoit été obligé d'ajouter aux pouvoirs de quelques uns des seigneurs de son royaume pour se défaire des autres. Il avoit, entre autres, créé plusieurs nouveaux ducs; il avoit distribué les biens des proscrits à ceux qui les avoient accusés en parlement, et qu'on désignoit sous le nom de *lords appelans*. A peine les avoit-il comblés de ces faveurs, qu'il songea à s'en défaire : il excita l'un contre l'autre les deux principaux d'entre eux : le comte maréchal, qu'il avoit fait duc de Norfolck, et le comte de Derby, qu'il avoit fait duc d'Hereford. La brouillerie fut si violente, qu'au mois de janvier 1398, Norfolck jeta le gage de bataille, en présence du roi, à Hereford, qui le releva, s'engageant à prouver qu'il étoit faux, mauvais et traître. Les deux ducs fu-

(1) Froissart. T. XIV, c. 61, p. 84. — Religieux de Saint-Denis. L. XVII, c. 3, p. 367. — Juvénal des Ursins, p. 130. — Thom. Walsingham, *Hist. Angl.*, p. 354. — *Ypodigma Neustriæ*, p. 550. — Le Beau, Chron. de Richard II, *apud Buchon*. T. XV, p. 12. — Hallam. L'Europe au moyen âge. T. II, p. 256. — Rapin Thoyras. T. III, L. X, p. 324. — Hume, *History of England*. T. IV, c. 17, p. 29.

rent arrêtés à Windsor le 26 février, pour être mis sous sûre garde, jusqu'à l'époque du combat en champ clos, qui devoit avoir lieu à Coventry au mois de septembre suivant. Lorsque cette époque fut venue, cependant Richard feignit de ne vouloir point, par tendresse pour eux, exposer la vie de deux si grands seigneurs, dont l'un étoit son cousin : il les exila tous deux, et il donna à son frère maternel qu'il avoit fait duc de Surry, l'office de maréchal, qu'il ôtoit au duc de Norfolck. (1)

1398.

Tandis que le duc de Norfolck se rendit à Cologne, où il fixa son séjour, le duc d'Hereford, fils du duc de Lancaster, et connu auparavant sous le nom de comte de Derby, vint à Paris au mois d'octobre; et le duc d'Orléans, déjà lié avec lui, obtint pour lui l'hôtel de Clisson, où il se logea. C'étoit le moment où Richard, pour achever d'anéantir toute opposition, comptoit sur l'assistance du roi de France, qu'il appeloit toujours son père, quoiqu'il fût de trois ans plus âgé que lui. Il lui écrivit de n'avoir aucune familiarité avec Hereford, qu'il nommoit un traître, et dont il fit en même temps saisir tous les revenus (2). Mais Richard avoit manqué de jugement,

(1) *Rymer*. T. VIII, p. 32, 35, 36, 44, 47 et 48. — Froissart, c. 63 et 64, p. 109 et 114. — Thom. Walsingham, *Hist. Angl.*, p. 356. — *Ypodigma*, p. 552.

(2) Religieux de Saint-Denis. L. XVIII, c. 9, p. 402.

lorsqu'il avoit fait dépendre l'accomplissement de projets qui avoient demandé de sa part une politique astucieuse et persévérante, de la coopération d'un monarque fou et d'une cour divisée. Hereford s'y présentoit comme un prince, comme un parent, et comme un homme de plaisir. Les ducs de Berri et de Bourgogne, toujours empressés d'étaler leur magnificence, lui firent une réception pompeuse ; le duc d'Orléans l'associa à ses débauches ; et le roi lui assigna cinq cents couronnes d'or par semaine pour subvenir à ses dépenses, et lui tenir lieu de ses revenus, que Richard avoit confisqués. (1)

Pendant toute cette année, la folie du roi ne lui laissa que de courts intervalles lucides : aussi, quoique tout se fît en son nom, quoiqu'on le fît paroître toutes les fois qu'on pouvoit, pour donner des ordres, sa volonté n'avoit que peu de part à la décision des affaires. La reine ne prétendoit pas même exercer sur elles aucune influence. Les ducs de Berri, de Bourgogne et d'Orléans étoient jaloux l'un de l'autre : l'historien Juvénal des Ursins prétend que son père, le prévôt des marchands, alloit les trouver dès qu'il les savoit divisés, et qu'il les réconcilia, à plusieurs reprises, par son éloquence (2). Cependant, il auroit fallu

(1) Froissart. T. XIV, p. 123 et 142.
(2) Juvénal des Ursins, p. 135.

plus de tête ou de talent que ces princes n'en avoient les uns ou les autres pour s'exclure mutuellement du conseil d'État, ou s'emparer sans partage du pouvoir. Ils se contredisoient, ils blâmoient la conduite l'un de l'autre; ils boudoient; puis on les apaisoit en leur cédant quelque nouvel apanage. C'est ainsi que lorsque le comte Archambaud IV, de Périgord, fut accusé par ses vassaux d'exercer sur eux une autorité tyrannique, ces princes saisirent avec empressement cette occasion de dépouiller un grand feudataire: il fut condamné à mort le 17 avril 1398, par le parlement, comme coupable de lèse-majesté; on le laissa, il est vrai, échapper, et se réfugier en Angleterre; mais son fief fut confisqué et ajouté à l'apanage du duc d'Orléans. (1)

A la réserve des affaires qui se résolvoient ensuite à l'avantage personnel de l'un des trois ducs, la seule qui captivât toujours leur attention étoit la négociation pour rendre la paix à l'Église, et faire cesser le schisme. Comme on accusoit Charles V d'y avoir donné naissance par des vues politiques, on croyoit que Charles VI portoit la peine des péchés de son père, et qu'il ne recouvreroit la santé qu'après avoir réparé le dommage fait à la chrétienté. Les ducs, craignant que le châtiment du ciel ne les atteignît à leur tour, tra-

(1) Religieux de Saint-Denis. L. XVIII, c. 5, p. 393. — Juvénal des Ursins, p. 134.

1398. vailloient à intéresser les autres souverains à la pacification de l'Église. En réponse à leurs invitations, Wenceslas, empereur élu, annonça qu'il viendroit lui-même s'aboucher avec son cousin le roi de France, et qu'il seroit à Reims le 25 mars pour les fêtes de l'Annonciation. Dès le 22, Charles, avec le roi de Navarre et les princes du sang, se rendit dans cette ville pour l'y attendre. Il fit préparer pour lui le palais archiépiscopal, avec cette magnificence que les princes français regardoient alors comme le premier devoir de la royauté. Wenceslas, en y entrant, ayant admiré la beauté des tentures dont ce palais étoit revêtu, Charles VI lui fit dire qu'il lui faisoit don de tout ce que le palais contenoit. Le 25 mars, les ducs de Berri et de Bourgogne vinrent chercher Wenceslas pour le conduire au festin où le roi l'attendoit; mais Wenceslas, selon sa coutume, s'étoit enivré le matin; il dormoit pour cuver son vin, et l'on fut obligé de remettre la fête au lendemain. Ce jour-là on réussit à le faire rester sobre jusqu'à l'heure du dîner; le roi, au contraire, donna quelques symptômes d'un accès de folie; en sorte qu'on le fit repartir en hâte pour Paris le jour suivant. (1)

D'autre part, une assemblée du clergé de France, toujours dans le même but, fut convo-

(1) Religieux de Saint-Denis. L. XVII, c. 6, p. 370.—Froissart. T. XIV, c. 62, p. 89.

quée à Paris pour le 22 mai. Les ducs de Berri, de
Bourgogne et d'Orléans, ainsi que le roi de Navarre, y assistèrent; et à cause de ces grands seigneurs, qui n'entendoient point le latin, la délibération se fit en français. Presque tous les prélats reconnurent que la voie de cession étoit la seule qui pût terminer le schisme; mais, pour y amener les deux papes, ils proposèrent de soustraire l'Église à l'obédience de l'un et de l'autre. Avant de prendre cette résolution, on ajourna l'assemblée jusqu'au mois de juillet, dans l'espérance qu'à cette époque l'accès de folie qui tourmentoit le roi seroit passé : en effet, il eut trois jours de répit, dont on profita pour lui faire signer, le 27 juillet, une ordonnance par laquelle l'autorité ecclésiastique de Benoît XIII sur le royaume de France fut suspendue, en même temps que tous les biens de ses adhérens furent saisis. (1)

Mais Benoît XIII étoit un homme obstiné, audacieux, inflexible, qui, soit qu'il regardât son élection comme réellement canonique et nécessaire à maintenir pour le salut des âmes, soit qu'il fût trop ambitieux pour renoncer à la première place dans le monde chrétien, ne se laissa ébranler ni par la persuasion ni par les menaces. Il répon-

1398.

(1) Religieux de Saint-Denis. L. XVIII, c. 3, p. 378. — Juvénal des Ursins, p. 133. — Ordonn. de France. T. VIII, p. 258 et 269.

dit à Pierre d'Ailly, évêque de Cambrai et ambassadeur du roi, qu'on regardoit comme le plus savant théologien de Paris, que tant qu'il vivroit il ne renonceroit ni à son nom ni à son titre (1). On résolut alors de le réduire par la force : le maréchal Boucicault fut chargé de mettre à la raison ce vieillard obstiné ; il appela à lui les gens de guerre des provinces du Midi, les gentilshommes, et les aventuriers, qui se réjouissoient de l'espérance de piller Avignon, où les cardinaux avoient entassé dans leurs palais tant de richesses. Raymond de Turenne, chef du parti de Duraz en Provence, vint avec empressement joindre le maréchal de France. Les bourgeois d'Avignon se hâtèrent de capituler, et d'ouvrir leurs portes à Boucicault : presque tous les cardinaux se rangèrent de son côté ; mais l'obstiné vieillard, avec deux cardinaux espagnols, étoit resté maître du palais pontifical ; le roi d'Aragon, Martin, qui avoit épousé une de ses parentes, lui avoit fait passer quelques soldats aragonais : il avoit des munitions de guerre et de bouche pour plusieurs années ; sa provision de bois ayant été brûlée par accident, il faisoit démolir une partie de son palais, pour en employer le bois de construction au feu de sa cuisine. Boucicault et ses soldats se faisoient scrupule d'attaquer, les

---

(1) Froissart. T. XIV, c. 67, p. 133.

armes à la main, un château aux meurtrières duquel ils voyoient paroître seulement, de temps en temps, un vieillard, avec un cierge et une clochette à la main, qui lançoit contre eux des excommunications; et l'obstination de Benoît XIII devoit, à la longue, l'emporter. (1)

En effet, les rois de Navarre, de Castille, et d'Écosse, qui suivoient dans le schisme le même parti que la France, approuvoient le parti qu'avoit pris celle-ci de se soustraire à l'obédience de Benoît, de lui retrancher ses revenus, et de le contraindre, même par les armes, à effectuer la cession qu'il avoit promise avant son élection; mais le roi des Romains, le roi de Hongrie, le roi d'Angleterre, et les États d'Italie, malgré les instances de la France et les efforts de Pierre d'Ailly, évêque de Cambrai, qui avoit été envoyé en Italie et en Allemagne, ne mettoient point autant de zèle à presser la résignation de Boniface; aussi le conseil du roi, auquel le duc d'Orléans représentoit sans cesse que la soustraction d'obédience mettoit le royaume en état de péché mortel, envoya-t-il, au mois de février 1399, l'ordre à Boucicault de laisser entrer désormais du bois et des vivres dans le palais pon-

(1) Froissart. T. XIV, c. 67, p. 139. — Religieux de Saint-Denis. L. XVIII, c. 6, p. 395, et c. 10, p. 403. — Juvénal des Ursins, p. 134. — *Raynaldi Annal. eccles.* T. XVII, anno 1398. §. 24.

tifical, et de se contenter de maintenir des gardes tout autour, pour que le pape ne pût pas s'échapper et s'enfuir en Aragon. (1)

Si quelque chose pouvoit être plus étrange que de voir la France et la chrétienté tout entière dirigées par un roi fou, au moment où elles décidoient de tout ce que les hommes estiment le plus, des intérêts mêmes de leur conscience, c'étoit de savoir ce roi livré aux soins de deux sorciers que l'Église avoit en horreur, durant toute cette année où l'on publioit tant d'ordonnances de lui pour la pacification de cette Église. Les deux moines de saint Augustin, que le maréchal de Sancerre lui avoit envoyés dès le commencement de l'été 1397, étoient encore au château royal de la Bastille dans l'automne de 1398, occupés de leurs opérations magiques. Mais, après s'être vantés de ce que l'accès de folie du roi avoit cédé, l'année précédente, à leurs sortiléges, ils étoient fort déconcertés de ce que, dès-lors, Charles VI n'avoit plus eu que très peu de momens lucides. L'idée qu'on s'étoit faite de leur pouvoir diminuoit sans que l'horreur qu'ils inspiroient se calmât. Sentant que tout leur crédit leur échappoit, ils crurent qu'en flattant la jalousie secrète du duc de Bourgogne, ils seroient protégés par lui, et ils déclarèrent que s'ils n'avoient plus le succès

---

(1) Juvénal des Ursins, p. 155. — Froissart, c. 67, p. 140.

qu'ils s'étoient promis, c'est que des arts diaboliques, plus puissans encore que les leurs, étoient employés par le duc d'Orléans contre le roi. Le moment n'étoit pas encore venu où une accusation aussi terrible contre ce prince auroit pu être accueillie par ses deux oncles. Les deux sorciers furent sacrifiés au ressentiment du plus jeune duc. Le clergé s'empressa de prendre sa revanche sur des hommes qui prétendoient exercer un autre pouvoir surnaturel que celui de l'Église. Le 30 octobre 1398, l'évêque de Paris les dégrada sur la place de Grève, en présence de six autres évêques et d'un grand nombre d'ecclésiastiques distingués; il les livra ensuite au prévôt de Paris, qui leur fit trancher la tête, et qui fit partager leurs corps en quartiers pour être exposés aux principales portes de la capitale. (1)

(1) Religieux de Saint-Denis. L. XVIII, c. 8, p 398. — Juvénal des Ursins, p. 135.

CHAPITRE XXIII.

Déposition de Wenceslas en Allemagne, de Richard II en Angleterre. — Le duc d'Orléans se déclare le champion de l'autorité royale en tout pays; — sa brouillerie ouverte avec le duc de Bourgogne. — Scandaleuses dilapidations des princes du sang. — Charles VI abandonne tour à tour à l'un, puis à l'autre, son autorité. —1399 - 1402.

Le royaume auroit gagné, sans doute, à ce que l'autorité absolue et capricieuse d'un seul fût remplacée par celle d'une aristocratie, quelque étroite, quelque mal combinée qu'elle fût, pourvu que la part de pouvoir de ses différens membres fût définie, et qu'elle fût soumise à une règle quelconque. L'obligation de discuter dans un conseil les résolutions à prendre, de développer leurs motifs, de réunir l'assentiment d'hommes de caractères opposés, est toujours une garantie, quelque incomplète qu'elle soit. Si elle ne fait pas taire l'intérêt personnel, elle empêche du moins d'avouer avec impudence qu'il soit le seul motif qui guide les chefs; si elle ne suggère pas toujours la politique la plus sage, elle en fait du moins adopter une, et reconnoître de certains principes ; si elle n'arrête pas enfin tous les crimes, du moins elle les subordonne à de certaines notions de salut de l'État et du bien public.

Mais la malheureuse France, pendant la démence de son roi, étoit en même temps toujours considérée comme une monarchie absolue, et cependant soumise à une oligarchie qui n'étoit point reconnue, point définie ; qui ne prétendoit à aucun droit par elle-même, et dont chaque membre empruntoit chaque jour, sans concert avec les autres, le pouvoir souverain. Le favori du jour n'agissoit point comme prince, comme conseiller de la couronne, mais comme roi ; il ne délibéroit point, n'annonçoit point de principes ou de motifs, ne cherchoit point à persuader des collègues, mais il surprenoit des grâces, sans alléguer seulement un motif d'intérêt public, à l'homme foible, débonnaire, incapable de comprendre la moindre affaire, et dépourvu de mémoire, sous la seule responsabilité duquel tous les ordres étoient donnés.

Sept fois dans le cours de l'année 1399, le roi retomba dans ses accès de démence ; et, tandis que les paroxismes se prolongeoient long-temps, les intervalles entre eux n'étoient souvent que de trois jours (1). S'il s'étoit agi d'un particulier, on n'auroit pas cessé de le considérer comme

---

(1) Religieux de Saint-Denis. L. XIX, c. 1, p. 405.

1399. fou; car les plus insensés ont des intervalles lucides. Charles VI, au contraire, étoit toujours regardé comme n'ayant perdu aucune des prérogatives d'un homme sage; il étoit de droit, seul souverain : quand il étoit malade, il étoit privé par le fait de l'exercice de sa puissance, jamais par le droit ; quand il se trouvoit guéri, on n'en cherchoit pas d'autre preuve que sa parole, et on lui obéissoit. Pendant ses accès, on suspendoit les décisions les plus importantes, pour attendre le premier moment lucide dans lequel il pourroit donner sa signature. Le conseil n'avoit aucune garantie que cette signature, que Charles accordoit sur des affaires qu'il ne pouvoit comprendre, qu'il n'avoit jamais connues, ou qu'il avoit oubliées, ne seroit point en contradiction expresse avec ce qu'il avoit résolu. Ce n'est pas la calamité du roi qui étonne, c'est l'étrange dégradation de la nation, de la cour et de la magistrature, qui continuoient à regarder comme souveraine la volonté prétendue d'un homme tantôt fou, tantôt imbécile : mais le malheur avoit développé dans Charles VI un besoin d'affection qui excitoit la bienveillance; et le peuple, cherchant en vain un appui, et ne pouvant découvrir ni vertus, ni talens, dans les oncles, le frère ou la femme de ce malheureux prince, n'aimoit que lui, parce qu'il avoit du moins pitié de lui.

De tous côtés cependant on voyoit surgir des

motifs d'inquiétude et de trouble, qui auroient demandé, dans le souverain de la France, un redoublement d'habileté, de prudence et de fermeté. A l'intérieur, des pluies abondantes, pendant les mois de mars et d'avril, avoient fait déborder les rivières ; elles avoient inondé les champs et pourri les récoltes : la maladie avoit suivi les inondations et la cherté, et une espèce de peste régna tout l'été à Paris, et ravagea, pendant les deux années suivantes, le reste du royaume. Pour l'éviter, la cour se retira en Normandie, où l'épidémie ne tarda pas à la suivre (1). Le peuple, alarmé, prenoit tous les fléaux pour des châtimens de la Divinité ; et le duc d'Orléans, qui donnoit toujours l'exemple de toutes les croyances serviles et superstitieuses, déclaroit que Dieu punissoit les laïques qui osoient porter la main à l'encensoir ; qu'on l'offensoit en France, en assiégeant Benoît XIII dans son palais d'Avignon (2), comme on l'offensoit à Rome en soulevant les Romains, par l'entremise d'Honoré Caietan, comte de Fondi, contre Boniface IX, et en s'efforçant d'établir chez eux une république. (3)

Au dehors, la chrétienté tout entière paroissoit en danger : Bajazet Ilderim pressoit le siége

---

(1) Religieux de Saint-Denis. L. XIX, c. 2, p. 408.
(2) Religieux de Saint-Denis. L. XIX, c. 3, p. 409.
(3) *Raynaldi Annal. eccles.* 1399. §. 14-18.

de Constantinople. Les Grecs, alarmés, ne croyoient point avoir la force de se défendre par eux-mêmes, et ils reçurent comme un sauveur le maréchal Boucicault, lorsque celui-ci accomplit sa promesse d'aller encore une fois combattre les Turcs. Ce capitaine, qui étoit vaillant, impétueux, avide de nouvelles aventures, et empressé de visiter des pays inconnus, rassembla sous sa bannière quinze cents hommes d'armes, et huit cents de leurs varlets ou archers : à leur tête il partit de Paris au mois de mai ; il s'embarqua le 25 juin à Aigues-Mortes, et il vint prendre terre à Péra. Ces braves firent quelques courses contre les Turcs, pendant près d'une année qu'ils demeurèrent à Constantinople ; enfin, l'argent commençant à leur manquer, Boucicault revint en France, où il ramena l'empereur Manuel Paléologue, qui venoit solliciter de nouveaux secours, tandis que le sire de Château-Morant demeura avec cent hommes d'armes, et leurs varlets seulement, à la garde de Constantinople. (1)

Les armes des Turcs ne pressoient pas les Grecs seulement ; elles répandoient la terreur dans tout l'orient de l'Europe : elles dévastoient à la fois la Hongrie, la Pologne, la Russie, la Podolie, la Lithuanie et la Valachie. Ces dernières provinces étoient surtout ravagées par les

(1) Mémoires du maréchal Boucicault, c. 30-34. Collection des Mémoires, p. 132-156. — Juvénal des Ursins, p. 139.

Tartares de Timur-Beg, ou Tamerlan, qui ne devoient pas tarder à entrer en guerre avec Bajazet, mais qui, aux yeux des chrétiens, se confondoient avec les Turcs. Boniface IX chargea l'évêque de Cracovie de prêcher contre eux une croisade, et accorda toutes les indulgences de la guerre sacrée à ceux qui s'armeroient contre les infidèles (1). Jagellon, duc de Lithuanie, qui, élevé en 1386 au trône de Pologne, avoit pris, en se convertissant au christianisme, le nom d'Uladislas V, étoit le plus ferme appui de Sigismond, roi de Hongrie. Tous deux défendoient l'Europe au levant contre l'invasion des peuples pasteurs. Mais, derrière eux, l'Allemagne, également menacée, sembloit hors d'état de faire aucune résistance. Divisée, affoiblie, abandonnée à l'anarchie, s'il lui restoit sur quelque chose un sentiment unanime, c'étoit pour accabler de son mépris celui qui se disoit son chef, Wenceslas, roi des Romains et de Bohême. Ce prince crapuleux, au milieu des dangers qui le menaçoient, passoit les jours et les nuits dans de dégoûtantes orgies; il se réveilloit de son ivresse pour se livrer à des accès de fureur, ou pour rassembler de l'argent par des actes d'une basse tyrannie. Arrêté une première fois par les bourgeois de Prague, la servante d'un moulin

1399

---

(1) *Raynaldi Annal. eccles.* 1399. §. 6.

l'avoit sauvé de leurs mains, le recevant tout nu dans son bateau, comme il s'étoit jeté à la rivière. Mais déjà un nouvel orage se formoit contre lui en Bohême, tandis que les électeurs de l'Empire s'étoient réunis à Marpourg, et délibéroient sur les moyens de le déposer et de lui donner un successeur. (1)

Avant qu'ils eussent accompli ce projet, la déposition d'un autre souverain vint étonner l'Europe et alarmer la France. Henri, comte de Derby et duc d'Hereford, avoit à peine passé trois mois à la cour de France, où il s'étoit retiré lorsque le roi son cousin l'avoit exilé, quand il y reçut la nouvelle de la mort du duc de Lancaster, son père, survenue le 3 février 1399 (2). Richard, en apprenant la mort de son oncle, changea, en un exil perpétuel, l'exil temporaire auquel il avoit condamné son cousin, et révoqua les exemptions qu'il lui avoit accordées pour percevoir tout héritage malgré son absence, sans être obligé à faire immédiatement hommage. Il saisit en même temps le duché de Lancaster, et fit même condamner comme traître le procureur de Henri, qui se présentoit pour en prendre possession.

(1) Schmidt, Hist. des Allemands. L. VII, c. 10, T. V, p. 36.

(2) Walsingham. *Ypodigma Neustriæ*, p. 553. — Froissart. T. XIV, c. 68, p. 148.

A cette époque, le duc d'Hereford étoit occupé de négocier, pour lui-même, un mariage à la cour de France. Il avoit demandé la main de Marie, fille du duc de Berri, qui, à l'âge de vingt-trois ans, étoit déjà veuve de deux maris, Louis de Blois, et Philippe d'Artois, comte d'Eu. Marie lui auroit apporté de grandes richesses et de puissantes alliances. Henri, de son côté, héritier présomptif du duc de Lancaster, paroissoit devoir être le plus riche et le plus puissant des princes anglais. Le duc de Berri accueillit avec plaisir cette proposition, ne doutant point que l'exil de celui qu'il choisiroit pour gendre ne fût bientôt révoqué, d'autant que Richard l'avoit déjà réduit de dix à six ans, et qu'il paroissoit motivé seulement sur le désir d'empêcher un combat à mort entre lui et un autre grand seigneur. Mais Richard II étoit secrètement déterminé à perdre Hereford, pour ne point laisser de chef à l'aristocratie anglaise, et il n'avoit garde de lui laisser contracter un mariage qui le rendroit plus puissant encore. Il envoya le comte de Salisbury à Charles VI, pour lui demander de se bien garder de marier sa cousine à un traître.

Sur ces entrefaites, à ce que raconte Froissart, le duc d'Hereford, qu'on appeloit encore du nom de Derby, « voyant le roi et les sei-
« gneurs tous ensemble, renouvela les paroles

1399.

« du mariage. Adonc, dit le duc de Bourgogne,
« qui étoit chargé de parler : Cousin Derby, nous
« n'avons que faire de donner notre cousine en ma-
« riage à un traître. — De cette parole, mua très
« grandement couleur et tous ses esprits le comte
« Derby, et dit : Sire, je suis en la présence de
« monseigneur le roi ; je veux répondre à ce. Je
« ne fus oncques traître, ni trahison ne pensai,
« et si nul étoit qui de trahison me voulût accu-
« ser, je suis tout prêt de répondre, soit présen-
« tement, ou quand il plaira à monseigneur qui
« ci est.—Nenni, cousin, répondit le roi ; je crois
« que vous ne trouverez jà homme en France,
« de la nation et tenure de France, qui vous
« challenge votre honneur ; et les paroles que
« mon oncle vous dit, viennent d'Angleterre.
« — Adonc s'agenouilla le comte Derby, et dit :
« Monseigneur, je vous en crois bien ; Dieu
« nous y garde tous nos amis, et confonde nos
« ennemis ! — Le roi de France fit lever le comte
« Derby, et dit : Cousin, apaisez-vous ; toutes
« les choses tourneront à bien ; et quand vous
« serez d'accord partout, on pourra bien adonc
« parler du mariage ; mais avant, il convient que
« vous ayez relevé le duché de Lancastre ; car
« c'est l'usage de France et de plusieurs pays de
« deçà la mer, que quand un seigneur se marie,
« que par le gré de son seigneur, si il a sou-
« verain, il doue sa femme. — Adonc furent

« prêts vin et épices, et se dérompirent ces
« paroles. » (1)

Charles, qui avoit beaucoup d'affection pour Derby, avoit la tête trop foible pour s'être jamais occupé de ce qui se passoit en Angleterre, ou pour le comprendre : il s'étoit conformé au désir que lui exprimoit son gendre de rompre ce nouveau mariage ; mais en même temps il avoit cherché à réconcilier, par sa douceur, Derby au parti qu'il prenoit. Il est probable que le duc de Bourgogne, mieux instruit, regardoit au contraire Derby comme un homme perdu, et que c'étoit son motif pour rompre avec lui aussi brutalement. Mais il ne songeoit qu'à la faveur du roi ; il ne pensoit pas que Derby possédoit alors la faveur du peuple, et que celle-là aussi étoit une puissance.

Richard II n'avoit point eu d'enfans de sa première femme, et ayant choisi pour seconde un enfant de sept ans, il ne sembloit ni en attendre ni en désirer. Aussi avoit-il reconnu pour héritier de la couronne Roger Mortimer, petit-fils, par une femme, de Lionnel, le second des fils d'Édouard III. Derby étoit fils du troisième, Jean, duc de Lancaster : c'étoit peut-être parce qu'il n'étoit point appelé à hériter, que l'aristocratie opprimée et les bourgeois de Londres tournoient

---

(1) Froissart. T. XIV, c. 69, p. 155.

les yeux vers Derby, comme vers leur libérateur, au moment où ils se voyoient si injustement traités, et où ils étoient foulés eux-mêmes d'une manière si cruelle. En effet, Richard s'abandonnant à quatre favoris nouveaux, Scrope, Bushy, Green et Baggot, dont l'avidité étoit insatiable, et qui se faisoient les ministres d'une tyrannie dont ils recueilloient tous les fruits, ne songeoit qu'à rassembler de l'argent par les voies les plus violentes : il enlevoit aux bourgeois de Londres, sans leur rien payer, tout ce qui étoit à sa convenance ; en même temps il sévissoit contre la noblesse, accusée d'avoir pris part aux complots du duc de Glocester; il fit condamner en masse les habitans de dix-sept comtés à la confiscation de leurs biens, après quoi il traitoit avec eux, et les leur revendoit sous des conditions onéreuses, mais seulement après qu'ils s'étoient reconnus coupables de haute trahison par des lettres scellées de leur sceau. (1)

Sur ces entrefaites, Richard apprit que Roger de Mortimer, qu'il avoit nommé gouverneur d'Irlande, avoit été tué dans une rencontre avec des Irlandais révoltés. Excessivement irrité, il jura de le venger; il appela tous les seigneurs de

---

(1) Thom. Walsingham, *Hist. Angl.*, p. 356. — *Ypodigma Neustriæ*, p. 553. — Froissart. T. XIV, c. 70, p. 169. — Rapin Thoyras, Hist. d'Angl. T. III, L. X, p. 330. — *Hume's History of England.* T. IV, c. 17, p. 43.

l'Angleterre à Bristol avec leurs hommes d'armes, pour grossir l'armée qu'il comptoit conduire en Irlande; et le comte de Northumberland ne s'étant pas rendu à cet appel, il le condamna, ainsi que son fils, à l'exil. Il s'embarqua cependant avec deux mille lances et dix mille archers, et vint, le 31 mai, prendre terre à Waterford, d'où il marcha vers Dublin. Il avoit laissé au duc d'York, son oncle, la régence du royaume. (1)

Mais à peine étoit-il parti, que les bourgeois de Londres, résolus de ne pas supporter plus long-temps une tyrannie aussi odieuse, écrivirent à Derby de saisir cette occasion favorable pour recouvrer ses droits et défendre les leurs. Le duc d'York, à supposer encore qu'il ne lui fût pas favorable, n'étoit redoutable ni par le talent ni par le caractère; toute la noblesse étoit mécontente, et Richard avoit emmené en Irlande les seuls hommes qui lui fussent dévoués. Thomas Fitz-Allan, archevêque de Cantorbéry, fils de ce comte d'Arundel qui avoit été mis à mort en même temps que le duc de Glocester, se chargea de présenter ce message à Derby, auprès duquel il se rendit déguisé en pélerin. (2)

Derby, qui ne vivoit que de la pension que lui faisoit le roi de France, qui n'avoit qu'un

---

(1) Froissart, c. 70, p. 164. — *Rymer*. T. VIII, p. 70.
(2) Froissart, c. 71, p. 175.

petit nombre de serviteurs, et qui venoit tout récemment d'être grossièrement insulté par le duc de Bourgogne, pour rompre l'alliance qu'il étoit sur le point de contracter avec le duc de Berri, se sentoit bien foible pour entreprendre une révolution aussi importante. Mais il paroît qu'à cette époque le duc d'Orléans, toujours plus jaloux du duc de Bourgogne, jugeant d'après l'offense que Derby avoit reçue publiquement, que celui-ci partageoit son ressentiment, lui proposa secrètement une alliance pour s'assister réciproquement contre leurs ennemis. Cette alliance en termes généraux fut signée le 17 juin 1399 (1). Le duc d'Orléans protesta plus tard qu'elle n'avoit pour but que la défense des intérêts privés de l'un et de l'autre, tandis que Derby affirma qu'elle étoit expressément dirigée contre le duc de Bourgogne en France et contre Richard II en Angleterre. (2)

Le duc de Bourgogne, soupçonnant que Derby vouloit repasser en Angleterre, écrivit aux habitans de Boulogne de l'arrêter au passage (3); mais ensuite d'une intrigue sur laquelle nous n'avons absolument aucun renseignement, une réconci-

---

(1) Monstrelet, éd. de Buchon. T. 1, c. 9, p. 100; sous la date erronée de 1396. — Religieux de Saint-Denis. L. XIX, c. 3, p. 410.

(2) Monstrelet. T. I, c. 9, p. 103-118.

(3) Religieux de Saint-Denis. L. XIX, c. 4, p. 412.

liation secrète s'opéra alors même entre Derby et la faction de Bourgogne; le premier demanda congé à Charles VI, pour aller voir à Nantes son oncle, le duc de Bretagne; celui-ci, qui étoit tout dévoué au duc de Bourgogne, facilita à Derby les moyens de s'embarquer pour l'Angleterre, lui donna quelques gendarmes pour sa garde, et chargea de l'accompagner Pierre de Craon, l'homme d'exécution de cette faction, et celui que le duc d'Orléans haïssoit le plus. Il paroît que ce dernier se regarda comme joué, et que c'est le motif de la violente colère qu'il manifesta bientôt après. (1)

Ce changement s'étoit opéré en bien peu de jours; car, comme nous l'avons vu, c'étoit le 17 juin que Derby avoit signé son traité avec le duc d'Orléans, et le 4 juillet, il débarqua avec le mortel ennemi de ce duc, Pierre de Craon, à Ravenspur, dans le Yorkshire : il y fut bientôt joint par les comtes de Northumberland, de Westmoreland, et d'autres seigneurs. Il y prit aussitôt le titre de duc de Lancaster, et il y publia un manifeste, dans lequel il s'annonçoit seulement comme voulant réparer les injustices commises par les favoris du roi. Le duc d'York avoit transporté son quartier de Londres à Saint-Alban, et Londres s'étoit aussitôt déclarée pour

---

(1) Froissart, c. 72, p. 181.

1399. Lancaster. Bientôt York se vit aussi abandonné par ses soldats; alors il se retira chez lui, renonçant à la régence, et ne voulant plus prendre aucune part aux affaires. Lancaster, dont l'armée grossissoit rapidement, se hâta d'aller assiéger, dans le château de Bristol, les favoris de Richard qui s'y étoient réfugiés; ayant pris ce château au bout de quatre jours, il fit trancher la tête à Scrope, Bushy et Green, qu'il fit prisonniers, et bientôt l'Angleterre entière le reconnut pour chef du gouvernement. Des vents contraires avoient, pendant trois semaines, empêché Richard II de recevoir en Irlande aucune nouvelle de cette révolution. Quand il en fut instruit, il perdit encore quelques jours à préparer ses vaisseaux; puis le vent le contrariant de nouveau, l'empêcha de venir joindre le comte de Salisbury, qui avoit assemblé pour lui une armée dans le comté de Chester; le bruit de sa mort se répandit en Angleterre, et cette armée se débanda. Quand il débarqua enfin sur la côte de Galles, effrayé de son isolement, il s'enferma timidement dans le château de Convay, qu'il croyoit imprenable, mais qui se trouvoit sans munitions; bientôt n'ayant plus de moyens de résister, il se livra lui-même, le 20 août, à son cousin le duc de Lancaster, qui l'emmena avec lui à Londres, et le fit enfermer à la Tour. (1)

(1) Froissart. T. XIV, c. 74, p. 195, et c. 75, p. 198. —

On ne sauroit dire quel fut l'étonnement et la colère des princes français, quand ils apprirent, d'abord que Richard II avoit été arrêté et conduit à Londres, ensuite tout le progrès de la révolution. Un procès étoit instruit contre le roi; ses violations des lois et des coutumes du royaume, résumées en trente-trois articles, lui avoient été présentées pour qu'il les signât. Il s'étoit reconnu coupable envers la nation, et avoit abdiqué la couronne. Cette abdication, qu'il avoit lue lui-même à haute voix, avoit été reçue par le parlement assemblé à Westminster; ce parlement enfin, après avoir déclaré le trône vacant, encore que Roger Mortimer eût laissé deux fils qui en étoient les héritiers légitimes, mais dont l'aîné n'avoit pas plus de sept ans, avoit accordé la couronne au comte de Derby, duc d'Hereford et de Lancaster, qui avoit pris le nom de Henri IV (1). Il y avoit dans la suite de ces actes une leçon si effrayante pour les rois qui violent leurs engagemens envers les peuples, que les

---

Poëme sur la déposition du roi Richard. *ibid.*, p. 323. — Chronique de Richard II. T. XV. Buchon, p. 26. — Thom. Walsingham, p. 358. — *Id. Ypodigma*, p. 554. — *Rymer*. T. VIII, p. 84-85.—Religieux de Saint-Denis. L. XIX, c. 5, p. 414. — Juvénal des Ursins, p. 141. — Rapin Thoyras. L. X, p. 336.

(1) *Rotulus Parliamenti in Script. X, Hist. Angl.* p. 2743. — Chron. de Richard II, p. 30. — Thom. Walsingham, *Hist. Angl.*, p. 359.

princes de la maison de Valois, tous également accoutumés à ne reconnoître aucune limite à l'autorité royale, en étoient aussi effrayés qu'indignés. Quoique les ducs d'Orléans et de Bourgogne eussent chacun à leur tour secondé Derby dans ses projets de résistance, ils ne s'étoient jamais attendus à un pareil résultat. Charles VI, qui avoit eu un plus long intervalle lucide que de coutume, voulut voir lui-même la dame de Courcy, qu'il avoit donnée comme grande maîtresse à sa fille, quand il l'avoit mariée au roi d'Angleterre, et qui étoit revenue tout effrayée à Paris. Les détails qu'elle lui donna le firent retomber dans un accès de frénésie. Les ducs de Bourgogne, de Berri, d'Orléans, s'emportèrent contre l'arrogance des bourgeois de Londres, qui avoient osé comploter contre leur roi, déclarant qu'ils ne doutoient point que cette canaille insolente et cruelle ne le fît périr. D'autre part ils convinrent de tenter si la fermentation causée par cette révolution ne pourroit pas déterminer les Bordelais, fort attachés à Richard II, qui étoit né dans leur ville, à se donner à la France. Dans ce but, le duc de Bourbon se rendit à Agen avec un corps de troupes, et il y ouvrit des conférences avec les consuls de Bordeaux, de Bayonne et de Dax, auxquels il promit les plus amples priviléges, s'ils vouloient se déclarer français. Mais les Gascons, malgré leur attachement pour

Richard, et le regret que leur causoit sa chute, reconnurent bientôt que les Anglais étoient accoutumés à respecter leurs priviléges, tandis que les provinces voisines, qui avoient obtenu des priviléges tout semblables des rois de France, « étoient taillées et retaillées deux ou trois fois « l'an, et vexées et molestées de fouages, et de « toutes exactions vilaines dont on pouvait ex-« torquer de l'argent. » Ils se résolurent donc à recevoir les nouveaux officiers que leur envoyoit Henri IV, et à lui faire serment de fidélité. (1)

Henri IV avoit eu soin d'arrêter les enfans de Mortimer, dont il redoutoit le droit au trône; il les retint prisonniers dans le château de Windsor; il avoit attaché à ses intérêts le comte de Rutland, qui bientôt succéda au titre de duc d'York, par la mort de son père, et qui étoit le premier des princes du sang, mais qui s'étoit rendu odieux à tous les partis par ses nombreuses trahisons. Il avoit déjoué une conspiration des comtes de Huntingdon, Salisbury, et plusieurs autres, qui avoient compté s'emparer de sa personne à Windsor, le premier dimanche de janvier 1400, et qui périrent tous sur l'échafaud. Peu de semaines après, l'on conjecture que ce fut le 14 février, il fut délivré de l'inquiétude que lui causoit encore le roi son prisonnier, qu'il avoit trans-

---

(1) Froissart. T. XIV, c. 79, p. 234-240.

féré au château de Pomfret. Henri IV nia toujours d'avoir fait mourir Richard II, et il fit exposer publiquement son corps découvert à Cheap-Side, pour qu'on pût reconnoître qu'il n'avoit pas éprouvé de violence. On a cru qu'on l'avoit laissé mourir de faim, et il n'est pas impossible que le zèle des serviteurs de Henri IV ait devancé ses ordres pour commettre ce crime. Froissart, qui termine sa chronique par le récit de cet événement, rapporte qu'il fut dit au roi Henri : « Sire, tant que Richard de Bordeaux vive, vous « ni le pays ne serez en sûr état. — Répondit le « roi : Je crois que vous dites vérité, mais tant « que à moi je ne le ferai jà mourir; car je l'ai « pris sus. Si lui tiendrai son convenant, tant que « apparent me sera que fait me aura trahison. — « Si répondirent ses chevaliers, il vous vaudroit « mieux mort que vif; car tant que les Français « le sauront en vie, ils s'efforceront toujours de « vous guerroyer, et auront espoir de le retour- « ner encore en son état, pour la cause de ce « qu'il a la fille du roi de France. — Le roi d'An- « gleterre ne répondit point à ce propos, et se « départit de là, et les laissa en la chambre parler « ensemble; et il entendit à ses fauconniers, et « mit un faucon sur son poing, et s'oublia à le « paître. » (1)

(1) Froissart. T. XIV, c. 81, p. 258, et c. 82, p. 259-268, et fin; addition audit, p. 269. — Chron. de Richard II, p. 32,

La mort de Richard II détermina en effet, au moins pour un temps, les conseils de France à reconnoître le nouveau roi d'Angleterre. Dès le mois de novembre ils avoient envoyé un ambassadeur à Londres, pour s'assurer que la jeune reine y étoit bien traitée, et Henri IV s'étoit empressé de témoigner aux députés de Charles VI la reconnoissance qu'il conservoit pour l'hospitalité qu'il avoit reçue en France, et son désir d'observer la trève stipulée par son prédécesseur, de la resserrer même en faisant épouser à son fils une fille du roi de France. La trève fut en effet confirmée, au moins provisoirement, le 29 janvier, par la signature des quatre ducs de Berri, de Bourgogne, de Bourbon et d'Orléans, et de nouvelles conférences furent ouvertes à Calais pour régler la restitution de la jeune reine Isabelle de France et de sa dot. (1)

Bientôt les ducs de Bourgogne et d'Orléans embrassèrent deux opinions différentes sur la conduite qu'on devoit tenir à l'égard du nouveau roi d'Angleterre; le premier vint à Saint-Omer pour presser les négociations qui avoient été entamées pour renouveler la trève, tandis que le

---

54, 64. Poëme sur la déposition de Richard II, p. 450. — Thom. Walsingham, p. 363. — *Ejusd. Ypodigma*, p. 556.

(1) *Rymer.* T. VIII, p. 98, 108, 124, et 194. — Froissart, c. 79, p. 243. — Religieux de Saint-Denis. L. XIX, c. 8, p. 420. — Monstrelet. T. I, c. 4, p. 81.

second rassembloit des troupes, interrompoit tout commerce entre les deux États, et paroissoit vouloir, de son propre chef, commencer les hostilités. La mort du duc de Bretagne, Jean IV, survenue à Nantes le 1ᵉʳ novembre 1399, mit ces deux ducs dans une opposition plus complète encore, en ouvrant un nouveau champ à leur ambition. Le duc d'Orléans, secondé par le vieux Olivier de Clisson, par le comte de Penthièvre, gendre de ce dernier, et par tous ceux qui avoient signalé autrefois leur haine pour l'Angleterre, demandoit que le jeune duc, Jean V, fût remis à sa garde, jusqu'à ce qu'il eût atteint sa majorité, afin d'être élevé dans la fidélité au roi Charles VI dont il avoit épousé la fille (1). Les États de Bretagne, au contraire, encouragés par le duc de Bourgogne, et laissant percer le soupçon que le feu duc avoit été empoisonné par deux prêtres, créatures de Clisson, qu'ils firent arrêter, déclarèrent qu'ils se chargeroient de la garde de leur jeune duc, et qu'ils ne le remettroient à personne. Ils travaillèrent ensuite à réconcilier avec Clisson la duchesse-mère de Bretagne, auquel son fils demeura confié; ils rendirent à Clisson un de ses prêtres, le Prieur de Josselin; ils firent disparoître l'autre, sans commencer d'instruction contre eux, et le duc d'Orléans voyant ses pro-

---

(1) Froissart. T. XIV, c. 81, p. 256.

jets déjoués par son oncle, se retira sans avoir rien obtenu. (1)

Il étoit à peine de retour à Paris, que les nouvelles d'une autre révolution furent portées au conseil des trois ducs : l'Allemagne, alarmée des dangers qui la menaçoient du côté de l'Orient, ne vouloit pas demeurer plus long-temps sans chef, ou reconnoître comme ayant droit de la gouverner le méprisable Wenceslas. Des diètes étoient fréquemment assemblées pour le déposer, et lui donner un successeur. Frédéric, duc de Brunswick, fut choisi le premier pour le remplacer; mais ce prince ayant été tué deux jours après, une nouvelle déposition de Wenceslas et une nouvelle élection eurent lieu à la diète de Rensé, le 20 août 1400, et Robert, électeur palatin, fut proclamé roi des Romains (2). Jean de Moravie, théologien distingué, avoit été envoyé comme ambassadeur, par Wenceslas, à la cour de France, pour représenter le danger qui menaceroit tous les trônes si les sujets se permettoient de juger leurs monarques, et de leur demander compte de leur conduite. Le duc d'Orléans se prononça avec violence en sa faveur; il jura de défendre de son épée l'autorité inviolable des rois. Il ras-

---

(1) Lobineau, Hist. de Bret L. XIV, c. 77-79, p. 498. — Daru, Hist. de Bret. T. II, L. V, p. 224.

(2) Schmidt, Hist. des Allem. L. VII, c. 10, T. V, p. 44. — *Raynaldi Annal. eccles.* anno 1400. §. 12.

sembla un parti nombreux de cavalerie, à la tête duquel il partit le 30 septembre, et il s'avança jusqu'à Reims. Mais, pendant ce temps, ses deux oncles donnoient audience au duc Robert de Bavière, père de la reine Isabeau, qui se présentoit comme ambassadeur de son cousin Robert, le nouveau roi des Romains; ils lui faisoient l'accueil le plus flatteur, ils reconnoissoient le chef que l'Allemagne s'étoit donné, et bientôt ils virent revenir à eux le duc d'Orléans, qui avoit licencié sa cavalerie, et renoncé à son expédition chevaleresque. (1)

En effet, plus la défiance et l'opposition de vues augmentoient entre les princes du sang, plus chacun d'eux redoutoit de s'éloigner de la cour. Chaque fois que l'accès de frénésie du roi étoit arrêté ou suspendu, il dépendoit des princes qui se trouvoient le plus près de lui d'accomplir une révolution ; car Charles oublioit toujours les absens, il embrassoit toujours avec passion l'idée qui lui étoit suggérée, et il exigeoit toujours l'obéissance à ce qu'il donnoit comme sa nouvelle volonté, avec autant de chaleur que si sa décision provenoit de la conviction la plus profonde.

Le principal usage que les princes du sang faisoient de leur faveur, lorsque, par l'absence de leurs rivaux, ils disposoient à leur gré de Char-

(1) Religieux de Saint-Denis. L. XX, c. 3, p. 431. — Monstrelet. T. I, c. 6, p. 84.

les VI, étoit de puiser sans mesure dans le trésor royal : prodigues, fastueux, et avares en même temps, leurs besoins étoient toujours renaissans, et leur avidité n'étoit jamais satisfaite. L'arrivée de l'empereur Manuel Paléologue à Paris, qui, dans son extrême détresse, venoit leur demander des secours, et qui n'obtint d'eux que des fêtes, ajouta encore, dans l'été de 1400, à l'embarras de leurs finances (1). Les faveurs excessives, souvent contradictoires, que ces trois princes obtenoient coup sur coup, jetoient l'administration et le trésor public dans un désordre où personne ne pouvoit plus se reconnoître. Au milieu de la paix l'argent manquoit pour tous les services publics, et cependant les peuples étoient réduits à un tel désespoir par les vexations du fisc, que les paysans abandonnoient leurs champs en friche, et se réfugioient dans les bois, d'où l'on voyoit ensuite sortir des bandes de pillards qui infestoient les grands chemins.

De temps en temps l'excès de la souffrance forçoit à chercher un remède à tant de maux : les financiers représentoient leur impossibilité d'établir aucune comptabilité, lorsque chaque prince à son tour puisoit dans leurs caisses; les magistrats représentoient qu'il n'y avoit plus dans le royaume ni justice ni obéissance; et ceux

(1) Religieux de Saint-Denis. L. XX, c. 5, p. 434. — Juvénal des Ursins, p. 143.

des ducs qui n'avoient point eu de part aux dernières grâces, donnoient leur assentiment à l'établissement d'un ordre qui réprimât les dilapidations de leurs collègues. La tentative la plus hardie, pour ramener l'ordre dans les finances de l'État, fut celle que firent quelques uns des plus vertueux conseillers de Charles VI, en lui faisant signer son ordonnance du 7 janvier 1401, dans un moment lucide, et en l'absence du duc de Berri. Elle soumettoit la direction des finances, dans tout le royaume, à trois généraux et un receveur; elle diminuoit le nombre des employés qui leur étoient subordonnés; elle fixoit leurs gages et le don royal qui leur seroit accordé en sus à la fin de l'année; mais surtout elle réprimoit l'abus des décharges qu'on surprenoit au roi. « Nous avons confessé aucunes fois, disoit celui-
« ci, avoir reçu de plusieurs de nos trésoriers,
« receveurs et autres gens qui se entremettent
« de nos finances, tant de notre domaine comme
« des aides, plusieurs grandes sommes de deniers
« qui ont été données sous ombre d'icelles dé-
« charges, lesquelles ne sont mie venues à notre
« connoissance, ni aucune fois à notre profit. »
Pour y remédier, le roi vouloit que, quand il demanderoit de l'argent, les trois généraux adressassent un ordre au receveur général, qui paieroit au gardien de la cassette du roi, lequel donneroit un reçu. De cette manière un contrôle

étoit établi entre ceux qui manioient l'argent; mais on ne put en obtenir aucun sur la volonté même du monarque. Il ne vouloit reconnoître aucune limite à son autorité. « Quand nous vou- « drons aucuns deniers pour faire notre plaisir, « ajoutoit-il, nous commanderons nos lettres « auxdits généraux de telle somme comme il « nous plaira », et cette dernière clause rendit toutes les autres précautions à peu près inutiles (1). Par un autre article de la même ordonnance, le roi déclaroit consentir : « Que dorénavant, quand « les lieux de présidens et des autres gens de « notre parlement vaqueront, ceux qui y seront « mis, soient pris et mis par élection, et que « notre chancelier aille en notredit parlement, « en présence duquel soit faite ladite élection. (2) » On peut s'étonner qu'un droit aussi important soit conféré dans des termes si vagues, qu'ils n'apprennent pas même qui fera l'élection. Mais peut-être la compagnie, chargée elle-même d'interpréter l'ordonnance, préféroit qu'elle demeurât obscure, pour que le roi ne s'aperçût point qu'il créoit un nouveau pouvoir dans l'État, celui d'une aristocratie judiciaire qui se recruteroit elle-même.

Malgré cette tentative pour mettre des bornes

(1) Ordonn. de France. T. VIII. Art. 10, p. 414.
(2) Ordonn. de France. T. VIII. §. 18, p. 416.

aux largesses du monarque, on les vit bientôt recommencer; avant tout, il assura à ses fils des apanages. Il avoit perdu l'aîné, nommé Charles, l'année même de sa naissance, en 1386. Le second, nommé aussi Charles, et né en 1391, tomba dans un état de langueur et de marasme, auquel il succomba, au commencement de janvier 1401 (1). Le troisième, nommé Louis, étoit né le 22 janvier 1396; à la mort de son frère, on lui donna le titre de Dauphin, que l'usage commençoit alors à réserver à l'héritier présomptif de la couronne. Une ordonnance du 14 janvier 1401, joignit pour lui, au Dauphiné, le duché de Guienne (2). Le 12 juillet de la même année, une autre ordonnance accorda au quatrième fils, nommé Jean, le duché de Touraine; la réversion du duché de Berri et du comté de Poitiers lui étoit aussi assurée après la mort du duc de Berri. (3)

On avoit laissé Charles VI distribuer ces apanages qui flattoient sa tendresse paternelle, avec d'autant moins de jalousie, que les enfans en bas âge auxquels il les accordoit n'entroient en jouissance ni des revenus ni de la puissance des provinces dont ils portoient les titres. Les ducs, oncles et frère du roi, avoient soin de les

---

(1) Religieux de Saint-Denis, L. XX, c. 4, p. 432.
(2) Ordonn. de France T. VIII, p. 418.
(3) Ordonn. de France T. VIII, p. 450-452.

réserver pour eux-mêmes. Une ordonnance du 9 mai 1401 rendit au duc de Berri le gouvernement du Languedoc, de la Guienne, du Berri, de l'Auvergne et du Poitou, avec des pouvoirs presque illimités, et l'abandon de tous les revenus de ces provinces (1). Le duc cependant, qui ne vouloit pas s'éloigner de son neveu, n'alla point dans le Midi; et peut-être la province dut-elle à cette circonstance d'être un peu plus épargnée que pendant son précédent gouvernement. Bernard d'Armagnac, son neveu et son gendre, l'y remplaça, et profita du pouvoir qui lui étoit délégué pour y poursuivre ses vengeances particulières: il confisqua les biens de la comtesse de Comminges et du comte de Pardiac ses parens, et il arrêta leurs enfans, qui périrent dans la captivité. (2)

La maison du comte de Foix, dont la rivalité avec celle du comte d'Armagnac avoit ensanglanté ces provinces pendant des siècles, s'étoit éteinte le 5 août 1398, par la mort de Matthieu de Castelbon, celui qui, en 1391, avoit recueilli l'héritage de Gaston Phœbus son oncle. Matthieu n'avoit point eu d'enfans; sa sœur Isabelle de Foix étoit son héritière, mais comme elle avoit épousé Archambaud de Grailly, captal de Buch,

(1) Ordonn. de France. T. VIII, p. 434. — Hist. de Languedoc. L. XXXIII, c. 67, p. 416.
(2) Hist. de Languedoc. L. XXXIII, c. 69, p. 417.

et sénéchal de Guienne pour Richard II, la France avoit d'abord voulu empêcher le passage d'un aussi riche héritage à une maison qui s'étoit toujours montrée ennemie. Le maréchal de Sancerre saisit le comté de Foix, et les vicomtés de Castelbon, Béarn, Marsan, Gavardan, Nébousan, Lautrec, etc. Ce ne fut que le 10 mars 1401, que le parlement de Paris accorda main levée à Archambaud de Grailly et à sa femme, et admit le premier, qui déclara s'attacher à la France, à faire hommage au roi, comme comte de Foix. (1)

La Provence étoit de nouveau soumise à Louis II d'Anjou. Ce prince, qui se faisoit toujours appeler roi de Sicile, y étoit revenu de Naples en l'an 1400, et il y avoit célébré son mariage avec Iolande d'Aragon. Dans sa longue lutte contre Ladislas de Duraz, il avoit épuisé toutes ses ressources ; il étoit à Tarente, lorsqu'il apprit que le 9 juillet 1400, la ville de Naples avoit ouvert ses portes à Ladislas, et que son frère Charles d'Anjou étoit assiégé dans le Château-Neuf. Quoique ses partisans fussent encore nombreux et maîtres d'une moitié du royaume, il se fatigua d'une lutte qui lui faisoit souffrir les étreintes de la pauvreté ; il tira son frère du château où il étoit assiégé, et abandonnant l'Italie,

(1) Hist de Languedoc. L. XXXIII, c. 63, p. 410. — Religieux de Saint-Denis. L. XVIII, c. 6, p. 394.

il revint en France pour disputer sa part des dépouilles d'un royaume que la folie du roi abandonnoit aux princes du sang. (1)

Charles venoit encore, le 7 juillet 1401, d'accorder au duc d'Orléans son frère le comté de Dreux, avec tous ses revenus et tous ses droits féodaux, s'en réservant seulement l'hommage lige, et le ressort (2). Dans les deux années précédentes, il avoit annexé à la pairie de son frère les comtés de Valois, de Blois, de Beaumont, et un grand nombre de terres que ce duc avoit acquises (3). Tandis que le 1er octobre il avoit accordé au duc de Bourgogne une pension de trente-six mille livres à prendre sur les aides de France, comme une sorte de compensation pour les dépenses extravagantes que ce duc avoit faites à Lélinghen, où il s'étoit rendu, le 7 août, pour y recevoir, des mains des commissaires anglais, la jeune Isabelle de France, fille de Charles VI et veuve de Richard II. Dans cette lugubre circonstance, le duc de Bourgogne avoit eu le mauvais goût de ne pas déployer moins de faste, qu'il n'avoit fait au même lieu, cinq ans

---

(1) *Giornali Napoletani.* T. XXI, p. 1067. — *Angelo di Costanzo.* T. II, L. XI, p. 178. — *Giannone.* T. III, p. 389. L. XXIV, c. 5. — *Muratori, Annali d'Italia, ad ann.* 1399.

(2) Ordonn. de France. T. VIII, p. 448.

(3) *Ibid.* p. 331, 383, 405.

auparavant lorsqu'il avoit conduit cette jeune princesse à son époux. (1)

Avec quelque profusion cependant que le foible monarque distribuât ses grâces, à son frère et à ses oncles, loin de les satisfaire il ne faisoit qu'augmenter leur jalousie. Le duc d'Orléans, alors âgé de trente ans, supportoit avec une extrême impatience que ses oncles se fussent arrogé une part dans le gouvernement, sous prétexte de sa jeunesse, et qu'ils la gardassent ensuite lorsqu'ils n'avoient plus pour la retenir aucun motif légitime. Les délibérations dans le conseil, les concessions réciproques, les résistances, lui paroissoient autant de dérogations à la constitution de la monarchie. Il se plaignoit de ce qu'on détruisoit ainsi l'autorité royale et absolue, qui devoit appartenir sans partage à son frère, et, au défaut de son frère, à lui. Il se faisoit en même temps le champion des droits du trône dans toute l'Europe ; il déclamoit avec passion contre la révolte des électeurs d'Allemagne qui avoient détrôné Wenceslas, contre celle de Henri IV de Lancaster, qui avoit détrôné et fait mourir Richard II, contre celle enfin des cardinaux d'Avignon, qui avoient voulu contraindre Benoît XIII à l'abdication. Il refusa de signer l'ordonnance qui, le 22 avril

(1) Religieux de Saint-Denis. L. XXI, c. 1, p. 438. — Hist. de Bourg. T. III. L. XIV, p. 179.

1401, confirma la soustraction d'obédience à ce pontife, et décerna des peines contre ceux qui ne l'observeroient pas (1). Il annonça qu'il donneroit à Wenceslas une aide plus efficace encore, et il commença à lever des troupes pour le remettre sur le trône.

A supposer qu'il eut réellement l'intention de s'avancer en Allemagne pour y tenter une entreprise aussi hasardeuse, il est probable qu'il reçut peu d'encouragemens de Wenceslas, qui paroissoit ne point se soucier de la dignité impériale, et qui trouvoit que son royaume de Bohême lui suffisoit bien pour s'enivrer. Mais il semble plus probable que le duc d'Orléans n'avoit cherché qu'un prétexte pour lever des troupes avec lesquelles il pût s'emparer de force de l'autorité qu'il prétendoit devoir lui appartenir en France. Quand il eut réuni quinze cents hommes, il les conduisit dans le Luxembourg, qu'il avoit acheté du margrave de Moravie, et il en prit possession ; en même temps il s'aboucha avec le duc de Gueldre, auquel il avoit donné rendez-vous à Mouzon. Nous avons vu que ce duc avoit une tête ardente ; qu'il avoit professé un grand zèle pour Richard II, une grande haine pour le duc de Bourgogne : l'un et l'autre sentiment étoit fait pour plaire au duc d'Orléans.

(1) Ordonn. de France. T. VIII, p. 431. — Religieux de Saint-Denis. L. XXI, c. 4, p. 441.

1401.

Une étroite alliance fut conclue entre eux. Le duc de Gueldre s'engagea à servir le duc d'Orléans avec huit cents lances, dont le dernier payoit la solde, tandis qu'Orléans promettoit en retour de secourir à ses frais le premier, avec toutes ses forces, si jamais il étoit attaqué. (1)

Le duc d'Orléans ne parlant déjà plus de l'expédition qu'il avoit dû faire en Allemagne, revint à Paris avec les quinze cents gendarmes qui l'avoient accompagné dans le Luxembourg, et les logea autour de son hôtel, près la porte Saint-Antoine. Le duc de Bourgogne avoit cru pouvoir, sans inconvéniens, pendant l'absence de son neveu, faire un voyage dans ses États, pour donner un apanage à chacun de ses enfans. Dès qu'il fut averti qu'Orléans étoit rentré à Paris avec sa petite armée, il se hâta d'y revenir lui-même, avec sept cents gentilshommes, bien armés, et déterminés, qu'il logea auprès de lui autour de son hôtel d'Artois (2). Les deux ducs se rencontroient seulement au conseil, mais là, ils évitoient de se saluer, et dès que l'un ouvroit un avis, on pouvoit être sûr que l'autre le contrediroit avec véhémence (3). Quoique la jalousie du pouvoir suffît pour expliquer leur opposition, on leur soupçonnoit d'autres motifs

---

(1) Religieux de Saint-Denis. L. XXI, c. 3, p. 440.
(2) P. Plancher, Hist. de Bourg. L. XIV, p. 182.
(3) Religieux de Saint-Denis. L. XXI, c. 4, p. 441.

encore ; on parloit d'une offense secrète, faite par le duc d'Orléans à la comtesse de Nevers ; on savoit que les duchesses d'Orléans et de Bourgogne se haïssoient mortellement, et l'on avoit tout lieu de craindre que l'animosité des femmes jointe à l'ambition des princes ne fît éclater une guerre civile, à laquelle les deux ducs sembloient se préparer. L'un et l'autre se fortifioit et appeloit tous les jours à lui de nouveaux soldats ; le duc de Gueldre vint joindre le duc d'Orléans avec cinq cents gendarmes ; bientôt il fut suivi par des compagnies d'Écossais et de Gallois au service de France, que le même duc retiroit de leurs garnisons en Aquitaine ; par des Bretons de la faction de Clisson ; par des Normands, et par tous les gentilshommes les plus empressés à se battre, des fiefs du duc d'Orléans. De son côté le duc de Bourgogne s'entouroit aussi de ses vassaux et de ses alliés : on avoit vu arriver à Paris, pour se ranger sous ses étendards, l'évêque élu de Liége avec une troupe de braves, beaucoup de capitaines et d'aventuriers hennuyers, brabançons, allemands ; puis des Artésiens, Flamands, Bourguignons, tous gentilshommes ou soldats du duc. Les bourgeois de Paris, désarmés, dont les compagnies de milice avoient été licenciées, dont les portes, dont les barricades, avoient été détruites de manière à ne leur laisser aucun moyen de résistance, trembloient au milieu de tous ces hommes sauvages, toujours menaçans, et qui ne cachoient point qu'ils désiroient surtout en venir aux mains, pour avoir une occasion de piller la capitale. Heureusement les deux ducs redoutoient encore de prendre sur eux-mêmes une si grande et si odieuse responsabilité. Chacun d'eux avoit rassemblé sept ou huit mille hommes, dans l'intention d'écraser son adversaire, et chacun ne pouvoit se décider à tirer l'épée. Pour qu'un hasard malheureux ne donnât pas le signal qu'ils hésitoient à donner eux-mêmes, ils apportoient la plus grande vigilance à contenir leurs soldats, à leur interdire toute querelle, toute rencontre; en même temps ils s'entendoient avec les bourgeois, pour que les vivres leur arrivassent en abondance, pour que la solde ne leur manquât jamais. Sur ces entrefaites, la reine, le duc de Berri, les chefs du clergé et de la magistrature s'adressèrent tour à tour aux deux ducs, pour les fléchir, et les engager à faire quelques sacrifices à la paix. Le mois de décembre se passa tout entier dans cet état d'anxiété et de trouble; le roi n'avoit pas eu un éclair de raison depuis quatre mois, en sorte qu'il n'y avoit pas eu moyen de le faire parler pour l'un ou pour l'autre parti. Enfin, au commencement de janvier 1402, le duc de Berri fit rencontrer les deux princes chez lui, à l'hôtel de Nesle; il les engagea à s'embrasser, à parcourir ensemble les rues à cheval, pour annoncer ainsi leur réconciliation au peuple, et à licencier leurs gens de guerre, qui se retirèrent sans avoir causé beaucoup de dommages. La cour et la ville furent dans la joie, comme si la France étoit sauvée; le roi eut presque aussitôt après un moment lucide, dont il vint rendre grâce à Dieu, avec les princes, à Saint-Denis; cependant la paix n'étoit pas plus assurée entre les ducs, que la santé et la raison du chef de l'État n'étoient rétablies. (1)

Charles VI recommença à présider les conseils, où les ducs se trouvoient en présence; il étoit trop doux et trop foible pour vouloir les mécontenter : cependant son regard seul enhardissoit les magistrats qui s'y trouvoient admis avec eux; chaque affaire amenoit la révélation de quelque abus; le duc auquel on demandoit compte ou de l'argent qu'il avoit enlevé au trésor, ou des domaines qu'il avoit aliénés ou dont il s'étoit emparé, ou des jugemens des tribunaux qu'il avoit dictés, ou suspendus, ou révoqués, récriminoit aussitôt, et faisoit voir que dans dix occasions récentes, le duc son rival en avoit fait tout autant. Les ministres proposèrent, pour réparer le mal qui avoit été fait, de

(1) Religieux de Saint-Denis. L. XXI, c. 4, p. 442. — Juvénal des Ursins, p. 146. — P. Plancher, Hist. de Bourg. T. III. L. XIV, p. 182. — Barante, Ducs de Bourg. T. II, p. 385.

révoquer, par une ordonnance publiée le 28 février, toutes les aliénations du domaine faites au nom du roi soit en France, soit en Dauphiné; mais Charles VI, cédant aux sollicitations de ses parens, excepta de cette ordonnance ce qu'il avoit donné à sa femme, à ses trois oncles, à son frère, et à son cousin le roi de Navarre; c'étoient justement les aliénations les plus importantes, celles qui lui avoient été surprises avec le plus d'impudeur, et qu'il pouvoit le mieux reprendre sans injustice envers les donataires (1). Une autre ordonnance du mois d'avril interdit au Parlement, au prévôt de Paris et aux autres juges, de tenir aucun compte des ordres verbaux de relâcher leurs prisonniers, d'en suspendre ou d'en hâter le jugement, qui leur seroient portés au nom du roi, par ses chambellans, secrétaires, huissiers, ou sergens d'armes : Charles annonça qu'il ne suspendroit plus le cours de la justice, que par lettres patentes, après avoir entendu le procureur général et les parties qui pourroient y avoir intérêt; mais il ne voulut jamais se dépouiller de cette dernière prérogative, quoiqu'il reconnût qu'elle avoit servi à soustraire à la justice les plus grands criminels. (2)

(1) Ordonn. de France. T. VIII, p. 484.
(2) Ordonn. de France. T. VIII, p. 502.

Les affaires de l'Église mettoient encore les ducs en opposition : le duc d'Orléans se croyoit très docte en théologie et en droit canon, il étoit très zélé pour les papes d'Avignon, et il accusoit hautement d'impiété ceux qui avoient ordonné la soustraction d'obédience, ou donné commission d'assiéger Benoît XIII dans son palais. Un jour dans le conseil, il s'échauffa à ce sujet, et jura qu'il iroit lui-même délivrer ce pape : « Vous n'en aurez pas le pouvoir, répliqua le duc de Berri ; et ils se prirent de grosses paroles (1). L'université de Toulouse avoit embrassé avec ardeur la cause de Benoît XIII, et la fit plaider devant le Parlement, le 17 mars; celle de Paris au contraire, persistant dans la soustraction d'obédience, accusoit Benoît XIII d'être parjure, schismatique et indigne du pontificat, comme ses partisans d'être fauteurs du schisme. Le duc d'Orléans se prétendit personnellement insulté par cette désignation, et demanda que l'université de Paris fût punie ; le duc de Berri donna des ordres pour punir l'université de Toulouse d'avoir soutenu l'opinion contraire. (2)

Les relations avec l'Angleterre donnoient lieu

---

(1) Religieux de Saint-Denis. L. XXII, c. 1, p. 445.
(2) Religieux de Saint-Denis. L. XXII, c. 1, p. 446. — Juvénal des Ursins, p. 147. — Hist. génér. de Languedoc. L. XXXIII, c. 70, p. 418.

à des discussions tout aussi violentes. Henri IV se plaignoit que la France eût manqué aux conditions de la trêve, en donnant le titre de duc de Guienne au dauphin, et en engageant Archambaud de Grailly, captal de Buch et nouveau comte de Foix, à quitter l'allégeance de l'Angleterre pour celle de la France. Le 18 septembre 1401, il nomma douze commissaires pour obtenir réparation sur ces deux articles, et confirmer en même temps le traité (1); la négociation fut prorogée à diverses reprises (2): la France ne vouloit donner aucune satisfaction sur ces deux points, et Henri IV étoit entouré sur son trône de trop de difficultés pour désirer la guerre. Dès l'an 1400 les Écossais avoient recommencé à l'attaquer, et un capitaine français, Pierre des Essarts, qui les excitoit, fut fait prisonnier lors de la grande défaite qu'ils éprouvèrent à Homeldon ou Humbledon, dans le Northumberland, le 7 mai 1402 (3). Les Gallois s'étoient aussi soulevés, et leur chef Owen Glendower, qui passoit pour un puissant magicien, glaçoit de terreur les soldats anglais, en leur persuadant qu'il dirigeoit contre eux la

---

(1) *Rymer.* T. VIII, p. 223.

(2) *Rymer.* T. VIII, p. 231 et 263.

(3) *Buchanani Rerum scoticar.* L. X, p. 305.—Thom. Walsingham, p. 366. — Religieux de Saint-Denis. L. XXII, c. 5, p. 453.

foudre et les tempêtes (1). Il y avoit eu un soulèvement à Bayonne, au nom de Richard II, que Henri IV n'avoit réprimé qu'avec peine, et pour lequel il accorda des lettres de grâce, le 14 mars 1401 (2). Enfin le clergé anglican ne consentoit à lui prêter son appui qu'autant qu'il livreroit aux bûchers les disciples de Wickleff nommés Lollards, qui travailloient à la réforme religieuse, et que Henri IV étoit soupçonné de favoriser en secret. Une nouvelle alliance entre le roi et l'archevêque de Cantorbéry fut en effet scellée par leur supplice. (3)

Au milieu de ces difficultés Henri IV étoit heureux de trouver dans le duc de Bourgogne des dispositions tout aussi pacifiques que les siennes. Il en profita dans des conférences qui furent ouvertes au mois d'août à Lélinghen. Les commissaires des deux nations convinrent de renvoyer à un futur arbitrage l'examen du titre du duc de Guienne et de l'hommage du captal de Buch, et de faire rendre réciproquement les prisonniers, les marchandises, les vaisseaux, qui avoient été arrêtés au préjudice de la trève. Cet accord fut signé le 14 août, et la trève fut

(1) Thom. Walsingham, *Hist. Angl*, p. 364.
(2) *Rymer*. T. VIII, p. 182.
(3) Thom. Walsingham, *Hist. Angl.*, p. 368. — *Rymer*, 26 février 1401. T. VIII, p. 178. — *Raynaldi Annal. eccles.* 1402. §. 3 et 4, et 1403. §. 23.

de nouveau proclamée le 18 octobre 1402. (1)

Pendant le même temps, Henri IV avoit demandé en mariage la duchesse mère de Bretagne, Jeanne de Navarre, fille de Charles-le-Mauvais, et veuve de Jean IV. Ce mariage convenoit au duc de Bourgogne, parce que la duchesse, en passant à de secondes noces, devoit renoncer à la tutelle et au gouvernement des États de son fils, Jean V, qui devoient assez naturellement échoir au duc de Bourgogne, comme ami et proche parent. Le mariage avoit été conclu et célébré par procureur, en Angleterre, dès le 3 avril (2); mais tandis qu'on sollicitoit des dispenses des deux papes, le duc d'Orléans, qui s'étoit déjà opposé de tout son pouvoir à la publication de la trêve avec l'Angleterre, chercha également à traverser cette nouvelle négociation. Il fit offrir douze mille écus d'or à la duchesse si, au lieu de remettre la tutelle de son fils au duc de Bourgogne, elle vouloit livrer Nantes, dont elle étoit maîtresse, au vieux Olivier de Clisson; mais il ne fut point écouté. Le 1er octobre, le duc de Bourgogne arriva à Nantes, où il fut reçu par la duchesse et les principaux seigneurs et prélats du duché. Le jeune duc, avec ses frères et sœurs, fut remis à sa garde, et la

---

(1) *Rymer.* T. VIII, p. 274 et 280.
(2) Lobineau, Hist. de Bret. L. XIV, c. 85, p. 500.

Bretagne confiée à son gouvernement, tandis qu'il s'engagea par serment à conserver aux Bretons leurs franchises et leurs priviléges, et à leur rendre leur duc, dès qu'il en seroit requis. Il signa en même temps un traité d'alliance et de confédération, entre lui et ses enfans d'une part, la duchesse de Bretagne et ses enfans de l'autre, par lequel ils s'engageoient à se secourir mutuellement envers et contre tous, excepté le roi, son héritier au royaume, le duc de Berri et le roi de Navarre; l'omission du nom du duc d'Orléans montroit assez que cette alliance étoit surtout dirigée contre lui. Après deux mois de séjour en Bretagne, le duc de Bourgogne en repartit, le 3 décembre, pour Paris, emmenant avec lui le jeune duc Jean V et ses frères; de son côté, la duchesse mère de Bretagne s'embarqua le 13 janvier 1403 pour Londres, où elle fut mariée à Henri IV le 7 février, et couronnée comme reine d'Angleterre le 25 du même mois. (1)

Tandis que le duc de Bourgogne obtenoit une aussi importante accession de pouvoir, par une conséquence de ses négociations avec l'Angleterre, le duc d'Orléans, qui prenoit pour lui le rôle de défenseur du pouvoir absolu et de ven-

---

(1) Lobineau, Hist. de Bret. L. XIV, c. 90, p. 502. — Daru, Hist. de Bret. T. II, L. VI, p. 227. — Thom. Walsingham, p. 367.

geur des trônes, outragés dans la personne de Wenceslas, de Benoît XIII, et de Richard II, exhaloit son dépit par tous les moyens qu'il pouvoit trouver pour offenser Henri IV. Il avoit commencé par encourager sept gentilshommes de sa maison à envoyer en Angleterre un défi aux sept gentilshommes anglais qui voudroient, pour l'honneur de leur nation, venir les combattre à outrance, sur la frontière entre Bordeaux et Angoulême. Le combat, pour le succès duquel le duc d'Orléans fit dire des messes dans les églises, eut lieu en effet, le 19 mai 1402; et comme un Anglais y fut tué, l'avantage y fut censé demeurer à la France. (1)

Encouragé par ce succès, le duc d'Orléans, qui étoit alors à son château de Coucy, écrivit le 7 août au roi d'Angleterre pour l'inviter à venir le combattre lui-même dans le même lieu, *pour fuir oisiveté, et acquérir honneur et bonne renommée*. Il lui proposoit que le combat fût de cent contre cent, tous chevaliers, tous gentilshommes, et sans reproche, armés de toutes armes, mais sans fraude ni malice. Comme ce défi étoit porté par un héraut d'armes, qui voyageoit lentement, et qui ne devoit le remettre qu'en grande cérémonie, il parvint tard à Henri IV, qui

---

(1) Religieux de Saint-Denis. L. XXII, c. 3, p. 449. — Juvénal des Ursins, p. 149.

répondit seulement le 5 décembre. Dans sa lettre il témoignoit son étonnement de cette provocation hostile, faite au mépris, soit de la trève entre les deux royaumes, soit de leur alliance personnelle, dont il lui renvoyoit une copie, et qu'il déclaroit regarder désormais comme rompue. Il ajoutoit que sans avoir fait preuve d'autant d'activité que ses ancêtres, il n'avoit pas besoin de tels défis pour sortir de l'oisiveté; que ce n'étoit pas d'ailleurs l'usage des rois d'accepter des cartels de leurs inférieurs, avec un nombre limité de combattans. Que quand il lui conviendroit d'aller en Guienne, s'il rencontroit le duc d'Orléans sur son passage il ne lui refuseroit pas le combat ; mais que si ce duc vouloit n'être entouré que de chevaliers sans reproche, il lui conseilloit d'observer mieux lui-même ce qu'il avoit promis par ses lettres et sous son scel, qu'il ne l'avoit fait jusqu'à cette heure. (1)

Cette lettre, que le duc d'Orléans reçut le 1ᵉʳ janvier, attira une réplique plus amère, dans laquelle ce duc reprochoit à Henri sa révolte, son usurpation, et le meurtre de son souverain. Henri riposta en donnant un démenti formel au duc d'Orléans, quant à l'accusation d'avoir fait périr Richard; il répondit, quant à sa révolte, qu'ils l'avoient préparée de concert,

(1) Monstrelet. T. I, c. 9, p. 93-100.

puisque leur alliance étoit expressément dirigée contre le roi Richard, et contre le duc de Bourgogne; enfin, il fit allusion *aux sorcelleries et diableries* par lesquelles on prétendoit que le duc et sa femme avoient privé Charles VI de sa raison, pour s'emparer de son pouvoir. (1)

Ce qui réduisoit le duc d'Orléans à exhaler son humeur par ces vaines bravades, c'est qu'il se trouvoit alors exclu, par une révolution de cour, du pouvoir dont peu auparavant il s'étoit emparé par surprise. Au mois d'avril 1402, le duc de Bourgogne s'étoit hasardé à quitter Paris pour Arras, où il célébra, le 24 du mois, le mariage de son second fils Antoine, auquel il avoit cédé le comté de Rethel, avec Jeanne, fille de Waléran de Luxembourg, comte de Ligny et de Saint-Pol. Philippe-le-Hardi fit présent à tous les princes, les barons, les chevaliers et les dames qui assistèrent à cette cérémonie, de robes uniformes de velours vert, et de satin blanc; puis après la bénédiction nuptiale, il leur distribua pour dix mille écus de bijoux et de pierreries. Cette libéralité coûtoit cher aux peuples, il est vrai : chaque ville des États de Bourgogne, ou lui fit un présent à cette occasion, ou fut taxée à une somme extraordi-

(1) Monstrelet. T. I, c. 9, p. 103-118. — Religieux de Saint-Denis. L. XXII, c. 8, p. 456. — Juvénal des Ursins, p. 151.

naire , et cependant Charles VI lui avoit à son départ remis cent quarante mille livres pour subvenir aux frais de ces fêtes. (1)

Le duc de Bourgogne avoit cru pouvoir s'éloigner, parce que le roi, qui passoit alors pour être dans son bon sens, lui avoit donné de grands témoignages d'affection et de confiance ; mais il étoit à peine sorti de Paris, que le duc d'Orléans, profitant de l'influence que sa femme Valentine Visconti avoit sur le roi son frère, lui fit signer, le 18 avril, une ordonnance par laquelle le duc d'Orléans étoit nommé président des conseils généraux des aides et finances dans toute la Langue d'Oïl, avec un pouvoir tellement absolu que ses ordres devoient être seuls suivis, même lorsqu'il se trouveroit en contradiction avec tous ses conseillers. (2)

Le duc d'Orléans prévoyant peut-être que ce pouvoir ne lui seroit pas long-temps conservé, voulut du moins se gorger aussitôt d'argent, et il se jeta sur les finances du royaume, comme un faucon sur sa proie. Il commença par exiger un emprunt forcé de tous les particuliers, aussi-bien ecclésiastiques que laïques. Il fit saisir le quart des provisions qui se trouvoient en nature dans les granges et les greniers de tous les

---

(1) P. Plancher, Hist. de Bourg. T. III, L. XIV, p. 185, et note 24, p. 573.
(2) Ordonn. de France. T. VIII, p. 494.

bénéficiers du royaume, sous prétexte que c'étoit pour l'usage des maisons du roi et de la reine. Le samedi après la Pentecôte, ou 20 mai, il publia un nouvel édit pour soumettre tout le royaume à une imposition générale ; et il y fit apposer les signatures des ducs de Berri et de Bourgogne. Mais le premier protesta qu'il ne l'avoit jamais signé, et que le secrétaire du duc d'Orléans étoit un faussaire. Le second, qui étoit encore dans ses États, adressa au prévôt de Paris une lettre dont il le requit de faire une lecture publique. Il y déclaroit qu'on lui avoit offert deux cent mille écus pour sa part de cette imposition, s'il vouloit y donner son assentiment, mais qu'il l'avoit refusé, sachant combien le peuple étoit déjà opprimé ; qu'il avoit conseillé au contraire de remplir le trésor en faisant rendre gorge à ceux qui s'étoient enrichis par la misère publique. (1)

Cette lecture publique étoit une sorte d'appel au peuple. De même que le duc d'Orléans s'étoit annoncé comme le champion des prérogatives royales, le duc de Bourgogne s'annonça dès-lors comme le protecteur des pauvres opprimés, le défenseur de la bourgeoisie, surtout de celle de Paris, et il chercha sa force dans la popularité. Quoiqu'il n'eût guère plus de droit à la

(1) Religieux de Saint-Denis, L. XXII, c. 2, p. 447.

faveur populaire que son rival, il l'obtint aisément, aussitôt qu'il parut en faire cas. Les contribuables, si long-temps foulés sans aucun ménagement, furent pénétrés de reconnoissance de ce qu'un prince paroissoit enfin vouloir défendre leurs intérêts. Ils regardèrent le duc de Bourgogne comme leur sauveur, et sa lettre excita dans Paris la plus vive fermentation. Le roi étoit alors dans un de ses accès de démence; dès qu'il commença à se calmer, le duc de Bourgogne revint à la cour : mais avant même son arrivée le duc d'Orléans, ne voulant pas lui laisser l'honneur de révoquer des mesures aussi vexatoires, abolit de lui-même les impôts qu'il venoit d'établir. Il n'étoit plus temps cependant de rétablir sa réputation d'intégrité ; tout le conseil du roi, révolté de ses concussions, se rangea du côté du duc de Bourgogne, et persuada à Charles VI de signer, le 24 juin, une nouvelle ordonnance par laquelle il donnoit au duc de Bourgogne la présidence du conseil des finances, et il le mettoit à la tête du gouvernement, pour le temps où la maladie l'empêcheroit lui-même de s'en occuper. (1)

L'établissement du duc de Bourgogne à la tête du gouvernement fut salué par le peuple, comme le triomphe des bons principes et le re-

(1) Religieux de Saint-Denis. L. XXII, c. 4, p. 450.

tour à une administration paternelle ; mais ce duc n'étoit pas plus que son neveu en état de mettre de l'ordre dans les finances, ou de proportionner les dépenses aux revenus. Ayant toujours attaché sa gloire au faste de sa propre cour, il n'étoit guère propre à réformer celle du roi, et il n'étoit pas plus scrupuleux que son neveu dans l'emploi des ressources publiques pour ses besoins privés. Quoiqu'on fût en pleine paix, et que le gouvernement ne fît absolument aucune dépense, ni pour les arsenaux, ni pour les fortifications, ni pour la marine, ni pour les ports, ni pour les routes, ni pour l'instruction publique ; qu'il n'eût presque point de gens de guerre à sa solde ; que presque aucun des fonctionnaires publics ne reçût de lui sa paie, le duc de Bourgogne trouva les revenus du royaume insuffisans pour faire face aux dépenses. Il chercha donc seulement un nouveau moyen de lever de l'argent ; il choisit, dans le Parlement, des commissaires, auxquels il donna commission de se transporter dans toutes les villes du royaume, et d'y prendre connoissance de tous les contrats entre particuliers ; lorsqu'ils en trouveroient d'usuraires ou de frauduleux, lorsqu'ils reconnoîtroient que dans les aliénations il y avoit eu lésion d'outre moitié, ils devoient frapper d'amendes arbitraires ceux qu'ils déclareroient avoir fait des profits illégitimes. Cette punition de gens qui avoient abusé de leur fortune, et que le peuple voyoit de mauvais œil, fut d'abord accueillie avec assez de faveur, surtout par ceux qui croyoient qu'elle ne pouvoit jamais les atteindre. Mais bientôt l'inquisition s'étendit et devint toujours plus vexatoire; tous les secrets des familles étoient divulgués : aucune règle ne pouvant être prescrite aux commissaires, on les voyoit consulter la haine ou la faveur, et le peuple s'aperçut enfin que de tous les impôts le plus mauvais est celui qui frappe quelques individus au lieu de la généralité des citoyens; le plus injuste est celui qui cache la fiscalité sous les formes de la justice. Au mois de janvier suivant, le duc de Bourgogne fut obligé de retirer son édit. (1)

Pendant cette administration du duc de Bourgogne, le roi, habituellement en état de démence, n'avoit que de courts éclairs de raison; on en profitoit cependant pour le faire paroître dans les temples, et lui faire signer des ordonnances, de sorte que le peuple se crut toujours gouverné par lui (2). Parmi les moyens qu'on employoit pour le distraire, on eut recours à des représentations des traits les plus frappans de la passion, des

---

(1) Religieux de Saint-Denis. L. XXII, c. 4, p. 451. — Ordonn. de France. T. VIII, du 24 mars 1403, p. 574, et du 28 janvier 1404, p. 626.

(2) Religieux de Saint-Denis. L. XXII, c. 5, p. 453.

mystères, et de la vie des saints ou des saintes. Une compagnie, qui commençoit à introduire en France le goût de ces représentations théâtrales, s'étoit formée sous le nom de *Confrérie de la passion de notre Seigneur;* et moitié par zèle religieux, moitié par goût du plaisir, elle montoit ces spectacles avec une recherche jusqu'alors inconnue. Elle avoit élevé son théâtre dans les bâtimens de l'hôpital de la Trinité, rue Saint-Denis, et elle y avoit admis les spectateurs moyennant une légère rétribution payée à la porte. Il semble que le prévôt de Paris vit dans cette rétribution un impôt qu'il voulut empêcher de percevoir. Mais le roi avoit été conduit à la représentation des mystères : l'attention qu'il donnoit à cette action dramatique, dont les scènes étoient écrites en rimes françaises, paroissoit le distraire de sa funeste manie, et lui donner beaucoup de plaisir. Fort religieux, fort libertin, et assez ignorant, il croyoit faire un acte de piété en assistant à ces représentations, où les mystères de la religion étoient mêlés aux plus indécentes bouffonneries. Au mois de décembre 1402, il rendit une ordonnance en faveur de *ses bien amés et confrères les maîtres et gouverneurs de la compagnie,* et ces expressions semblent indiquer qu'il s'y étoit associé lui-même. « Nous qui voulons et désirons, dit-il, « le bien, profit et utilité de ladite confrairie,

« et les droits et revenus d'icelle être par nous
« accrus et augmentés de grâces et priviléges,
« afin que un chacun par dévotion se puisse et
« doive adjoindre en leur compagnie, nous leur
« accordons à perpétuité » le droit de jouer
publiquement les mystères, soit à Paris, soit
ailleurs, soit devant la cour, soit devant le public; le roi les autorise en outre à paroître pour
cela vêtus en caractère dans les rues, et il les
prend sous sa sauvegarde contre tout arrêt,
soit pendant la représentation, soit pendant l'étude des pièces qu'ils se prépareront à donner
au public. (1)

Parmi ceux qui étoient en même temps témoins de ces fêtes de la cour, de cette passion
pour le faste et le plaisir à laquelle les grands
étoient toujours prêts à tout sacrifier, et de cette
décadence rapide de la monarchie, où le peuple,
réduit à la dernière misère, voyoit son sort abandonné à des princes sans vertus et sans talens,
et à un roi insensé, on remarquoit alors à Paris
un monarque qui survivoit au premier empire
du monde, et qui l'avoit vu, si ce n'est tomber,
du moins réduire à sa seule capitale, par les
mêmes vices qui sembloient préparer la ruine
dernière de la France, par la même pompe à
la cour, le même faste dans les grands, le même

---

(1) Ordonn. de France. T. VIII., p. 555. — Dulaure, Hist.
de Paris. T. II, p. 472.

mépris pour toutes les lois, la même oppression du peuple, auquel la misère et l'esclavage faisoient perdre toute vertu militaire ; c'étoit Manuel Paléologue, empereur de Constantinople. Il avoit été tour à tour l'hôte de Charles VI et de Henri IV ; à Paris on le traitoit avec magnificence, et on cherchoit à lui faire oublier, au milieu des plaisirs, l'état désastreux de son empire, et la ruine de ses sujets. Dans l'automne cependant il reçut la nouvelle de la bataille d'Angora, dans laquelle Bajazet, son redoutable adversaire, avoit été défait et fait prisonnier, le 28 juillet 1402, par Timour ou Tamerlan (1). Il se flatta de pouvoir mettre à profit, pour la Grèce, la guerre furieuse que se faisoient les Turcs et les Tartares, et, en effet, elle prolongea d'un demi-siècle l'agonie déjà si longue de son empire : il repartit pour l'Orient, accompagné par le sire de Château-Morant, avec deux cents hommes d'armes. Charles VI eut une lueur de raison avant son départ, et il en profita pour combler son hôte des plus riches présens. Non moins que ses oncles et son frère, il croyoit la gloire de son règne attachée à la magnificence et à la prodigalité. Il joignoit à cette vanité une disposition aimante, un grand désir d'obliger ceux qui l'approchoient; et la foiblesse de son

---

(1) *Gibbon, Decline and Fall of the Roman empire.* T. XII, c. 65, p. 26.

esprit lui interdisant toute connoissance des affaires, il ignoroit la pénurie de son trésor et la misère de son peuple. Il donna à l'empereur Manuel, des pierreries, des joyaux, de la vaisselle d'or et d'argent; il fit aussi des présens à tous les hommes de sa suite; enfin il assura à l'empereur une pension de quatorze mille écus, qui dans sa détresse valoit bien mieux pour lui que les dons les plus fastueux, et qui coûtoit bien moins à la France. (1)

(1) Religieux de Saint-Denis. L. XXII, c. 6, p. 454. — *Raynaldi*, *Annal. eccles.* 1402. §. 5.

CHAPITRE XXIV.

La France se remet sous l'obédience de Benoît XIII. — La trève avec l'Angleterre est confirmée, et cependant les hostilités recommencent. — Mort du duc de Bourgogne. — Gouvernement désastreux du duc d'Orléans. — 1403-1405.

Depuis le commencement du règne des Valois, mais bien plus encore depuis que Charles VI étoit monté sur le trône, nous n'avons eu à entretenir nos lecteurs que des actes d'une tyrannie presque toujours aussi absurde que brutale. Ceux qui se trouvoient les uns après les autres à la tête du gouvernement paroissoient n'avoir pas la première idée de leurs devoirs, ou des principes qu'il leur convenoit de suivre. Non seulement l'État étoit abandonné, sans police, sans justice, sans lois, sans travaux publics d'aucun genre, entrepris pour le bénéfice des citoyens, mais encore l'autorité sembloit prendre à tâche de ruiner l'agriculture par des tailles répétées sans mesure, le commerce par des emprunts forcés et des prises en nature, les propriétaires de capitaux par des variations fréquentes dans la valeur des monnoies, enfin la bonne foi et la morale publique par des exemples scandaleux de persécution pour l'innocence, ou de récompense pour le crime. On auroit pu s'attendre à ce qu'une nation si stupidement, si cruellement gouvernée, retournât rapidement vers la barbarie; à ce que les foibles germes de civilisation qu'elle avoit reçus fussent promptement étouffés. Il n'en étoit rien cependant. La France continuoit, au milieu de toutes ses calamités, à faire des progrès réguliers, bien lents, mais incontestables, vers un état plus prospère : les arts se perfectionnoient, soit par des inventions nationales, soit par l'importation de l'industrie des étrangers; des idées plus nettes et plus judicieuses prenoient racine dans les têtes, soit sur la religion, à l'occasion du schisme, soit sur la justice, à l'occasion de l'indépendance croissante du Parlement; la langue se formoit et devenoit moins barbare; la poésie, la littérature, commençoient à promettre quelques jouissances à l'esprit; la nation enfin, au commencement du quinzième siècle, étoit réellement plus avancée, plus civilisée, plus susceptible de progrès ultérieurs qu'au commencement du quatorzième : elle étoit appelée à souffrir beaucoup encore; mais ses nouvelles épreuves nous apprennent du moins une chose, c'est qu'elle s'étoit mise en état de perdre encore beaucoup.

C'est un phénomène bien digne de toute notre

admiration, que cette puissance des corps sociaux pour réparer tout le mal que leur font ceux qui les dirigent; que ce produit des efforts assidus, intelligens, de chacun pour améliorer sa propre situation, qui fait plus que compenser l'imprudence ou le crime de ceux qui compromettent la situation de tous. Les forces reproductives de la nature et celles de l'homme semblent avoir été calculées d'avance par la Providence pour triompher des chances les plus fâcheuses. L'homme et tous les animaux qu'il élève, et tous les végétaux qu'il cultive, sont doués d'un pouvoir de se multiplier qui surpasse de beaucoup les germes de destruction qu'ils portent dans leur sein; ils sont préparés pour que leur race ne succombe point, non seulement à la vieillesse et aux maladies qui atteignent les individus, mais encore aux fléaux qui affligent la terre, ou que leur propre folie attire sur eux : de même le produit du travail de l'homme surpasse infiniment ses besoins; ses mains, assistées de son intelligence, l'ont mis en état non seulement de pourvoir à sa subsistance, mais encore de réparer les déprédations, les dissipations insensées de ceux qui, au lieu de produire, profitent de leur pouvoir pour détruire. Peut-être n'a-t-on pas assez réfléchi à cette force créatrice, inhérente à l'espèce humaine, quand on a récemment représenté l'abondance des productions comme le bien suprême des sociétés; peut-être le pauvre souffre-t-il davantage encore dans quelques sociétés qu'on avoit crues les mieux organisées de toutes, et où tout abonde, tandis qu'aucun travail n'y est ni demandé ni récompensé, qu'il ne souffroit dans ces siècles de barbarie et d'oppression, où tout manquoit, mais où du moins tout travail étoit demandé, et étoit toujours sûr d'obtenir une récompense.

L'agriculture n'étoit donc point détruite en France, quoiqu'il semblât qu'on eût fait tout ce qu'il falloit pour l'anéantir. Au contraire, les granges brûlées par les dernières expéditions des Anglais avoient été rebâties, les vignes avoient été replantées, les champs se couvroient de moissons. Les arts, les manufactures, n'étoient point abandonnés; au contraire, il paroît qu'ils employoient un plus grand nombre de bras dans les villes, à en juger par les statuts de corps de métiers qui se multiplioient dans toutes les provinces, et pour lesquels on demandoit chaque année de nouvelles sanctions royales (1). La richesse, si barbarement enlevée à tous ceux qui l'avoient produite, étoit bientôt recréée par d'autres; et il faut bien que ce fût avec plus d'abondance encore, car le produit des tailles et des impositions,

(1) Ordonn. de France. T. VIII, p. 323, 332, 334, 339, 358, 367, 368, 384, etc.

loin de diminuer, s'étoit considérablement accru : le roi levoit plus facilement six francs par feu dans l'année, qu'il n'auroit levé un franc cinquante ans auparavant. Dans les travaux de l'esprit on pouvoit reconnoître les mêmes progrès que dans ceux de l'industrie. Froissart, le Religieux de Saint-Denis, sont des historiens comme n'en avoient point eu les siècles précédens. La poésie renaissoit avec le premier, aussi-bien que l'histoire. Au lieu de nous attacher aux incongruités qu'il est si facile de remarquer chez d'autres poètes de ce temps, nous devons bien plutôt tenir compte aux auteurs des mystères, de la création d'une nouvelle poésie et des rudimens de l'art dramatique. Les théologiens enfin de l'université de Paris, qui travaillèrent en même temps à la suppression du schisme et à la réforme de la discipline de l'Église, étoient supérieurs en savoir et même en raison à leurs prédécesseurs.

La souffrance universelle n'étoit donc réellement point si grande que les vices du gouvernement auroient pu le faire supposer. Cependant il est impossible de ne pas éprouver une grande tristesse en voyant un État, aussi puissant que la France, abandonné à la seule direction du hasard. Cette France rappeloit vivement l'image d'un vaisseau sans gouvernail, non point au milieu d'une tempête, mais au contraire obéissant à une mer à peine agitée : on découvroit de très loin les écueils contre lesquels il pouvoit se briser, on calculoit long-temps d'avance le moment où il tomberoit dans le courant qui l'entraîneroit à sa perte : tout l'équipage assemblé sur le tillac voyoit le danger, que la manœuvre la plus simple auroit suffi pour éviter; mais pas un ordre n'étoit donné, pas une main n'étoit levée. Le calme de la mer, l'immobilité du navire, ajoutent encore à l'horreur d'une telle situation, parce qu'on attend plus long-temps une catastrophe affreuse et inévitable; enfin le mouvement, long-temps prévu, commence, et le superbe vaisseau, chargé de tant de vies, court à sa perte avec une rapidité accélérée.

La France, sans roi, sans ministère, sans prévoyance, sans économie, avoit surtout besoin de paix, puisque ses revenus ne pouvoient pas même suffire à l'établissement de paix le plus modéré. Aucune offense ne l'avoit provoquée, aucun danger ne la menaçoit au dehors; malgré son anarchie et la démence de son roi, tous ses voisins la respectoient, parce qu'ils redoutoient son esprit guerrier et ses immenses ressources. D'ailleurs tous les États voisins étoient, à cette époque même, livrés à l'anarchie et à la discorde : Wenceslas fut, dans l'année 1403, détenu pendant quatre mois, par les bourgeois de Prague, dans la prison publique (1), et les prin-

1403.

(1) *Raynaldi Annal. eccles.* 1403. §. 6.

ces de l'Empire, qui l'avoient déposé, montroient fort peu d'empressement à obéir à Robert, qu'ils lui avoient donné pour successeur. Jean Galeaz Visconti, père de la duchesse d'Orléans, étoit mort de la peste le 3 septembre 1402, laissant deux fils en bas âge, et déjà la Lombardie, partagée entre les capitaines d'aventuriers qu'il avoit retenus à son service, étoit déchirée par les guerres civiles. L'Espagne étoit condamnée à l'inaction par l'état languissant de Henri III le maladif, roi de Castille; l'Angleterre enfin étoit sans cesse soulevée par les révoltes qui assailloient Henri IV sur son trône usurpé. Au milieu de voisins qui désiroient la paix, la France n'éprouvoit ni ressentiment populaire, ni jalousie, qui l'appelassent à la guerre; elle n'avoit aucune offense à venger, et cependant les insolentes provocations des princes, celles du duc d'Orléans surtout, faisoient déjà sentir qu'à un terme rapproché cette guerre deviendroit inévitable.

La France demandoit moins encore la guerre civile : on n'y voyoit fermenter aucune de ces passions impétueuses, dont rien ne peut arrêter l'explosion, et qui ne se calment que par la lassitude, ou par l'épreuve de l'impuissance de leurs efforts. La liberté, les priviléges des États, pour lesquels on avoit combattu au commencement de ce règne, étoient oubliés; le peuple, découragé, écrasé, croyoit ne pouvoir plus rien faire pour lui-même; il ne prenoit aucun intérêt aux affaires publiques, aucun des chefs de l'État ne lui inspiroit ni affection ni enthousiasme; tout au plus, lorsqu'il étoit appelé à choisir, préféroit-il celui dont l'absence lui laissoit oublier les vices à celui qui les rappeloit par sa présence. Mais rien ne l'entraînoit à se dévouer pour eux : assoupi, il demandoit seulement qu'on ne troublât pas le sommeil qu'il avoit retrouvé dans les fers. Les passions religieuses elles-mêmes n'avoient pas de prise sur lui. Il avoit été entraîné dans le schisme par les décisions de la cour, sans ressentir d'affection pour Clément VII et Benoît XIII, ou de haine pour les pontifes de Rome; il avoit consenti ensuite sans répugnance à la soustraction d'obédience, et les querelles sur cette question, entre l'université de Paris et celle de Toulouse, se renfermoient dans les écoles, et demeuroient indifférentes à la nation. La réforme que Wickleff avoit prêchée en Angleterre, et qui recommençoit à faire fermenter les esprits, non seulement dans cette île, mais dans le nord de l'Allemagne et dans la Bohême, ne jetoit aucune racine en France. Si saint Vincent Ferrer parcourut cette année les évêchés de Grenoble, de Tarentaise, de Maurienne, d'Aoste, de Genève et de Lausanne, en y prêchant contre les hérétiques, en détruisant les écoles de la vallée d'Engrogne, et en allumant des bûchers dans la vallée de Luzerne et dans les autres retraites des Vaudois (1), ces supplices, auxquels il présidoit, n'étoient qu'un passe-temps ecclésiastique, qu'aucun progrès de l'hérésie, toujours cachée dans les mêmes vallées, ne requéroit de la politique de l'Église. Cependant, sans passion populaire, sans animosité politique ou religieuse, sans enthousiasme pour des chefs illustres, la guerre civile étoit imminente; chacun pouvoit la prévoir, et personne ne faisoit d'effort pour la prévenir.

Après la scène indécente qu'avoient faite au conseil les ducs de Berri et d'Orléans, à l'occasion de la soustraction d'obédience, la discussion avoit été ajournée; mais les docteurs des universités de Toulouse et de Paris avoient multiplié leurs doctes écrits, pour et contre les droits de Benoît XIII. Le parti de ce dernier avoit été fortifié par l'arrivée de Louis II d'Anjou, roi de Sicile, qui étoit venu, au travers des soldats qui bloquoient Benoît, lui rendre hommage dans son palais d'Avignon. Louis II tenoit de la concession de ce pape ses droits les plus clairs à la couronne de Naples; il lui importoit donc que la légitimité du titre de son auteur fût reconnue. Il lui offrit sa protection pour le soustraire au blocus qui s'étoit déjà prolongé cinq ans, autour de son palais; Benoît XIII, entouré d'égards par

(1) *Raynaldi Annal. eccles.* 1403. §. 24. — Bouche, Hist. de Provence. T. II, p. 427.

les soldats qui prétendoient l'assiéger, n'étant privé d'aucune des douceurs de la vie, et d'aucun des hommages de la souveraineté, croyoit encore y avoir joint les palmes du martyre. Cependant il convint avec Louis d'Anjou de mettre un terme à cette comédie. Dans la soirée du 12 mars 1403, il sortit déguisé de son palais avec trois de ses serviteurs, et passa devant les soldats de garde, qui ne visitoient et n'arrêtoient personne. Cette nuit-là, il coucha dans Avignon; le lendemain matin il descendit le Rhône en bateau jusqu'à Château-Renard, forteresse de Louis d'Anjou, où cinq cents soldats aragonais l'attendoient, et où il se fit aussitôt reconnoître. Dès que les cardinaux qu'il avoit laissés à Avignon et les bourgeois de cette ville furent instruits de son évasion et de la protection que lui accordoient les deux plus jeunes princes du sang, ils sentirent qu'il avoit recouvré toute sa puissance; ils ne songèrent plus qu'à obtenir son pardon, et ils s'empressèrent de lui envoyer des députations pour s'excuser (1). Benoît XIII annonça qu'il pardonnoit à ses cardinaux; il les retint même à dîner avec lui pour le 29 avril. Au milieu du festin ceux-ci virent tout à coup la salle se remplir d'hommes d'armes. Leur terreur fut extrême; ils attendoient de moment en moment le

(1) Religieux de Saint-Denis. L. XXII, c. 11, p. 460. — Bouche, Hist. de Provence. T. II, p. 431.

signal auquel ils seroient tous massacrés; Benoît n'avoit voulu que leur faire sentir sa puissance; il n'avoit garde de se priver de ses propres cardinaux, tandis qu'il avoit à redouter les attaques de l'université de Paris, des ducs de Berri et de Bourgogne, et la rivalité du pape de Rome. Après avoir joui quelque temps de leur terreur, il fit retirer ses soldats (1). Mais, d'après une tradition conservée à Avignon, il n'eut point la même indulgence pour les bourgeois: on montroit encore, deux siècles et demi plus tard, la salle du palais où il avoit fait mettre le feu, après les y avoir invités à un repas de réconciliation, et où il les avoit fait périr dans les flammes. (2)

Cependant, dès la fin de février, le clergé de France avoit été convoqué à Paris pour le 15 mai, afin d'examiner de nouveau la convenance de la soustraction d'obédience. L'assemblée délibéroit lentement; elle entendit le 25 mai les plaidoyers des cardinaux de Poitiers et de Saluces en faveur de Benoît XIII; après quoi les métropolitains firent en secret le compte des voix de leurs suffragans; mais aucune décision n'étoit encore prise, ou ne devoit l'être sans l'assentiment des trois ducs de Berri, de Bourgogne et de Bourbon, lorsque le 28 mai le duc d'Orléans

---

(1) Religieux de Saint-Denis. L. XXIII, c. 3, p. 466.
(2) Bouche, Hist. de Provence. T. II, p. 432.

entra tout à coup dans l'oratoire du roi son frère, qui venoit de se réveiller après le sommeil de midi; il lui dit que le plus grand nombre des membres du clergé opinoient à rendre l'obédience à Benoît, et il en donna pour témoins plusieurs prélats qui l'avoient suivi. Charles VI, qui étoit alors dans ce qu'on appeloit son bon sens, mais qui, se défiant de la foiblesse de sa tête, étoit toujours de l'avis de celui qui lui parloit, répondit à son frère qu'il en étoit bien aise, et qu'il tenoit Benoît pour un homme de grand savoir et de bonne conscience. Pressé par le duc d'Orléans de prononcer à l'instant sa décision, il répondit qu'il rendoit à Benoît l'obédience du royaume de France, et mettant la main sur l'autel, il jura qu'il le reconnoîtroit pour seul vicaire de Jésus-Christ aussi long-temps qu'il vivroit. A l'instant les évêques entonnèrent un *Te Deum*, toutes les cloches furent mises en branle, et les oncles du roi apprirent avec dépit, par leur carillon, qu'une si grande décision avoit été surprise à un roi incapable de réflexion, sans qu'on leur eût seulement demandé leur avis. (1)

Ce triomphe du duc d'Orléans ne fut pas le seul; à d'autres signes encore on avoit pu reconnoître que le crédit des oncles du roi diminuoit,

(1) Religieux de Saint-Denis. L. XXIII, c. 4, p. 468. — Juvénal des Ursins, p. 153. — Ordonn. du 30 mai. T. VIII, p. 593.

et que son frère reprenoit le dessus. Il s'étoit fortifié par l'alliance de la reine Isabeau de Bavière. Celle-ci étoit fort indolente, avare, gourmande et attachée à l'étiquette, mais elle n'avoit jusqu'alors point essayé de se mêler des affaires d'État, et son nom avoit rarement été prononcé dans les querelles politiques. Les accès de frénésie de son mari lui inspirant une vive terreur, elle avoit abandonné le lit conjugal, où elle se faisoit remplacer par des femmes de basse condition, dont l'une, entre autres, étoit connue sous le nom de la petite reine (1). Cependant il suffisoit à Isabeau de chercher à exercer quelque influence sur son mari pour en être écoutée. Le 26 avril, elle lui fit signer une ordonnance par laquelle il pourvoyoit à « l'expédition des affaires, aux époques où il seroit absent, *ou autrement occupé* », et par ces mots on sous-entendoit ses accès de démence. Un conseil devoit être formé, où entreroient la reine, les ducs de Berri, de Bourgogne, de Bourbon et d'Orléans, et les autres princes du sang qui se trouveroient en cour; on y appeloit encore Charles d'Albret, connétable de France, cousin du roi, lequel avoit, le 21 février, remplacé dans cette charge éminente Louis de Sancerre, qui venoit de mourir (2); le chancelier, et d'autres membres du

---

(1) Barante, Ducs de Bourg. T. II, p. 397.
(2) Religieux de Saint-Denis. L. XXII, c. 10, p. 460.

conseil, *tels et en tel nombre comme il sera expédient.* Cette dernière phrase rendoit illusoires les précédentes, et l'ordonnance tout entière ; car les délibérations devant être prises *par la plus grande et saine partie des voix,* il dépendoit de la faction qui auroit la force en main, de faire entrer dans le conseil ou d'en écarter les conseillers qu'elle voudroit, de manière à être toujours assurée de la majorité des suffrages (1). Une autre ordonnance du même jour obligeoit tous les membres du conseil à prêter serment qu'ils n'obéiroient qu'au roi seul, aux officiers nommés par lui, et après lui qu'au dauphin son fils aîné (2). Par une troisième ordonnance, toujours du même jour, il fut réglé : « Que
« si le roi venoit à mourir, son fils aîné, en quel-
« que petit âge qu'il fût ou pût être, fût sans
« aucune dilation appelé roi de France, succédât
« au royaume, fût couronné roi le plus tôt que
« faire se pourra, et usât de tous droits de roi, sans
« que aucun autre, tant soit prochain de sang,
« entreprenne le bail, régence, ou gouvernement
« du royaume. (3) » Ainsi, toutes les précautions prises par les rois précédens, entre autres par Charles V, pour séparer la tutelle de la régence, et la garde du jeune roi du droit de suc-

---

(1) Ordonn. de France. T. VIII, p. 577.
(2) *Ibid.* p. 579.
(3) *Ibid.* p. 581.

cession au trône, se trouvoient abolies, tandis que, comme il ne dépendoit pas de l'ordonnance de donner à un enfant l'entendement ou la force d'un homme, le pouvoir étoit abandonné, non à un régent légitime, mais au chef de faction qui seroit maître de la personne de l'enfant royal. Une quatrième ordonnance enfin, rendue le 15 mai, appeloit la reine à annuler toute donation que le roi auroit faite imprudemment de quelque partie de son domaine. (1)

Le conseil formé par la nouvelle ordonnance fut d'abord composé avec impartialité d'hommes attachés au duc d'Orléans et au duc de Bourgogne. Charles VI, qui ne vouloit désobliger personne, qui ne comprenoit point la querelle entre ses proches, ou qui ne s'en souvenoit point au bout de peu de momens, tenoit encore la balance égale entre eux. Le 5 mai, il convint avec le duc de Bourgogne de marier deux de ses fils et une de ses filles à deux filles et un fils du comte de Nevers, fils de ce duc : deux de ces mariages se consommèrent, le troisième fut rompu avant que les parties arrivassent à l'âge nubile(2). Ce fut encore une faveur accordée au duc de Bourgogne, que de reprendre les négociations pour prolonger la trève avec l'Angleterre. Il y

---

(1) Ordonn. de France. T. VIII, p. 586.
(2) Hist. de Bourgogne. T. III, L. XIV, p. 196. — Barante, Ducs de Bourg. T. II, p. 442.

mettoit une haute importance pour l'avantage de ses sujets de Flandre, dont les manufactures ne pouvoient se soutenir sans le commerce des Anglais, et qui avoient déjà entamé des négociations séparées (1). L'évêque de Chartres et celui de Bath, chefs des deux ambassades anglaise et française, se rencontrèrent à Lélinghen : leurs pouvoirs, en date du 28 avril, les autorisoient à obtenir et à donner réparation pour tout ce qui avoit été fait de contraire à la trève (2). Ils renouvelèrent cette trève le 27 juin, et ils renvoyèrent à l'arbitrage de commissaires, qui devoient s'assembler le 13 septembre, puis le 20 novembre, les causes contentieuses qu'ils n'avoient pu décider. (3)

Mais, pendant ces négociations mêmes, le duc d'Orléans, sans se soucier de ce que le conseil, dont il étoit membre, avoit résolu de conserver la paix, travailloit de toutes ses forces à rallumer la guerre. La lettre dans laquelle il accusoit Henri IV d'avoir trahi son roi, et de l'avoir fait périr, lui fut remise seulement le 30 avril, aussi-bien qu'un défi du comte de Saint-Pol, qui lui déclaroit la guerre, pour venger le roi Richard (4).

(1) *Rymer.* T. VIII, p. 286 et 327.
(2) *Rymer.* T. VIII, p. 300.
(3) *Rymer.* T. VIII, p. 305 et 330. — Religieux de Saint-Denis. L. XXIII, c. 6, p. 472.
(4) Monstrelet. T. I, p. 108 et 119.

L'évêque de Bath demanda à celui de Chartres si ces défis étoient autorisés par le conseil du roi, et s'ils n'étoient pas une violation manifeste de la trève. L'évêque de Chartres, après avoir consulté ses collègues, répondit que son maître n'avoit point enfreint la trève, qu'il ne vouloit point l'enfreindre, mais qu'il ne lui avoit point donné commission de dire autre chose. Les Anglais se contentèrent de faire dresser procès-verbal de cette réponse. (1)

Henri IV voyoit bien en effet que les négociations étoient inutiles avec un État où le chef ne pouvoit plus répondre pour ses membres. Il prit le parti de charger une flotte de dix vaisseaux de surveiller les côtes de la France, et cependant d'accepter la trève, de l'étendre même, par un acte du 22 juillet, au roi d'Écosse (2), et de profiter de l'hésitation des Français pour écraser les rébellions qui éclatoient de toutes parts autour de lui. Le 22 juillet, il vainquit à Salop les révoltés du Nord; son plus redoutable adversaire, Hottspur, fut tué dans le combat (3) : mais Owen Glendower étoit toujours maître du pays de Galles, et Jacques de Bourbon, comte

---

(1) *Rymer*. T. VIII, p. 310.
(2) *Rymer*. T. VIII, p. 318.
(3) Thom. Walsingham, p. 368. — *Rymer*. T. VIII, p. 320. — Monstrelet. T. I, c. 7, p. 87. — Religieux de Saint-Denis. L. XXIII, c. 8, p. 473.

de la Marche, se préparoit à lui conduire des renforts. Comme la flotte anglaise qui surveilloit les côtes de France gênoit son embarquement (1), Olivier de Clisson engagea l'amiral de Bretagne et Guillaume du Châtel à la surprendre, tandis qu'elle étoit à l'ancre devant Saint-Mahé. Après un combat acharné, les Bretons se rendirent maîtres des dix vaisseaux anglais, et violant les lois de la guerre après leur victoire, comme ils avoient violé le droit des gens par leur attaque, ils jetèrent à la mer plus de cinq cents de leurs prisonniers (2). Encouragés par ce succès, les Bretons, sous la conduite des mêmes chefs, pillèrent les îles de Jersey et de Guernesey, firent une descente à Plymouth, forcèrent les habitans à se racheter du massacre et de l'incendie par de fortes rançons, et rentrèrent dans leurs ports, au milieu de septembre, avec un butin considérable.

Personne ne songeoit dans le royaume à accuser ceux qui violoient si scandaleusement l'armistice, lorsqu'ils étoient couronnés par le succès : d'ailleurs on assuroit que les vaisseaux anglais avoient commis de leur côté des actes nombreux d'hostilité sur la côte de Bretagne. Il fut

1403.

---

(1) Monstrelet. T. I, c. 11, p. 122.
(2) Religieux de Saint-Denis. L. XXIII, c. 7, p. 472. — Juvénal des Ursins, p. 156. — Monstrelet, c. 11, p. 124. — Lobineau, Hist. de Bret. L. XIV, c. 93 p. 503.

1403.

question dans le conseil du roi, au contraire, de pousser ces avantages, et de faire attaquer Bordeaux par le duc d'Orléans, et Calais par le duc de Bourgogne, avec deux fortes armées. Henri IV, qui en fut averti, donna le 25 octobre des ordres pour mettre ces deux places en état de défense (1). Puis, sans perdre son temps à se plaindre d'un gouvernement qui, agissant au hasard, étoit incapable de garder sa foi ou de donner des garanties, il chargea Guillaume de Wilford, son amiral, de châtier les Bretons. Celui-ci brûla Saint-Mahé, au commencement de novembre, battit un corps de Bretons qui s'étoit assemblé pour le repousser, pilla une flotte considérable, chargée de vins, qui arrivoit du Poitou, et répandit sur toutes les côtes une si grande terreur, que les créatures mêmes du duc d'Orléans commencèrent à faire des vœux pour le maintien de la trève (2). Le comte de Saint-Pol, qui avoit fait une descente dans l'île de Thanet, en fut chassé dans le même temps avec honte, et le gouverneur de Calais, chargé de prendre sa revanche, ravagea cruellement, dans le mois de janvier suivant, tout son comté de Saint-Pol. (3)

(1) *Rymer*. T. VIII, p. 336.
(2) Thom. Walsingham, *Hist. Angl.*, p. 369. — Religieux de Saint-Denis. L. XXIII, c. 8, p. 473.

Le duc d'Orléans, qui avoit poussé Waleran de Luxembourg, comte de Saint-Pol, et les gentilshommes bretons, à ces deux attaques imprudentes, avoit pour système, quand son ennemi montroit du ressentiment, de ne pas laisser voir qu'il s'en apercevoit. Il mit en oubli et le défi qu'il avoit envoyé à Henri IV, et ses menaces, et ses premiers actes d'hostilité, et, comme si la France n'avoit pas alors d'affaires plus importantes, il offrit d'aller lui-même auprès du pape Benoît XIII, à Avignon, pour l'engager à montrer plus de déférence aux décisions du conseil du roi. Lorsque le 28 mai Charles VI ordonna que l'obédience fût rendue à ce pape, les jurisconsultes qui rédigèrent l'ordonnance y insérèrent que Benoît XIII reconnoîtroit pour légitime tout ce qui avoit été fait par les pasteurs ordinaires de l'Église pendant les cinq années durant lesquelles son pouvoir avoit été suspendu; et le duc d'Orléans se rendit garant de l'exécution de cette clause. Le pape, au contraire, qui étoit en même temps orgueilleux et avide d'argent, déclara nul tout ce qui s'étoit fait durant les cinq années de sa réclusion, et ne voulut accorder de nouvelles bulles aux prélats et aux bénéficiers promus pendant cet intervalle qu'autant qu'ils lui paieroient de grosses sommes d'argent. Le duc d'Orléans, qui arriva à la cour qui y séjourna jusqu'à la fin de février, y fut accueilli par le pape comme un généreux protecteur, et y passa le temps dans les fêtes; mais quand il essaya de parler d'affaires, il ne put absolument rien obtenir. Ses deux oncles, maîtres du conseil en son absence, prirent un parti plus sûr que celui des négociations. Ils rendirent, le 29 décembre, une ordonnance qui non seulement dispensoit tous les nouveaux bénéficiers de rien payer à la chambre apostolique, mais qui menaçoit les officiers du pape de la saisie de leurs biens, s'ils continuoient des exactions contraires aux ordonnances royales. (1)

On continuoit toujours à chercher une cause surnaturelle à la maladie du roi, et en même temps qu'on avoit cessé toute espèce de remèdes, et qu'on le laissoit s'épuiser dans des débauches qui auroient suffi pour égarer sa raison, on consultoit encore les sorciers sur les moyens de détourner le courroux de la puissance occulte qui le tourmentoit. Au mois de juillet de cette année, le bailli de Dijon consentit à faire élever à grands frais un appareil magique, composé d'un grand cercle de fer porté sur douze colonnes de fer, d'où pendoient douze chaînes de fer; il entra dans ce cercle, et se laissa enchaîner à une de ces chaînes, tandis qu'aux onze autres

(1) Ordonn. de France. T. VIII, p. 622. — Religieux de Saint-Denis. L. XXIII, c. 11, p. 477.

étoient enchaînés de même des prêtres, des chevaliers, des écuyers, des conseillers et des bourgeois; et deux sorciers, qui avoient dirigé la construction de cet appareil, que peut-être on nommeroit aujourd'hui magnétique, commencèrent leurs opérations. Mais bientôt ils déclarèrent qu'ils ne pouvoient avoir aucun succès, parce que le bailli de Dijon, en entrant dans leur cercle, avoit fait le signe de la croix; et l'annaliste de l'Église, au dix-septième siècle, rapporte comme un miracle cet obstacle à leurs maléfices (1). Le bailli cependant fit brûler alors les deux sorciers; ses scrupules contre la magie reprenant toute leur force, dès l'instant que les magiciens n'avoient pas réussi. (2)

Cette ferme croyance aux sorciers, et en même temps cette fureur avec laquelle on sévissoit contre eux, étoient jusqu'à un certain point des maladies nouvelles de l'esprit humain : il sembleroit qu'elles étoient des conséquences de la différence entre les progrès de la civilisation chez les différens peuples. La supériorité des Italiens dans toutes les sciences, dans tous les arts, excitoit la défiance et la haine de leurs barbares voisins. Les hommes du Nord, en voyant ces négocians si habiles, ces savans si versés dans

(1) *Raynaldi Annal. eccles.* 1404. §. 22.
(2) Religieux de Saint-Denis. L. XXIII, c. 9, p. 474.— Juvénal des Ursins, p. 154.

les secrets de la nature, ne doutoient point que leur savoir et leurs richesses ne leur vinssent du diable ; d'autre part les Italiens étoient peu superstitieux, mais ils avoient plus de zèle et de foi pour la science écrite que de critique et de philosophie ; et, comme tous les livres anciens qu'ils étudioient, tous ceux surtout des premiers siècles de l'Église, faisoient allusion aux sciences occultes, ils y croyoient par érudition plutôt que par crainte ou par ignorance. Depuis cent cinquante ans l'Église, jalouse de la croyance à un pouvoir surnaturel, qui se seroit trouvé le rival du sien, avoit excité l'inquisition à poursuivre la magie avec plus de vigueur encore que l'hérésie. Louis Paramo, qui, à cette époque, étoit grand-inquisiteur en Sicile, écrivoit cette année : « Que cette superstition nouvelle et criminelle avoit été combattue avec tant de constance par les inquisiteurs, que dans le cours des cent cinquante ans qui venoient de s'écouler, trente mille sorciers ou sorcières avoient été brûlés, qui, si on leur avoit accordé l'impunité, auroient suffi pour bouleverser l'univers tout entier. (1) » La foiblesse des ecclésiastiques et des magistrats, qui, à l'occasion de la maladie du roi, s'étoient prêtés à des opérations magiques qu'ils avoient punies ensuite, en-

(1) *Paramus, inquisitor Siciliæ.* L. II, Tit. 3, c. 4, num. 27, cité par *Raynaldi.* ann. 1404. §. 23.

gagèrent cependant Louis de Bourbon, cardinal évêque de Langres, à faire décider par un synode de son diocèse, cette année ou la suivante, que le crime de superstitions magiques ne pouvoit être excusé par le but qu'on se proposoit d'atteindre; que toute personne étoit obligée de dénoncer aux inquisiteurs ceux qu'elle savoit s'être rendus coupables de pareils actes; enfin que c'étoit une erreur punissable par le fer et par le feu, que de croire qu'un homme qui s'étoit donné au diable ne pouvoit pas encore être sauvé par la contrition, la confession et l'absolution de son évêque diocésain. (1)

L'absence du duc d'Orléans, qui passa encore à la cour d'Avignon les deux premiers mois de l'année 1404, permit au duc de Bourgogne de s'éloigner aussi de Paris. Il n'auroit pas volontiers quitté le foible monarque s'il avoit laissé son frère auprès de lui, veillant l'occasion de lui surprendre quelque ordonnance désastreuse. Jean V, duc de Bretagne, étoit parvenu, le 24 décembre 1403, à sa majorité légale, fixée à quatorze ans accomplis : c'étoit en même temps le terme de la tutelle du duc de Bourgogne; cependant ce duc lui donna un curateur pour continuer à le retenir dans ses intérêts; il engagea

---

(1) *Raynaldi*. 1404. §. 22 et 23. Ce concile ne se trouve pas dans la collection de Labbe.

Charles VI à recevoir hommage du jeune duc, le 7 janvier, puis il l'envoya en Bretagne avec sa femme Jeanne de France. Ce prince y arriva justement comme son rival Jean, comte de Penthièvre, fils de Charles de Blois, et gendre de Clisson, venoit d'y mourir (1). De son côté, le duc de Bourgogne partit pour les Pays-Bas, où il vouloit mettre son second fils, Antoine, en possession du duché de Brabant, que la duchesse Jeanne, sa grand'tante, déjà parvenue à un âge très avancé, s'étoit résolue à résigner entre ses mains. Selon sa coutume, le duc de Bourgogne, en arrivant à Bruxelles, y déploya un faste éblouissant; il donna une fête brillante à la vieille duchesse, et il distribua de riches présens à elle et à tous les seigneurs de sa cour. Mais au milieu de ces réjouissances, il se sentit atteint, le 16 avril, par une maladie alors épidémique dans les Pays-Bas, et qu'on attribuoit surtout à la saleté et à l'air étouffé des villes. Pour sortir de cette atmosphère méphitique, il se fit transporter à son château de Hall, dans une litière à bras; car il étoit déjà trop foible pour supporter aucune autre voiture : il y languit encore quelques jours, et il y mourut le 27 avril 1404, dans la soixante-troisième année de son âge. (2)

---

(1) Lobineau, Hist. de Bretagne. L. XIV, c. 98, p. 504.
(2) Hist. de Bourgogne. T. III. L. XIV, p. 199.— Barante, Ducs de Bourg. T. II, p. 462.— *Magnum Chronicon Belgic.*

Philippe-le-Hardi, duc de Bourgogne, laissoit trois fils et trois filles. Jean, qui avoit porté jusqu'alors le titre de comte de Nevers, et qui lui succéda, étoit alors âgé de trente-cinq ans : on lui avoit donné le surnom de *sans Peur*, qu'il méritoit mieux peut-être que la plupart des princes ne méritoient leurs surnoms ; Antoine, le second fils, étoit duc de Limbourg et de Brabant ; le troisième, Philippe, fut comte de Nevers. Des trois filles, Marguerite étoit mariée au comte d'Ostrevant, fils du comte de Hainaut ; Catherine, à Frédéric d'Autriche, et Marie, au comte de Savoie. Aucune maison souveraine ne possédoit de plus vastes et plus riches États, et n'étoit soutenue par de plus puissantes alliances. Mais Philippe avoit toujours dissipé ses revenus avec une profusion si extravagante, qu'au moment de sa mort, ses deux fils aînés, qui étoient auprès de lui, furent obligés de mettre sa vaisselle en gage pour fournir aux frais de sa sépulture (1). Ils vinrent ensuite à Paris pour rendre hommage, le 23 mai, au roi Charles VI, tandis que le convoi de leur père s'acheminoit lentement vers Dijon, et, de nouveau, ils furent obligés de vendre, pour satisfaire à ses créanciers, le magnifique mobilier qu'il y avoit laissé,

in Struvio. T. III, p. 361. — *Meyer, Annal. Fland.* L. XIV. f. 219, verso.

(1) Hist. de Bourgogne. T. III. L. XIV, c. 204, p. 200.

ses tableaux, ses tapisseries, ses joyaux et ses vêtemens (1). Enfin, sa veuve Marguerite, comtesse de Flandre, par un acte en date du 9 mai, renonça à sa succession, ajoutant même, à ce qu'on assuroit, à cet acte humiliant, la cérémonie plus humiliante encore de déposer sur le cercueil sa ceinture, sa bourse et son trousseau de clefs, signes de la communauté de biens, en vertu de laquelle elle auroit dû payer ses dettes. (2)

Quoique le nouveau duc de Bourgogne fût dans la vigueur de l'âge, et peut-être plus propre que son cousin le duc d'Orléans à diriger le roi, il ne pouvoit prétendre à exercer sur lui l'espèce d'autorité dont son père avoit été en possession. Le duc d'Orléans, tout en haïssant le vieux duc, ne pouvoit s'empêcher de voir en lui un représentant de son père, qu'il étoit forcé de traiter avec déférence; mais à la mort de Philippe-le-Hardi il s'arrogea, sans hésiter, l'autorité royale, et il commença aussitôt à en faire usage pour piller les finances de l'État. Le 22 mai, il fit rendre deux ordonnances par lesquelles les droits du domaine royal lui étoient cédés sur Coucy, Soissons, Ham, et beaucoup d'autres seigneuries

---

(1) Hist. de Bourg. T. III. L. XV, c. 4, p. 213.—Barante, ducs de Bourg. T. III, p. 2.

(2) Hist. de Bourg. L. XIV, c. 209, p. 204, et note 25, p. 574.—Monstrelet, c. 18, p. 141.—*Meyer, Annal. Fland.* L. XIV, f. 219, verso.

réunies à son apanage (1). Par une autre ordonnance, qui ne s'est pas conservée, il soumit tout le royaume à payer une aide exorbitante pour faire la guerre à Henri de Lancaster, soi-disant roi d'Angleterre. Les princes qui se trouvoient alors à Paris ne voulurent pas sanctionner par leur présence une levée d'argent qui leur paroissoit inique, et ils sortirent de la ville. L'édit fut publié néanmoins sous la protection d'un corps considérable de troupes à pied et à cheval, pour en imposer à la fureur du peuple. Il établissoit des commissaires dans chaque paroisse, qui devoient estimer, sous serment, la taille que chacun étoit en état de payer. Les membres des cours judiciaires et les officiers du palais furent soustraits, par une ordonnance postérieure (2), à cette exaction; à tous les autres on demanda, non une partie de leur revenu, mais tout ce qu'il parut possible de leur arracher. Le produit, qu'on assuroit s'élever à 1,700,000 francs, étoit déposé à mesure dans une tour du palais, et le duc d'Orléans avoit promis qu'il n'en disposeroit que du consentement commun des princes, et pour la défense du royaume. Mais, sur ces entrefaites, le duc de Berri étant tombé gravement malade, et le roi se trouvant dans son état habituel de

---

(1) Ordonn. de France. T. IX, p. 1 et 3.
(2) Ordonn. du 26 mai. T. IX, p. 4, 5 et 7.

démence, le duc d'Orléans, à la tête d'une troupe de gens armés, força audacieusement le palais pendant la nuit, et enleva la plus grande partie de l'argent qu'il y trouva accumulé (1). Cet acte de brigandage fut suivi par une ordonnance sur les affaires ecclésiastiques, qui n'excita guère moins de mécontentement. Le duc d'Orléans révoqua, le 5 juin, l'ordonnance rendue, le 29 décembre précédent, pendant son absence, pour réprimer les exactions des officiers de la cour pontificale sur ceux qui avoient été pourvus de bénéfices pendant la soustraction d'obédience (2). Le 9 juin fut aussi le jour où s'accomplit l'échange du comté d'Évreux et des autres fiefs de la maison de Navarre, contre la ville de Nemours, érigée, à cette occasion, en duché-pairie. Charles III, roi de Navarre, étoit revenu en France pour terminer cette affaire qui étoit demeurée si long-temps en suspens. Il rendit à la couronne la ville de Cherbourg, la seule qui lui fût restée de son antique héritage; il fit hommage au roi pour le duché de Nemours, qui étoit estimé valoir 12,000 livres de rente, mais qui, par sa situation, ne pouvoit pas donner d'inquiétude, même lorsqu'il se trouveroit entre

(1) Religieux de Saint-Denis. L. XXIV, c. 1, p. 482. Il dit, sans doute par erreur, dix-sept millions. — Juvénal des Ursins, p. 158.

(2) Ordonn. de France. T. IX, p. 14.

les mains d'un prince ennemi ; et comme compensation de ce qu'il renonçoit à des prétentions qui, tant que son père avoit vécu, avoient jeté le trouble dans le royaume, il prit place, pendant cette année et la suivante, avec les autres princes, au conseil d'État. (1)

1404.

L'arrangement avec le roi de Navarre étoit le seul acte raisonnable de la nouvelle administration ; car il étoit fait pour écarter de l'avenir des chances dangereuses ; mais le duc d'Orléans, dans le reste de sa conduite, sembloit n'obéir qu'à des caprices presque aussi déréglés que ceux de son frère. De toutes parts retentissoient les plaintes des bourgeois pressurés par les commissaires qui levoient la taille nouvelle, et celles des ecclésiastiques que Benoît XIII traitoit comme intrus, pour avoir été ordonnés pendant la soustraction d'obédience ; et cependant le duc d'Orléans dissipoit pour ses plaisirs l'argent qu'il avoit rassemblé avec tant de violence, et ne songeoit déjà plus à la guerre à laquelle il avoit provoqué le roi anglais. Henri IV, qui voyoit bien qu'il n'avoit rien à attendre du gouvernement, demanda du moins justice à l'opinion publique. Le 25 février, il répandit avec profusion des lettres qu'il adressoit « au roi, aux seigneurs temporels et

---

(1) Favyn, Hist. de Navarre. L. IX, p. 478. — Religieux de Saint-Denis. L. XXIV, c. 3, p. 485. — Ordonn. de France. T. IX, p. 11.

« spirituels, et à toute la communauté de France. »
Il y rappeloit que la trêve conclue entre Richard II et Charles VI, subsistoit toujours; qu'elle avoit été confirmée depuis son avénement au trône; que les ambassadeurs des deux royaumes s'étoient réunis dès-lors à plusieurs reprises; qu'ils devoient encore se réunir le 1er mars prochain, avec la commission de réformer tout ce qui auroit été fait de part et d'autre de contraire à ce traité; que cependant des seigneurs français, entre autres le duc d'Orléans et le comte de Saint-Pol, l'avoient fait défier par des hérauts d'armes; que ce dernier l'avoit même attaqué; qu'il étoit de plus averti qu'on faisoit en France, et par terre et par mer, des préparatifs pour le siége de Bordeaux, en sorte qu'il devoit plutôt attendre le glaive qu'un messager de paix. « Toutefois, ajoutoit-il, je suis résolu à obser-
« ver cette trêve, et à réparer ce qui a pu être
« fait contre elle, à moins que vous ne nous for-
« ciez à la guerre, et Dieu nous préserve de cette
« nécessité; car la paix doit être fille de la vo-
« lonté, la guerre de la nécessité..... Aussi,
« comme nous devons tous nous présenter de-
« vant le tribunal de notre juge éternel, nous
« prenons à témoin le ciel, la terre, et toutes les
« choses créées, que, si quelque guerre doit
« éclater entre nous et vous, elle ne proviendra
« que de vous; tandis que, nous couvrant du

« bouclier de la défense, nous résisterons, comme
« il plaira au Très-Haut. » (1)

Il ne paroît pas que le duc d'Orléans ait songé à répondre à cette lettre, ni qu'il ait fait aucun effort pour renouer des négociations que son adversaire désiroit si fort continuer. Il jugea que, puisque Henri IV craignoit la guerre, c'étoit par conséquent le moment de la faire avec vigueur. Charles de Savoisy, grand-maître d'hôtel de la reine, fut envoyé en Castille, pour demander à Henri-le-Maladif, au nom de l'ancienne alliance des deux maisons, une flotte espagnole pour assiéger Calais. Jacques de Bourbon, comte de la Marche, fut chargé de traiter avec Owen Glendower, chef des Gallois insurgés : une alliance de ce prince avec la France fut signée à Paris le 14 juillet (2), et le comte de la Marche promit de s'embarquer à Brest à la mi-août, pour lui conduire huit mille hommes d'armes, un grand nombre d'arbalétriers, et beaucoup de chevaliers et d'écuyers, qui s'offroient à servir en volontaires (3). Enfin, Jean comte de Clermont, fils du duc de Bourbon, nommé le 12 juin capitaine-général en Languedoc et en Guienne, attaqua les châteaux que les Anglais possédoient

---

(1) *Rymer*. T. VIII, p. 348.
(2) *Rymer*. T. VIII. Pleins pouvoirs du 10 mai, p. 356. Traité, 14 juillet, p. 365. Ratification, 12 janvier, p. 382.
(3) Religieux de Saint-Denis. L. XXIV, c. 5, p. 488.

dans le Limousin, et en soumit successivement trente-quatre. (1)

Mais il étoit impossible au duc d'Orléans de mettre de la suite dans aucun projet, dans aucune pensée sérieuse, même lorsque c'étoit une passion qui les lui avoit fait adopter : lui qui avoit paru désirer si vivement la guerre, qui avoit défié si insolemment le roi d'Angleterre, et fait commettre les premières hostilités, non seulement il ne songeoit point à paroître en personne à l'armée, il n'avoit pas même rassemblé des troupes et envoyé un général sur les frontières; aussi le comté de Saint-Pol fut-il ravagé sans que la France y opposât aucune résistance, et presque tous ses habitans emmenés en captivité, tandis qu'une flotte anglaise parcourut les côtes de Bretagne et de Normandie, et que les troupes de débarquement qu'elle portoit, brûlèrent les moissons prêtes à couper, et celles déjà recueillies dans les granges; alors les Français se plaignirent amèrement de ce qu'une trêve qu'ils n'avoient cessé de violer, étoit si peu respectée par leurs adversaires. (2)

Le duc d'Orléans s'étoit approprié huit cent mille écus, sur la taille levée au commencement de l'année, et il ne vouloit pas consentir à rendre

---

(1) Hist. gén. de Languedoc. L. XXXIII, c. 73, p. 420. — Religieux de Saint-Denis. L. XXIV, c. 10, p. 498.

(2) Religieux de Saint-Denis. L. XXIV, c. 4, p. 487.

la moindre partie de cet argent pour l'employer à la défense du royaume. Il en avoit destiné une portion à acheter de vastes domaines pour lui-même ; avec une autre, il bâtissoit des palais à Pierre Fons, à la Ferté Milon et ailleurs, enfin il dissipoit le reste dans les fêtes brillantes qu'il donnoit à Paris (1). Ces fêtes contribuèrent à faire échouer l'expédition du comte de la Marche dans le pays de Galles. Les troupes qu'il devoit embarquer s'étoient rassemblées à Brest, dès la mi-août, les vaisseaux étoient prêts pour les recevoir, la mer étoit tranquille : les soldats, à qui on avoit promis le pillage de l'Angleterre, ne murmuroient point de ce que leurs soldes n'étoient pas payées, mais le comte de la Marche, qui devoit les commander, n'arrivoit pas ; « at-« taché, dit le Religieux de Saint-Denis, aux « plaisirs de la cour et de Paris, il ne se soucioit « que de danser, et de passer les soirées dans « les divertissemens des cartes (qu'on venoit « d'inventer) et des dés. » Quoiqu'on lui expédiât courrier sur courrier pour le presser, il se fit attendre jusqu'au milieu de novembre. Il arriva enfin, mais alors une partie des troupes avoit déserté, l'autre étoit découragée ; la saison enfin étoit trop avancée pour qu'il pût passer dans le pays de Galles. Il s'embarqua cepen-

(1) Religieux de Saint-Denis. L. XXIV, c. 14, p. 504.

dant, pour ravager les côtes méridionales de l'Angleterre; il fit quelques descentes dans le voisinage de Falmouth, Plymouth et Darmouth; puis, assailli par une tempête, il perdit douze vaisseaux, ramena le reste à Saint-Malo, et s'en revint précipitamment à Paris, pour retrouver les plaisirs de la cour. (1)

Avant lui, mais dans la même campagne, quelques aventuriers français avoient déjà paru sur les côtes d'Angleterre; c'étoient de jeunes gentilshommes qu'animoient le désir des aventures militaires, et l'espoir du butin. Ils s'armoient à leurs frais, ils s'embarquoient sur leurs propres vaisseaux, et tâchoient de surprendre quelque point des côtes où les Anglais ne fussent pas en mesure de se défendre; mais leurs tentatives furent accompagnées de peu de succès. Les sires de la Roche-Guyon et de Bacqueville ayant, avec deux cents gentilshommes normands, fait une descente à Portland-Bill, y furent entourés par un millier de paysans, et tous tués ou faits prisonniers (2). Les sires de Châteaubriand, la Jaille et Guillaume du Châtel, partis des côtes de Bretagne avec deux mille hommes d'armes, et autant d'arbalétriers, se querellèrent en mer à la rencontre d'une flotte

---

(1) Religieux de Saint-Denis. L. XXIV, c. 13, p. 502. — Monstrelet, c. 11, p. 122. — Juvénal des Ursins, p. 164.
(2) Religieux de Saint-Denis. L. XXIV, c. 5, p. 490.

espagnole : les uns vouloient la piller, les autres, rappelant que non seulement les Espagnols étoient alliés de la France, mais qu'alors même le roi réclamoit leurs secours, s'opposoient à cet acte de piraterie. Ils se séparèrent, et la Jaille avec du Châtel opérèrent seuls leur descente. Ils attaquèrent de front, près de Darmouth qu'ils se proposoient de piller, un corps de paysans armés et retranchés derrière un fossé, auxquels ils ne crurent pas devoir faire l'honneur de les combattre selon les règles; ils furent repoussés, entourés, et enfin tous tués ou faits prisonniers. (1)

Quand la nouvelle de leur désastre fut portée en Bretagne, Tannegui du Châtel, frère de Guillaume, rassembla une nouvelle troupe pour les venger; il prit également terre près de Darmouth, quelques semaines plus tard; il ravagea quelques villages, il brûla quelques maisons, et il évita avec habileté les forces rassemblées pour le combattre. Ce fut le premier exploit d'un homme qui arriva plus tard à une assez grande célébrité. (2)

A leur tour les Anglais s'approchèrent de Brest, avec l'intention d'y détruire la flotte qu'on y préparoit pour le comte de la Marche;

---

(1) Religieux de Saint-Denis. L. XXIV, c. 6, p. 490. — Thom. Walsingham, p. 370.—Monstrelet. T. I, c. 14, p. 134.

(2) Religieux de Saint-Denis. L. XXIV, c. 7, p. 492. — Juvénal des Ursins, p. 159.

ils débarquèrent près de Guérande, sous la conduite du comte de Beaumont et du bâtard d'Angleterre, mais ils y furent attaqués presqu'aussitôt par le sire de Rieux, maréchal de Bretagne; le comte de Beaumont fut tué, et ses compagnons contraints à une retraite précipitée. (1)

Il y eut aussi quelques hostilités par terre, et sur les frontières de Guienne ; mais, aussi-bien que les courses maritimes, elles étoient dues à l'esprit aventureux des particuliers, et n'étoient pas dirigées par le gouvernement. Le connétable Charles d'Albret, qui résidoit en Gascogne dans ses terres, de concert avec le captal de Buch, gagna quelques traîtres à Bordeaux, qui lui promirent de lui ouvrir les portes de la ville; mais comme il approchoit avec sa petite troupe, ses complices furent découverts et livrés au supplice ; pour se venger, il vint mettre le siége devant un château nommé Corbefin, dont la garnison levoit des contributions sur une partie de la Gascogne : au bout de douze semaines il s'en rendit maître, et les paysans, de quarante lieues à la ronde, lui payèrent les cinquante mille écus qu'ils auroient dû payer aux Anglais. (2)

(1) Religieux de Saint-Denis. L. XXIV, c. 9, p. 496. — Lobineau, Hist. de Bret. L. XIV, c. 108, p. 506.
(2) Religieux de Saint-Denis. L. XXIV, c. 10, p. 497. — Juvénal des Ursins, p. 163. — Monstrelet. T. I, c. 20, p. 148.

Malgré tant d'actes ouverts de provocation, et malgré les preuves d'incapacité que donnoit le gouvernement français, Henri IV ne déclara point la trève rompue, ou la reprise des hostilités; il se mettoit en garde contre les surprises, il ne ménageoit point son adversaire, quand l'occasion se présentoit à lui, mais il désiroit éviter une guerre ouverte, qui encourageroit les nombreux ennemis qu'il avoit déjà. Non seulement Owen Glendower défendoit avec succès contre lui le pays de Galles, il portoit l'alarme dans les comtés limitrophes, et des rébellions éclatoient chaque année dans d'autres provinces, au nom de Richard II, que les Anglais persistoient à croire toujours en vie. (1)

Les finances de Henri étoient épuisées, et en cherchant à les rétablir, il avoit failli à se brouiller avec son Église, qui s'étoit indignée de ce qu'il avoit voulu la faire contribuer aux dépenses de l'État. De toutes parts il rencontroit des difficultés, et il avoit besoin de toute son habileté pour se maintenir : aussi s'étudioit-il surtout à étouffer les étincelles d'une guerre étrangère. Le 6 juillet, il avoit signé une trève avec Robert III d'Écosse, qui le mettoit à l'abri d'une attaque sur la frontière du nord, jusqu'aux fêtes de Pâques suivantes (2). Le 12 novembre il

---

(1) Thom. Walsingham, *Hist. Angl.*, p. 371.
(2) *Rymer*. T. VIII, p. 368.

chargea des commissaires qu'il envoya à Calais d'accepter également les offres d'une trêve particulière que lui faisoient les Flamands : ceux-ci avoient en tout temps manifesté leur désir de conserver avec l'Angleterre des relations de bon voisinage et de commerce, et Henri IV se flattoit de faire enfin entendre à la France, par leur entremise, que la paix n'étoit pas moins nécessaire à l'un des deux royaumes qu'à l'autre. (1)

Mais la France n'avoit pas un gouvernement qui pût comprendre la raison ou son propre intérêt. Tout y alloit à l'abandon : les peuples étoient réduits au désespoir ; des brigands infestoient les grandes routes et interrompoient le commerce ; dans de vastes districts l'agriculture étoit abandonnée ; seulement comme les fêtes de la cour continuoient, plus brillantes et plus licencieuses que jamais, le duc d'Orléans et la reine jugeoient que tout alloit bien. Au milieu de ces fêtes, un des premiers courtisans, Charles de Savoisy, favori du roi, dès ses premières années, grand-maître de l'hôtel de la reine, et l'homme que l'on croyoit le plus puissant à la cour, éprouva une disgrâce qui sert à nous faire connoître le despotisme aveugle et capricieux de ce gouvernement. Un des pages de Savoisy couroit à cheval dans les rues, le 14 juillet, pendant une pro-

(1) *Rymer*. T. VIII, p. 374, 376, 377.

cession de l'Université, et voulant, à ce qu'on crut, faire voir que la protection de son maître le mettoit au-dessus de tous les réglemens de police, il renversa quelques écoliers; les autres s'attroupèrent, lui dirent des injures, et l'un d'eux lui donna un soufflet. Le page courut à l'hôtel Savoisy demander vengeance : la procession étoit entrée dans l'église Sainte-Catherine; tout à coup elle y fut attaquée par les gens de Savoisy, qui frappèrent de leurs bâtons et de leurs épées ceux qui étoient en dehors des portes; ils tirèrent même plusieurs coups d'arbalète dans l'église, qui atteignirent les images, les ornemens, les habits des prêtres, et blessèrent aussi quelques personnes. A la première nouvelle qu'en reçut le sire de Savoisy, il loua ses gens d'avoir vaillamment soutenu l'honneur de sa maison; mais quand il sut que l'Université avoit porté plainte à la reine, aux ducs d'Orléans et de Bourgogne, et qu'elle avoit suspendu ses leçons, il fut effrayé, et il offrit de livrer les coupables pour les faire pendre. Toutefois l'Université ne faisoit pas plus de cas que lui-même de la vie de ses valets, elle demandoit une plus digne victime; c'étoit la punition du maître qu'elle exigeoit. Elle l'obtint, encore que le duc d'Orléans lui eût d'abord promis sa protection. Le roi avoit alors une lueur de raison, on lui fit présider la séance du Parlement.

Quand il se croyoit en son bon sens, il étoit toujours empressé d'agir, de faire n'importe quoi, d'exercer, n'importe contre qui, son autorité : Savoisy fut condamné au bannissement, à ce que son hôtel, le plus beau de Paris, fût rasé, et à ce qu'une chapelle fût fondée à ses frais, en expiation du crime de ses gens. Quelque injuste que fût cette sentence, car Savoisy étoit tout au plus accusé d'avoir approuvé après coup, une chose faite, et à laquelle il n'avoit point eu de part, elle fut reçue avec joie par le peuple, toujours prêt à applaudir à la chute des favoris; et les maçons furent précédés par des fanfares lorsqu'ils vinrent, le 26 août, commencer la démolition barbare qui leur étoit ordonnée. Une amende considérable et les frais du procès achevèrent alors la ruine de Savoisy; mais dans la suite, il fut rappelé à la cour, comblé de nouvelles largesses, et la nation perdit seule à la démolition de son palais. (1)

La mort de Boniface IX, le pape de Rome, survenue le 1er octobre 1404, ramena l'attention des conseils de la France sur les moyens de faire cesser le schisme. S'il y avoit une affaire publique à laquelle Charles VI mît un intérêt suivi, c'étoit celle-là; il paroît que son imagination avoit été frappée de la dénonciation faite

(1) Religieux de Saint-Denis. L. XXIV, c. 8, p. 493. — Monstrelet, c. 13, p. 126.

par les prêtres des deux partis que la maladie qui l'accabloit étoit une punition du ciel, pour la part que son père avoit eue au schisme; aussi toutes les fois qu'il revenoit à sa connoissance, il s'informoit avec intérêt de ce qui avoit été fait pour la réunion de l'Église. L'occasion de l'effectuer, que sembloit offrir la mort de l'un des deux papes, fut de nouveau perdue; les cardinaux de Boniface IX, préférant leur intérêt à celui de la chrétienté, se hâtèrent de lui donner un successeur : ils étoient au nombre de neuf; leurs suffrages se réunirent, le 17 octobre, sur le cardinal de Boulogne, qui prit le nom d'Innocent VII. (1)

Mais la prolongation du schisme avoit produit un effet sur lequel les chefs eux-mêmes de l'Église ne pouvoient plus fermer les yeux. Et papes et cardinaux, et prélats et fidèles, tous avoient prouvé par leur conduite, que l'unité et la paix de l'Eglise, qu'ils annonçoient comme si essentielle au salut, leur importoit beaucoup moins que leurs intérêts privés; tous avoient repoussé toutes les occasions d'éteindre le schisme qui s'étoient présentées à eux; tous les chefs de l'Église s'étoient convaincus eux-mêmes, et chacun à son tour, d'égoïsme, et d'un odieux calcul

---

(1) *Raynaldi Annal. eccles.* 1404, §. 10. — Religieux de Saint-Denis. L. XXIV, c. 12; p. 501.

qui sacrifioit des millions d'âmes à une étroite ambition. Le clergé étoit plus déconsidéré qu'il ne l'eût jamais été depuis l'origine du christianisme; le schisme cessoit presque d'être une affaire de conscience : une estime mutuelle réunissoit les membres des deux communions; ils se croyoient également chrétiens, et ils commençoient à se persuader que leurs prêtres seuls ne l'étoient pas : une liberté d'opinion, une liberté d'examen, jusqu'alors inconnues, commençoient dans toute l'Europe à se manifester, et c'étoient les résultats du juste mécontentement qu'avoit inspiré l'esprit sacerdotal. Les peuples paroissoient sur le point de briser un joug qu'ils avoient trop long-temps porté, les princes le brisoient déjà. En France le duc d'Orléans, et Louis II d'Anjou, qui avoient d'abord manifesté tant de zèle pour Benoît XIII, se montroient tout à coup absolument refroidis pour lui, soit qu'ils fussent enfin blessés par son orgueil, sa rapacité et son obstination, soit que la partialité qu'ils lui témoignoient auparavant ne fût de leur part qu'un moyen de vexer leurs rivaux les ducs de Berri et de Bourgogne : en Italie la puissance pontificale étoit plus ébranlée encore; les Romains travailloient à reconstituer leur république, et Ladislas, roi de Naples, à s'emparer des États de l'Église. Le pape de Rome ne trouvoit dans ses plus proches voisins et ses protecteurs naturels, que des ambitieux empressés à se partager ses dépouilles.

Éclairés enfin sur leur danger les deux papes firent des démarches pour se rapprocher; ils parurent plus occupés eux-mêmes de terminer le schisme que les princes qui jusqu'alors avoient eu à les solliciter. Benoît XIII avoit envoyé une ambassade solennelle à Rome, à son compétiteur, à laquelle Boniface IX donna audience peu avant sa mort. Il annonçoit vouloir avoir avec lui une conférence, et, peu après l'élection de son successeur, au printemps de l'année 1405, il commença à faire des préparatifs pour entrer en Italie, sous la protection d'un cortége militaire suffisant pour garantir sa sûreté. Il obtint une ordonnance royale pour autoriser les gens de guerre français à s'engager à son service (1). Il leva une décime sur le clergé de son obédience, et il équipa une flotte en Provence, qui devoit le transporter jusqu'en vue de son rival (2). De son côté le nouveau pape de Rome, Innocent VII, écrivit le 17 février, à l'université de Paris, et le 23 avril au duc de Berri, pour protester qu'il étoit prêt à faire le sacrifice de sa propre dignité, à abdiquer le pontificat pour la paix de l'Église, pourvu que son compétiteur

---

(1) Ordonn. de France du 6 avril 1405. T. IX, p. 60.
(2) Religieux de Saint-Denis. L. XXV, c. 1, p. 507.

en fît autant (1). L'attente universelle, l'espérance, la confiance, furent de nouveau vivement excitées, surtout lorsqu'on vit Benoît XIII, qui avoit alors soixante-dix ans, effectuer ce qu'il avoit annoncé si long-temps, s'embarquer avec sa cour sur six galères qu'il avoit fait préparer à Nice, et venir chercher son rival, dans une ville de l'obédience de ce dernier. Il arriva le 16 mai à Gênes, et il y fut reçu en pompe par le maréchal Boucicault, qui l'avoit précédemment assiégé, et par la seigneurie de la République(2). Les plus grandes des difficultés sembloient surmontées; on ne doutoit point qu'Innocent VII ne s'avançât à son tour, que Benoît XIII ne persistât, que la réconciliation dont tous deux sentoient la nécessité ne fût enfin imminente. On n'avoit pas calculé la répugnance invincible que tous deux éprouveroient à accomplir le dernier acte de renoncement à eux-mêmes, ou prévu l'effronterie avec laquelle les chefs de la foi violeroient des promesses dont ils avoient pris tout l'univers pour témoin.

(1) *Raynaldi Annal. eccles.* 1405. §. 11 et suiv.—Religieux de Saint-Denis. L. XXV, c. 2 et 3, p. 508.

(2) Religieux de Saint-Denis. L. XXV, c. 5, p. 513. — *Georgii Stellæ Annal. Genuens.* T. XVII, p. 1208.—*Uberti Folietæ Genuens. Hist.* L. IX, p. 528.

CHAPITRE XXV.

Anarchie du royaume. — Le duc de Bourgogne enlève à force ouverte le roi et le dauphin au duc d'Orléans. — Hostilités avec les Anglais. — Le schisme prolongé par la mauvaise foi des deux papes. — Le duc de Bourgogne fait assassiner le duc d'Orléans. — 1405-1407.

On a souvent observé que dans les temps de trouble les esprits supérieurs, les cœurs énergiques, reprennent d'eux-mêmes le rang que doit leur assigner la prééminence de leur nature, quelle que soit la situation inférieure où le hasard de la naissance les a placés. C'est un des motifs qui attachent en général à l'histoire des périodes de révolution; les acteurs y ont presque toujours une grandeur réelle; ils excitent tour à tour l'enthousiasme, l'admiration, l'effroi, ou l'horreur; qu'ils soient odieux ou sublimes, ils ne laissent du moins pas les spectateurs indifférens; et, comme le plus souvent ils se sont créés eux-mêmes, ils conservent une originalité caractéristique dans un rang où l'on n'est point accoutumé à la rencontrer. Cependant nous continuons à nous traîner dans ce règne de douleurs et de honte, sans voir les souffrances du peuple rachetées par la création d'aucun caractère éminent. Nous avançons, et nous ne voyons toujours autour de nous que des personnages qu'on honoreroit trop en les nommant insignifians; ils sont tous également dépourvus de toutes les qualités brillantes ou attachantes de l'esprit et du cœur : on ne rencontre parmi eux ni vues élevées, ni amour du bien, ni aménité pour ceux qui les approchent, ni désir de gloire, ni éloquence, ni connoissance des affaires, ni talent militaire, ni même valeur : ils ne réveillent de temps en temps notre attention que par l'excès de leur turpitude, ou par leurs crimes; alors nous nous étonnons un moment que l'espèce humaine ait pu se montrer si dégradée; puis bientôt la monotonie de la bassesse, la monotonie même du crime nous fatigue. Aussi le lecteur nous demande peut-être pourquoi nous ne nous pressons pas d'arriver au terme de ce règne avilissant.

Nous ne nous pressons pas, parce que nous croyons que lorsque le narrateur se presse, il donne une fausse idée de l'histoire, une fausse appréciation de la conséquence des fautes ou des forfaits des hommes qu'il met en évidence. Ces années, si pauvres en vertus et en grands exemples, étoient tout aussi longues à passer pour les malheureux sujets du royaume, que celles qui paroissent toutes resplendissantes d'héroïsme. Pendant qu'elles s'écouloient, les uns étoient affaissés par le progrès de l'âge; les autres étoient remplacés par leurs enfans : la nation n'étoit déjà plus la même; l'oubli avoit effacé une partie des impressions passées; de nouvelles pensées, de nouveaux sentimens, en avoient gravé d'autres dans les cœurs. Mais le lecteur ne s'aperçoit jamais de ce progrès du temps, s'il ne voit pas aussi comment ce temps a été rempli : la durée se proportionne toujours pour lui au nombre des faits qui lui sont présentés, et, en quelque sorte, au nombre des pages qu'il parcourt. Il peut bien être averti que des années ont passé en silence, mais il ne le sent pas.

Depuis l'ordonnance du 26 avril 1403, l'autorité souveraine étoit déléguée en quelque sorte au conseil des princes du sang. Ces princes étoient la seule notabilité nationale ; car toute la haute aristocratie féodale avoit disparu : il ne restoit plus de grands seigneurs dans les provinces, plus de ducs et de comtes qui pussent lever des troupes et faire la guerre au roi, plus de familles qui s'identifiassent avec les anciens habitans, et qui leur rappelassent qu'ils étoient Normands, Angevins, Poitevins, Champenois, et non Français. Une nouvelle féodalité s'étoit formée, il est vrai, dans la famille royale elle-même, dont les membres avoient reçu des provinces en apanage;

mais il n'y avoit entre ces provinces et leurs ducs aucune union héréditaire, aucune affection, aucune confiance : le pouvoir de ceux-ci n'étoit pas de l'aristocratie, ce n'étoit qu'un reflet de la royauté.

La reine Isabeau de Bavière avoit été appelée à la présidence du conseil d'État; elle étoit alors âgée de trente-quatre ou trente-cinq ans, et depuis vingt ans elle étoit mariée et habitoit la France; mais son caractère indolent ne lui avoit laissé acquérir aucune connoissance des affaires; elle veilloit à l'observation rigoureuse de l'étiquette parmi les dames de la cour; elle aimoit la bonne chère : du reste, la royauté ne lui présentoit d'autre idée que celle des fêtes de son palais, et elle abandonnoit les affaires à celui des princes qui vouloit en prendre soin. C'étoit alors le duc d'Orléans, qui étoit du même âge qu'elle, et qui, sans avoir plus de capacité, étoit néanmoins bien plus jaloux qu'elle du pouvoir. Le duc et la reine paroissoient fort intimement unis. Comme, dans des temps postérieurs, on s'est plu à faire un monstre d'Isabeau de Bavière, on a aussi donné à entendre qu'il y avoit eu, entre elle et son beau-frère, une liaison criminelle; cependant les historiens contemporains ne l'en accusent point; ils ne donnent même pas de motif pour suspecter ses mœurs, encore que son mariage avec un homme qui lui inspiroit tour à tour de la terreur ou du dégoût, et jamais de la confiance, pût excuser de sa part quelque légèreté.

Le duc Jean de Berri avoit seul survécu au roi Charles V et à ses deux frères; mais, déjà du vivant du premier, il n'avoit été noté que pour son incapacité, sa sordide avarice, et sa foiblesse envers d'indignes favoris : la vieillesse est précoce pour de tels caractères, et à l'âge de soixante-cinq ans qu'il avoit alors, les facultés qu'on avoit jamais pu remarquer en lui, étoient déjà sur leur déclin. Louis II, duc de Bourbon, oncle maternel du roi, étoit aussi entré dans le conseil de régence dès la mort de Charles V; mais, quoiqu'il fût désigné par le surnom de *Bon*, il s'étoit tellement effacé pendant toute la durée de ce règne, qu'on ne sauroit démêler quelle influence il avoit exercée dans les conseils, depuis vingt-cinq ans qu'il en faisoit partie. Agé désormais de soixante-huit ans, il ne désiroit plus que le repos, et il se bornoit, dans le gouvernement, au rôle de médiateur. Louis II d'Anjou, roi titulaire de Sicile et comte de Provence, occupoit le troisième rang dans ce conseil. Sa mère, Marie de Bretagne, étoit morte le 12 novembre 1404 : tant qu'elle avoit vécu, elle avoit gouverné l'Anjou et le Maine comme un patrimoine dont elle vouloit faire son profit; elle y avoit amassé, par ses exactions, un trésor de 200,000 écus, dans le temps même où son fils se trouvoit dans la détresse en Italie, et abandonnoit enfin le royaume de Naples faute d'argent (1). Ce fils, âgé alors de vingt-huit ans, avoit, pendant son séjour en Italie, senti un peu mieux que les autres princes la nécessité de plaire et de se faire aimer, s'il vouloit acquérir une couronne : on lui avoit trouvé à Naples, et plus encore en Calabre, de la bonté, de la prévenance, de la libéralité, quoique, peut-être, la dernière auroit dû plutôt se nommer prodigalité (2). Depuis son retour en France cependant, on ne lui vit obtenir aucune prépondérance dans le conseil, soit que le talent, soit que l'ambition lui manquât. Charles III ou le noble, roi de Navarre, en faveur de qui le duché-pairie de Nemours venoit d'être érigé, siégea aussi au conseil d'État, de 1404 à 1406, qu'il retourna à Pampelune. Il étoit alors âgé de quarante-cinq ans, et dans son royaume il fut considéré comme un bon roi; mais il falloit oublier que le conseil étoit appelé à s'occuper des intérêts de la France, non de ceux d'une famille, pour appeler un monarque étranger au gouvernement de l'État. Le roi de Navarre préféroit le luxe de la France et les fêtes de la cour aux plaisirs de la royauté dans ses pauvres et sauvages montagnes; surtout il ne négligeoit point

---

(1) Religieux de Saint-Denis. L. XXIV, c. 11, p. 500.
(2) *Angelo di Costanzo, Storia del regno di Napoli.* T. II, L. XI, p. 175, et passim.

une occasion de réclamer sa part du produit des impôts de la France, qui sembloient n'être établis que pour enrichir les princes du sang (1). Jean-sans-Peur, duc de Bourgogne, né le 28 mai 1371, et de deux mois plus jeune que le duc d'Orléans, n'occupoit que la cinquième ou sixième place au conseil; mais la richesse et la puissance de ses États, et l'audace de son caractère, l'avoient mis en opposition avec son cousin le duc d'Orléans, honneur auquel les ducs de Berri, de Bourbon, d'Anjou, et le roi de Navarre ne prétendoient pas. D'ailleurs, il disposoit, en quelque sorte, des suffrages de ses deux frères, le duc de Brabant, qu'on ne désignoit encore que par le nom de duc de Limbourg, et le comte de Nevers, ainsi que de son cousin le duc de Bretagne, qui le regardoient comme le chef de leur maison. De même que son père, qui lui en avoit donné l'exemple sur la fin de sa vie, il s'annonçoit comme le protecteur du peuple; il recherchoit la faveur des bourgeois, surtout de ceux de Paris; et, tandis que le duc d'Orléans se faisoit le champion de toutes les prérogatives du pouvoir absolu, il rappeloit, non sans affectation, l'obligation des princes de s'occuper aussi des intérêts nationaux. On voyoit enfin siéger au conseil d'État le marquis de Pont, fils du duc de Bar, et d'une fille du roi

---

(1) *Mariana*, *de Rebus Hisp*. L. XIX, c. 12, p. 767-768.

Jean; le comte d'Alençon, petit-fils du frère de Philippe de Valois; le comte de la Marche et son frère le comte de Vendôme, de la branche cadette de la maison de Bourbon; le comte de Clermont, fils du chef de la branche aînée de la même maison; le comte de Mortaing, frère du roi de Navarre, et avec eux quelques grands officiers de la couronne. (1)

Mais, quoiqu'on voie alternativement les noms de ces différens princes au bas des ordonnances, il ne semble point qu'ils fussent appelés toujours à tous les conseils : la pluralité des voix dépendoit, en quelque sorte, des convocations faites par le duc d'Orléans, et celui-ci éprouvoit rarement d'opposition à ses volontés. Cependant, lorsqu'il proposa de lever une nouvelle taille générale sur le royaume, avant les fêtes de Pâques, lesquelles commençoient alors l'année, le duc de Bourgogne se récria sur le poids des impôts sous lequel succomboit le pauvre peuple; il affirma que si la première taille qui avoit été levée dans la même année n'avoit pas été enlevée du trésor public par des hommes qui abusoient de leur puissance, elle auroit suffi amplement pour subvenir aux frais de la guerre, et il déclara que, dans aucun cas, il ne permettroit que la taille fût exigée de ses vassaux. Le jeune duc de Bre-

(1) Ordonn. de France. T. IX, p. 48, 106, 108, 113, etc.

tagne suivit son exemple ; et, pour ôter un prétexte d'accabler le peuple à ceux qui proposoient cet impôt, il annonça que, quoique le terme auquel il devoit recevoir du roi cent mille écus pour la dot de sa femme fût déjà échu, il préféroit accorder au trésor un nouveau délai, plutôt que d'occasionner une vexation si intolérable au peuple. Mais le duc d'Orléans s'étoit assuré d'avance de la majorité des suffrages; l'ordonnance passa au conseil d'État, et fut publiée à son de trompe le 5 mars. Une autre ordonnance interdit au peuple, dont on craignoit quelque soulèvement, le port des épées et des couteaux ; et, pendant que la perception commençoit avec une rigueur extrême ; que les prisons se remplissoient des malheureux contribuables qui n'avoient pu payer ; que sur toutes les places publiques on voyoit vendre leurs meubles par autorité de justice, le duc de Bourgogne reçut la nouvelle que sa mère, Marguerite de Flandre, étoit morte presque subitement, le 16 mars, à Arras, et il partit pour les Pays-Bas, afin de recueillir sa succession. (1)

Le départ du duc de Bourgogne affranchit le duc d'Orléans du peu de retenue qu'il conservoit encore, et lui permit de se livrer avec un redoublement d'activité à ses extorsions. Le 29 avril,

(1) Religieux de Saint-Denis. L. XXIV, c. 14, p. 504.— Meyer, Annal. Fland. L. XIV, f. 221, recto.

il signa une ordonnance qui diminuoit en même temps et le poids et le titre des monnoies, soit d'or, soit d'argent, et il la transmit aux divers hôtels des monnoies, accompagnée de lettres, et de lui et du maréchal de Rieux, qui recommandoient un profond secret sur cette opération frauduleuse (1). Cependant elle ne put rester long-temps cachée ; et le roi, auquel on en porta des plaintes, dans un retour de raison qu'il eut au milieu de l'été, la condamna très sévèrement par son ordonnance du 8 août. (2)

En même temps que le duc d'Orléans et la reine, qui disposoient de tous les revenus du royaume, imposoient au peuple des charges si intolérables, ils se refusoient à acquitter aucune partie des dépenses publiques. Le duc, qui augmentoit sans cesse ses domaines, réservoit tout l'argent de l'État pour acheter des seigneuries pour son propre compte : la reine accumuloit pour accumuler ; elle avoit du plaisir à conserver en nature l'or et l'argent, qu'elle cachoit dans ses divers châteaux, et, pendant ce temps, le duc et elle apportoient une lésinerie révoltante à l'entretien du roi et de ses enfans. Aucun des officiers qui entouroient leur personne n'étoit payé de ses gages, et on laissoit souffrir Char-

---

(1) Ordonn. de France. T. IX, p. 64.
(2) Ordonn. de France. T. IX, p. 85.

les VI, pendant ses longs accès de folie, d'une excessive saleté, quelquefois même de la faim. Bien plus, le duc et la reine ne payoient point ce dont ils avoient besoin pour eux-mêmes. Quoique le droit de prise eût été aboli depuis long-temps, et à plusieurs reprises, il étoit toujours exercé avec la même rigueur par les divers maîtres d'hôtel du roi, de la reine, de chacun des princes du sang, et de plusieurs grands officiers de la couronne. Leurs valets ne se contentoient pas de saisir sans payer, dans la maison des pauvres gens, tout ce qui pouvoit être mis sur la table ou des princes, ou des gens de leur suite; tout ce qui pouvoit être employé à l'usage de leurs équipages; mais ils prenoient encore tout le linge, tout le mobilier qu'ils trouvoient dans leurs maisons (1). L'état de misère et de désespoir auquel ils avoient réduit les villageois du voisinage des résidences royales étoit tel, qu'il fallut bien leur accorder des exemptions spéciales souvent renouvelées, et toujours violées. « Ils ont été,
« disoient ces ordonnances, si opprimés, grevés
« et dommagés, qu'aucuns d'eux sont allés de-
« meurer hors desdites villes et paroisses, comme
« tous déserts, et les autres qui y sont demeurés
« avec leurs femmes et enfans, ont été tellement

---

(1) Les coussins, couvertures, draps de lit, nappes, touailles, tables, etc., disent les ordonnances.

« diminués de leur petit état et chevance, que « à grand peine ont-ils eu de quoi vivre. » En conséquence, des exemptions de prise furent accordées à Noisy et Bry-sur-Marne (1), à Carrière-Saint-Denis (2), à Houilles (3), et enfin à l'Hôtel-Dieu de Paris; car les pauvres et les malades de cet hôpital n'avoient pas été jusqu'alors moins inhumainement pillés que les paysans. (4)

Toutes les fournitures royales ne pouvoient cependant pas être prises dans les maisons des pauvres paysans; aussi le duc d'Orléans, qui étaloit un grand luxe, faisoit-il ses emplettes chez de riches marchands, mais il ne les payoit pas. Un jour ses chevaux, effrayés par un orage, s'emportèrent et faillirent le précipiter dans la Seine. Il se crut poursuivi par la colère du ciel, et dans sa frayeur il fit vœu de payer ses dettes. Ses maîtres d'hôtel, en effet, invitèrent tous ses créanciers à se présenter chez lui le dimanche suivant. Il en vint plus de huit cents; mais la terreur étoit passée, et le duc ne vouloit plus payer: ses gens dirent aux créanciers qu'ils devoient être bien flattés de ce que le duc avoit daigné se souvenir d'eux, mais qu'ils se reti-

---

(1) Ordonn. de France. T. IX, p. 49.
(2) *Ibid.* p. 51.
(3) *Ibid.* p. 58.
(4) Le 4 mai 1405, p. 66.

rassent au plus vite, s'ils ne vouloient se faire chasser à coups de bâton. (1)

Jamais encore le gouvernement de la France n'avoit excité tant de mécontentement, une haine si générale; le duc et la reine étoient accablés de malédictions. Un prédicateur de l'ordre de saint Augustin, Jacques Legrand, se fit dans cette occasion l'organe de l'opinion publique : il prêchoit devant la cour le jour de l'Ascension, et ses hardies apostrophes, rapportées avec admiration par un moine du même ordre et son contemporain, nous apprennent en même temps quels étoient les vices de cette cour, quels étoient aussi les sujets sur lesquels la médisance n'avoit rien à reprendre. « Votre salut, grande reine, dit ce pré-
« dicateur, m'est plus cher que vos bonnes grâces,
« et, au risque de vous déplaire, je dois vous
« dénoncer l'empire que la déesse de la mollesse
« et des voluptés a établi dans votre cour ; elle
« a pour ses suivantes inséparables la bonne
« chère et la crapule, qui font le jour de la nuit
« qu'on passe en des danses dissolues, et ces deux
« pestes de la vertu ne corrompent pas seulement
« les mœurs, elles énervent les forces, elles re-
« tiennent dans une honteuse oisiveté les cheva-
« liers et les écuyers, auxquels elles font craindre
« les combats. » Il attaqua ensuite le luxe des

(1) Religieux de Saint-Denis. L. XXV, c. 7, p. 518.

habits, qui étoit la principale passion de la reine, la dureté envers le peuple chez ceux qui avoient pris le maniement des affaires, la dilapidation des finances qui laissoit sans paie les soldats, encore qu'on eût levé deux tailles dans l'année; enfin le déréglement de la vie et la convoitise insatiable d'un duc qu'il ne désigna par aucun autre nom, et qu'il dit avoir encouru la malédiction des peuples. Les courtisans, indignés de tant de hardiesse, demandoient à grands cris que le prédicateur fût puni; mais, justement à cette époque, Charles VI eut une lueur de bon sens : il voulut entendre Jacques Legrand; il prit un plaisir malicieux à ses attaques, et il étendit sur lui sa protection. (1)

Le roi ne demeura que peu de jours en son bon sens. A sa prochaine rechute, le duc d'Orléans résolut de se donner à lui-même le gouvernement de Normandie; c'étoit la meilleure province de France, et presque la seule qui ne fût point cédée à quelque prince en apanage. Mais les Normands s'alarmèrent à l'idée d'être gouvernés par un prince sans pitié pour le pauvre. Quand il voulut prendre possession de Rouen, les bourgeois refusèrent de déposer leurs armes au château, selon l'ordre qu'il leur en avoit donné : les capitaines des villes et des forteresses

(1) Religieux de Saint-Denis. L. XXV, c. 6, p. 514.

refusèrent de même de le mettre en possession des places confiées à leur garde, jusqu'à ce que le roi, rentré dans son bon sens, leur en donnât l'ordre : l'accès de frénésie de Charles VI dura du 9 juin au 15 juillet. Dès qu'il commença à s'apaiser, les autres princes du sang en profitèrent pour faire convoquer, au nom du roi, un conseil plus nombreux qui décideroit du gouvernement de la Normandie. Ils voyoient avec jalousie que le duc d'Orléans achevoit de dépouiller la couronne; cependant ils n'osoient point tenir seuls tête à ce duc, à moins que son cousin, le duc Jean de Bourgogne, ne vînt les appuyer par sa puissance et la décision de son caractère. (1).

Le duc de Bourgogne étoit alors encore en Flandre; il avoit été prendre possession de cette riche province à la mort de sa mère; il s'étoit empressé de confirmer les libertés et franchises de ses sujets, et les priviléges de chaque ville en particulier; mais en retour, pour les chartes qu'il leur accordoit, il recevoit d'elles de riches présens. Il avoit déclaré aux habitans de la Flandre, comme à ceux de l'Artois, qu'il ne permettroit point aux commissaires du duc d'Orléans d'entrer dans leur pays pour y lever la taille que ce duc avoit fait décréter au printemps, et il avoit par là augmenté la haine qu'avoit pour lui son

(1). Religieux de Saint-Denis. L. XXV, c. 8, p. 519.

cousin, et l'amour de ses sujets (1). Il avoit aussi promis à ceux-ci qu'il ne les forceroit pas à prendre part à la guerre contre l'Angleterre; mais dans l'un et l'autre royaume les opérations militaires dépendoient souvent du caprice de quelque capitaine, qui ne consultoit point les vues de son gouvernement. Au mois de mai, le comte de Saint-Pol avoit été mettre le siége devant le château de Merck, à une lieue de Calais; il s'y étoit ensuite laissé surprendre par les Anglais, et y avoit perdu assez de monde. Le comte de Pembroke, qui se trouvoit alors à Calais, voulut à son tour faire une excursion en pays ennemi; et jugeant qu'il rassembleroit plus de butin en Flandre qu'en Picardie, il vint attaquer l'Écluse, malgré la neutralité des Flamands. Il y fut tué : mais déjà ses troupes avoient pillé et brûlé Cadsand et plusieurs villages de la Flandre maritime; le pays étoit soulevé, et le duc Jean étoit à la tête d'une armée flamande, impatiente de se venger des Anglais. Il fit demander au duc d'Orléans des secours d'hommes et d'argent, s'offrant d'assiéger et de prendre Calais, pour délivrer ainsi la frontière d'une inquiétude continuelle. (2)

(1) *Meyer, Annal. Fland.* L. XV, f. 222. — Monstrelet. T. I, c. 22, p. 150.

(2) Religieux de Saint-Denis. L. XXV, c. 4, p. 512. — Monstrelet, c. 24, p. 154 — *Meyer.* L. XV, f. 222, verso.

Avant le milieu d'août, le duc de Bourgogne reçut à Arras, où il avoit environ huit cents gendarmes sous ses ordres, la réponse du duc d'Orléans, qui refusoit de coopérer au siège de Calais, et l'invitation des princes à venir siéger au conseil d'État pour des affaires importantes. Il se mit en route en effet, le 14 août, d'Arras pour Paris, mais ce fut à la tête de sa petite armée; et il donna commission à son beau-frère, Jean de Bavière, évêque élu de Liége, et frère du nouveau comte de Hainaut, Hollande et Zélande, de le suivre avec six mille hommes d'armes. Il étoit déjà arrivé à Louvres, lorsqu'il apprit que la reine et le duc d'Orléans, effrayés de son approche, et craignant qu'il ne soulevât contre eux le peuple de Paris, étoient partis précipitamment pour Melun. Ils avoient laissé à Paris le roi, qui, le 16 août, avoit eu un nouvel accès de frénésie, et le dauphin, alors âgé de neuf ans seulement, mais déjà fiancé à la fille du duc de Bourgogne. Bientôt ils songèrent quel avantage ils donnoient à leur adversaire, en lui abandonnant deux personnes qu'il pourroit à son gré faire parler comme souverains, et la reine renvoya son frère, le duc de Bavière, à Paris, avec commission de lui ramener le dauphin et les autres enfans de France; aussi-bien désiroit-elle rompre le mariage de ce jeune prince avec la fille du duc de Bourgogne, qui auroit donné trop de crédit à ses ennemis.

Le duc de Bavière rentra en effet le lendemain, 25 août, à Paris; il prit avec lui les enfans de France, il leur fit traverser la Seine en bateau, et il s'achemina avec eux vers Villejuif. Mais, à cette heure même, le duc de Bourgogne entroit dans Paris, à la tête de ses gendarmes; quelqu'un de ses partisans, attaché au palais, accourut à lui, et l'avertit que les princes venoient d'être enlevés du palais de Saint-Paul. A l'instant, prenant son parti, il traversa la ville au galop, avec les mieux montés de ses gendarmes, et se mit à la poursuite du duc de Bavière, qui emmenoit les enfans dans une litière, pour les mettre à l'abri de la pluie, car elle tomboit avec abondance. Le marquis de Pont, le sire de Dammartin et le sire de Montaigu les escortoient. Le duc de Bourgogne, atteignant ce cortége à Juvisy, entre Villejuif et Corbeil, s'avança à la portière du dauphin, et lui demanda si c'étoit volontiers qu'il quittoit Paris. L'enfant, effrayé par le trouble et la précipitation de ceux qui l'emmenoient, et par le mécontentement qu'en avoient témoigné les gens de sa maison, répondit qu'il auroit bien mieux aimé rester au palais. « Qu'on l'y ramène à l'instant, s'écria le duc. — C'est par l'ordre de la reine, répondit le duc de Bavière, que nous le conduisons au château de Pouilly, où elle l'attend pour dîner. — Il reviendra pourtant, et à la barbe de tous ceux qui voudroient s'y opposer », répliqua Bourgogne en prenant lui-même par la bride les chevaux de la litière et en les faisant retourner sur leurs pas. (1)

Le duc de Bavière accompagna son neveu, que les Bourguignons ramenoient à Paris; le reste du cortége s'enfuit à toute bride vers le château de Pouilly, où la reine et le duc d'Orléans étoient à dîner, et d'où craignant à leur tour d'être enlevés, ils s'enfuirent eux-mêmes jusqu'à Melun, et s'y mirent en état de défense. A la première alarme on avoit vu le maréchal Boucicault, et quelques autres chevaliers réputés braves, donner le signal de la fuite. Cette terreur panique augmenta la colère de la reine et du duc d'Orléans, dès qu'ils se furent reconnus. L'autorité souveraine, dont ils étoient en possession, leur avoit été enlevée par la force, et bientôt ils apprirent que le duc qui venoit de braver leurs ordres, dénonçoit leur mauvaise administration au conseil des princes, à la noblesse et au peuple français.

En effet, le lendemain 26 août, le duc de Bourgogne convoqua un conseil d'État, où se trouvèrent les deux rois de Sicile et de Navarre, les deux ducs de Berri et de Bourbon, le duc de

---

(1) Religieux de Saint-Denis. L. XXV, c. 9, p. 521. — Monstrelet. T. I, c. 25, p. 163. — Juvénal des Ursins, p. 166.

Limbourg et le comte de Nevers, frères du duc de Bourgogne, plusieurs prélats et conseillers du roi, enfin le recteur de l'Université, avec beaucoup de docteurs, de professeurs, et d'hommes les plus considérés de la bourgeoisie. Charles VI étoit alors dans un accès de frénésie qui ne permettoit point de le faire paroître ; on fit occuper son fauteuil par le dauphin, duc de Guienne, qui n'avoit pas plus de neuf ans. Un avocat d'Artois, parlant au nom du duc de Bourgogne et de ses frères, lut une supplique que ces princes adressoient au roi, dans laquelle, après avoir établi leur droit de lui donner des conseils, comme cousins germains, comme pairs du royaume, et comme alliés par le mariage de leurs enfans, ils accusoient ceux qui l'avoient gouverné jusqu'alors d'avoir négligé sa personne, son état royal et ses domaines ; d'avoir opprimé l'Église, la noblesse et le peuple ; d'avoir engagé le royaume dans une guerre étrangère, et d'avoir négligé ensuite de pourvoir à sa défense ; d'avoir enfin détourné à leur profit le produit des impositions dont ils avoient accablé la France. (1)

Après cette accusation, à laquelle il semble que personne ne répondit, un chevalier bourguignon défia au combat quiconque oseroit soutenir que les serviteurs du duc de Bourgogne s'étoient

---

(1) Religieux de Saint-Denis. L. XXV, c. 10, p. 522.—Monstrelet. T. I, c. 23, p. 166.— Juvénal des Ursins, p. 166.

rendus coupables de lèse-majesté, pour avoir désobéi aux ordres qui leur étoient donnés au nom du roi. Il jeta devant le chancelier son gant, qui ne fut point relevé. (1)

C'étoit par les armes en effet, mais non point en combat singulier, que les ducs d'Orléans et de Bourgogne se préparoient à décider à qui des deux demeureroit la prépondérance dans les conseils. L'un et l'autre rassembloient leurs troupes, et sollicitoient leurs serviteurs, leurs amis, leurs vassaux, de venir se ranger sous leurs étendards. On vit arriver de Melun auprès du duc d'Orléans, le sire de Harpedane, qui avoit le commandement de Boulogne et de la frontière de Calais, et qui en retirant tout son monde, laissa la Picardie exposée aux incursions des Anglais, pour venir commencer la guerre civile. Le duc de Lorraine et le comte d'Alençon lui amenèrent ensuite leurs soldats, auxquels ils permirent de vivre à discrétion dans l'Ile-de-France et la Brie. De son côté, Jean de Bavière, évêque élu de Liége, qui devoit bientôt se faire connoître sous le nom de Jean-sans-Pitié, amena au duc de Bourgogne, son beau-frère, ses bandes indisciplinées, et il fut bientôt suivi par le duc de Clèves et par d'autres chefs de la Basse-Allemagne. Le duc de Bourgogne s'étoit établi à son

---

(1) **Religieux** de Saint-Denis. L. XXV, c. 10, p. 524.

hôtel d'Artois, mais il avoit mis garnison au Louvre et à la Bastille; et, comme il comptoit plus encore sur l'affection des Parisiens que sur ces forteresses, il leur permit de fermer de nouveau leurs rues avec des chaînes, et de se procurer des armes pour leur défense. Les bourgeois s'empressèrent de se mettre en possession d'une prérogative qui, dans le moyen âge, étoit la seule garantie de la liberté. En moins de huit jours six cents chaînes furent forgées et tendues, toute la population fut armée, et des postes de milice bourgeoise furent placés à toutes les barricades. (1)

Au milieu de tous ces mouvemens de troupes, et tandis que Paris se remplissoit de soldats, car on y avoit vu arriver ceux du duc d'Autriche, du comte de Savoie, du prince d'Orange, et les gentilshommes de Hainaut, de Hollande, de Zélande, qui venoient servir le duc de Bourgogne, le duc de Berri, qui n'avoit jamais été brave, paroissoit vivement effrayé, et il fortifia avec soin son hôtel de Nesle; cependant les Parisiens, qui désiroient avoir un prince du sang à leur tête, l'avoient nommé leur capitaine-général. Sa timidité fut alors utile à la France, puisqu'il travailla de tout son pouvoir à empê-

(1) Religieux de Saint-Denis. L. XXV, c. 11, p. 525. — Juvénal des-Ursins, p. 168.—Journal d'un bourgeois de Paris. Buchon, à la suite de Monstrelet. T. XV, p. 159-160.

cher le commencement de la guerre civile. De concert avec les autres princes, il envoya d'abord le duc de Bourbon au duc d'Orléans, puis le duc d'Anjou, et enfin il se résolut à y aller lui-même, pour lui recommander la modération, et entamer quelque négociation de paix entre lui et le duc de Bourgogne. Le duc d'Orléans repoussa les premières propositions qui lui furent faites avec une grande hauteur. Il qualifia l'arrivée du duc de Bourgogne à Paris, l'arrestation du dauphin, et la supplique présentée au conseil du roi, d'attentats contre la majesté royale ; il répondit aux princes, que, comme le bon droit étoit de son côté, il sauroit bien le garder ; il répondit aux députés de l'Université, que de même qu'il n'appelleroit pas des soldats pour résoudre un point de foi, il n'avoit que faire d'entendre des docteurs discuter sur la guerre ou sur le gouvernement. Mais il ne tarda pas à s'apercevoir que les forces dont il disposoit n'égaloient point celles de son rival. En vain il avoit cru encourager ses soldats par la licence qu'il leur accordoit ; il leur permettoit de piller les campagnes jusqu'aux portes de Paris, tandis que le duc de Bourgogne mettoit tous ses soins à prévenir tout désordre parmi ses troupes, à leur faire toucher régulièrement leur solde, et à entretenir l'abondance sur les marchés. Le ressentiment des bourgeois, dont les campagnes étoient

1405.

ruinées par les soldats d'Orléans, sembloit infecter ces soldats eux-mêmes. La reine, sachant qu'on tenoit des propos injurieux sur son compte, et croyant qu'ils procédoient de l'indiscrétion de ses femmes, les chassa avec injure, et en fit emprisonner quelques unes (1). Irrités, blessés dans leur orgueil, et la reine et le duc d'Orléans paroissoient désirer une bataille : le dernier fit, le 20 septembre, la revue de ses troupes; il fit ensuite occuper le pont de Charenton par cinq cents hommes d'armes et un corps d'arbalétriers, annonçant que le lendemain il attaqueroit les Bourguignons. Ses soldats, dans la Champagne, la Beauce et le Gâtinais, ne se contentoient pas de piller les granges et les maisons, ils brûloient, ils détruisoient tout ce qu'ils ne pouvoient pas emporter. Des Allemands, auxiliaires du duc de Bourgogne, qui étoient cantonnés à Argenteuil, ne s'y comportoient pas avec moins de fureur. Les paysans s'enfuyoient loin du théâtre de la guerre, abandonnant leurs maisons, leur bétail et leurs instrumens aratoires ; mais malgré leur ressentiment, l'un et l'autre prince redoutoit de donner le signal d'un combat de Français contre Français, ou de remettre son sort aux chances de la guerre. Le 21 septembre, le duc d'Orléans n'attaqua point, comme il

---

(1) Religieux de Saint-Denis. L. XXV, c. 14, p. 530.

l'avoit annoncé; le 23, le conseil fit proposer aux deux princes de soumettre leurs différends au roi, après sa prochaine guérison, et jusqu'à cette époque, de se contenter chacun d'une garde de cinq cents hommes, en licenciant le reste de leur armée. Ce fut cette fois le duc de Bourgogne qui refusa l'accommodement. Il craignit qu'après avoir renvoyé ses gens de guerre, qui lui étoient venus de provinces éloignées, il ne demeurât à la merci du duc d'Orléans, qui, en peu d'heures, pourroit rappeler les siens des provinces de son apanage. (1)

Le conseil proposa ensuite une conférence: elle fut indiquée à Vincennes pour le 30 septembre, mais comme le duc de Bourgogne s'approchoit de ce château avec ses troupes, la reine eut peur, et s'enfuit à Corbeil: elle revint cependant le 8 octobre, à la persuasion du roi de Navarre et du duc d'Orléans, et les conférences commencèrent; quoiqu'elles se continuassent jusqu'au 16 (2), dès le 12, une ordonnance avoit été signée à Vincennes par la reine, les rois de Sicile et de Navarre, et les ducs de Berri et de Bourbon, au nom du grand conseil, qui interdisoit toute hostilité entre les ducs d'Orléans et de Bourgogne, et leur enjoignoit de licencier

---

(1) Religieux de Saint-Denis. L. XXV, c. 14, p. 531.
(2) Religieux de Saint-Denis. L. XXV, c. 15, p. 532. — Monstrelet. T. I, c, 25, p. 177.

leurs hommes d'armes (1). Ces quatre princes avoient fait l'office de médiateurs, ils avoient engagé les deux ducs à s'embrasser en présence de la reine; ils les avoient fait ensuite entrer ensemble à cheval à Paris, pour annoncer ainsi au public leur réconciliation. Il fut convenu que le duc de Bourgogne occuperoit dans le conseil la place qu'y occupoit son père; du reste, rien ne fut fixé sur les principes de l'administration; les deux rivaux restèrent en présence avec la même prévention, la même défiance que devant, et il n'étoit pas difficile de prévoir que leur haine ne tarderoit pas à éclater de nouveau. La reine revint loger à l'hôtel de Saint-Paul, auprès du roi; le duc d'Orléans à son hôtel à Saint-Antoine, proche de la Bastille; le duc de Bourgogne occupoit toujours l'hôtel d'Artois, le roi de Sicile l'hôtel d'Anjou, le duc de Berri l'hôtel de Nesle. Chacun de ces hôtels étoit un château fort, où les princes, entourés de leurs gardes, étoient toujours prêts à soutenir un siége. On auroit dit que cinq ou six armées s'observant l'une l'autre, et toujours prêtes à en venir aux mains, étoient cantonnées dans la même ville, et cependant une ordonnance du 6 novembre avoit imposé à tous les hommes de guerre le devoir de retourner dans leur pro-

---

(1) Ordonn. de France. T. IX, p. 93.

vince, et au prévôt de Paris celui de les faire sortir de la ville. (1)

Le lendemain 7 novembre, l'Université, qui sollicitoit depuis long-temps une audience, fut admise au conseil d'État, pour présenter aux princes ses remontrances sur le gouvernement du royaume. Le docteur Jean Gerson, chancelier de l'Université, le théologien le plus célèbre du siècle, celui qui eut le plus de part aux travaux de l'Église de France pour limiter la puissance pontificale, celui enfin auquel on attribue le plus généralement le *Traité de l'Imitation de Jésus-Christ,* porta la parole devant les princes : l'extrait de son discours, qui excita alors l'admiration, nous a été conservé, et il ne répond guère à la haute renommée qu'on voudroit conserver encore aujourd'hui à celui que l'on nomme *le Docteur très chrétien,* et l'une des plus vives lumières de l'Église. Gerson prit pour texte de son discours ces deux seuls mots, *Vivat Rex,* Vive le Roi, et il entreprit de démontrer qu'on devoit soigner dans Charles VI trois vies, la corporelle, qu'il considère par rapport aux quatre élémens ; la politique, conduite par les quatre vertus cardinales ; et la spirituelle, fondée sur les quatre vertus théologales ; divisant ainsi son discours en trois parties, et chaque partie

(1) Ordonn. de France. T. IX, p. 96.

1405.

en quatre points. Il concluoit la première partie par la recommandation de travailler à la guérison du roi; la seconde, par celle de réformer les vices de la cour; la troisième, par celle de hâter l'union de l'Église et de maintenir les priviléges de l'Université. On assure que les princes furent fort édifiés de ce discours, et qu'il les engagea entre autres à retirer Charles VI de l'état misérable où il étoit. Ce malheureux maniaque se refusoit, depuis cinq mois, à se laver, à changer de linge, et à prendre aucun soin de propreté; il étoit déjà rongé de vermine, et même couvert de plaies; personne n'osoit cependant lui faire violence, ou même le contrarier, car à la suite de ses accès, quand il lui revenoit quelque lueur de raison, il retrouvoit toute son autorité, et il auroit fait pendre, sans rémission, celui qui, pendant ses accès de démence, lui auroit manqué de respect. On prit le parti de le faire enlever de nuit par dix hommes masqués, qui le saisirent, le lavèrent, le changèrent de linge malgré lui. Ces soins donnés à la santé du roi, et la réduction à moitié du traitement de plusieurs officiers de la cour, furent les seules mesures prises en commun par les princes du sang, depuis leur réconciliation. (1)

Tandis que les princes français, en se prépa-

(1) Religieux de Saint-Denis. L. XXV, c. 16, p. 534. — Juvénal des Ursins, p. 177.

rant à la guerre civile, avoient absolument abandonné tout soin de la défense du royaume contre les Anglais qu'ils avoient provoqués, la France eut cependant la bonne fortune de n'être point attaquée par eux ; mais l'Angleterre étoit, de son côté, en proie aux insurrections et aux guerres civiles, et, tout occupée à se combattre elle-même, elle n'avoit point de forces à tourner contre les étrangers. Henri IV retenoit en prison Edmond Mortimer, fils de ce Roger, comte de la Marche, que Richard II avoit reconnu comme légitime héritier du trône : ce jeune prince, qui n'avoit démérité d'aucune manière aux yeux de la nation, arrivoit à l'âge d'homme, et ceux que Henri IV avoit offensés songeoient à le replacer sur le trône. Thomas Mowbray, comte maréchal, l'archevêque d'York, le comte de Northumberland, les lords Bardolff, Hastings, et Falconbridge, prirent les armes cette année pour délivrer Edmond ; mais les deux premiers, arrêtés par trahison, eurent la tête tranchée ; Hastings et Falconbridge, faits prisonniers plus tard, périrent aussi sur l'échafaud ; Northumberland et Bardolff s'enfuirent en Écosse (1). Malgré son peu de succès, cette insurrection fut favorable à la réussite d'une expédition qui, dans le même temps, partoit des côtes de Bre-

---

(1) Thom. Walsingham, *Hist. Angl.*, p. 372. — Rapin Thoyras. T. IV, L. XI, p. 45.

tagne pour exécuter le traité conclu entre la France et Owen Glendower. Le maréchal de Rieux, Renaud de Hangest, grand-maître des arbalétriers, et le Borgne de la Heuse, commandoient huit cents hommes d'armes d'élite, six cents arbalétriers et douze cents fantassins, avec lesquels ils débarquèrent à Milford, dans le comté de Pembroke; ils y furent joints par deux mille Gallois : ils assiégèrent vainement Haverford-West, où ils perdirent Patrouillart de Trie, un de leurs plus braves chevaliers; ils se rendirent maîtres de Picton et de Saint-Clair; à l'attaque de Tenby, ils furent frappés d'une terreur panique et mis en fuite, mais ils se rallièrent ensuite, et s'emparèrent de Caermarthen et de Cardighan; leurs ravages s'étendirent à plus de soixante milles dans le pays de Galles méridional; enfin, à l'approche de l'hiver, les vivres commencèrent à leur manquer dans ce pays pauvre, et ils revinrent en Bretagne. (1)

Cette entreprise avoit été résolue, commandée, payée par les Bretons, que des ressentimens privés engageoient à poursuivre la guerre contre l'Angleterre, avec une ardeur que le gouvernement ne partageoit point; dans d'autres provinces encore des intérêts locaux faisoient

---

(1) Religieux de Saint-Denis. L. XXV, c. 13, p. 528.—Juvénal des Ursins, p. 175. — Hist. de Bretagne de Lobineau, L. XIV, c. 117, p. 509.

continuer les hostilités. La garnison anglaise de Mortagne, près de l'embouchure de la Gironde, mettoit à contribution une grande partie de la Saintonge ; les seigneurs de cette province, pour s'affranchir des rétributions qu'elle exigeoit, s'assemblèrent sous la conduite du sire de Pons, le plus considérable d'entre eux, assiégèrent Mortagne pendant sept semaines, et s'en rendirent enfin maîtres vers la fin du mois de juin (1). Le sire de Savoisy, qui avoit été si sévèrement puni de sa querelle avec l'Université, voulut illustrer son exil par quelques faits d'armes. Il équipa deux vaisseaux, avec lesquels il fit des courses sur les Anglais, et ravagea l'île de Wight (2). Bernard, comte d'Armagnac, enfin, de concert avec le connétable d'Albret, continuoit en Guienne à attaquer et à prendre les petits châteaux que les Anglais possédoient dans le voisinage de ses terres (3). L'anarchie même à laquelle le royaume étoit livré forçoit chacun à se défendre avec ses seules forces ; et les champions armés par des intérêts privés suffisoient pour rendre la France redoutable aux yeux d'un ennemi, qui lui-même laissoit consumer ses forces par la guerre civile.

(1) Religieux de Saint-Denis. L. XXV, c. 7, p. 517. — Juvénal des Ursins, p. 172.

(2) Religieux de Saint-Denis. L. XXV, c. 12, p. 527.

(3) Religieux de Saint-Denis. L. XXV, c. 17, p. 536. — Hist. gén. de Languedoc. L. XXXIII, c. 74, p. 424.

Malgré la prétendue pacification du royaume, par l'ordonnance de Vincennes, comme aucun principe d'administration n'avoit été fixé, comme la composition même du conseil auquel toutes les affaires étoient soumises changeoit selon le caprice de celui qui le convoquoit, on devoit s'attendre à y retrouver la même opposition, et on pouvoit à tout moment y voir éclater de nouveau une haine mal assoupie. Les oncles du roi s'étoient joints avec plaisir au duc de Bourgogne, pour limiter la dictature du duc d'Orléans, dont ils étoient jaloux; mais ensuite ils s'étoient refusés à introduire dans les finances une réforme qui les auroit empêchés de s'approprier une partie de l'argent du public. Leur assemblée se tenoit à la Bastille, et ils y avoient disposé des deniers perçus pendant les deux derniers mois de l'année, sans consulter seulement le duc de Bourgogne: celui-ci assembla, le 4 décembre, ses amis à son hôtel, pour y prendre en considération la réforme du royaume (1). En voyant ces deux conseils assemblés en même temps, en opposition l'un à l'autre, ceux qui avoient ménagé la dernière paix craignirent une bataille, et se mirent de nouveau en mouvement; ils engagèrent les princes à se réunir en un seul conseil à l'hôtel de Saint-Paul, sous la présidence de la reine. Les

---

(1) Hist. de Bourgogne. T. III, L. XV, p. 229.

deux rivaux y arrivèrent bien armés, et accompagnés par un cortége formidable; ils convinrent cependant de faire publier, au nom du roi, deux ordonnances, qui parurent le 27 janvier 1406 : par l'une le duc de Bourgogne étoit appelé à occuper au conseil d'État le rang dont avoit joui son père, par l'autre il étoit déclaré membre du conseil de régence, en cas de la mort du roi, avec toutes les prérogatives dont son père auroit joui. (1)

1405.

1406.

Ces ordonnances satisfirent pour le moment le duc de Bourgogne, et l'harmonie parut si bien rétablie parmi les princes, qu'ils ne s'occupèrent plus que de mariages, soit pour se fortifier par des alliances qui sembloient avoir un peu plus de garanties que celles qui reposoient seulement sur leurs sermens, soit pour assurer à leurs enfans de riches héritages, soit enfin pour donner un prétexte aux fêtes et aux réjouissances dans lesquelles ils dissipoient leur temps et les trésors de l'État. Jean, duc de Touraine, second fils du roi, quoiqu'il n'eût que neuf ans, fut marié à Jacqueline de Bavière, fille du comte de Hainaut, et nièce du duc de Bourgogne; Isabelle, fille aînée du roi, âgée de dix-huit ans, et veuve de Richard II, roi d'Angleterre, fut mariée à Charles d'Angoulême, fils aîné du duc d'Orléans,

(1) Hist. de Bourgogne. L. XV, p. 231. — Barante, Ducs de Bourg. T III, p. 62.

qui en avoit seize. Clignet de Brabant, favori du duc d'Orléans, qui n'étoit éminent ni par sa naissance ni par ses talens, fut fait amiral de France, et marié à la veuve du comte de Blois ; le comte de Penthièvre, qu'on tenoit pour le plus riche seigneur de Bretagne, fut marié à une fille du duc de Bourgogne : des fêtes somptueuses furent célébrées à Compiègne, au mois de juillet, à l'occasion de tous ces mariages, et le peuple, en voyant ses princes se livrer sans partage aux plaisirs, les crut réconciliés. (1)

Cependant, dès que quelque affaire devoit être traitée dans le conseil, on retrouvoit entre les deux ducs la même opposition, et l'arrogance de leurs manières sembloit toujours sur le point de faire éclater une guerre civile. Henri IV d'Angleterre avoit, au mois de février, envoyé à Paris le comte de Pembroke, pour demander le renouvellement de la trève entre les deux royaumes, et la permission de tirer de France des blés, dont une mauvaise récolte faisoit sentir le besoin à l'Angleterre. Les ducs de Berri et d'Orléans, qui étoient eux-mêmes grands propriétaires de terres, et qui avoient beaucoup de blés à vendre, accueillirent avec plaisir cette proposition, agréèrent les conditions de la trève, et mirent leurs sceaux au traité qui leur étoit

---

(1) Monstrelet. T. I, c. 26, p. 183. — Religieux de Saint-Denis. L. XXVI, c. 4, p. 548.

présenté; mais quand le comte de Pembroke s'adressa ensuite au duc de Bourgogne, celui-ci déchira le traité qu'on lui proposoit de signer, le jeta au feu, et ordonna au comte de sortir du royaume. (1)

On ne sait point ce qui détermina le duc de Bourgogne à consentir bientôt après à renouveler les négociations. Henri IV avoit le bon esprit de ne s'offenser de rien, et de persister à vouloir la paix avec la France, pour ne pas compliquer une situation déjà assez difficile, quand de toutes parts des insurrections éclatoient en Angleterre contre lui, et que son parlement lui refusoit des subsides (2). De leur côté, les villes de Flandre regardoient la paix avec l'Angleterre comme nécessaire à la prospérité de leur commerce, et pressoient leur duc d'y consentir. L'évêque de Winchester fut chargé de conférer avec l'évêque de Chartres sur les moyens de cimenter la paix par un mariage, comme dans le règne précédent. Il s'agissoit de faire épouser au fils aîné de Henri IV une fille du roi de France, et l'on nous a conservé plusieurs actes diplomatiques relatifs à cette négociation, qui furent échangés depuis le 22 mai jusqu'au 5 octobre 1406. (3)

(1) Religieux de Saint-Denis. L. XXV, c. 17, p. 537.
(2) Thom. Walsingham, p. 375. — Rapin Thoyras. T. IV, L. XI, p. 50.
(3) *Rymer.* T. VIII, p. 432, 434, 435, 444, 452 et 453.

1406.

Mais faire la paix ou la guerre étoit pour les princes français une question de vanité plutôt que de politique. Leurs flatteurs leur avoient inspiré la plus haute idée de leur valeur et de leurs talens militaires. Ils vouloient se réserver une occasion de briller, de s'éclipser l'un l'autre par leurs exploits, et plus encore par leur luxe. Ils se refusèrent à y renoncer, et lorsque le comte de Northumberland, réduit à s'échapper d'Angleterre, vint leur demander de l'aider à rétablir sur le trône Edmond Mortimer, héritier légitime de la couronne, que Henri IV retenoit en prison, ils se déterminèrent à la guerre. (1)

Pendant la durée des négociations les hostilités n'avoient pas été suspendues, parce que les aventuriers qui se trouvoient en présence, surtout sur les frontières de Gascogne, ne pouvoient vivre que par la guerre. Les Anglais levoient sur les Français, leurs voisins, des contributions annuelles connues sous le nom de *pactis*, moyennant lesquelles ils promettoient de ne point brûler les maisons et les granges, de ne point blesser ou maltraiter les paysans; mais ces promesses ne les empêchoient pas de les accabler de corvées, et de les outrager souvent dans la personne de leurs femmes ou de leurs filles. D'autre part les seigneurs de Guienne et de Saintonge s'armoient

(1) Religieux de Saint-Denis. L. XXVI, c. 9, p. 556.

souvent, de leur propre mouvement, pour arrêter un brigandage qui les ruinoit, et dans l'été de 1406 ils enlevèrent aux Anglais Brantôme, La Chapelle, Florac, Limeuil, Mucidan, et un grand nombre de châteaux, ou de simples tours, auxquels le brigandage dont ils étoient les repaires avoit donné de la célébrité. (1)

Au milieu de septembre cependant trois armées se mirent en mouvement pour recommencer la guerre comme une entreprise publique, et non plus comme une vengeance de particuliers (2). Le marquis de Pons, cousin du roi, et fils du duc de Bar, commandoit la première. Il devoit attaquer le duc de Lorraine, pour le punir d'une invasion non provoquée dans le pays de Bar, où les Allemands s'étoient signalés par d'horribles cruautés (3). Le duc de Lorraine avoit eu soin de mettre ses places fortes en état de défense; il ne se montra nulle part en campagne, et il s'empressa d'entamer des négociations. Il affirma que les ravages dont la France se plaignoit s'étoient commis contre ses ordres; il offrit des réparations éclatantes, et l'armée du marquis de Pons, ayant obtenu sans coup férir l'objet pour

---

(1) Religieux de Saint-Denis. L. XXVI, c. 7 et 8, p. 552.
(2) *Rymer.* T. VIII, p. 456.
(3) Religieux de Saint-Denis. L. XXV, c. 19, p. 539.

lequel elle étoit assemblée, fut renvoyée dans ses foyers. (1)

La seconde armée, que devoit commander le duc de Bourgogne, nommé lieutenant et capitaine général de la Picardie et de la West-Flandre, étoit destinée à la conquête de Calais (2). Des préparatifs immenses avoient été faits pour cet objet. Trois mille huit cents cavaliers, dix-huit cents arbalétriers, mille piquiers, et trois mille cinq cents pionniers, avoient été rassemblés en Picardie; des fortifications mobiles en charpente avoient été préparées dans les forêts de Saint-Omer, pour couvrir cette armée; douze cents canons (3), trois mille pierres pour charger les plus gros, une quantité énorme de poudre, d'arbalètes et de flèches, formoient son parc d'artillerie, auquel on pouvoit reconnoître la richesse du souverain de la Flandre. Cent quatre-vingt-quinze bateaux devoient enfin le seconder du côté de la mer (4). Mais la prodigalité sembloit le caractère distinctif de la maison

(1) Religieux de Saint-Denis. L. XXVI, c. 5, p. 549.— Monstrelet, c. 26, p. 182.

(2) Monstrelet, c. 26, p. 179.

(3) Ce grand nombre de canons indique leur extrême petitesse; ils remplaçoient nos fusils d'aujourd'hui, mais il falloit un temps très long pour les charger et les tirer.

(4) Religieux de Saint-Denis. L. XXVI, c. 12, p. 562.—Hist. de Bourgogne. T. III, L. XV, p. 236. — Barante, Hist. des Ducs de Bourg. T. III, p. 75.

de Bourgogne : le duc Jean dépensa en deux mois, à ces immenses préparatifs, tout ce qu'il avoit d'argent comptant, et il ne lui restoit pas mille écus quand il voulut entrer en campagne; il demanda sa part de la taille qui avoit été imposée au royaume, pour subvenir aux frais de la guerre : on lui répondit que tout l'argent avoit été envoyé à la troisième armée, celle que devoit commander le duc d'Orléans; on lui assigna seulement les contributions qui devoient être levées dans l'Anjou et le Maine; mais le roi de Sicile, son cousin, empêcha qu'elles ne lui fussent payées. Il s'adressa de nouveau au conseil du roi, remontrant en même temps que les Anglais, instruits de ses préparatifs, non seulement avoient approvisionné Calais et Guines, mais s'étoient même mis en état de venir l'attaquer dans ses quartiers; pour toute réponse on lui donna l'ordre de renoncer à son expédition, et de licencier son armée. Il le fit sans avoir seulement vu l'ennemi; mais il revint à Paris, plein de dépit contre le duc d'Orléans; il accusoit ce duc d'avoir fait échouer son expédition, et compromis son honneur par jalousie, par cupidité, et en manquant aux engagemens les plus positifs. (1)

(1) Monstrelet. T. I, c. 29, p. 190. — Hist. de Bourgogne. T. III, L. XV, c. 32, p. 237. — Religieux de Saint-Denis. L. XXVI, c. 12, p. 562. — Barante, Ducs de Bourgogne. T. III, p. 76.

1406. Le duc d'Orléans, de son côté, avoit commencé par percevoir la taille exorbitante qu'il avoit fait décréter par le conseil d'État, avec une dureté qui avoit réduit les peuples au désespoir, et qui avoit touché de compassion Charles VI, en sorte que celui-ci avoit suspendu ces exactions pendant le peu de semaines qu'il avoit eu la jouissance de sa raison. Le duc d'Orléans étoit ensuite venu en pompe, le 17 septembre, à Saint-Denis, prier pour le succès de son expédition, puis il étoit parti pour la Guienne, où il espéroit que ses victoires lui feroient pardonner les désordres de sa vie lascive et voluptueuse. (1)

Déjà cependant on lui représentoit que la saison étoit trop avancée pour commencer une campagne; mais il répondoit qu'il y avoit bien plus d'honneur à triompher des difficultés, et que ses conquêtes seroient d'autant plus glorieuses qu'il auroit dû vaincre tout à la fois et les Anglais et l'hiver. (2)

Le duc d'Orléans conduisit environ cinq mille hommes avec lui, et en Guienne il trouva une armée qui, sous les ordres du connétable d'Albret, s'étoit déjà signalée par plusieurs conquêtes, tandis que les ennemis ne pouvoient lui opposer que les troupes de la province; car

---

(1) Religieux de Saint-Denis. L. XXVI, c. 10 et 11, p. 558.
(2) Religieux de Saint-Denis. L. XXVI, c. 6, p. 563.

Henri IV avoit trop besoin de ses soldats en Angleterre pour songer à en envoyer aucun à Bordeaux. Le duc d'Orléans mit d'abord le siége devant Blaye sur la Gironde, et il passa plusieurs semaines sous les murs de cette ville, après quoi il finit par se contenter de la promesse que lui fit la garnison, de lui ouvrir la place, dès que celle de Bourg, située quelques lieues plus haut, au confluent de la Dordogne et de la Garonne, auroit capitulé. Le duc d'Orléans transporta donc ses troupes devant Bourg, et y recommença les opérations d'un siége ; mais, pendant ce temps, la mauvaise saison étoit arrivée, les équipages pourrissoient, exposés à des pluies continuelles, les soldats enfonçoient dans la boue, les vivres commençoient à manquer ; un convoi de vingt-deux vaisseaux, que Clignet de Brabant, amiral de France, amenoit de La Rochelle, fut intercepté par les Anglais, et le duc d'Orléans, passant ses nuits dans la débauche, perdoit au jeu l'argent qu'il avoit apporté pour la solde de ses troupes. Après trois mois de fatigue, les soldats perdirent courage : plusieurs d'entre eux désertèrent, d'autres demandèrent hautement leur congé, chacun croyoit avoir acquis la preuve de l'incapacité de son général, et le mécontentement, le mépris, la haine du peuple contre le duc d'Orléans, s'étoient singulièrement accrus, lorsque vers le milieu de janvier 1407 il se vit obligé de lever le siége de Bourg, et de ramener ses troupes en France. (1)

Ni la détresse du royaume, ni la discorde des princes, ni la guerre étrangère, ne détournoient l'université de Paris de ses efforts pour terminer le schisme. Elle estimoit peu Benoît XIII, qu'elle accusoit de repousser tous les moyens de pacifier l'Église, et en cela elle étoit opposée à l'université de Toulouse, qui professoit pour ce pape un dévoûment sans bornes. La première obtint, vers la fin de juillet, un arrêt du parlement de Paris, qui condamnoit une lettre de la seconde, et qui décrétoit ses députés de prise de corps (2); mais la Sorbonne demandoit une décision plus importante; elle vouloit faire publier de nouveau la soustraction d'obédience; elle obtint seulement que cette question fût renvoyée à une assemblée du clergé, convoquée pour la Toussaint suivante; cette assemblée, où l'on compta soixante-quatre prélats, se contenta de prononcer, au mois de décembre, qu'elle retiroit à Benoît XIII le droit de disposer des bénéfices qui vaqueroient en France, ou d'y lever des contributions sur le clergé (3). Bientôt cette as-

(1) Monstrelet. T. I, c. 28, p. 187. — Religieux de Saint-Denis. L. XXVI, c. 12, p. 563. — Juvénal des Ursins, p. 187.

(2) Religieux de Saint-Denis. L. XXVI, c. 3, p. 547. — Juvénal des Ursins, p. 179.

(3) Monstrelet. T. I, c. 30, p. 194. — *Raynaldi Annal. eccles.* 1406, §. 18.

semblée fut informée que l'autre pape, Innocent VII, venoit de mourir à Rome, le 6 novembre, et que ses cardinaux lui avoient donné pour successeur, le 2 décembre, Ange Corrario; celui-ci prit le nom de Grégoire XII, et il s'engagea par serment à abdiquer le pontificat, pour la paix de l'Église, aussitôt que son compétiteur consentiroit à l'abdiquer aussi. (1)

La chrétienté étoit fatiguée de la rivalité des deux papes : quelque jugement que l'on portât sur l'origine du schisme, il étoit impossible de ne pas reconnoître que, de part et d'autre, la grande masse des fidèles étoit de bonne foi; qu'entraînés par les circonstances, trompés, ou hors d'état de juger par eux-mêmes, ils avoient cru, dans l'une comme dans l'autre obédience, s'attacher à l'Église orthodoxe. Mais si les fidèles n'avoient cherché que la vérité, il n'étoit pas moins évident que les papes et leurs deux cours n'avoient cherché que leur intérêt. De part et d'autre, ils avoient préféré la continuation du schisme à la chance de descendre au second rang. En s'accablant réciproquement d'invectives, souvent en se calomniant, ils avoient ouvert les yeux du peuple sur les foiblesses et les vices l'un de l'autre; ils avoient affoibli, ils avoient presque anéanti la croyance dans ce pouvoir miracu-

---

(1) *Raynaldi*. 1406. §. 8 et 13.

leux, qu'ils prétendoient confié par la Divinité au successeur de saint Pierre. Toujours craignant d'être abandonnés par les princes ou les peuples de leur obédience, ils avoient été obligés de les retenir par de lâches complaisances, et ils s'étoient soumis aux empiétemens du pouvoir temporel sur celui que leurs prédécesseurs prétendoient appartenir de droit divin à l'Église. D'autre part, pour subvenir à leurs dépenses, ils avoient été obligés d'appesantir la main sur les ecclésiastiques qui leur demeuroient soumis, et de s'exposer au reproche de rapacité. La chrétienté ne vouloit évidemment pas souffrir davantage leurs tergiversations; elle exigeoit qu'ils terminassent le schisme, et elle les avoit réduits à professer eux-mêmes leur empressement à se soumettre aux plus grands sacrifices pour rendre la paix à l'Église.

Les cours de Rome et d'Avignon étoient contraintes, par cette volonté universelle et prononcée de la chrétienté, à négocier sans cesse entre elles sur les moyens d'éteindre le schisme; ces moyens auroient été bien faciles à trouver s'il s'étoit agi de laïques ou de princes temporels: ce qui rendoit le traité comme impossible à conclure, c'étoit le caractère religieux des deux cours; car en même temps que toutes deux avoient la prétention de n'agir que par conscience, de ne chercher aucun avantage temporel, et de ne songer qu'au salut des âmes qui leur étoient confiées ; toutes deux s'attribuoient le droit d'annuler les engagemens les plus solennels, et de délier des sermens les plus sacrés ; toutes deux étoient prêtes à arriver à leurs fins par le parjure, et connoissoient assez leurs adversaires pour n'en pas attendre plus de bonne foi.

Lorsque la mort venoit à frapper l'un ou l'autre des deux papes, il sembloit qu'aucun obstacle ne s'opposoit plus à la cessation du schisme, car le collége des cardinaux auquel appartenoit la nouvelle élection, étoit sûr que le pape survivant accorderoit les conditions les plus avantageuses à tous ceux qui se réuniroient à lui. Si le collége en corps avoit offert de traiter, le collége auroit obtenu sans difficulté d'être réuni tout entier à l'autre collége, et de conserver tous ses bénéfices ; mais dans ce moment chacun des cardinaux se défioit de ses confrères et non de l'antipape, chacun craignoit de voir un confrère partir en toute hâte de Rome pour Avignon, afin d'y faire sa paix séparée ; les plus riches récompenses attendoient le premier arrivant, et chaque transfuge, pour obtenir les dignités et les bénéfices de ceux de ses collègues qui auroient tardé plus que lui à faire leur soumission, n'auroit eu qu'à les demander. Le collége de Rome s'étoit hâté de donner un successeur à Innocent VII, seulement comme moyen de demeurer uni. Il avoit choisi dans son sein l'homme auquel il croyoit le plus de bonne foi, de désintéressement, de zèle pour l'Église; parce qu'il ne l'élevoit que pour abdiquer ensuite le pontificat. Ange Corrario en avoit pris l'engagement par écrit, il en avoit fait le serment, il s'étoit obligé encore à prévenir Benoît XIII, dès le moment de son élection, qu'il étoit prêt à abdiquer, pourvu que Benoît XIII abdiquât aussi. (1)

Tout le monde paroissoit d'accord désormais à exiger l'abdication mutuelle, et les deux papes ne s'y refusoient plus; cependant aucune difficulté n'étoit surmontée, parce qu'il falloit une simultanéité dans leur abdication qu'on ne savoit comment obtenir. Chacun d'eux savoit fort bien que s'il venoit à abdiquer, ne fût-ce qu'un quart d'heure avant son rival, celui-ci se joueroit de ses sermens, n'abdiqueroit plus, se proclameroit seul pape, et verroit aussitôt tomber à ses pieds tous les cardinaux, tous les prélats des deux obédiences. Il falloit donc, pour obtenir cette absolue simultanéité, que les deux papes se réunissent dans la même ville, dans la même salle; mais chacun d'eux savoit fort bien que s'il pouvoit être le plus fort au lieu du rendez-vous, il feroit saisir son rival, le jetteroit dans une basse fosse, ou le feroit brûler comme schisma-

(1) *Raynaldi Annal. eccl.* 1406, §. 13. — *Leonardi Aretini Comment. sui temporis. Rer. Ital.* T. XIX, p. 925.

tique ; que s'il étoit le plus foible, il devoit s'attendre au même sort ; et que le vainqueur, investi du pouvoir des clefs, étoit toujours maître de se dégager de tout traité, de tout serment auquel il se seroit soumis d'avance. Le monde n'est que trop accoutumé au manque de foi et à la défiance, cependant c'étoit un spectacle encore nouveau que celui de deux potentats entre lesquels il étoit reconnu qu'aucun engagement d'aucune nature ne pouvoit avoir la moindre efficacité, et que la religion du serment, l'honneur, l'opinion publique, ne pouvoient pas lier même un seul instant ; qui cependant étoient forcés par cette opinion publique à négocier sans cesse, en sorte que chacun se faisoit un mérite d'offrir des conditions qu'il savoit que son adversaire refuseroit, d'avancer lorsqu'il le voyoit reculer ; comme deux poltrons forcés à se battre, dont l'un fait le brave dès qu'il voit que l'autre a peur.

Grégoire fit à Benoît les premières avances ; il lui écrivit le 11 décembre, c'étoit le dixième jour après son élection, pour l'inviter à abdiquer ensemble, et lui annoncer qu'il lui enverroit des ambassadeurs (1). Ceux-ci arrivèrent en effet peu après Pâques, à Saint-Victor de Marseille, où Benoît XIII résidoit alors. Ils eurent avec lui une conférence orageuse, où ils durent essuyer tour à tour ses emportemens et ses longs

(1) *Epistola apud Raynald.* 1406. §. 14.

sermons; enfin, par l'entremise des ambassadeurs du roi et de l'église de France, un traité fut signé, par lequel les deux papes s'engageoient à se rencontrer à Savonne, et les précautions les plus sages et les plus énergiques étoient prises par la France et la république de Gênes, pour assurer la neutralité de cette ville, et la complète indépendance des deux papes. (1)

Le patriarche d'Alexandrie, chef de l'ambassade française, l'archevêque de Toulouse, et les autres prélats qui agissoient comme médiateurs, demandèrent ensuite que Benoît XIII donnât deux bulles : l'une, par laquelle il s'engageroit à effectuer la cession ou abdication dans la conférence proposée ; l'autre, par laquelle il inviteroit ses cardinaux à se joindre à ceux de l'autre obédience, pour passer ensuite à une nouvelle élection. Mais dans chaque conférence, à chaque demande faite par les ambassadeurs, Benoît répondoit toujours par un sermon sur un texte de l'Écriture, divisé en trois ou quatre parties, sous-divisées en autant de points, et concluant par quelque moralité commune, qui n'avoit point de rapport direct avec la question : de cette manière il évitoit les réponses précises, et les ambassadeurs ne savoient jamais ce qu'ils avoient obtenu. (2)

---

(1) Religieux de Saint-Denis. L. XXVII, c. 1, p. 567.
(2) Religieux de Saint-Denis. L. XXVII, c. 5 et suiv. p. 581.

Enfin, ne doutant plus de la mauvaise foi de Benoît, les ambassadeurs mirent en délibération de faire prononcer de nouveau par le roi la soustraction de l'obédience, ainsi que le demandoit la Sorbonne; mais, après quelque hésitation, ils préférèrent passer auparavant en Italie, pour juger des dispositions de l'autre pontife. Ils arrivèrent à Gênes au mois de juin, et à Rome le 6 juillet. Là, ils ne tardèrent pas à s'apercevoir que Grégoire n'avoit plus pour la réunion de l'Église le zèle qu'il avoit professé dans les premiers jours de son pontificat : il étoit en quelque sorte dans l'esclavage du roi de Naples, qui occupoit tout son patrimoine, qui étoit plus maître que lui à Rome, et qui le laissoit languir dans une si extrême pauvreté, que souvent le pape n'avoit pas pu répondre aux demandes qui lui étoient faites, faute d'avoir de quoi payer un messager; cependant il préféroit cette dépendance, jointe à l'ombre de la toute-puissance, à la liberté et à l'affluence dans un rang inférieur. Il refusoit de se rendre à Savonne, comme ses cardinaux l'avoient promis pour lui, déclarant qu'il n'avoit point de vaisseaux pour s'y transporter, point d'argent pour les frais du voyage; enfin, qu'il ne trouveroit point de sûreté dans une ville qui dépendoit alors de la France (1).

(1) Religieux de Saint-Denis. L. XXVII, c. 13 et 14, p. 599.

1407. En vain on lui offrit de mettre à son service les galères de France ou celles de Gênes ; en vain les Vénitiens, ses compatriotes, offrirent de lui prêter les leurs ; en vain on lui offrit aussi des garanties et de l'argent pour faire le voyage par terre, il fit naître des obstacles sur tout, il se refusa à tout, et ne montra enfin pas moins de mauvaise foi que Benoît XIII (1). Le patriarche d'Alexandrie, chef de l'ambassade, d'accord avec l'évêque de Cambrai et le célèbre Jean Petit, docteur de théologie, qu'on avoit joint aux prélats pour les éclairer de ses lumières, et qui devoit bientôt acquérir un autre genre d'illustration (2), proposa alors que l'un et l'autre pape fît son abdication dans sa propre résidence, au sein de son propre collége, et que les cardinaux se réunissent ensuite pour la nouvelle élection (3). Grégoire refusa également cet expédient. Pendant ce temps, les chaleurs de l'été étoient devenues intolérables, les maladies se multiplioient à Rome, les ambassadeurs de France et ceux de Benoît XIII demandoient avec impatience une conclusion, et le peuple romain commençoit à murmurer contre Grégoire. Celui-ci, pour apaiser ces clameurs, promit qu'il s'avanceroit jusqu'à Pietrasanta, et se rapprocheroit ainsi

---

(1) Religieux de Saint-Denis. L. XXVII, c. 15, p. 602.
(2) *Ibid.* c. 16, p. 606.
(3) *Ibid.* c. 18, p. 609.

du lieu du rendez-vous (1). Les ambassadeurs, réduits à se contenter de cette promesse, repartirent pour la France. Arrivés à Gênes, ils écrivirent encore à Grégoire le 21 août, pour lui rappeler tout ce que la chrétienté attendoit de lui. Ils rejoignirent ensuite Benoît XIII à l'île de Saint-Honorat, où celui-ci s'étoit retiré pour fuir la peste qui avoit éclaté à Marseille.

Dès que Benoît sut que son rival faisoit naître des difficultés sur le traité conclu avec lui, il redoubla d'empressement pour procéder à son exécution (2). Il annonça que ses galères étoient déjà prêtes pour se rendre à Savonne, et qu'il y arriveroit, comme il l'avoit promis, pour la fête de Saint-Michel, à la fin de septembre; il ne fut, en effet, en retard que de peu de jours; car il entra à Savonne au commencement d'octobre (3). De son côté, Grégoire XII fit son entrée à Sienne, le 4 septembre, avec douze cardinaux et beaucoup d'évêques. Pressé de nouveau d'avancer par tous les souverains d'Italie, il céda à leurs instances le 22 janvier 1408, se remit en route de Sienne, et arriva à Lucques. Les deux papes ainsi poussés l'un contre l'autre, forcés d'arriver jusque sur le golfe de Gênes,

(1) Religieux de Saint-Denis. L. XXVII, c. 19, p. 610.
(2) *Ibid.* c. 21, p. 618.
(3) *Georgii Stellæ Annal. Genuens. Scr. Ital.* T. XVII, p. 1215.

n'étoient plus qu'à trente lieues l'un de l'autre; mais ils purent s'y arrêter, et Grégoire séjourna six mois à Lucques, parce que d'autres événemens vinrent distraire les princes qui les pressoient de se rapprocher. (1)

Ce n'étoit pas cependant la guerre étrangère qui venoit faire diversion à ces négociations pour la paix de l'Église, dont la France entière s'étoit occupée. Les princes français, après le misérable succès de leurs expéditions de l'année précédente, avoient perdu quelque peu de leur confiance dans leurs talens militaires; ils n'étoient plus si empressés de commander des armées, et ils regrettoient les trésors dissipés dans les camps, qu'ils auroient pu consacrer uniquement à leurs plaisirs. Henri IV d'Angleterre témoignoit, de son côté, toujours le même désir de renouveler la paix, pour s'affermir sur un trône où il se sentoit toujours en danger. Par l'entremise de sa femme, mère du duc de Bretagne, il signa, le 30 mai, une trève avec ce duc, qui devoit durer jusqu'à la Toussaint suivante (2), et qui fut ensuite prolongée d'une année. Le 10 mars, une autre convention entre le roi d'Angleterre et le duc de Bourgogne rétablit et garantit les libres communications du commerce entre l'Angleterre

(1) *Malavolti Storia di Siena.* P. III, L. I, p. 2 et 4.—*Ser Cambi Cronica di Lucca. Scr. Ital.* T. XVIII, p. 882.
(2) *Rymer.* T. VIII, p. 483-490.

et la Flandre, même pour le cas où la guerre entre la France et l'Angleterre se rallumeroit avec un nouvel acharnement. Toute l'étendue des mers qui commencent au nord du détroit, entre Winchester et Saint-Valery, fut déclarée neutre et librement ouverte à la navigation des deux nations (1). Les hostilités sur terre entre la France et l'Angleterre avoient été suspendues, dès le commencement de l'année, par un consentement tacite, sans qu'il y eût eu à cette occasion aucune stipulation (2). Vers le milieu de l'été, des négociations directes furent enfin entamées; mais, après avoir duré plus de six mois, elles n'aboutirent qu'à une trève partielle pour la Guienne, signée le 7 décembre, et qui devoit durer du 15 janvier 1408 au 15 avril suivant. (3)

1407.

Les grands étoient revenus à Paris, et ils y passoient leur temps dans les fêtes et la débauche; ils y perdoient leur argent au jeu, dont la passion, depuis l'invention toute récente des cartes, avoit séduit la noblesse entière. Réduits ensuite aux expédiens pour subvenir à leurs dépenses, ils laissoient leurs maîtres d'hôtel exercer chez les paysans, même chez les bourgeois, le droit de

(1) *Rymer*. T. VIII, p. 469, 473, 476, 477, 491.
(2) Monstrelet. T. I, c. 33, p. 207.
(3) *Rymer*. T. VIII, p. 484, 499, 504 et 507.

prise, encore qu'il eût été si souvent aboli, et ils le faisoient avec une violence et une impudence qu'on n'avoit point connues autrefois. Ce n'étoient plus les seuls maîtres d'hôtel du roi et de la reine qui s'approvisionnoient ainsi chez leurs vassaux; tous les princes, tous les officiers de la couronne, tous les grands prenoient de même à discrétion, chez les roturiers, tout ce qu'ils trouvoient à leur convenance. Ils ne se contentoient même plus des comestibles qui se consumoient journellement; leurs maîtres d'hôtel faisoient des provisions, remplissoient des magasins, vendoient enfin ce qu'ils avoient ainsi saisi, et prétendoient ensuite, tantôt que c'étoit un droit qu'ils exigeoient, tantôt que c'étoit seulement un emprunt forcé, dont ils promettoient le paiement, et qu'ils n'acquittoient jamais. Ce pillage excita enfin une telle fermentation, les plaintes furent entremêlées de tant de menaces, que le conseil rendit une ordonnance le 7 septembre, pour interdire, pendant quatre ans à venir, toute prise dans tout le royaume, de quelque nature qu'elle fût. Le but de cette ordonnance étant surtout d'apaiser l'irritation générale, elle portoit que le roi l'avoit rendue à la sollicitation de la reine, de son fils le duc de Guienne, dauphin; des ducs de Berri, d'Orléans, de Bourgogne et de Bourbon, encore que chacun sût que ces princes étoient ceux qui avoient le plus abusé de ce droit de brigandage. (1)

La mort du vieux Olivier de Clisson, qui avoit été connétable, survenue le 23 avril 1407, lorsque le duc de Bretagne, qui l'avoit décrété de prise de corps, songeoit à l'assiéger dans un de ses châteaux, et à assouvir sur lui sa haine héréditaire, occupa quelque temps la noblesse de France (2). Elle prit aussi un intérêt assez vif à la querelle du prévôt de Paris, Guillaume de Tignonville, avec l'Université. Ce prévôt avoit fait pendre dans leurs habits de clercs deux écoliers convaincus de larcins et de brigandages. L'Université ne nioit point leur crime, mais elle prétendoit que la cléricature les soustrayoit à toute juridiction séculière; elle exigeoit que le prévôt dépendît lui-même les deux écoliers, et qu'il les baisât sur la bouche avant de rendre leurs corps à la justice ecclésiastique; qu'il demandât ensuite pardon à genoux, et qu'il fût déclaré indigne de tout office royal. Comme les autres gentilshommes ne vouloient point permettre qu'un de leurs confrères fût soumis à tant d'humiliations pour avoir puni des criminels, le prévôt fut excommunié par l'évêque de Paris, et l'Université fit fermer les classes et cesser les

---

(1) Ordonn. de France. T. IX, p. 250. — Religieux de Saint-Denis. L. XXVII, c. 22, p. 621.

(2) Hist. de Bret. L. XIV, c. 127, p. 511.

prédications, depuis l'Avent jusqu'au-delà des fêtes de Pâques. (1)

Ces querelles ecclésiastiques avoient presque fait oublier la dangereuse inimitié des ducs de Bourgogne et d'Orléans ; on ne donnoit que peu d'attention à la jalousie violente qu'avoit exprimée le duc de Bourgogne, lorsque le duc d'Orléans, au retour de la campagne où il avoit déployé si peu de talent, s'étoit fait donner le gouvernement de Guienne (2). On étoit accoutumé à ce qu'en toute occasion ces deux ducs embrassassent des avis opposés dans le conseil d'État, et à ce qu'ils proférassent l'un contre l'autre des paroles amères. Cependant le duc d'Orléans ayant été malade à son château de Beauté, le duc de Berri prit à tâche de les réconcilier, et il engagea le duc de Bourgogne à aller voir son cousin. Après la guérison du duc d'Orléans, le duc de Berri, pour sceller mieux leur réconciliation, les mena entendre la messe et communier ensemble, le dimanche 20 novembre, aux Augustins ; après quoi il leur donna un grand dîner, le mardi 22, où les deux princes s'embrassèrent et se jurèrent une amitié fraternelle. Le duc d'Orléans invita ensuite son cousin et son oncle à dîner chez lui le dimanche suivant.

(1) Religieux de Saint-Denis. L. XXVII, c. 22, p. 622.
(2) Monstrelet. T. I, c. 33, p. 207.

Alors même cependant le duc de Bourgogne nourrissoit d'autres desseins. La reine étoit accouchée d'un fils qui n'avoit pas vécu, le 10 novembre, dans l'hôtel Montaigu, qu'elle avoit acheté. Une semaine après, le 17 novembre, Raoul d'Auquetonville, ancien général des finances, destitué par le duc d'Orléans, avoit loué une maison à l'enseigne Notre-Dame, près la porte Barbette, dans la Vieille rue du Temple, et s'y étoit enfermé avec dix-sept compagnons déterminés. Cette maison étoit située sur un chemin que suivoit tous les soirs le duc d'Orléans; car chaque jour il alloit rendre visite à la reine, et il n'en revenoit qu'après souper. Le mercredi 23 novembre, lendemain du dîner de réconciliation des princes, Thomas de Courteheuse, valet de chambre du roi, gagné par Raoul d'Auquetonville, vint demander après souper le duc d'Orléans à l'hôtel de Montaigu, et lui dit : « Monseigneur, le roi vous mande « que, sans délai, veniez devers lui, et qu'il a « à parler à vous hâtivement, et pour chose qui « grandement touche à lui et à vous. » Le duc, sans défiance, monta aussitôt sur sa mule, et ne prit avec lui que deux écuyers sur un même cheval, et quatre ou cinq valets de pied portant des torches. Le reste de sa suite, qui n'étoit pas nombreuse ce jour-là, ne se hâtoit pas de sortir de l'hôtel de Montaigu. Quoiqu'il ne fût que huit heures du soir, toutes les boutiques étoient déjà fermées dans ce quartier-là. La nuit étoit fort noire : les braves rassemblés par Auquetonville étoient cachés dans l'encoignure d'une maison près la porte Barbette. Au moment où le duc d'Orléans les passa, ils s'élancèrent sur lui, en criant : *A mort ! à mort !* Le duc cria : Je suis le duc d'Orléans. — C'est ce que nous demandons, répondirent les assassins en le frappant de leurs haches. Le cheval des deux écuyers s'étoit emporté au premier bruit, et étoit parti au galop : un coup de hache avoit abattu le poignet du duc; un autre lui avoit fendu le crâne, et répandu sa cervelle sur le pavé. Comme il tomba par terre, un écuyer allemand à lui se jeta sur lui pour le couvrir de son corps; il y fut tué sans pouvoir le sauver. Déjà le duc étoit mort, et les assassins continuoient à le hacher de coups; les autres pages s'étoient enfui vers l'hôtel de la reine, en criant au meurtre : les assassins s'enfuirent dans la direction opposée, en criant au feu. En effet, ils avoient mis le feu à la maison qu'ils avoient louée, et qui parut bientôt tout enflammée. En se retirant, pour entrer par-derrière dans l'hôtel d'Artois, ils semèrent après eux des chausse-trapes de fer, pour qu'on ne pût pas les suivre. (1)

(1) Monstrelet. T. I, c. 36, p. 210. — Religieux de Saint-Denis. L. XXVII, c. 23, p. 623. — Juvénal des Ursins,

La reine, dans son premier effroi, et malgré sa foiblesse, suite de ses couches, ne se croyant pas en sûreté dans l'hôtel Montaigu, trop rapproché de la porte Barbette, se fit transporter auprès du roi, à l'hôtel de Saint-Paul. Les ducs et les princes, dès qu'on leur eut porté la nouvelle de ce meurtre, se rassemblèrent chez le roi de Sicile, à l'hôtel d'Anjou. Le prévôt de Paris dressa d'abord son procès-verbal sur le corps, qu'il fit ensuite transporter à l'hôtel du maréchal de Rieux. De là il se rendit à l'hôtel d'Anjou, pour rendre compte de ce qu'il avoit vu. Il y trouva, avec le roi de Sicile, les ducs de Berri, de Bourgogne et de Bourbon, les comtes de Clermont et de Nevers, le connétable de France, le comte de Tancarville, et plusieurs autres seigneurs (1). Des ordres furent donnés pour fermer les portes de la ville, établir des gardes et des patrouilles dans les rues, et commencer les recherches contre les auteurs du crime. Le lendemain, tous les princes vinrent voir le corps à l'église des Blancs-Manteaux, où il avoit été déposé; et le duc de Bourgogne s'écria, avec une apparente indignation : « Que jamais en ce royaume si mauvais et si traître meurtre n'avoit été commis et perpétré. » Le

p. 189. — Chron. de Berri, roi d'armes, dans Godefroy, p. 416. — Académie des Inscript. et Belles-Lettres. T. XXI. Mémoire de M. Bonamy, p. 515.

(1) Académie des Inscriptions. T. XXI, p. 534.

vendredi, le duc d'Orléans fut enseveli en l'église des Célestins, et le duc de Bourgogne, vêtu de deuil, tint un des coins du drap mortuaire. Mais, le même jour, le prévôt de Paris s'étant présenté à Saint-Paul au conseil des princes, pour rendre compte des informations qu'il avoit prises, leur déclara que le sire de Canny, ancien chambellan du duc, sur qui s'étoient d'abord portés les soupçons, parce qu'on savoit que le duc avoit séduit sa femme, n'avoit pu commettre le crime, puisque, depuis un an, il n'étoit pas revenu à Paris. Il ajouta toutefois qu'il croyoit tenir un fil pour découvrir quelque chose, si on le laissoit entrer dans les hôtels du roi et des princes, et examiner leurs serviteurs. (1)

Le roi de Sicile, le duc de Berri et le duc de Bourbon répondirent aussitôt que tous leurs hôtels lui seroient ouverts. Le duc de Bourgogne se troubla; il tira à part les deux premiers, et leur dit en pâlissant qu'il avoit été tenté par le diable, et que c'étoit lui qui avoit fait commettre ce crime. Pendant que ces deux princes se regardoient épouvantés, et que le duc de Berri s'écrioit, je perds mes deux neveux à la fois, le duc de Bourgogne sortit en grand désordre : il ne tarda pas cependant à prendre avec audace la résolution d'avouer et de justifier son crime.

(1) Monstrelet. T. I, p. 217.

Le lendemain, les princes étoient assemblés chez le duc de Berri, à l'hôtel de Nesle : le duc de Bourgogne, suivi du comte Walleran de Saint-Pol, se présenta pour entrer ; mais son oncle de Berri vint le rencontrer à la porte. « Beau neveu, lui dit-il, n'entrez pas au conseil pour cette fois ; il ne plaît mie bien à aucuns qu'y soyez. » Étonné qu'on osât lui résister, le duc de Bourgogne demanda au comte de Saint-Pol de revenir avec lui à son hôtel ; mais le comte déclara qu'il étoit convoqué à ce conseil, d'où Bourgogne étoit exclu. Pour la première fois, celui-ci eut alors la pensée qu'on pourroit bien l'arrêter : en effet, le duc de Bourbon en avoit déjà fait la proposition. Jean-sans-Peur retourna alors à son hôtel, mais seulement pour changer de chevaux. Il prit six de ses hommes avec lui, et sortit par la porte Saint-Denis ; il partit au galop par la route de Bapaume, sa forteresse la plus rapprochée, où il arriva sans s'être arrêté si ce n'est pour changer de chevaux ; il avoit fait couper derrière lui le pont Saint-Maxence, pour arrêter ceux qui tenteroient de le poursuivre. Clignet de Brabant, amiral de France, se mit en effet sur ses traces, peu d'heures après, avec beaucoup de serviteurs de la maison d'Orléans ; mais il revint au bout de quelques jours annoncer qu'il n'avoit arrêté personne, et que

1407.

1407. les Bourguignons étoient déjà en état de défense. (1)

(1) Chronique d'Enguerrand de Monstrelet, p. 218. — Religieux de Saint-Denis. L. XXVII, c. 24, p. 626. — Chron. de Berri, roi d'armes, p. 416. — Mémoires de P. de Fenin, ap. Godefroy, p. 446. — Acad. des Inscriptions. T. XXI, p. 536. — Hist. de Bourg. T. III, L. XV, c. 47, p. 250. — Barante, Ducs de Bourg. T. III, p. 92.

CHAPITRE XXVI.

Retour du duc de Bourgogne à Paris; il avoue et justifie son crime. — Il est obligé de s'éloigner pour faire la guerre aux Liégeois. — Il est accusé par la duchesse d'Orléans. — Paix de Chartres entre lui et les enfans d'Orléans. — Concile de Pise. — Boucicault chassé de Gênes. — 1408-1409.

LE crime que venoit de commettre le duc de Bourgogne étoit horrible dans toutes ses circonstances. Celui qu'il avoit fait assassiner si lâchement et si brutalement étoit son cousin germain, son compagnon d'enfance; il étoit né, il avoit été élevé avec lui. Le crime étoit prémédité, préparé de longue main, et les apprêts s'en continuoient à l'heure même où les deux princes prenoient devant l'église, et par les cérémonies les plus sacrées de leur religion, l'engagement de déposer toute rancune, et se donnoient ensuite les marques d'une tendre affection. Quoique depuis long-temps la rivalité de pouvoir les eût entraînés à s'offenser mutuellement par des paroles violentes, par des emportemens passagers, on n'avoit point soupçonné qu'une haine profonde couvât dans leur cœur, ou que l'un courût quelque danger des mains de l'autre. La colère qu'avoit ressentie le duc de Bourgogne, au retour de sa ridicule et honteuse campagne de Picardie, avoit paru se dissiper lorsqu'il avoit vu son cousin revenir de Guienne avec tout aussi peu de succès, et lorsqu'il avoit été ensuite compensé de ses pertes pécuniaires par d'immenses libéralités du roi (1). Dès-lors il ne paroissoit pas qu'il y eût eu d'altercations entre eux, quoique les Bourguignons prétendissent plus tard, pour expliquer la haine de leur duc, les uns, que le duc d'Orléans avoit le premier voulu le faire assassiner, les autres, qu'il avoit voulu attenter à l'honneur de la duchesse de Bourgogne; mais l'une et l'autre accusation étoit si vague et si dépourvue de preuves, qu'on ne sauroit lui donner un instant de croyance. (2)

Toutefois l'horreur pour le crime ou la honte de la trahison n'étoient pas des sentimens de ce siècle : les nombreux partisans du duc de Bourgogne considérèrent seulement que le duc d'Orléans, frère chéri du roi, et toujours prêt à profiter des moindres retours de raison de ce prince pour se faire accorder de nouvelles grâces, étoit un rival dangereux, qui seroit bientôt maître du

---

(1) Hist. de Bourgogne. T. III, L. XV, p. 237 et 244.
(2) Hist. de Bourgogne. L. XV, p. 250. — *Meyer, Annal. Fland.* L. XV, f. 224.

royaume, si leur patron ne l'ôtoit pas de son chemin. Les deux frères du duc de Bourgogne, ses conseillers, ses vassaux, tous les nobles, tous les prêtres de son parti, ne parurent pas ressentir la moindre hésitation à approuver son crime. On lui sut gré, parmi tous les siens, de l'avoir avoué aussi franchement qu'il le fit, d'avoir protégé jusqu'au bout, d'avoir récompensé largement Raoul d'Auquetonville, les deux frères Courteheuse, et les autres assassins, dont aucun ne fut arrêté, aucun ne fut troublé dans la jouissance des rentes considérables que leur avoit assurées le duc de Bourgogne. (1)

Le peuple de Paris ne vit de même dans cet événement que l'avantage qu'il en attendoit. Il étoit délivré d'un prince cupide, débauché, violent, et auquel il reprochoit plus qu'à aucun autre les calamités du royaume. Le duc d'Orléans avoit cependant quelques qualités brillantes. Il étoit le plus beau et le plus adroit chevalier du royaume; il avoit de la grâce dans les manières, une grande facilité d'élocution, et une érudition scolastique, qu'il se plaisoit à faire briller dans ses réponses aux discours de l'Université et dans ses conférences avec les théologiens (2). Mais il étoit enivré de l'orgueil de son rang, de la plénitude de la puissance royale;

---

(1) Mémoires de Pierre de Fenin, p. 447.
(2) Religieux de Saint-Denis. L. XXVII, c. 24, p. 626.

c'étoit toujours lui qui proposoit au conseil les mesures les plus violentes, les levées d'argent les plus ruineuses : aussi les bourgeois de Paris, faisant allusion aux devises que les deux ducs avoient portées dans les dernières fêtes, l'un un bâton noueux, l'autre un rabot, disoient-ils en se réjouissant : « Le bâton noueux est enfin raboté. » (1)

Les princes du royaume jugeoient cet événement bien différemment. La vie d'un homme n'étoit rien à leurs yeux; et s'il s'étoit agi d'un individu obscur, ils auroient difficilement compris ou le scrupule ou le remords. Ce qui les glaçoit d'effroi, c'étoit de voir que la vie du premier d'entre eux n'étoit pas plus respectée que celle d'un de leurs gentilshommes, ou même d'un roturier. Le duc de Bourgogne leur sembloit avoir rompu le prestige qui faisoit leur sûreté. Ils apprenoient qu'il ne leur appartenoit pas seulement de donner la mort, qu'il falloit se préparer aussi à la recevoir. « Aussi, dit Pierre de « Fenin, la plus grande partie des seigneurs de « France le haïssoient couvertement, nonobstant « que pour lors ils n'en fissent semblant. » (2)

Ils en faisoient peu semblant en effet. On pourroit à peine se figurer avec quelle indulgence fut

---

(1) Monstrelet. T. I, c. 36, p. 221

(2) Mémoires de Pierre de Fenin, p. 447.

mis en oubli presque aussitôt l'assassinat du premier prince du sang. La seule Valentine Visconti, sa veuve, qui étoit alors à Château-Thierry, lorsqu'elle y reçut la nouvelle de sa mort, en éprouva un violent désespoir; car elle lui étoit demeurée tendrement attachée malgré ses infidélités. Elle résolut de venir à Paris pour demander justice; mais sans exposer avec elle ses fils, l'espoir de sa maison. Elle fit passer au château de Blois les deux aînés, auxquels elle recommanda de se tenir en garde et prêts à se défendre. Le plus grand des deux n'avoit que quinze ans; elle vint à Paris avec le troisième, avec sa fille, et avec Isabelle de France, sa belle-fille. Elle y arriva le 10 décembre, par un froid rigoureux; elle descendit à l'hôtel de Saint-Paul, et elle se jeta en pleurant aux genoux du roi, qui jouissoit alors d'un peu de raison. Celui-ci lui assigna le surlendemain une audience publique, où elle parut de nouveau à genoux, en grand deuil, tout en larmes, demandant justice du meurtrier de son mari. Charles VI la releva, l'embrassa, se montra sensible à la mort de son frère, et déclara qu'il tenoit l'outrage pour fait à lui-même (1). Mais, dans un des premiers jours du mois de janvier, le roi eut un nouvel accès de frénésie, et la duchesse d'Orléans ne se crut plus en sûreté

---

(1) Religieux de Saint-Denis. L. XXVII, c. 26, p. 629. — Monstrelet, c. 37, p. 222.

au milieu de la populace de Paris, qui manifestoit son enthousiasme pour le duc de Bourgogne; elle repartit donc pour Blois, et s'y fortifia. (1)

Il ne restoit auprès du roi personne qui eût en même temps assez d'audace et assez de talent pour lutter contre la faveur populaire du duc de Bourgogne. Plus il avoit montré d'audace, et plus les princes désiroient l'apaiser. Ils ne cherchèrent point à rassembler des troupes, à se mettre en état de défense, à procurer quelque garantie à l'autorité royale, tandis que le duc de Bourgogne parcouroit ses États pour s'assurer de l'appui des peuples, et se mettre avec leur aide au-dessus de la justice. Ce dernier convoqua à Lille les nobles et les clercs de son conseil, pour avoir avis sur la mort du duc d'Orléans, *et il fut d'eux très grandement reconforté*. Il assembla ensuite à Gand les États de Flandre : son conseiller Jean de Saulx exposa à cette assemblée *comment il avoit fait occire Louis, duc d'Orléans, et la cause pourquoi il l'avoit fait, par beaux articles*. Il distribua à tous ceux qui voulurent l'avoir la copie de son apologie de cette action, et il obtint des États de Flandre la promesse qu'ils l'aideroient envers et contre tous, excepté le roi et ses enfans. » (2)

---

(1) Monstrelet, c. 37, p. 229.
(2) Chron. de Monstrelet. T. I, c. 58, p. 231. — *Meyer Annal. Fland.* l. XV, f. 227.

Le duc enfin envoya à Dijon six commissaires, un gentilhomme, un prêtre et quatre bourgeois, pour emprunter des villes du duché de Bourgogne cent soixante mille francs, afin de se mettre en état de soutenir la guerre (1). Les princes restés à Paris, qui ne vouloient point s'exposer à cette guerre, lui demandèrent avec instance de leur accorder une conférence auparavant. Le roi de Sicile et le duc de Berri se rendirent à Amiens pour l'y rencontrer. Le duc de Bourbon, au contraire, se retira dans son duché, avec son fils le comte de Clermont, ne voulant point prendre part à ce qui lui paroissoit une lâcheté, et ne sachant comment l'empêcher. (2)

Le duc de Bourgogne, accompagné par ses deux frères, le duc de Brabant et le comte de Nevers, par beaucoup de nobles et trois mille combattans bien armés, revint d'Arras à Amiens pour y rencontrer son oncle et son cousin. Il fit attacher devant la porte de son hôtel deux fers de lance, l'un acéré, comme pour la guerre, l'autre émoussé, comme pour les tournois, annonçant ainsi à tous les yeux qu'il étoit également prêt pour les combats ou les festins. Les princes se donnèrent réciproquement beaucoup de marques d'affection et de confiance, sans que jamais

---

(1) Hist. de Bourg. L. XV, c. 48, p. 252.
(2) Religieux de Saint-Denis. L. XXVII, c. 24, p. 627. — Enguerrand de Monstrelet. T. I, c. 38, p. 235.

le duc de Bourgogne consentît à exprimer aucun regret de ce qu'il avoit fait : au contraire, il déclaroit qu'en faisant tuer le duc d'Orléans, il avoit bien mérité du roi et de la France; et trois des plus fameux théologiens de la Sorbonne, qui le suivoient, s'engagèrent à prouver, non seulement qu'il avoit bien fait, mais encore qu'il auroit grandement péché, s'il n'avoit pas commis ce meurtre. Les princes qui traitoient avec lui, au nom du conseil, lui demandoient d'implorer le pardon du roi, de laisser punir les meurtriers, et de promettre qu'il n'entreroit point à Paris sans en avoir obtenu la permission. Comme il refusa toutes ces conditions, le roi de Sicile et le duc de Berri repartirent; le duc de Bourgogne s'avança ensuite à la tête de son armée jusqu'à Saint-Denis, où il s'arrêta pour prier avec beaucoup de dévotion le saint protecteur de la France. Le roi de Sicile, les ducs de Berri et de Bretagne, et plusieurs autres membres du conseil, y vinrent de nouveau au-devant de lui, et le supplièrent, puisqu'il vouloit entrer à Paris malgré la défense du roi, de n'y pas amener du moins plus de deux cents hommes avec lui. Il refusa également de se soumettre à cette condition, et il fit son entrée dans la capitale. Ses deux frères, son gendre, le comte de Clèves, le duc de Lorraine et huit cents gentilshommes, marchoient autour de lui la tête nue, pour que le peuple pût mieux les reconnoître. Ce peuple reconnoissant de ce que seul entre les princes il avoit paru faire cas de la faveur populaire, l'accueillit avec des démonstrations de joie, et en criant *noël,* mot usité seulement quand le roi se montroit dans les rues. Il descendit de cheval à son hôtel d'Artois, où il eut soin de se fortifier. (1)

Malgré les instances du conseil d'État, le duc de Bourgogne étoit déterminé à avouer publiquement le meurtre de son cousin et à s'en justifier. Il jugea que le meilleur moyen d'ôter à son crime tout ce qu'il pouvoit avoir d'odieux étoit d'invoquer l'aide de la religion, en en faisant faire l'apologie par quelque théologien fameux. Il n'eut pour se décider que l'embarras du choix, mais il s'arrêta au plus célèbre entre les professeurs de théologie, au collége de la Sorbonne : c'étoit maître Jean Petit, cordelier, et normand de nation, que sa réputation de profond savoir avoit fait choisir l'année précédente par l'université de Paris, pour l'envoyer en ambassade auprès des deux papes. Petit ne se contenta point d'écrire une dissertation, comme il est encore d'usage de le faire à Rome, quand un personnage puissant a besoin de faire justifier par des théologiens une action criminelle. Cette dissertation,

---

(1) Enguerrand de Monstrelet. T. I, c. 33, p. 237. — Religieux de Saint Denis. L. XXVII, c. 27, p. 631.

qu'il avoit fait signer aussi par deux autres docteurs célèbres, fut celle qu'il publia à Gand, et qu'il distribua aux membres des États de Flandre. A la demande du duc de Bourgogne, il consentit à faire de cette même dissertation le sujet d'un sermon, qu'il prêcha devant la cour et le peuple, et par là il s'exposa au blâme des plus prudens entre les gens d'église, quoique tous admissent peut-être comme une vérité la proposition par laquelle il débutoit : « A savoir que « tout docteur en théologie est tenu de labourer « à excuser et justifier son maître et son seigneur, « lui garder et défendre son honneur et bonne « renommée, en tant comme la vérité se peut « étendre. » (1)

Pour *étendre* en effet, autant qu'elle pouvoit l'être, la vérité en faveur de son seigneur, Jean Petit prêcha le 8 mars, dans l'hôtel de Saint-Paul, résidence habituelle du roi, en présence du duc de Guienne, dauphin de Viennois, fils aîné du roi, et gendre du duc de Bourgogne, qui étoit entouré de toute la pompe royale. L'assemblée se composoit du roi de Sicile, du cardinal de Bar, des ducs de Berri, de Bretagne et de Lorraine; de beaucoup de comtes, barons, chevaliers et écuyers de divers pays; du recteur de l'Université, accompagné d'un grand nombre de

---

(1) Enguerrand de Monstrelet. T. I, p. 247.

docteurs et de clercs, enfin d'une très grande multitude de bourgeois et de peuple de tout état.

1408.

Le discours que le docteur Jean Petit prononça devant cette assemblée a été rapporté textuellement par Monstrelet, et M. de Barante en a inséré la plus grande partie dans son *Histoire des Ducs de Bourgogne*. C'est un triste monument de l'impudence avec laquelle un prêtre croyoit pouvoir puiser dans la sainte Écriture des encouragemens pour le crime, de la grossière ignorance qu'il allioit à son érudition pédantesque, du désordre d'esprit qu'il ne pouvoit dominer par sa méthode toute symétrique. Nous ne nous arrêterons point cependant à la partie littéraire de ce sermon, à ces citations qui témoignoient une vaste lecture, à ces fables absurdes mêlées aux faits, qui prouvoient que le docteur n'entendoit point ce qu'il avoit lu. Nous savons en effet qu'à l'époque du renouvellement des études tout écrit faisoit autorité : entasser des textes paroissoit le but de la science, tandis que discerner, apprécier, critiquer ce qu'on avoit lu, étoit un effort de jugement auquel personne ne prétendoit.

Nous ne fatiguerons point non plus nos lecteurs par la partie scolastique de ce discours; il étoit divisé en majeure et en mineure, la première étoit sous-divisée en quatre parties, pour exposer autant d'effets de la convoitise, vice dont le docteur accusoit le duc d'Orléans, et d'où il vouloit déduire ensuite tous ses crimes ; la seconde étoit sous-divisée en quatre parties aussi, pour établir que le duc d'Orléans s'étoit rendu coupable du crime de lèse-majesté en quatre degrés. Ces divisions et sous-divisions, leur régularité, leurs oppositions empruntées aux écoles de dialectique, étoient considérées dans ce siècle comme un ornement du discours, bien supérieur à la plus haute éloquence. Il est vrai que pour conserver cette symétrie, pour que les sous-divisions fussent en même nombre dans la majeure et la mineure, et pour trouver douze raisons, en l'honneur des douze apôtres, l'ordre réel du discours est sacrifié, et qu'il est fort difficile de se reconnoître dans un arrangement qui égare au lieu de conduire.

Mais ce qui doit surtout commander notre attention dans ce discours, c'est sa partie politique, c'est la profession publique de la doctrine qu'il est non seulement permis, mais honorable et méritoire de tuer ou faire tuer les tyrans. Le théologien de Sorbonne l'établit par le témoignage des philosophes, de la sainte Église, des docteurs en droit, et de la sainte Écriture. Il confond avec les tyrans les criminels de lèse-majesté, et tous ceux dont la puissance est si grande qu'ils échappent à la justice du souverain. Mais il ajoute que le coupable est d'autant plus punissable que son rang est plus élevé, et, d'autre part, que le devoir de le punir est obligatoire d'autant plus pour chaque sujet, que ce sujet est revêtu de plus hautes dignités. Il déclare qu'aucune alliance, aucun serment ne doit protéger le tyran contre la punition qui lui est due, et qui l'atteindra par un juste homicide; qu'enfin un homme loyal ne doit point avoir de scrupule de recourir dans ce cas à l'assassinat; « car c'est la propre mort de quoi tyrans doi- « vent mourir, par bonne cautelle, aguet ou « épiement. »

Dans l'application de cette doctrine au duc d'Orléans, le docteur en théologie se montre singulièrement foible : il veut prouver que ce duc ayant conspiré contre son frère, est un criminel de lèse-majesté; qu'étant trop puissant pour être amené à justice, il est un tyran; mais tous les faits auxquels il fait allusion sont de si ancienne date, qu'ils ne pouvoient produire un danger actuel. D'après Jean Petit, le duc d'Orléans auroit, en trois occasions différentes, consulté des sorciers, et pris part à des cérémonies magiques dirigées contre le roi. Il est probable en effet que ce duc, superstitieux et ambitieux, avoit eu recours à des fourbes, contre lesquels on dirigea plus tard une procédure; mais Jean Petit, en attribuant la première maladie du roi aux effets de leurs sortiléges, en reporte nécessairement la date avant l'année 1392, où seize ans auparavant (1). Il accuse aussi le duc d'avoir plus anciennement encore, en 1388, jeté lui-même une poudre empoisonnée sur le plat de rôt qui devoit être servi devant le roi (2). D'avoir, une autre fois, voulu faire périr le dauphin à l'aide d'une pomme empoisonnée, que la justice du ciel avoit fait tomber entre les mains du propre fils du duc d'Orléans, lequel étoit mort aussitôt après l'avoir mangée (3). Il accuse le duc d'avoir volontairement mis le feu, en 1393, aux étoupes dont étoient couverts les jeunes gens parmi lesquels le roi devoit être, et qui périrent d'une manière si funeste (4). Il lui reproche son alliance avec le duc de Lancaster, sa partialité pour Benoît XIII dans les négociations pour terminer le schisme; les avis qu'il avoit donnés à la reine de se tenir en garde contre les fureurs du roi; enfin, les excès et les voleries des troupes qu'il avoit commandées (5). Entre toutes ces accusations, qui, dans le sermon du théologien, sont distribuées selon un ordre pédantesque qui rend assez difficile de reconnoître les faits auxquels elles se rapportent, on en cherche vainement une qui puisse non pas excuser, mais du moins ex-

---

(1) *Voyez* ce sermon dans Monstrelet. T. I, p. 300, 304, 306.
(2) *Ibid.* p. 311.
(3) *Ibid.* p. 319.
(4) *Ibid.* p. 312.
(5) *Ibid.* p. 314, 317, 320 et 322.

pliquer la fureur du duc de Bourgogne. Des réconciliations solennelles sous la foi des sermens, et plus encore un laps de temps de quinze ou vingt ans, auroient dû éteindre tout ressentiment. Aussi le sermon de Jean Petit ne nous révèle point la secrète pensée du duc de Bourgogne; il atteste seulement son effronterie à avouer les crimes, et la honteuse dégradation de la cour, du clergé, de la noblesse et du peuple, qui assistoient et applaudissoient à cet aveu.

La scandaleuse assemblée du 8 mars étoit destinée à justifier le duc de Bourgogne devant la nation, mais vis-à-vis des tribunaux, il étoit déjà acquitté. Trois jours avant cette cérémonie, le roi lui avoit accordé des lettres de rémission, par lesquelles il déclaroit « ne conserver aucune « déplaisance contre lui, pour avoir fait mettre « hors de ce monde son frère, pour le bien et « utilité du royaume (1). » Charles VI avoit, dans l'intervalle entre ses paroxysmes, assez de calme et de présence d'esprit pour s'acquitter des devoirs extérieurs de la royauté, tandis que, quant à son système de conduite, se défiant de lui-même, il adoptoit toujours les suggestions de celui qui se trouvoit momentanément maître de sa personne. Le pouvoir souverain étoit donc transféré sans contrôle au duc de Bourgogne. Il

---

(1) Notes à Monstrelet. T. 1, p. 325.

1408. en usa pour priver Clignet de Brabant de l'office d'amiral, et le donner au sire de Châtillon, un de ses partisans; pour destituer de même le sire de Tignonville de sa charge de prévôt de Paris, en lui substituant Pierre des Essarts, qui étoit de son hôtel; pour se faire payer enfin la dot de Michelle de France, mariée au comte de Charolais son fils. (1)

Mais quoique les princes du sang ne proposassent aucune limitation au pouvoir d'un roi incapable de discernement, lors même qu'il étoit dans son bon sens, ils ressentirent une vive jalousie contre leur cousin, qui se saisissoit seul de toutes les grâces, une irritation extrême de ce qu'il sembloit faire la cour à la populace, et une terreur plus grande encore de ce qu'il ne montroit pas plus de scrupule à verser leur sang qu'eux-mêmes n'en auroient ressenti à répandre celui d'un de leurs domestiques. Ils cherchèrent donc les uns après les autres à se soustraire à son pouvoir. La reine la première, escortée par le duc de Bavière, son frère, se rendit à Melun avec ses enfans; elle y conduisit même avec elle le duc de Guienne, l'aîné de ses fils, quoiqu'il fût gendre du duc de Bourgogne. Elle n'avoit annoncé son voyage que comme une partie de plaisir, mais dès qu'elle se sentit en sûreté dans ce château,

(1) Religieux de Saint-Denis. L. XXVII, c 27, p. 635.

qui étoit à elle, elle commença à y rassembler des soldats et des armes (1). Le roi de Sicile, le duc de Berri, le duc de Bretagne et le sire de Montaigu, allèrent successivement l'y joindre. Le duc de Bourgogne en ressentit assez d'inquiétude; mais il fit aussitôt agir le roi, auquel il représenta leur départ comme un acte de désobéissance. Charles VI exprima une grande colère contre les princes qui s'éloignoient, et qui sembloient mépriser son autorité; il leur ordonna de revenir aussitôt auprès de lui; comme ceux-ci savoient qu'il poursuivoit avec la dernière rigueur ceux qui s'opposoient aux volontés qu'il croyoit avoir, ils obéirent et revinrent.

Presque à la même époque, la France se soumit sans opposition à la décision de ce monarque incapable de réfléchir, sur une question qui intéressoit la conscience de tous : le 25 mai, Charles VI rendit une ordonnance qui déclaroit le royaume neutre entre les deux papes qui se disputoient le pontificat : le schisme avoit tellement affoibli le sentiment religieux, ou peut-être l'oppression et la souffrance avoient rendu le peuple tellement indifférent aux questions publiques, qu'on permettoit à l'homme qui ne pouvoit commander à lui-même de commander à la foi du

(1) Enguerrand de Monstrelet, c. 40, p. 325. — Religieux de Saint-Denis. L. XXVII, c. 27, p. 634. — Juvénal des Ursins, p. 191.

public (1). Un ordre fut adressé au maréchal Boucicault, gouverneur de Gênes, pour qu'il cherchât à arrêter Benoît XIII, et l'on fit punir ceux qui s'étoient chargés d'apporter à Paris des lettres d'excommunication fulminées par ce même Benoît, contre le roi et les princes de son lignage. (2)

Si le duc de Bourgogne avoit pu continuer à séjourner à Paris, et à retenir le roi sous sa garde, il auroit pu aussi braver long-temps la jalousie de la reine et des princes du sang, et le ressentiment de la maison d'Orléans ; mais à cette époque même, il ressentoit une vive inquiétude pour une guerre qui avoit éclaté dans les Pays-Bas, et il hésitoit entre la nécessité de maintenir par sa présence son autorité dans le conseil du roi, et celle d'arrêter une fermentation populaire qui pourroit bientôt gagner ses villes de Flandre, et lui faire perdre la plus riche partie de ses domaines.

Le duc de Bourgogne étoit uni par un double mariage à Guillaume, fils d'Albert de Bavière, comte de Hollande, de Zélande et de Hainaut. Il lui avoit donné sa sœur en mariage, et il avoit épousé une sœur de Guillaume. Un frère de ce

---

(1) Ordonn. de France. T. IX, p. 342.
(2) Ordonn. de France. T. IX, p. 346.—Monstrelet, c. 41, p. 326. — Religieux de Saint-Denis. L. XXVIII, c. 1-5, p. 638-651.

même Guillaume avoit été, en 1389, élu, par le crédit de son père, évêque de Liége, quoiqu'il n'eût alors que dix-sept ans; il n'avoit ensuite voulu prendre d'autre ordre ecclésiastique que celui de sous-diacre; il s'étoit consacré aux armes, ou plutôt encore au brigandage, se mettant à la solde de qui vouloit l'employer, avec les bandes qu'il avoit formées. Cependant, sous le nom de Jean V, évêque élu de Liége, il exerçoit en soldat, bien plus qu'en prélat, la souveraineté dans cette ville manufacturière, riche et belliqueuse, et sans respecter les libertés et les priviléges des bourgeois (1). Ceux-ci l'avoient long-temps pressé, ou de se faire consacrer, espérant qu'il revêtiroit alors des sentimens un peu plus chrétiens, ou d'abdiquer; et n'ayant pu obtenir qu'il eût égard à leurs justes réclamations, ils avoient enfin recouru aux armes. En 1406, ils avoient élu un nouvel évêque, Thierry, fils de Henri de Perweis, gentilhomme de leur pays, et ils avoient choisi le père pour leur mainbourg, ou principal magistrat. Leur élection avoit été confirmée par Benoît XIII et par Wenceslas; il est vrai que l'Église commençoit à ne plus reconnoître le premier comme pape, et l'Empire à ne plus reconnoître le second comme empereur. Mais sans recourir à l'aide de leurs supérieurs

1408.

(1) *Gallia Christiana*. T. III, p. 901.

temporel et spirituel, les Liégeois avoient eu de grands succès contre leur évêque; ils avoient soulevé tout son évêché contre lui, et ils le tenoient alors assiégé dans Maëstricht. Le comte de Hainaut, frère de l'élu de Liége, avec le sire d'Enghien, les seigneurs de Croy et de Heilly, que lui avoit envoyés le duc de Bourgogne, étoit entré dans l'évêché de Liége avec une petite armée, pour faire lever le siége de Maëstricht, mais ne se sentant pas assez fort pour livrer bataille aux Liégeois, il s'en étoit vengé sur le plat pays, où il avoit commis les plus effroyables cruautés. Le sire de Jumont, commandant des hommes d'armes du Hainaut, marquoit son passage, comme une bête féroce, par un massacre universel de toutes les créatures humaines qu'il pouvoit atteindre. Il avoit brûlé les villes de Florennes et de Fosses, sans permettre aux soldats de les piller auparavant, de peur que les habitans ne pussent, pendant ce temps, se dérober aux flammes. Dans les campagnes, où les paysans se réfugioient dans leurs églises, avec leurs femmes et leurs enfans, il les y enfermoit, et y faisoit mettre le feu. Il brûla ainsi quatre cents églises dans l'évêché de Liége; mais après ces atrocités, le comte de Hainaut n'osant pas combattre les Liégeois, se retira dans son pays. (1)

(1) Monstrelet. T. I, c. 45, p. 348. — Religieux de Saint-

L'horreur que causoient ces massacres pouvoit soulever les villes de Flandre, qui avoient avec les Liégeois des relations d'amitié et d'intérêt. Le duc de Bourgogne crut dangereux pour son autorité de laisser sous leurs yeux l'exemple d'une résistance impunie. Quelque importance qu'il attachât à la faveur des communes en France, il crut plus essentiel encore d'arrêter le pouvoir croissant des communes dans les Pays-Bas. Il assembla les bourgeois de Paris, et leur recommanda ses intérêts, en protestant qu'il avoit toujours été occupé de défendre les leurs. Il partit ensuite, le 5 juillet, avec ses deux frères pour Arras, et ensuite pour Tournai, où il avoit donné rendez-vous à ses hommes d'armes du duché et du comté de Bourgogne, de Flandre, d'Artois et de Picardie. Ce ne fut que le 11 septembre que son armée fut prête à entrer en campagne. Il se mit alors en marche par Enghien et Nivelle. (1)

Mais les princes ses ennemis, qu'il avoit laissés en France, étoient bien décidés à profiter de l'avantage que leur donnoit son absence. La reine s'étoit jointe à eux; elle avoit fait de Melun la place d'armes de leur parti; elle y

---

Denis. L. XXVIII, c. 13, p. 676. — Barante, Hist. des Ducs de Bourg. T. III, p. 195.

(1) Monstrelet. T. II, c. 50, p. 1. — Religieux de Saint-Denis. L. XXVIII, c. 6, p. 651.

avoit rassemblé des troupes, et le 26 août, se croyant assez forte pour intimider les partisans que le duc de Bourgogne avoit à Paris, elle y rentra à la tête de trois mille hommes d'armes, conduisant avec elle le dauphin, duc de Guienne, qui pour la première fois montoit à cheval. Les ducs de Berri, de Bourbon, de Bretagne, le connétable et le comte d'Alençon s'étoient joints à son cortége. Elle traversa la ville dans cet appareil militaire, et vint loger au Louvre (1). Le 28 août, la duchesse d'Orléans, en grand deuil, accompagnée de sa belle-fille Isabelle, qui avoit été reine d'Angleterre, entra aussi à Paris, entourée d'un cortége imposant, dans lequel tous les princes du sang s'étoient empressés de se ranger. La reine s'étoit fait livrer les clefs des portes; elle y avoit placé des corps-de-garde, ainsi qu'aux ponts autour de Paris : elle se trouvoit donc maîtresse de la ville. Le 5 septembre, elle assembla au Louvre un conseil, où elle eut soin de convoquer seulement ceux des princes du sang et des grands officiers qui s'étoient déclarés pour elle. On y voyoit le dauphin, les ducs de Berri, de Bretagne et de Bourbon, les comtes de Saint-Pol, de Mortaing, d'Alençon, de Clermont, de Dammartin, de

---

(1) Monstrelet. T. I, c. 46, p. 355. — Religieux de Saint-Denis. L. XXVIII, c. 6, p. 651. —Juvénal des Ursins, p. 194. — Barante, Ducs de Bourg. T. III, p. 159.

Tancarville, la duchesse de Guienne, la comtesse de Charolais, et plusieurs prélats. Il n'y avoit pas eu moyen d'y faire paroître le roi, qui dans ce moment étoit en état de frénésie. L'avocat du roi, Juvénal des Ursins, qui se croyoit en conscience obligé de plaider la cause du plus fort, fit un discours pour montrer qu'il convenoit de confier le gouvernement à la reine, et produisit des lettres scellées du grand sceau, par lesquelles le droit d'assembler et de présider le conseil lui étoit déféré pendant l'infirmité de son mari. On ne dit point à quelle époque ou par quelle autorité ces lettres avoient été délivrées (1). On ne les trouve point au Recueil des Ordonnances, mais on y voit l'édit qui fut signé ce jour-là même par la reine, pour la sûreté de Paris et la police des gens de guerre. Il interdit aux soldats d'entrer, sans permission spéciale, dans la ville, ou sans l'ordre du duc de Berri ou du connétable; il leur interdit encore de se loger de force chez les bourgeois; il interdit d'autre part à ceux-ci de prendre aucune part, ou par paroles, ou par actions, aux divisions qui ont éclaté et qui durent encore entre les seigneurs du sang royal, « vu que lesdites choses « ne les touchent, ne ne peuvent en rien les tou- « cher. » (2)

(1) Religieux de Saint-Denis. L. XXVIII, c. 10, p. 660. — Juvénal des Ursins, p. 194.
(2) Ordonn. de France. T. IX, p. 370.

Dès le premier conseil présidé par la reine, la duchesse d'Orléans, à genoux, en habits de deuil, demanda justice de la mort de son mari, et de la diffamation à laquelle sa mémoire avoit été exposée. Dans une nouvelle assemblée, tenue en la grande salle du Louvre, le 11 septembre, où assistèrent les princes du sang, les seigneurs et les prélats de leur parti, le Parlement, l'Université, et un grand nombre de bourgeois, la duchesse d'Orléans fit lire la justification de son mari par maître Serisy, abbé de Saint-Fiacre, religieux de l'ordre de Saint-Benoît. Ce discours, qui nous a été conservé aussi bien que celui de Jean Petit, est dans le même style, avec le même étalage scolastique et pédantesque d'érudition mal digérée. Il est cependant moins ridicule, et il a surtout le mérite de combattre la croyance à la magie et au pouvoir des sorciers; il affirme que les magiciens ne vivent que de mensonge, et ne produisent aucun effet. Il est vrai qu'il se propose surtout par là d'affoiblir l'accusation contre le duc d'Orléans, dont le commerce avec des magiciens pouvoit difficilement être nié (1). L'abbé de Saint-Fiacre nie les diverses tentatives d'empoisonnement alléguées par Jean Petit; mais il est singulier qu'il fasse allusion à des dates et à des

---

(1) Monstrelet. T. 1, c. 47, p. 416-417.

circonstances dont le premier n'avoit pas fait mention, en sorte qu'on en peut conclure que si l'accusation n'étoit pas fondée, du moins elle n'étoit pas nouvelle (1). Il convient aussi que dans la fatale mascarade de 1393, le duc d'Orléans avoit volontairement, et de concert avec Pierre de Navarre, mis ou fait mettre le feu aux étoupes qui couvroient les hommes sauvages entrés dans la salle du bal; mais c'étoit, dit-il, « afin qu'iceux embrasés courussent entre les « dames, pour icelles épouvanter....... et, at- « tendu qu'il avoit ordonné que le feu fût mis « aussi-bien sur l'un que sur l'autre, il n'est pas « à croire que ce il fit par malice et par mauvaise « intention. » (2) L'avocat ou prédicateur, car il seroit difficile de lui assigner exclusivement l'un ou l'autre caractère, justifie l'alliance du duc d'Orléans avec le duc de Lancaster, et la protection accordée à Benoît XIII, comme ayant été conformes aux intérêts du royaume : il excuse sur la nécessité les pillages exercés par ses troupes, et il conclut en demandant que le roi inflige une punition sévère, mais non pas capitale, au duc de Bourgogne. Il requiert la démolition de ses maisons à Paris, des amendes, des fondations expiatoires, et l'exil de sa personne à

---

(1) Monstrelet. T. I, c. 47, p. 421 et 427.
(2) Monstrelet. T. I, p. 424.

cent lieues de la résidence de la reine (1). Le dauphin, en levant la séance, déclara la mémoire du duc d'Orléans complétement justifiée; mais il renvoya à la justice la sentence à porter contre le duc de Bourgogne.

Les princes étoient jaloux de la richesse du duc de Bourgogne, humiliés de l'arrogance qu'il avoit déployée au milieu d'eux, profondément indignés, aussi-bien qu'effrayés, de ce qu'il avoit donné l'exemple de verser leur sang comme celui d'un simple gentilhomme; cependant, quand le moment venoit de le déférer aux tribunaux, ils hésitoient à reconnoître une juridiction qui pût leur être supérieure, et qui, un jour peut-être, les menaceroit à leur tour. Le Parlement, de son côté, n'appeloit pas sans crainte un tel prévenu devant lui, d'autant plus que la faveur populaire le protégeoit toujours, et que la bourgeoisie de Paris, d'abord effrayée de l'arrivée de la reine avec ses gendarmes, commençoit à reprendre courage et à sentir son importance. Au lieu de se laisser arracher les chaînes qui fermoient les rues, et de livrer ses armes à la reine, comme on le lui avoit d'abord demandé, elle avoit obtenu de faire le guet, de concert avec les archers du prévôt de Paris, pour garantir sa sûreté contre

(1) Monstrelet. T. I, c. 48, p. 434. — Religieux de Saint-Denis. L. XXVIII, c. 10, p. 660. —Juvénal des Ursins, p. 195. — Barante, Ducs de Bourg. T. III, p. 191.

les soldats, et elle avoit repoussé les demandes de la reine, qui, déjà réduite aux expédiens, vouloit emprunter de l'argent aux Parisiens. (1)

Le conseil se contenta donc d'envoyer trois députés au duc de Bourgogne; savoir, Guichard Dauphin, sire de Jaligny; le sire de Tignonville, auparavant prévôt de Paris, et Guillaume Bourattier, secrétaire du roi, pour le sommer de venir en personne se justifier des accusations portées contre lui par la duchesse d'Orléans, et de se désister de la guerre entreprise contre les Liégeois, qui s'étoient soumis à l'arbitrage du roi. Ces députés atteignirent le duc à Nivelle, le 12 septembre, comme il étoit sur le point d'entrer dans le Liégeois. La ville de Maëstricht étoit réduite à l'extrémité par le sire de Perweis, qui l'assiégeoit à la tête de quarante mille hommes de milice. Ce seigneur avoit déclaré ne vouloir entendre à aucune condition, si, au préalable, Jean de Bavière, élu de Liége, ne renonçoit pas aux droits qu'avoit pu lui conférer son élection. Le duc de Bourgogne, qui savoit à quelle extrémité les assiégés étoient réduits, répondit aux messagers du roi qu'il ne pouvoit, sans se déshonorer, refuser aux braves gens de Maëstricht un secours qu'ils attendoient avec tant d'impatience, et que s'il renonçoit à son entreprise au

---

(1) Religieux de Saint-Denis. L. XXVIII, c. 12, p. 673.

moment où il étoit en quelque sorte arrivé sur le champ de bataille, il encourageroit toutes les communes à se révolter contre leurs seigneurs. Les trois envoyés du conseil oubliant alors leur devoir comme messagers de paix, et leur ressentiment contre le duc de Bourgogne, revêtirent aussitôt leurs cuirasses, afin de prendre part avec lui à un combat, où ils espéroient répandre à grands flots le sang d'une vile populace qu'ils détestoient et qu'ils méprisoient. (1)

La bataille, en effet, qui se livra le dimanche 23 septembre 1408, dans le champ de Hasbain, non loin de Tongres, fut une des plus terribles et des plus acharnées du siècle. Le duc de Bourgogne avoit sous ses ordres huit mille soldats d'élite, sans l'infanterie légère et les arbalétriers. Les Liégeois comptoient quarante mille hommes de milice braves et obstinés; mais ils étoient mal disciplinés, se défiant des ordres qu'on leur donnoit, et prêts, en toute occasion, à disputer l'autorité du sire de Perweis, leur général. Ils s'étoient enfermés dans une enceinte, en forme de triangle, construite avec leurs charrettes de bagage, et flanquée de canons. Ils y soutinrent une

(1) Religieux de Saint-Denis. L. XXVIII, c. 14, p. 677. — Enguerrand de Monstrelet. T. II, c. 50, p. 2. — Le Fèvre Saint-Remi, c. 1, p. 267. A la suite de Monstrelet, édit. de Buchon. T. VII. — Juvénal des Ursins, p. 196. — Berri, roi d'armes, p. 417. — Pierre de Fenin, p. 447.

sorte d'assaut, dans lequel ils montrèrent beaucoup de bravoure, et pendant la première demi-heure ils paroissoient avoir l'avantage sur les troupes du duc; mais un corps de Bourguignons qui les avoit tournés, sans qu'ils l'observassent, pénétra par-derrière dans leur camp, et y répandit le désordre. Les Liégeois chassés de leur enceinte, essayèrent alors de s'enfuir; mais ils étoient à pied et sans armure défensive; et, lorsqu'une cavalerie toute couverte de fer les poursuivit l'épée dans les reins, ils tombèrent par milliers sans pouvoir se venger. Les chevaliers ne cessèrent de tuer que quand leurs bras fatigués se refusèrent à ce service; alors ils firent plusieurs milliers de prisonniers : mais sur ces entrefaites on vint leur annoncer qu'on voyoit dans le lointain un corps de Liégeois sorti de Tongres, qui sembloit marcher à eux; aussitôt la boucherie recommença, et tous les prisonniers furent massacrés. Pendant ce temps même, la division contre laquelle on se mettoit en garde par cette mesure atroce, prenoit la fuite sans s'être approchée à portée du trait. Ce fut grâce à ce massacre d'hommes sans défense, que le champ de bataille se trouva couvert de vingt-quatre à vingt-six mille morts. (1)

(1) Monstrelet. T. II, c. 50, p. 15. — Barante, Ducs de Bourg. T. III, p. 208.

Le sire de Perweis, mainbourg des Liégeois, avec son fils l'évêque élu, et un autre de ses fils, furent trouvés morts sur le champ de bataille. On présenta leur tête au bout d'une pique à leur compétiteur Jean, qui, depuis cette époque, fut désigné par le nom de *Jean-sans-Pitié*. Liége et toutes les villes de l'évêché s'étoient empressées de lui ouvrir leurs portes en implorant sa miséricorde; elles auroient pu aussi-bien implorer celle d'un tigre. Toutes les personnes qui avoient pris part à la révolte, toutes celles qui avoient des ennemis, ou dont la richesse tentoit les pillards, étoient amenées par bandes de vingt et de trente à la fois devant les trois beaux-frères, le duc de Bourgogne, l'évêque et le comte de Hainaut, et aussitôt ils leur faisoient trancher la tête, ou ils les faisoient jeter dans la Meuse. Beaucoup de femmes, aussi-bien que beaucoup de prêtres, furent au nombre des victimes : tous les priviléges de la ville de Liége furent en même temps déclarés abolis, et l'évêque s'engagea à n'en point accorder de nouveaux sans le consentement de son frère et de son beau-frère. (1)

Si quelque chose pouvoit ajouter à l'horreur que devoit inspirer le duc de Bourgogne, après

(1) Religieux de Saint-Denis. L. XXVIII, c. 14, p. 684. — Monstrelet. T. II, c. 50, p. 21. — Barante, Dncs de Bourgogne. T. III, p. 214.

l'assassinat de son cousin, c'étoit l'horrible abus qu'il fit de sa victoire sur un peuple qui n'avoit pas provoqué son inimitié, et qui, en voulant forcer son prétendu évêque laïque à respecter ses priviléges, avoit le bon droit tout comme la loi religieuse de son côté. Mais la noblesse de France regardoit les communes avec une haine passionnée; partout où elle voyoit des bourgeois armés et invoquant des priviléges, elle croyoit rencontrer des ennemis, qu'elle ne pouvoit trop se hâter d'exterminer. Le pillage de l'évêché de Liége enrichit tous les soldats du duc de Bourgogne : la victoire fut appréciée, non d'après le talent militaire qu'il y avoit déployé, mais d'après la boucherie qu'il y avoit ordonnée. Le vainqueur d'Hasbain fut célébré comme un héros; la reine, les princes, et tout le parti d'Orléans, tremblèrent de l'avoir offensé, et les Parisiens, sans compassion pour les bourgeois de Liége, avec lesquels ils avoient peu de relations, se glorifièrent d'avoir pour protecteur un prince qui pouvoit infliger de si terribles châtimens à ses ennemis.

Le roi de Sicile, le roi de Navarre, les ducs de Berri, de Bretagne et de Bourbon, avant d'avoir reçu la nouvelle de cette victoire, étoient convenus avec la reine d'assembler leurs vassaux, et de poursuivre le duc de Bourgogne à toute rigueur, les armes à la main, dans le temps même où son procès seroit instruit en parlement. Mais lorsque leurs messagers, Guichard Dauphin et Guillaume de Tignonville, furent revenus auprès d'eux, et leur eurent rendu compte de la destruction des Liégeois, à laquelle ils avoient pris part, le courage faillit à tous ces princes; ils renvoyèrent leurs gens de guerre, et ils ne songèrent plus qu'à éviter toute hostilité avec un si redoutable ennemi (1). La duchesse d'Orléans se voyant abandonnée par ses alliés, et n'espérant plus de venger son mari, repartit pour Blois. La douleur et l'effroi avoient détruit sa santé; ce dernier chagrin l'accabla : elle mourut à Blois le 4 décembre (2). La reine fit venir devant elle les principaux bourgeois de Paris, pour reconnoître jusqu'à quel point elle pourroit compter sur eux, et elle leur fit adresser par le chancelier des paroles flatteuses et des promesses de protection. Comme elle voyoit bien cependant qu'ils penchoient tous secrètement pour le duc de Bourgogne, et qu'ils ne manqueroient point, à son arrivée devant leurs portes, de les lui ouvrir, elle ne voulut pas s'exposer à retomber avec le roi en la puissance du duc, et elle fit sortir Charles secrètement de Paris le 10 novembre (3), l'enle-

---

(1) Monstrelet. T. II, c. 51, p. 41.
(2) Religieux de Saint-Denis. L. XXVIII, c. 15, p. 685.
(3) Suivant M. de Barante ce fut le 3 novembre, Ducs de Bourg. T. III, p. 227.

vant à ses propres officiers, et le conduisant rapidement à Tours, quoiqu'il fût alors même dans un accès de frénésie, qui se prolongea jusqu'au 29 décembre. Cette fuite inattendue inspira aux Parisiens autant d'inquiétude que de ressentiment ; ils en donnèrent aussitôt avis au duc de Bourgogne, qui étoit alors de retour à Lille (1). Celui-ci rappelant autour de lui ses gens de guerre, les passa en revue à Roye, en Vermandois; il s'achemina ensuite vers Paris, à la tête de la même armée qui s'étoit baignée dans le sang des Liégeois. Il vint se loger à Saint-Denis le 23 novembre, et le lendemain il fit son entrée à Paris, accueilli en dehors des murs par deux mille hommes d'armes que la ville lui avoit envoyés pour lui faire honneur, et salué dans toutes les rues par le cri de *Noël!* qu'il étoit alors d'usage d'adresser au seul roi de France. (2)

Quoique le duc de Bourgogne fût maître à Paris, comme il n'y avoit pas trouvé le roi, il couroit toujours risque d'être traité en rebelle par le parti qui étoit demeuré maître de sa personne. Il désiroit donc se réconcilier avec la reine et les princes : ceux-ci, de leur côté, n'avoient point de passion qui les poussât à la guerre.

---

(1) Monstrelet. T. II, c. 52, p. 44. — Religieux de Saint-Denis. L. XXVIII, c. 15, p. 686.

(2) Monstrelet. T. II, c. 52, p. 45. — Religieux de Saint-Denis. L. XXVIII, c. 16, p. 688.

Depuis la mort de Valentine Visconti, personne ne les pressoit plus de venger le duc d'Orléans son mari, dont les enfans étoient encore trop jeunes pour être fort écoutés. Les princes ne songeoient qu'à leur intérêt, et ils commençoient à sentir qu'en s'éloignant de la capitale, ils étoient bien moins à portée de partager entre eux les richesses du royaume. De part et d'autre on étoit donc fort disposé à la paix : cependant les négociateurs qui firent les premières avances furent assez mal reçus des deux partis. Le prévôt des marchands s'étoit rendu à Tours au mois de janvier 1409, avec une députation des principaux bourgeois de Paris, pour presser le roi de revenir dans sa résidence. Pour toute réponse, les princes, et surtout le duc de Bourbon, le menacèrent de toute leur vengeance, si les bourgeois ne venoient pas, la corde au cou, crier merci au roi, et se soumettre à l'amende pécuniaire qu'il voudroit leur imposer (1). D'autre part, le sire de Montagu, grand-maître d'hôtel du roi, n'avoit pas été moins mal reçu du duc de Bourgogne, auquel il avoit été envoyé par la reine. Le duc l'accusoit d'avoir enlevé le roi de Paris; d'avoir par là contribué à entretenir la discorde parmi les princes, et il ne parloit de rien moins que de le faire mourir. Mais l'effroi inspiré de part et

---

(1) Religieux de Saint-Denis. L. XXVIII, c. 16, p. 688.

d'autre aux négociateurs, sembla contribuer à hâter la conclusion du traité dont ils étoient chargés. Un médiateur agréable à l'un et à l'autre parti se présenta alors ; c'étoit le comte de Hainaut, petit-fils de l'empereur Louis de Bavière, dont la reine étoit arrière-petite-fille ; il étoit beau-frère du duc de Bourgogne et beau-père du duc de Touraine, second fils du roi : ces relations si intimes avec tous les princes le firent bien accueillir d'eux tous.

Le but principal de la négociation étoit d'engager le duc de Bourgogne à faire quelque espèce de réparation pour le meurtre du duc d'Orléans, tandis que ce duc attachoit son honneur à soutenir qu'il n'avoit agi que pour le bien du royaume, et qu'il avoit bien fait. Mais une difficulté non moins grande, c'étoit de ménager une conférence entre les princes, sans exposer la sûreté ou la vie des uns ou des autres. En effet, les princes de la maison de France se connoissoient trop bien pour avoir réciproquement aucune confiance dans l'honneur, les principes, ou les sermens les uns des autres. Il falloit satisfaire en même temps leur orgueil pointilleux et leur défiance ; les amener à donner des sûretés suffisantes, et à se contenter de celles qu'ils recevroient. Le comte de Hainaut y réussit. Il engagea d'abord le duc de Bourgogne à donner une première satisfaction à la cour à laquelle il avoit désobéi, et pour cela à quitter Paris le 1ᵉʳ février et à retourner à Lille. Après ce premier acte de soumission, il devoit revenir à Chartres, où le roi, les princes et le jeune duc d'Orléans devoient le rencontrer. Il ne devoit amener à Chartres que cent cavaliers avec lui; le jeune duc d'Orléans, qui devoit s'y trouver au milieu de ses amis, devoit n'en amener que cinquante, tandis que le comte de Hainaut se chargeoit de la garde de la ville et de la garantie des deux princes, avec quatre cents gendarmes dont il étoit sûr. Tous les mots qui devoient être dits de part et d'autre furent aussi convenus d'avance.

Tout fut exécuté selon le programme qui avoit été arrêté. Le duc de Bourgogne, arrivé avec six cents hommes d'armes jusqu'aux portes de Chartres, en laissa cinq cents en dehors de cette ville, et avec cent seulement il y entra le 9 mars, jour fixé pour la conférence. Le comte de Penthièvre, son gendre, les comtes de Saint-Pol, de Vaudemont, et d'autres grands seigneurs bourguignons l'accompagnoient. Le comte de Hainaut s'étoit chargé de la garde de la ville avec quatre cents lances et quatre cents archers. Un grand échafaud avoit été dressé dans la cathédrale, à l'entrée du chœur, pour que tout le peuple pût voir la cérémonie. Sur cet échafaud le roi étoit assis sur son trône; il avoit auprès de lui la reine et le dauphin, les rois de

Sicile et de Navarre, les ducs de Berri et de Bourbon, le cardinal de Bar, et tous les plus grands seigneurs du royaume. Le grand conseil, une députation du Parlement et de la Chambre des comptes, le procureur général et les avocats du roi, le prévôt des marchands avec les échevins et plusieurs bourgeois considérables de Paris, avoient été mandés pour cette grande occasion. (1)

Le duc de Bourgogne s'avança sur cet échafaud jusque devant le trône, et mit un genou en terre; mais ce fut son avocat qui parla pour lui. Dans ce siècle les grands seigneurs croyoient déroger à leur dignité en parlant eux-mêmes, non seulement parce qu'ils se fioient peu à leur mémoire ou à leur éloquence, mais parce qu'il y avoit plus de grandeur à faire agir les autres qu'à agir soi-même. Le sire de Lohaing, avocat du duc, dit ces mots, qui avoient été convenus d'avance : « Sire, voici monseigneur le duc de « Bourgogne, votre serviteur et cousin, venu « par-devers vous pour ce qu'on lui a dit que « vous étiez indigné sur lui, pour le fait qu'il a « commis et fait faire en la personne de mon- « seigneur d'Orléans, votre frère, pour le bien « de votre royaume et de votre personne, comme

---

(1) Religieux de Saint-Denis. L. XXVIII, c. 17, p. 689. — Monstrelet. T. II, c. 52, p. 49. — Barante, Ducs de Bourg. T. III, p. 236.

« il est prêt de vous dire et faire véritablement « savoir, quand il vous plaira. Et pourtant mon- « dit seigneur vous prie, tant et si humblement « comme il peut, qu'il vous plaise à ôter votre « ire et indignation de votre cœur et le tenir en « votre bonne grâce. » Le duc ajouta alors de sa bouche : *Sire, de ce je vous prie.* Les princes qui entouroient le roi lui demandèrent d'accorder la requête de son cousin, et Charles VI dit en effet au duc de Bourgogne : *Beau cousin, nous vous accordons votre requête, et vous pardonnons tout.* Le sire de Lohaing s'adressa ensuite aux deux princes d'Orléans, qui étoient en pleurs derrière le roi : « Messeigneurs, leur dit-il, voici le duc « de Bourgogne qui vous prie qu'il vous plaise à « ôter de vos cœurs, si vous avez aucune ven- « geance ou haine contre lui, pour le fait qui fut « fait et perpétré en la personne de monseigneur « d'Orléans votre père, et que dorénavant vous « demeuriez et soyez bons amis ensemble. » De nouveau le duc de Bourgogne répéta : *Et de ce je vous prie.* Les enfans ne répondirent rien. Ce ne fut qu'après que le roi les eût pressés d'accorder la requête de son beau cousin de Bourgogne, qu'ils répondirent : « Sire, puisqu'il vous plaît « à commander, nous lui accordons sa requête, « et lui pardonnons la malveillance qu'avions « contre lui, car en rien ne voulons désobéir à « chose qui soit en votre plaisir. » Les parties jurèrent ensuite la paix sur un missel ouvert par le cardinal de Bar; le duc de Bourgogne embrassa sa fille, femme du dauphin, duc d'Aquitaine, et une heure après il ressortit de la ville avec son cortége pour retourner à Paris. (1)

1409

Dans cette paix de Chartres, que le fou du duc de Bourgogne appeloit une *paix fourrée,* on ne pouvoit reconnoître aucune garantie pour l'avenir. L'apologie du meurtre, prononcée au nom du duc, au moment même où il en demandoit le pardon, étoit insultante; ce pardon, qu'avoient accordé les princes d'Orléans, étoit forcé; et les uns comme les autres avoient si peu de confiance dans leur réconciliation, qu'ils n'avoient pas voulu séjourner près les uns des autres dans la ville où elle s'étoit scellée, assez de temps pour y prendre quelques rafraîchissemens. D'ailleurs cette paix ne régloit point les intérêts sur lesquels ces princes étoient vraiment en différend; elle ne pourvoyoit point au gouvernement du royaume; elle ne décidoit point à qui appartiendroit l'autorité. Les princes du sang, qui se regardoient comme différant absolument d'avec le reste de la noblesse, et comme intéressés au maintien intégral de l'autorité royale, dont ils

(1) Monstrelet. T. II, c. 52, p. 52. — Religieux de Saint-Denis. L. XXVIII, c. 17, p. 689. — Le Fèvre Saint-Remi, c. 1, p. 271. — Juvénal des Ursins, p. 198. — Berri, roi d'armes, p. 419.

prétendoient être les seuls ministres, n'avoient pas su trouver dans l'État une autorité législative qui réglât ce qui devoit se faire pendant la démence ou la minorité du roi. Au lieu de lois, ils produisoient seulement des ordonnances royales, signées par Charles VI lui-même, quand dans l'intervalle entre ses paroxismes, il n'étoit qu'imbécile, et par le dauphin en conseil, quand, son père étoit frénétique. Mais les unes comme les autres étoient révocables par le monarque insensé, ou par l'enfant de treize ans qui les avoient rendues; les unes comme les autres ne pouvoient signaler le vice de l'autorité d'où elles émanoient, pour y porter remède, déclarer le roi incapable, quand il n'étoit pas furieux, ou garantir que le dauphin n'annuleroit pas à quinze ans ce qu'il s'étoit laissé surprendre par défaut d'âge, lorsqu'il n'en avoit que treize. Tous les malheurs de la France provenoient de ce qu'elle n'avoit nulle part une autorité nationale, qui en limitant celle du roi pût lui servir de garantie. Le traité de Chartres ne mit aucune limite au pouvoir absolu d'un monarque incapable de discernement. Il le laissa ainsi à la merci de quiconque s'empareroit de sa personne.

Il avoit été sous-entendu plutôt que convenu que le roi reviendroit à Paris; il y entra en effet avant la fin de mars, avec la reine et les princes. Ceux-ci assistoient ensemble au conseil; il y régnoit entre eux une apparente harmonie, et le duc de Bourgogne, contre lequel ils s'étoient d'abord tous déclarés, cherchoit à se faire un parti parmi eux. Le marquis de Pont, fils du duc de Bar, et cousin du duc de Bourgogne, s'étoit, d'abord après la paix de Chartres, réconcilié le premier avec lui (1). Le duc de Bourgogne avoit ensuite offert sa médiation au duc de Bourbon, pour le réconcilier avec Amé VIII, comte de Savoie. Ce dernier, sous prétexte de forcer le duc de Bourbon à lui faire hommage pour des fiefs dont il venoit d'hériter dans le Beaujolais, mais bien plutôt pour obliger le duc de Bourgogne, dont il avoit épousé une sœur, avoit donné commission à Amé de Viry, qui commandoit un corps de Savoyards envoyés comme auxiliaires à la guerre de Liége, de dévaster le Bourbonnais au retour de cette expédition (2). Ce gentilhomme fut ensuite sacrifié par ceux qu'il avoit servis. Bourgogne convint que Viry seroit livré au duc de Bourbon, pour qu'il en tirât telle vengeance qu'il voudroit, et Bourbon devoit, de son côté, faire rendre par son fils au comte de Savoie l'hommage qui lui étoit demandé. Viry fut d'abord jeté dans une prison et menacé du dernier supplice; mais après

---

(1) Monstrelet. T. II, c. 52, p. 55.
(2) Guichenon, Hist. généalog. de Savoie. T. II, p. 27.

qu'on l'y eut retenu pendant douze jours dans l'attente de la mort, Bourbon lui fit grâce, et le renvoya au comte de Savoie. (1)

Le duc de Bourgogne, cherchant toujours à se fortifier par des alliances avec les plus grands seigneurs du royaume, fit épouser au comte de Nevers, son frère, la fille d'Enguerrand de Coucy, celui qui avoit péri dans la guerre de Hongrie. Elle étoit nièce du duc de Lorraine et du comte de Vaudemont, dont il vouloit s'assurer l'amitié (2). Il tenoit plus encore à attacher à ses intérêts le roi de Navarre, qui, revenu en France peu après la mort du duc d'Orléans, sembloit se fixer à la cour, et préférer y tenir le second rang plutôt que le premier dans son pays barbare. Le frère du roi, Pierre de Navarre, possédoit le comté de Mortaing, qui fut érigé en comté-pairie, à la recommandation du duc de Bourgogne (3). Après quoi un traité fut signé à Paris, le 7 juillet, entre ce roi et le duc, par lequel le roi de Navarre s'engageoit à soutenir de tout son pouvoir le duc de Bourgogne, si celui-ci entroit en guerre avec les princes d'Orléans; et Bourgogne promettoit la même assistance, le cas échéant, au roi de Navarre contre le roi de Castille ou le

---

(1) Religieux de Saint-Denis. L. XXIX, c. 4, p. 703. — Monstrelet. T. II, c. 54, p. 59.

(2) Monstrelet. T. II, c. 54, p. 59.

(3) Ordonn. de France. T. II, p. 423.

comte d'Armagnac (1). Les princes d'Orléans 1409. continuoient en effet à se tenir loin de la cour, et ne renonçoient point à l'espoir de la vengeance; mais les autres princes du sang se rapprochoient du duc de Bourgogne ; même le comte de Clermont, fils du duc de Bourbon, qui entre tous les princes étoit celui qui avoit montré le plus de ressentiment pour le meurtre du duc d'Orléans, accepta l'invitation du duc de Brabant, de se rendre à Bruxelles pour assister, le 15 juillet, aux noces de ce duc avec la fille du marquis de Moravie. Toute la maison de Bourgogne y étoit réunie, et elle reçut le comte de Clermont avec des honneurs infinis (2). Dès le 21, le duc de Bourgogne étoit de retour à Paris, après avoir tenu à Lille les États de Flandre.

Heureusement pour la France que pendant que la discorde entre les princes du sang lui ôtoit les moyens de se défendre, les autres nations, trop occupées entre elles, ou trop mal instruites de ce que faisoient les Français pour abuser de leur foiblesse, s'attachoient à vivre en paix avec eux. Henri IV d'Angleterre avoit été de nouveau alarmé au commencement de l'année précédente, par la révolte du comte de Northumberland et de lord Bardolph. Ces deux seigneurs avoient

(1) Hist. de Bourg. T. III, L. XV, c. 80, p. 290.
(2) Religieux de Saint-Denis. L. XXIX, c. 5, p. 705.

été, il est vrai, défaits et tués à Horselwood, le 27 février 1408 (1). Mais Henri n'en continua pas moins à mettre beaucoup d'empressement à suspendre par des trèves toute hostilité avec la France. Après plusieurs armistices partiels pour la Guienne, la Picardie, la Bourgogne et la Bretagne (2), il signa, le 5 octobre 1408, une prorogation de la trève, qui devoit durer et par terre et par mer, depuis la Toussaint suivante jusqu'au 1er mai 1410 (3). Dans le même temps à peu près l'ancienne alliance entre les maisons de France et de Castille fut renouvelée le 7 décembre 1408, à Valladolid, par deux ambassadeurs qui avoient été envoyés, au nom de Charles VI, à la cour de Jean II. Ce dernier étoit un enfant, monté sur le trône à l'âge de moins de deux ans, le 26 décembre 1406, à la mort de son père, Henri III le maladif. (4)

L'Angleterre avec ses guerres civiles, l'Espagne avec sa minorité, l'Empire avec la rivalité de Wenceslas et de Robert, exerçoient au-dehors si peu d'influence, que c'étoit encore la France qui, avec son roi fou, et ses princes du sang en

---

(1) Thom. Walsingham, *Hist. Angl.*, p. 377. — Rapin Thoyras. T. IV, L. XI, p. 56.

(2) *Rymer.* T. VIII, p. 513, 521, 530 et 542.

(3) *Rymer.* T. VIII, p. 551. — Monstrelet. T. II, c. 51, p. 43.

(4) *Rymer.* T. VIII, p. 561. — *Mariana, de Rebus Hisp.* L. XIX, c. 14, p. 769.

discorde, avoit agi avec le plus de vigueur et de constance pour terminer le schisme. L'honneur en appartenoit surtout à l'université de Paris, qui avoit alors à sa tête quelques hommes doués de beaucoup d'énergie, et animés, du moins dans les affaires de l'Église, d'un esprit républicain, en sorte qu'ils considéroient les papes comme les magistrats de la chrétienté, et non comme ses maîtres. Par leurs ambassades aux deux cours pontificales, ils y avoient si bien répandu leurs principes, que les cardinaux des deux obédiences abandonnèrent leurs deux chefs. Ceux de Grégoire XII, qui étoient avec lui à Lucques, s'échappèrent de cette ville au mois de mai 1408, et se retirèrent à Livourne. Ceux de Benoît XIII, qui étoient avec lui à Porto-Vénéré, vinrent les joindre à Livourne (1). Se réunissant en un seul collége, ils adressèrent des lettres encycliques à toute la chrétienté, pour lui dénoncer les ruses des deux papes, qui travailloient de concert à empêcher une réunion, et pour convoquer de leur propre autorité un concile œcuménique, qui devroit se réunir à Pise au mois de mars 1409. Les deux papes, à cette nouvelle, partirent dans les deux directions opposées. Benoît XIII, avec ses galères, gagna les côtes de

---

(1) *Cronica di Piero Minerbetti.* Anno 1408; c. 7, p. 581. — Hist. des Répub. ital. T. VIII, c. 60, p. 178.

Catalogne, et se mit sous la protection du roi d'Aragon. Grégoire XII se rendit d'abord à Sienne, d'où il passa à Rimini, pour s'y mettre sous la protection de Carlo Malatesti, seigneur de cette ville; car il ne pouvoit point rentrer à Rome, dont le roi de Naples Ladislas s'étoit emparé. Tous deux fulminèrent des excommunications contre les cardinaux qui s'étoient détachés d'eux : cependant presque toute la chrétienté reconnut l'autorité du collége que ces cardinaux avoient formé. Henri IV d'Angleterre, dès le 24 décembre 1408, enjoignit aux prélats de son royaume d'envoyer leurs députés au concile de Pise (1). La France prit la même détermination quelques jours plus tard; l'ordonnance qui imposa aux prélats français l'obligation de se rendre à Pise est du 8 janvier 1409. (2)

On vit se réunir au concile de Pise, encore que cette assemblée n'eût été convoquée par aucun pape, vingt-deux cardinaux entre les deux obédiences, quatre patriarches, douze archevêques, quatre-vingts évêques, et un grand nombre de députés, soit des autres siéges épiscopaux, soit des autres dignitaires de l'Église. Dans sa quinzième session, le 5 juin 1409, ce concile condamna les deux papes comme coupables de schisme et d'hé-

---

(1) *Rymer*. T. VIII., p. 567.

(2) Ordonn. de France, T. IX, p. 411.

résie, et déclara le trône pontifical vacant. Les vingt-deux cardinaux entrèrent ensuite au conclave, le 15 juin; leurs suffrages se réunirent en faveur de Pierre de Candie, archevêque de Milan, qu'ils sacrèrent à Pise, le 7 juillet, sous le nom d'Alexandre V. Dans une dernière session, la vingt-quatrième, le concile de Pise imposa, le 7 août, au nouveau pape, l'obligation de convoquer incessamment un autre concile pour réformer l'Église dans son chef et dans ses membres. L'obstination de Benoît XIII et de Grégoire XII, dont l'un conserva des partisans en Aragon, l'autre dans quelques parties de l'Italie, ne permit point à la chrétienté de jouir de la pacification que le concile de Pise avoit cru établir. Il y eut dès-lors trois papes au lieu de deux, et c'est ce qui força plus tard le successeur d'Alexandre V à accomplir le devoir qui lui avoit été imposé dès sa création, et à convoquer le concile de Constance. (1)

L'influence de la France sur le concile de Pise s'étoit augmentée par la souveraineté qu'elle avoit exercée sur la république de Gênes, sur le territoire de laquelle elle s'étoit long-temps efforcée de réunir les deux papes rivaux. En effet,

---

(1) Hist. des Répub. ital. T. VIII, c. 60, p. 179 et suiv. — Religieux de Saint-Denis. L. XXIX, c. 1, 2, 3, p. 693. — Monstrelet. T. II, c. 55, p. 64. — *Raynaldi Annal. eccles.* 1409. §. 1-87.

depuis treize ans la république de Gênes s'étoit volontairement mise sous la protection de Charles VI, qui en avoit confié le gouvernement au maréchal Boucicault. Mais plus l'autorité du roi étoit méconnue en France, plus celle de son lieutenant devenoit absolue à Gênes. Il n'avoit jamais cherché à comprendre ni les intérêts des Génois, ni leurs goûts, leurs mœurs et leur caractère, ni leurs lois et leurs priviléges, qu'il s'étoit cependant engagé à respecter. Boucicault, qui ne connoissoit que le droit de l'épée, et qui méprisoit de toute son âme ces marchands et ces bourgeois qu'il étoit contraint d'admettre dans les conseils, s'écartoit tous les jours davantage des capitulations qu'il avoit juré d'observer; il gouvernoit Gênes d'une manière tous les jours plus despotique. Mais, en même temps, grâce aux revenus de cette riche cité, dont il avoit aggravé les contributions, malgré son engagement précis de n'en rien faire (1); grâce aussi au grand nombre d'aventuriers français qui venoient servir sous ses drapeaux, il étoit en état de se faire craindre de toute l'Italie, et il y poursuivoit ses projets ambitieux, sans se donner la peine d'en informer sa cour, qui aussi-bien ne les auroit pas compris.

Vers cette époque l'occasion parut s'offrir à

---

(1) *Uberti Folietæ Genuens. Hist.* L. IX, p. 527.

lui de soumettre à sa domination la Lombardie entière. Depuis la mort de Jean Galeaz Visconti, père de la duchesse d'Orléans, les riches États sur lesquels il avoit régné étoient livrés aux plus effroyables calamités. Il les avoit partagés entre ses deux fils, encore mineurs, dont l'un se disoit duc de Milan, l'autre comte de Pavie. Le premier, Jean-Marie, étoit un jeune homme dont la férocité presque fabuleuse avoit inondé de sang le Milanais. Son plus grand plaisir étoit de voir dévorer par des chiens ceux qu'il nommoit les criminels, et pour que ce spectacle journalier ne lui manquât pas, il désignoit chaque jour de nouvelles classes de proscrits, qu'il destinoit au supplice (1). Cependant les capitaines de Jean Galeaz s'étoient à sa mort emparés chacun de la ville où ils tenoient garnison, en sorte que la Lombardie se trouvoit divisée en un grand nombre de petites principautés militaires, toutes en guerre avec leurs voisines, toutes opprimées dans leur intérieur, toutes ennemies du duc de Milan, plus odieux encore que chacun de ces petits tyrans. Un de ces capitaines, Facino Cane, qui étoit en même temps tuteur du comte de Pavie, voulut forcer le duc de Milan à se mettre également sous sa tutelle. Les conseillers de ce duc invoquèrent l'assistance du maréchal Bou-

(1) *Andreæ Billii*, *Hist. Mediolanensis*. L. II. *Script. Ital.* T. XIX, p. 28.

cicault, gouverneur de Gênes, et en retour, pour l'aide qu'ils lui demandoient, ils lui promirent que Jean-Marie Visconti se reconnoîtroit pour vassal du roi de France. Boucicault s'engagea aussitôt à protéger ce monstre. Il rassembla entre Novi et Gavi six mille fantassins et cinq mille chevaux; c'étoient toutes les forces que la France avoit en Italie. A leur tête il marcha sur Milan. Mais les Génois, mécontens du joug de la France, avoient veillé ses mouvemens, et s'étoient entendus avec ses ennemis. A peine avoit-il dépassé les montagnes, que le marquis de Montferrat au couchant, et Facino Cane au levant, s'avancèrent entre lui et la ville qu'il avoit quittée, de manière à lui fermer le retour. Un soulèvement éclata à Gênes le 6 septembre : tous les Français que le peuple put atteindre furent massacrés dans les rues, et ceux qui s'étoient réfugiés dans la citadelle s'estimèrent heureux d'obtenir la vie sauve, en livrant la place à la république. Boucicault, qui avoit déjà reçu l'hommage du duc de Milan lorsqu'il apprit cette nouvelle, se hâta bien de retourner vers Gênes, avec l'intention de punir cette ville de sa rébellion : mais arrêté dans les montagnes par Facino Cane, et craignant de perdre toute communication avec la France, il fut contraint à se retirer en Piémont, dans les États de la maison de Savoie (1). Les

(1) *Georgii Stellæ Annal. Genuens.* T. XVII, p. 1223. —

troubles qui ne tardèrent pas à éclater de nouveau en France empêchèrent qu'on ne songeât à lui faire passer des secours, ou à tirer vengeance des Génois; et Jean-Marie Visconti, effrayé et entouré d'ennemis, se mit de lui-même sous la protection de Facino Cane, auquel il fit ouvrir les portes de Milan. Ainsi l'entrée de l'Italie fut fermée à la France, au moment où l'on avoit cru qu'elle alloit l'envahir tout entière.

Uberti Folietæ Hist. Genuensis. L. IX, p. 532. — *Andreæ Billii Hist. Mediolan.* T. XIX. L. II, p. 33. — Religieux de Saint-Denis. L. XXIX, c. 6, p. 706. — Monstrelet. T. II, c. 62, p. 97. — Chron. de Berri, roi d'armes, p. 419.

CHAPITRE XXVII.

Supplice de Montagu, ordonné par le duc de Bourgogne. — Le duc d'Orléans épouse la fille du comte d'Armagnac. — Factions des Bourguignons et des Armagnacs. — Guerre civile. — Les deux partis sollicitent et obtiennent tour à tour l'alliance de l'Angleterre. — Siége et traité de Bourges. — 1409-1412.

MALGRÉ la maladie du roi, la misère du peuple et l'épuisement du trésor, Paris étoit encore la ville de l'Europe où l'on s'occupoit le plus de plaisir, et où l'on étaloit le plus de luxe. Les fêtes et les divertissemens de la cour s'y succédoient sans interruption : les princes du sang, bien plus nombreux que dans aucun autre royaume, jouissant d'apanages qui l'emportoient en étendue et en richesse sur plusieurs des grands États de l'Europe, et ne se croyant astreints à aucun devoir, à aucun ménagement de la fortune publique, ne songeoient qu'à rivaliser les uns avec les autres dans l'éclat des vêtemens et des équipages. Ils regardoient le train nombreux de gentilshommes, qu'ils nourrissoient à leur table et auxquels ils faisoient porter leur livrée, comme faisant en même temps leur gloire et leur sûreté. Ils les habilloient de vêtemens somptueux ; ils les faisoient parader autour d'eux dans toutes les fêtes, dans toutes les cérémonies publiques; ils donnoient pleine licence à leurs plaisirs et à leurs vices, mais aussi ils comptoient sur leur dévoûment et leur bravoure, soit qu'il s'agît de combattre à visage découvert contre des ennemis puissans ou de les assaillir de nuit dans un guet-apens, soit qu'il fallût affronter la mort ou braver les lois divines et humaines. Les princes avoient donc, jusqu'à un certain point, un but politique en enivrant sans cesse de plaisirs cette jeunesse brillante et nombreuse dont ils étoient entourés, mais probablement ils aimoient plus encore les plaisirs pour les plaisirs eux-mêmes. Sans élévation dans le caractère, sans grandes pensées, sans avenir dans leur ambition, sans instruction, sans intérêt dans tout ce qui tient à l'intelligence, ils avoient besoin d'une succession rapide de fêtes pour rompre la monotonie de l'existence. Les bals, les festins, les mascarades, se succédoient presque sans rémission ; et l'invention des jeux de cartes, comme celle des farces dramatiques, qui toutes deux datent de cette époque de calamités, attestent combien, au milieu des malheurs de la France, on s'y occupoit de plaisirs.

On sent assez combien la cruauté et la cupidité

1409.

des grands pouvoient être augmentées par leur frivolité et leurs dissipations ; combien le contraste entre les réjouissances de la cour et l'oppression du peuple devoit offenser ceux qui payoient les impôts ; cependant les choses les plus fâcheuses sont presque toujours rachetées par quelques avantages, et cette rage du plaisir qui animoit tous les princes français et tous les gentilshommes attachés à chacun d'eux, contribua peut-être à maintenir l'unité de la monarchie. C'étoit pour jouir des fêtes qui se succédoient sans relâche à Paris, que les rois de Sicile et de Navarre préféroient leur qualité de princes français à leurs souverainetés étrangères ; que les ducs de Berri, de Bourgogne, de Bourbon, fixoient leur résidence dans la capitale plutôt que d'habiter leurs gouvernemens, où, s'ils l'avoient voulu, ils n'auroient pas tardé à se rendre indépendans. Si la France ne fut pas démembrée, c'est que ses princes, plus vaniteux qu'ambitieux, aimoient mieux briller dans une cour que de régner, et qu'ils n'avoient pas plus tôt tiré l'épée qu'ils étoient impatiens de la remettre dans le fourreau, pour recommencer leur train habituel de bals, de festins et de mascarades.

Parmi ces fêtes qui, depuis la paix de Chartres, se succédoient rapidement, aucune ne fut plus brillante que celle que donna, le 22 septembre 1409, Jean de Montagu, grand-maître de la maison du roi, à l'occasion de la promotion de son frère Gérard, de l'évêché de Poitiers à l'évêché de Paris (1). La fortune du grand-maître frappoit chacun d'étonnement. Fils d'un notaire de Paris anobli par le roi Jean en 1363, il avoit obtenu la confiance du roi Charles V, qui lui avoit confié les premiers emplois du royaume. Il avoit été le principal administrateur des finances, et il y avoit amassé des richesses très considérables sans s'attirer la haine du peuple. Il étoit de petite taille, de pauvre mine, presque dépourvu de barbe, et il ne parloit qu'en bégayant; toutefois il avoit su gagner l'affection de gens presque toujours séduits par les qualités extérieures, de Charles VI, de son frère le duc d'Orléans, de la reine, du duc de Berri, du duc de Bourbon et du comte de Clermont. Il avoit deux frères : l'un, nommé Jean, fut évêque de Chartres dès 1390, président de la chambre des comptes, et, depuis 1405, chancelier de France et archevêque de Sens (2); l'autre, Gérard, évêque de Poitiers, étoit chancelier du duc de Berri ; mais, à la mort de Pierre d'Orgemont, évêque de Paris, survenue le 16 juillet 1409, il venoit d'être pourvu de cet évêché (3). Le grand-maître avoit invité aux fêtes qu'il donna à cette

---

(1) Hist. de Bourg. T. III, L. XV, p. 297.
(2) *Gallia Christiana.* T. XII, p. 81.
(3) *Ibid.* T. VII, p. 142.

1409 occasion, le roi, la reine, le roi de Navarre, les ducs de Berri, de Bourgogne, de Bourbon, et une foule de seigneurs, qui furent servis avec une profusion de vaisselle d'or et d'argent telle, qu'on n'en avoit jamais vu de pareille dans aucune maison de prince. Montagu avoit marié ses trois filles au comte de Roucy, au sire de Montbazon et au comte de Melun; son fils enfin, âgé seulement de onze ans, venoit d'épouser la fille du connétable d'Albret, qui, et par son père et par sa mère, étoit cousine du roi. (1)

Mais, parmi ses amis, Montagu ne comptoit pas le duc de Bourgogne. Sa liaison passée avec le duc d'Orléans, et l'alliance qu'il venoit de contracter avec la maison d'Albret, le faisoient considérer par ce duc comme appartenant au parti de ses ennemis; aussi, lorsqu'au commencement de l'année il lui avoit été envoyé en députation par la reine, le duc avoit-il menacé de le faire mourir. Cependant Montagu, qui vouloit être ami de tout le monde, s'étoit efforcé alors même de regagner la faveur du duc de Bourgogne, et c'étoit lui qui avoit persuadé à la reine de se contenter des termes que le duc offroit pour le traité de Chartres. Il étoit donc demeuré sans défiance à Paris, tandis que le roi éprouvoit un de ses accès de démence, qui, chaque année,

---

(1) Barante, Ducs de Bourg. T. III, p. 253.

devenoient plus longs et plus fréquens, et que la reine étoit retournée avec le dauphin à Melun, après les fêtes qu'il venoit de lui donner.

Le 7 octobre au matin, comme Montagu alloit à la messe à Saint-Victor, Pierre des Essarts, que le duc de Bourgogne avoit fait prévôt de Paris, l'arrêta dans la rue avec l'évêque de Chartres qui l'accompagnoit. « Je mets la main « à vous, dit le prévôt, d'après l'autorité royale « qui m'est commise. — Qui? toi, ribaud! reprit « Montagu, es-tu si hardi que de me toucher? « — Il n'en ira pas, reprit le prévôt, comme « vous pensez; vous paierez les grands maux « que vous avez faits. » La résistance étoit impossible; non seulement des Essarts étoit accompagné de beaucoup de sergens, mais encore le duc de Bourgogne, qui s'étoit concerté avec le roi de Navarre pour perdre le grand-maître, avoit donné au prévôt trois seigneurs du parti bourguignon, appuyés par un grand nombre de gentilshommes venus de Flandre pour le seconder : c'étoient les sires de Heilly, de Roubais et de Liedkerque. Après avoir fait lier étroitement Montagu comme un malfaiteur, le prévôt de Paris le fit conduire au petit Châtelet : il arrêta encore Pierre de l'Esclat et l'évêque de Cambrai, principaux conseillers du duc de Berri et de la reine; puis, parcourant les rues à cheval, et criant qu'il tenoit les traîtres, il dissipa la bourgeoisie, qui commençoit à s'armer et à se soulever. (1)

Deux jours après, Montagu fut traduit devant une commission que le prévôt de Paris avoit choisie parmi les conseillers au Parlement, et qu'il présidoit : elle le fit mettre, à plusieurs reprises, à la torture, en même temps qu'elle reçut toutes les dépositions qu'on voulut faire contre lui. Le duc de Bourgogne désiroit faire passer Montagu pour un complice du duc d'Orléans, et justifier ainsi incidemment ses accusations contre celui-ci. L'interrogatoire du prévenu porta donc sur les opérations magiques par lesquelles, de concert avec le duc d'Orléans, il avoit, disoit-on, causé la maladie du roi ; sur ses intrigues pour entretenir le schisme et semer la division parmi les princes ; enfin, sur la dilapidation des finances. Montagu, qui ne pouvoit résister aux tourmens redoublés qu'on lui infligeoit, invoqua, d'après le conseil de son confesseur, les priviléges de la cléricature dont il étoit revêtu ; il appela aussi du prévôt de Paris au Parlement : cet appel fut rejeté. Le duc de Bourbon et le comte de Clermont, qui l'aimoient, essayèrent de le justifier. Le duc de Bourgogne ne voulut pas les écouter ; et ils sortirent indi-

---

(1) Monstrelet. T. II, c. 63, p. 101. — Religieux de Saint-Denis. L. XXIX, c. 7, p. 711. — Journal d'un bourgeois de Paris. T. XV, p. 161.

gnés de Paris : son frère, l'évêque de Paris, adressa à ses juges les plus instantes prières, il ne put obtenir qu'on lui épargnât de nouvelles tortures; enfin, Montagu, voyant que les bourreaux avoient ordre d'épuiser son courage, avoua tout ce qu'on voulut. Le duc de Bourgogne ordonna alors au prévôt de presser l'exécution; elle se fit aux halles le 17 octobre. En chemin, Montagu protesta, en montrant ses mains disloquées et son bas-ventre rompu par une hernie, qu'il n'y avoit rien de vrai dans tout ce que la douleur lui avoit arraché à la charge du duc d'Orléans et de lui-même, sauf la dissipation des finances du roi : pour ne pas lui donner le temps de parler au peuple de l'échafaud, on ne lui lut pas même sa sentence. Le bourreau, après l'avoir dépouillé, lui trancha la tête, qui fut exposée au bout d'une lance, tandis que son corps fut pendu par les aisselles au gibet de Montfaucon. Tous ses biens furent en même temps déclarés confisqués.

Les seigneurs que le duc de Bourgogne avoit envoyés pour être témoins de l'exécution, pleuroient de pitié; le peuple étoit ému à compassion : mais l'opulence que Montagu avoit imprudemment étalée, et qui avoit excité la convoitise du duc de Bourgogne, donnoit à ce dernier les moyens de réconcilier la cour à ce supplice. Le comte de Hainaut, arrivé à Paris le lendemain de l'exécution, accepta en don le bel hôtel que Montagu possédoit à Paris, avec tous les meubles qu'il contenoit, et se chargea, à ce prix, d'apaiser les princes : en effet, il engagea le duc de Berri à ôter l'office de son chancelier au frère de Montagu, et à se joindre à la persécution contre toutes ses créatures. La reine montroit plus de ressentiment; mais le duc de Bourgogne l'apaisa en donnant au duc de Bavière, son frère, le beau château de Marcoussis qu'il venoit de confisquer sur le malheureux Montagu. L'archevêque de Sens, frère de ce dernier, étoit alors même à Amiens en conférence avec les ambassadeurs d'Angleterre, qui négocioient avec lui pour le renouvellement de la trève : un huissier lui fut envoyé pour l'arrêter; mais il réussit à lui échapper au passage de l'Oise; l'autre frère se retira en Savoie avec la femme et les enfans du grand-maître. Il en fut rappelé en 1412, et il reprit alors possession de son évêché de Paris. (1)

Le duc de Bourgogne triomphoit; l'autorité étoit déléguée au conseil des princes, et il étoit resté maître absolu de ce conseil, d'où le duc de

---

(1) Monstrelet. T. II, c. 63, p. 101-111. — Religieux de Saint-Denis. L. XXIX, c. 7, p. 710-712. — Juvénal des Ursins, p. 201. — Berri, roi d'armes, p. 421. — Pierre de Fenin, p. 449. — *Gallia Christiana.* T. VII, p. 142. — Mémoire de Saint-Remi, c. 4, p. 276. — Journal d'un bourgeois de Paris. T. XV, p. 161.

Bourbon et son fils s'étoient retirés, et où la reine, ses fils, et le duc d'Orléans avec ses frères, ne vouloient pas paroître. Trois jours après l'exécution de Montagu, ce conseil rendit une ordonnance, dans laquelle, après avoir récapitulé tous les désordres des finances, avoir accusé tous ceux qui les avoient administrées d'avoir malversé, tous ceux qui approchoient le roi d'avoir obtenu de lui des grâces excessives, le conseil nommoit les trois comtes de la Marche, de Vendôme et de Saint-Pol, avec un grand nombre d'officiers subalternes, pour revoir tous les comptes, et recouvrer tout ce qui avoit été indûment dissipé (1). La chambre des comptes fut suspendue pour laisser un pouvoir plus absolu à ces commissaires ; ils en profitèrent pour dépouiller tous ceux qui avoient eu part à la précédente administration, pour ôter leurs offices à tous ceux qui tenoient à la maison d'Orléans, et les donner aux partisans de la maison de Bourgogne. Les prisons étoient remplies d'employés destitués, auxquels on ne rendoit leur liberté qu'autant qu'ils déboursoient de grandes sommes d'argent. Le foible duc de Berri entroit en partage de cet argent, quoiqu'il fût arraché principalement à ses créatures. La reine, quoique en retour pour la concession de Marcoussis elle

(1) Ordonn. de France, du 20 octobre. T. IX, p. 468.

donnât son approbation à tout ce qui se faisoit, refusa de quitter Melun, où elle se fortifioit, et de revenir à Paris jusqu'à ce que le roi eût recouvré un peu de raison. Le duc de Bourgogne, qui redoutoit son influence sur le dauphin, et qui ne vouloit pas avoir pour ennemi l'héritier de la couronne, alla la voir à Melun au commencement de novembre, accompagné par le comte de Hainaut son beau-frère et cousin de la reine; il convint avec elle de faire épouser au frère de celle-ci, Louis de Bavière, la fille du roi de Navarre, veuve du roi d'Aragon; et, en considération de ce mariage, un traité secret d'alliance et d'union intime fut signé à Melun le 11 novembre, entre la reine et le duc de Bavière d'une part, le roi de Navarre, le duc de Bourgogne et le comte de Hainaut de l'autre : ces deux derniers contractant encore au nom de leurs frères, le duc de Brabant et l'évêque de Liége. (1)

Le paroxisme du roi finit le 1er décembre, et il reçut ce jour-là même la visite du roi de Navarre, des ducs de Berri, de Bourgogne, de Bourbon, de Brabant et de Bavière, des comtes de Hainaut, de la Marche, de Vendôme, de Saint-Pol, de Nevers et d'Alençon, qui venoient le féliciter sur sa guérison. Ces princes, qui for-

---

(1) Hist. de Bourg. T. III, L. XV, p. 300. Preuves, *ibid.* §. 263. — Barante, Ducs de Bourgogne. T. III, p. 262.

moient le conseil, l'étonnèrent fort en lui apprenant le supplice de Montagu ; car c'étoit celui de ses officiers qu'il aimoit le plus. Mais le malheureux Charles VI étoit obligé de s'en rapporter à ce qu'on lui racontoit sur ce qu'on prétendoit avoir découvert pendant les longs accès de sa maladie; il se défioit de la foiblesse de sa tête, et il ne sut prendre d'autre parti que d'approuver tout ce qui s'étoit fait, et de confirmer la nouvelle administration. (1)

Cette administration, selon la politique de la maison de Bourgogne, ne négligeoit point de chercher un appui dans le peuple. Dès le 10 septembre, une ordonnance avoit rendu aux Parisiens tous leurs anciens priviléges : la nomination du prévôt des marchands et des centeniers, cinquanteniers et dizainiers ; la formation de la garde bourgeoise, et le droit de posséder des fiefs en franchise, comme les gentilshommes (2). Le duc de Bourgogne engagea ensuite le roi à convoquer, pour les fêtes de Noël suivantes, une assemblée des États, ou peut-être seulement de la noblesse. On y compta huit ducs ou princes, dix-neuf comtes, et plus de dix-huit cents chevaliers; mais les princes d'Orléans ne s'y trouvèrent point, non plus que le duc de Bretagne,

---

(1) Religieux de Saint-Denis. L. XXIX, c. 9, p. 715.
(2) Ordonn. de France. T. IX, p. 463.—Religieux de Saint-Denis. L. XXIX, c. 8, p. 713.

le sire d'Albret, connétable; les comtes de Foix et d'Armagnac, et tous les seigneurs qui s'étoient attachés à leur faction (1). Le roi présida cette assemblée, le 27 décembre, dans la grande salle du Parlement, et il chargea le comte de Tancarville de lui communiquer ses intentions. Celui-ci annonça que les commissaires anglais ne s'étant point rendus aux conférences dont on étoit convenu pour la prorogation de la trève, la France devoit se préparer à la guerre; que les besoins des finances forçoient le roi à révoquer toutes les grâces qu'il avoit accordées, et à tenir la main sévèrement aux réformes arrêtées par les trois comtes de la Marche, de Vendôme et de Saint-Pol; que le roi confirmoit la reine dans la présidence du conseil, pour les temps où luimême étoit indisposé; mais que son fils aîné étant sur le point d'entrer dans sa quatorzième année, et devant dès-lors s'accoutumer aux affaires, tandis que la reine avoit demandé elle-même, soit à cause des soins que demandoit sa famille, soit à cause de son extrême embonpoint, à être déchargée d'une partie des fatigues du gouvernement, toutes les fois qu'elle seroit empêchée, le dauphin, duc de Guienne, présideroit le conseil à sa place, en s'aidant des conseils de ses oncles les ducs de Berri et de Bourgogne. Le duc

---

(1) Monstrelet. T. II, c. 64, p. 113.

de Berri prit ensuite la parole au nom de tous les princes et les seigneurs présens; il approuva ce qui venoit d'être annoncé sur la présidence du dauphin; il offrit la personne et les biens de tous les gentilshommes présens, pour la défense du royaume contre les Anglais; il déclara qu'en raison des besoins de l'Etat, les princes renonçoient aux gages qu'on leur allouoit pour siéger au conseil. Tout le reste de l'assemblée donna, par son silence, son assentiment à ce qui venoit de se faire devant elle. (1)

Il paroît que le duc de Berri ne soupçonnoit point l'alliance secrète du duc de Bourgogne avec la reine, et que, redoutant d'avoir à lutter avec celle-ci, il se laissa persuader d'annoncer au conseil, trois jours après, qu'en raison de son grand âge, il remettroit à son neveu de Bourgogne toute la direction des affaires; il ne tarda pas à se repentir de cette résolution, et à ressentir beaucoup d'humeur et de jalousie quand il s'aperçut qu'il avoit ainsi abandonné à son neveu le pouvoir suprême (2). Diverses ordonnances annoncèrent au public les arrangemens qui avoient été pris dans l'assemblée du 27 décembre, quant aux pouvoirs délégués à la reine et au dauphin. (3)

---

(1) Monstrelet. T. II, c. 65, p. 115. — Religieux de Saint-Denis. L. XXIX, c. 9, p. 715.

(2) Religieux de Saint-Denis. L. XXIX, c. 9, p. 716.

(3) Ordonn. de France du 27 décembre et du 28 janvier. T. IX, p. 488, 490, 491.

1409.

Un des plus puissans entre les princes du sang prenoit peu de part à ces intrigues; c'étoit Louis II, roi titulaire de Sicile, qui avoit pour apanage les comtés d'Anjou et du Maine, et qui gouvernoit la Provence comme comte souverain. Son ambition s'étoit de nouveau dirigée vers l'Italie; il s'étoit flatté d'avoir trouvé une occasion de monter sur le trône de Naples, et dès-lors il cherchoit à s'allier en France au parti qu'il jugeoit le plus puissant, bien plutôt qu'à disputer la prépondérance de son cousin le duc de Bourgogne. C'étoit le concile de Pise qui avoit ranimé ses espérances. Pour s'en rapprocher, il avoit d'abord fixé sa résidence en Provence, où il étoit encore au mois de mai (1). Lorsqu'il y avoit appris la déposition des deux anti-papes et l'élection d'Alexandre V, il avoit offert son appui à ce dernier, pour l'établir sur son siége de Rome, d'autant que Ladislas, le roi de Naples son rival, avoit rejeté le concile, et s'étoit déclaré fidèle à Grégoire XII. Les Florentins, avec leurs alliés les Siennois et les Bolonais, avoient, au contraire, reconnu le concile et le pape Alexandre V; ils désiroient chasser de Rome Ladislas leur ennemi, et ils offrirent un subside à Louis d'Anjou, pour qu'il prît le commandement de leur armée, et qu'il vînt, de concert avec eux, com-

(1) Bouche, Hist. de Provence. T. II, L. IX, p. 434.

battre son ennemi. Louis accepta ces offres avec empressement; il embarqua quinze cents cavaliers provençaux sur cinq galères de Marseille, et il arriva à Pise à la fin de juillet. Alexandre V lui donna l'investiture des royaumes de Sicile et de Jérusalem, et le gonfalon de l'Église; après quoi, Louis joignit l'armée des Florentins, et entra dans les États de l'Église. Cette armée étoit alors commandée par quelques hommes qui avoient fait de l'art de la guerre une étude approfondie, tels que Malatesta de Pesaro, Ange Pergola, mais surtout Braccio de Montone; inférieurs peut-être aux Français pour la valeur impétueuse, ils l'emportoient infiniment sur eux pour la tactique et la stratégie. Louis d'Anjou s'ennuya bientôt de leurs opérations lentes, et qu'il jugeoit timides : l'armée où il avoit déployé son étendard royal s'étoit avancée jusque devant Rome, et en avoit entrepris le siége. Le comte de Troja, qui commandoit pour Ladislas dans la capitale de la chrétienté, repoussa avec succès les premières attaques des assaillans. Louis d'Anjou impatienté, et ne voyant que peu de chances de combattre, quitta le camp au commencement de décembre, repassa en Provence sur ses galères, et se rendit en hâte à Paris, où il arriva le 6 janvier 1410. (1)

(1) *Piero Minerbetti.* Anno 1409, c. 13 à 21, p. 606-613.

Cependant l'armée que Louis d'Anjou avoit abandonnée étoit restée devant Rome : les généraux y avoient maintenu la plus parfaite discipline ; les magistrats florentins étoient entrés en négociation avec les magistrats romains, et les avoient sollicités de saisir cette occasion pour recouvrer leur liberté : en effet, les portes de Rome furent volontairement ouvertes à l'armée florentine le 2 janvier 1410. En France, on attribua ce succès à Tannegui du Châtel, que le roi de Sicile avoit laissé à l'armée avec un petit corps de Bretons : les historiens italiens ne parlent point de lui; ils louent au contraire la parfaite discipline qu'observèrent les vainqueurs, leur respect pour les personnes et les propriétés des Romains. Une telle retenue, sans exemple de la part des aventuriers bretons, fait supposer du moins qu'ils étoient en bien petit nombre à l'armée. (1)

Dès que la nouvelle de la prise de Rome parvint à Paris, au roi de Sicile, il se hâta de se préparer à retourner en Italie : avant tout, il voulut s'assurer l'alliance du duc de Bourgogne,

---

— Hist. des Rép. ital. T. VIII, c. 61, p. 196. — Monstrelet. T. II, c. 65, p. 120.

(1) *Piero Minerbetti.* 1409, c. 25, p. 616. — *Vita Brachii Perusini.* T. XIX, *Script. Ital.* p. 480. — Hist. des Rép. ital. T. VIII, c. 161, p. 198. — Religieux de Saint-Denis. L. XXX, c. 1, p. 723. — Hist. de Bretagne. L. XIV, c. 144, p. 515.

qu'il voyoit tout puissant en France; il demanda pour son fils aîné, à peine âgé de sept ans, Catherine, fille de ce duc. Le mariage entre ces deux enfans fut célébré à Gien, dans les premiers jours d'avril; la jeune princesse fut ensuite conduite à Angers, chez la reine de Sicile, pour être élevée avec son futur époux; dix mille écus d'or furent en même temps payés par le duc de Bourgogne au roi de Sicile, à compte de la dot, et cet argent venoit fort à propos pour l'aider à préparer un nouvel armement (1). On rassembloit, d'après ses ordres, des hommes d'armes en Provence, on y équipoit des vaisseaux, et au commencement de mai il mit à la voile de Marseille pour Porto-Pisano, avec quatorze galères, deux grands vaisseaux et plusieurs petits bâtimens. Six de ses galères, rencontrées par les Génois, près de la Meloria, lui furent enlevées, le reste de l'armée débarqua à Piombino. Mais en y arrivant, Louis d'Anjou apprit qu'Alexandre V étoit mort à Bologne le 3 mai; que l'ambitieux Balthazar Cossa lui avoit été donné pour successeur le 17 mai, sous le nom de Jean XXIII, et que la réputation suspecte de ce nouveau pape affoiblissoit le parti qui s'étoit d'abord attaché au concile de Pise. Louis II vint cependant à Bologne auprès de lui, et lui rendit hommage pour le royaume de

1410.

---

(1) Hist. de Bourg. T. XV, c. 76, p. 285.—Preuves, *ibid*, §. 267.

Naples, le 6 juin; il fut ensuite forcé de renvoyer jusqu'à l'automne ses opérations militaires, parce qu'il falloit les concerter avec le nouveau pape et la république florentine. (1)

Le roi de Sicile, en s'éloignant du duc de Bourgogne, auquel il venoit de s'allier, avoit déjà pu voir se former contre lui une ligue redoutable. Jean-sans-Peur avoit fait épouser à sa fille Isabelle, Olivier, comte de Penthièvre, qui passoit pour un des plus riches seigneurs du royaume, et il avoit ainsi aliéné le duc de Bretagne, qui voyoit dans Olivier un rival redoutable, et le représentant de ses deux grands-pères, Charles de Blois et le connétable de Clisson. Le duc de Bretagne avoit déclaré la guerre au comte de Penthièvre, et en même temps il avoit quitté le parti de Bourgogne pour embrasser avec zèle le parti d'Orléans (2). Le duc d'Orléans, qui n'avoit plus reparu à la cour depuis le traité de Blois, étoit alors âgé de dix-neuf ans; il avoit, l'année précédente, perdu sa première femme, Isabelle, fille de Charles VI, et veuve de Richard II, roi d'Angleterre, et il venoit d'épouser Anne, fille de Bernard, comte d'Armagnac, et d'Anne de Berri. Ce mariage lui procuroit de puissantes alliances; sa femme étoit petite-fille

(1) Monstrelet. T. II, c. 68, p. 129. — Religieux de Saint-Denis. L. XXX, c. 4, p. 726.

(2) Lobineau, Hist. de Bretagne. L. XV, c. 1, p. 518.

du duc de Berri, elle étoit fille de la même mère que le comte de Savoie, mais surtout elle avoit pour père le comte d'Armagnac, seigneur brave, actif, intrigant, fort considéré dans le Midi, étroitement lié avec le connétable, sire d'Albret, et qui devint bientôt le chef du parti d'Orléans, auquel il assuroit l'appui de toute la noblesse pauvre et belliqueuse de Gascogne. (1)

Lorsque le roi de Sicile avoit passé à Gien, où il avoit conclu le mariage de sa fille, il avoit en même temps essayé de réconcilier entre eux les princes du sang; il avoit eu quelques conférences avec le roi de Navarre, le duc de Berri et le duc de Bourbon, sur la pacification de la Bretagne; ces conférences n'avoient eu aucun résultat, mais elles avoient amené à d'autres négociations avec le duc d'Orléans et le comte d'Armagnac. A peine le roi de Sicile étoit-il parti, que les ducs de Berri et de Bourbon, quittant Paris sans prendre congé du roi et du duc de Bourgogne, revinrent à Gien, où ils rencontrèrent les ducs d'Orléans et de Bretagne, les comtes d'Alençon, de Clermont et d'Armagnac (2). Tous ces princes, également jaloux du duc de Bourgogne, signèrent à Gien, le 15 avril 1410, un traité par lequel ils s'engageoient réciproquement *à tenir le roi en sa royale*

---

(1) Monstrelet. T. II, c. 67, p. 126.
(2) Religieux de Saint-Denis. L. XXX, c. 3, p. 725.

majesté et franchise, et à chasser dehors ceux qui voudroient s'y opposer. Pour atteindre ce but, ou plutôt pour ressaisir le pouvoir qu'avoit usurpé le duc de Bourgogne, ils convinrent de rassembler une armée de dix mille hommes, et le contingent de troupes que chacun devoit fournir étoit fixé. (1)

A cette nouvelle, le duc de Bourgogne, d'une part, chercha à détacher le duc de Berri de ses nouveaux alliés; de l'autre, il commença à rassembler des gens de guerre dans ses vastes domaines. Il vouloit d'abord faire croire que ces armemens étoient destinés à former le siége de Calais, pour lequel il avoit rassemblé à Saint-Omer des machines de guerre qui furent brûlées par un traître (2). Loin d'y songer cependant, il pressoit les négociations pour prolonger la trêve avec l'Angleterre, et en effet, à la suite de plusieurs conférences tenues à Lélinghen, cette trêve fut prolongée jusqu'au 1er janvier suivant (3). Il demandoit en même temps ou un emprunt ou un subside aux bourgeois de Paris, mais il n'osa point insister quand les bourgeois le refusèrent. (4)

---

(1) Hist. de Languedoc. L. XXXIII, c. 83, p. 426.
(2) Religieux de Saint-Denis. L. XXX, c. 1, p. 724.
(3) *Rymer.* T. VIII, p. 620, 622, 630, 632, 637, 641, 653 et 655.
(4) Religieux de Saint-Denis. L. XXX, c. 5, p. 726.

Les hostilités ne commençoient pas, mais le royaume se remplissoit de gens de guerre. Le duc de Bourgogne avoit appelé à lui des Brabançons, des Lorrains, des Allemands; le duc de Berri, des Gascons, des Bretons, des Normands, et même un corps de troupes anglaises. Tous vivoient aux dépens des malheureux paysans, qu'ils rançonnoient avec la plus odieuse cruauté (1). Sur ces entrefaites, Charles VI, qui eut un retour de raison, vers la mi-juillet, écrivit au duc de Berri qu'il seroit empressé de l'entendre et de lui rendre justice, pourvu que ce duc revînt à Paris sans armes; d'autre part, il rendit une ordonnance pour interdire aux feudataires des princes de se rassembler en corps d'armée d'après aucun autre ordre que le sien. (2)

Comme la ligue formée à Gien ne tenoit aucun compte de ses ordres, Charles VI rendit d'autres ordonnances, qui tendoient plus directement à fortifier le duc de Bourgogne. Il forma, le 11 août, un corps d'arbalétriers dans la milice de Paris; et il accorda de grands priviléges à ceux qui se distinguoient dans cet exercice (3). Il convoqua, pour le 15 septembre, tous les feudataires de la couronne, afin de former une ar-

---

(1) Religieux de Saint-Denis. L. XXX, c. 5, p. 728.
(2) Ordonn. de France. T. IX, p. 515.—Religieux de Saint-Denis. L. XXX, c. 7, p. 731.
(3) Ordonn. de France. T. IX, p. 522.

mée royale qui pût réduire à l'obéissance les deux factions; il autorisa les bourgeois à défendre leurs propriétés contre les militaires, même lorsque ceux qui les attaqueroient seroient du sang royal; enfin il révoqua toutes les lieutenances et les capitaineries générales qu'il avoit accordées à des princes du sang, et qui mettoient à leur disposition les forces du royaume. (1)

A cette époque même le vieux duc de Bourbon mourut à Moulins, le 19 août, âgé de soixante-treize ans; son fils Jean, comte de Clermont, recueillit sa succession, et prit sa place dans le conseil des princes, où il apporta une hostilité plus prononcée contre le duc de Bourgogne (2). Il n'y avoit cependant point encore eu de sang répandu, les princes parloient toujours un langage pacifique; la reine et l'Université envoyoient des députations, et recommandoient la concorde, mais le duc de Berri déclaroit qu'il ne pouvoit, sans être bien accompagné, venir reprendre sa place dans le conseil du roi (3). En même temps, les Gascons, pauvres et mal vêtus, qu'avoit amenés le comte d'Armagnac, et qui se reconnoissoient à une bande de toile blanche passée sur l'épaule droite, pilloient les cam-

---

(1) Ordonn. de France. T. IX, p. 530, 531, 544. — Religieux de Saint-Denis. L. XXX, c. 7, p. 731.

(2) Monstrelet. T. II, c. 71, p. 145.

(3) Religieux de Saint-Denis. L. XXX, c. 8, p. 732.

pagnes avec un degré d'avidité et de férocité qu'on n'avoit encore éprouvé de la part d'aucun ennemi. Dans un rayon de vingt lieues autour de Paris, toutes les maisons, toutes les granges, étoient brûlées ; tous les paysans tombés entre les mains des Gascons étoient soumis à d'horribles tortures, pour leur faire révéler leur argent caché. Le nom d'Armagnac, qu'on ne prononçoit qu'avec horreur, fut donné à ces pillards et à tout le parti des princes ; les Bourguignons, pour se distinguer d'eux, arborèrent le chaperon bleu avec la croix de saint André, et la fleur de lis au milieu.

Cependant un mécontentement sourd se laissoit apercevoir dans les deux partis. Chacun accusoit l'ambition et la cupidité des chefs, qui sacrifioient la France à leurs vues d'agrandissement ; et les chefs, inquiets de cette fermentation, n'osoient hasarder de bataille. Quoique les bourgeois de Paris penchassent en faveur du duc de Bourgogne, ils refusoient de prendre part à la guerre, ils refusoient également de donner un successeur au duc de Berri dans la charge de leur capitaine-général. Les feudataires ne s'étoient point rendus à l'appel du roi pour lui former une armée. Du côté des princes, les grands seigneurs voyoient avec humeur que le peuple les oublioit, pour désigner comme chef de leur parti le comte d'Armagnac, le moindre d'entre eux, et cependant ils ne pouvoient eux-mêmes accorder leur confiance ou au duc de Berri, qui, dans sa longue vie, avoit donné tant de preuves d'incapacité, ou au duc d'Orléans, qui, dans son extrême jeunesse, n'en avoit pu donner aucune de prudence. Les deux partis, se menaçant toujours, laissèrent passer la saison d'agir. L'hiver approchoit, on ne trouvoit plus de vivres dans les campagnes; les approvisionnemens de toute une année avoient été dissipés en peu de mois; on ne pouvoit en amener de loin, parce que les pluies avoient rendu les chemins impraticables; la famine enfin commençoit à se faire sentir, elle détermina les princes à prêter l'oreille à des propositions d'accommodement. Le conseil du roi, pour recouvrer son indépendance, les vouloit éloigner tous également de la cour; il profita de leur jalousie mutuelle pour les faire céder, sous condition que leurs adversaires cédassent aussi. Sur cette base, un traité de pacification fut signé à Bicêtre, le 2 novembre. Il fut convenu que le duc de Bourgogne et le duc de Berri partiroient en même temps, l'un pour le Nord, l'autre pour le Midi, en emmenant avec eux toutes leurs troupes, et qu'ils ne reviendroient point qu'ils ne fussent mandés par lettres-patentes envoyées simultanément à tous deux. Ils députeroient cependant chacun un seigneur à son choix pour veiller à l'éducation du dauphin, tandis que le roi formeroit son conseil d'hommes probes, qui n'appartiendroient ni à l'un ni à l'autre parti, et qu'il ôteroit à Pierre des Essarts la place de prévôt de Paris. Aussitôt après la signature de ce traité, les princes s'éloignèrent de Paris, en évitant soigneusement de passer sur les terres l'un de l'autre ; le conseil du roi fut formé, sous la présidence de l'archevêque de Reims, des évêques de Saint-Flour et de Noyon, des sires d'Offemont, de Mailly, de Rambures, de Blaru, et de neuf autres seigneurs, parmi lesquels il n'y avoit aucun prince du sang ; enfin Bruneau de Saint-Clair fut nommé pour remplacer Pierre des Essarts dans la place de prévôt de Paris. (1)

Le traité de Bicêtre reposoit sur la combinaison qui sembloit la plus propre à sauver la France. Il éloignoit également des princes qui s'étoient montrés également indignes du pouvoir ; il appeloit autour du trône un tiers parti, un parti royal, qui devroit chercher son appui dans la nation, qui seroit français, et non bourguignon ou armagnac ; mais malheureusement,

---

(1) Religieux de Saint-Denis. L. XXX, c. 9-14, p. 735-745. — Monstrelet. T. II, c. 72, p. 164. — Le Fèvre Saint-Remi, c. 6, p. 279. — Journal d'un bourgeois de Paris, p. 164. — Berri, roi d'armes, p. 421. — Pierre de Fenin, p. 449. — Juvénal des Ursins, p. 203-209. — Barante, Ducs de Bourg. T. III, p. 293.

1410.

pour conduire un tel parti, il auroit fallu des hommes doués d'un talent supérieur et jouissant déjà d'une grande considération, or de tels hommes n'existoient pas en France. Depuis trente ans, le pouvoir avoit été exercé par un roi d'abord enfant, ensuite fou, et par des princes du sang également dépourvus de toutes vertus et de tous talens. Tous les hommes qui les approchoient, tous les hommes à qui ils accordoient leur confiance, à qui ils déléguoient leur autorité, étoient souillés par leur contact; tous avoient été ou les instrumens de leurs rapines, ou du moins les panégyristes de leurs forfaits. Un homme probe, un homme habile, un homme qui auroit eu de l'étendue dans l'esprit ou de l'élévation dans le caractère, n'auroit jamais acquis du pouvoir dans une telle cour, il n'y auroit pas même été souffert. Aucune autre carrière ne lui étoit ouverte pour servir le public, ou pour attirer sur lui les regards : il n'y avoit de célébrité possible que pour le crime et pour la bassesse. Ceux que le roi appela à son conseil n'étoient en effet pas connus de la France. Personne n'osoit se reposer ni sur leur capacité, ni sur leur intégrité, ni sur leur courage, et dès que Charles VI eut un nouvel accès de folie, ils se trouvèrent impuissans vis-à-vis des redoutables chefs de parti qu'ils étoient appelés à contenir.

1411.

Les princes s'étoient retirés dans leurs gouvernemens, humiliés, épuisés, obligés de recourir aux expédiens pour se procurer de l'argent. Mais, à peine deux mois s'étoient écoulés depuis leur retraite, et déjà ils rassembloient des soldats pour ressaisir le pouvoir par les armes. Le conseil adressa des remontrances au duc d'Orléans, qui répondit que les calomniateurs qui osoient dire qu'il levoit des troupes, méritoient d'être sévèrement punis. Cependant la chose étoit notoire, et le conseil, présidé par le jeune dauphin, duc de Guienne, publia, le 28 février 1411, une nouvelle ordonnance pour interdire aux princes tout rassemblement de gens de guerre, et leur enjoindre de licencier ceux qui, au mépris des derniers traités, continuoient à désoler les campagnes. (1)

Dans le même temps, le duc de Bourgogne intriguoit pour détacher le duc de Berri, son oncle, du parti d'Orléans. Dès le 7 novembre 1410, une alliance secrète avoit été signée entre eux (2), mais il y avoit sans doute encore quelques articles en litige, que le duc de Bourgogne espéra régler par l'entremise de Jean de Croy, son chambellan, qu'il envoya à son oncle. Croy fut arrêté le 30 janvier par des gens du duc d'Orléans, qui feignirent de le regarder comme un des assassins du feu duc, et qui, sous ce pré-

---

(1) Ordonn. de France. T. IX, p. 573.
(2) Hist. de Bourg. Preuves. §. 268.

texte, le soumirent à une cruelle torture, moins pour lui faire confesser ce crime, que pour tirer de lui le secret de la négociation dont il étoit chargé. Ce fut en vain que le duc de Berri le redemanda, il ne put pas se le faire rendre(1). Dès-lors ce vieux duc se détacha du duc d'Orléans, et de même que la reine, il parut demeurer neutre entre les deux partis.

Le duc de Bourgogne s'étoit conformé mieux que le duc d'Orléans à la convention de Bicêtre. Il ne rassembloit point d'armée; mais il parcouroit les villes de Flandre, leur accordant à prix d'argent de nouveaux priviléges, ou la confirmation de leurs anciennes chartes, et cherchant à remettre de l'ordre dans ses finances (2). Le conseil du roi lui avoit envoyé des députés, ainsi qu'au duc d'Orléans, pour leur enjoindre à tous deux, s'ils avoient quelque nouveau différend, de les soumettre à l'arbitrage de la reine et du duc de Berri, au lieu de les décider par les armes. Jean-sans-Peur accueillit bien ces députés, et promit de se conformer à leurs injonctions; le duc d'Orléans, au contraire, déclara qu'il ne désarmeroit qu'après que le roi auroit éloigné d'auprès de lui les traîtres qui entouroient sa per-

---

(1) Monstrelet. T. II, c. 74, p. 178. — Religieux de Saint-Denis. L. XXX, c. 14, p. 746. — Le Fèvre Saint-Remi, c. 7, p. 280.

(2) *Meyer Annal. Fland.* L. XV, f. 235.

sonne. Il désigna en particulier l'évêque de Tournai, le vidame d'Amiens, Jean de Nesle, le sire de Heilly, et six autres conseillers du roi, auquel il demanda qu'on fît leur procès. (1)

Le conseil du roi avoit recouvré un peu de consistance par un succès militaire que le maréchal Boucicault avoit remporté en son nom : il avoit mis en déroute, le 1er mai, une compagnie d'aventuriers, commandée par Polifer Radingen, qui ravageoit l'Ile-de-France, et qui y avoit commis d'effroyables atrocités ; Boucicault avoit fait pendre une trentaine de ses officiers, et fait jeter plus de cent soldats dans la rivière, supplice alors fréquent, lorsqu'on vouloit dérober au public la connoissance du nombre des victimes. (2)

Ce combat avoit fait sentir que le conseil s'occupoit à protéger le peuple : d'ailleurs le roi étoit de nouveau assez bien pour le présider. Il put donc, avec plus d'autorité, renouveler aux princes la défense d'entrer à Paris, ou d'assembler des troupes dans leurs gouvernemens ; il envoya la reine à Melun, pour conférer avec le duc de Berri sur les moyens de rétablir la concorde ; il doubla le guet et la garde dans la capitale (3), et il demanda aux prélats, aux bourgeois et à l'Uni-

---

(1) Monstrelet. T. II, c. 75, p. 185. — Religieux de Saint-Denis. L. XXXI, c. 4, p. 753.

(2) Religieux de Saint-Denis. L. XXXI, c. 3, p. 752.

(3) Ordonn. du 20 avril. T. IX, p. 581.

versité, des aides pécuniaires, pour entretenir une armée qui ne dépendît que du roi. L'Université fit échouer ces sages mesures par son zèle pour les immunités ecclésiastiques : elle déclara que le clergé étoit trop pauvre pour donner aucune subvention, que ses biens étoient d'ailleurs exempts de toute imposition; que le roi s'étoit engagé à maintenir leur immunité; qu'il ne pouvoit attribuer sa pénurie qu'à sa prodigalité et à son désordre, puisqu'il entroit chaque mois dans ses coffres deux cent mille écus d'or, et que si on en jugeoit d'après l'exemple des histoires anciennes, un tel désordre pouvoit pousser les peuples à secouer le joug du monarque et à le destituer. C'étoit le chancelier de Notre-Dame de Paris qui parloit ainsi en plein conseil, au nom de l'Université et du clergé. Lorsqu'il prononça cette conclusion inattendue, elle excita une grande rumeur. Le chancelier de France censura l'orateur, et demanda sa punition, pour avoir avancé qu'un roi pouvoit être destitué par ses sujets : mais les docteurs de Sorbonne déclarèrent que, comme il n'avoit point parlé affirmativement et qu'il s'étoit contenté de citer des exemples, il n'y avoit rien de blâmable dans son discours (1). Le docteur Jean Petit, un des docteurs les plus célèbres de la Sorbonne, qui, d'a-

---

(1) Religieux de Saint-Denis. L. XXXI, c. 5, p. 756.

près des principes analogues, avoit justifié le forfait du duc de Bourgogne, mourut à Hesdin, justement à cette époque, le 15 juillet, comblé des faveurs de ce duc. (1)

Bientôt on apporta au conseil des lettres du duc d'Orléans et de ses deux frères, les comtes de Vertus et d'Angoulême, en date de Jargeau, 14 juillet, par lesquelles ces trois princes accusoient en forme le duc de Bourgogne pour l'assassinat du feu duc d'Orléans, et demandoient sa punition exemplaire (2). Le 18 juillet, ces mêmes princes envoyèrent au duc de Bourgogne un cartel insultant, lui annonçant qu'ils travailleroient de toutes leurs forces à le punir de ses trahisons, dont leur père avoit été victime. Le duc de Bourgogne leur répondit, le 10 août, par un cartel non moins insultant, dans lequel il se glorifioit du meurtre du duc d'Orléans, qu'il appeloit traître et perfide. (3)

Les troupes des deux partis étoient déjà en présence, dans le voisinage de la Somme; les Armagnacs dans la baronnie de Coucy, qui appartenoit au duc d'Orléans, les Bourguignons dans l'Artois (4). Cependant le conseil du roi

(1) Monstrelet. T. II, c. 76, p. 193.
(2) Religieux de Saint-Denis. L. XXXI, c. 6, p. 757. — Juvénal des Ursins, p. 209. — Monstrelet, c. 77, p. 195.
(3) Religieux de Saint-Denis. L. XXXI, c. 7, p. 761. — Monstrelet. T. II, c. 78, p. 225.
(4) Monstrelet. T. II, c. 76, p. 194.

n'ayant ni trésors ni armées pour réduire les deux factions à l'obéissance, travailloit du moins à les réconcilier par des négociations. La reine et le duc de Berri, qui avoient été acceptés comme médiateurs, continuèrent, pendant tout le mois de juillet, leurs conférences à Melun; enfin ils demandèrent au conseil de leur envoyer le connétable, le chancelier, le maréchal de France, tous les autres grands officiers, et de nombreuses députations de la magistrature, de l'Université et de la bourgeoisie, pour qu'ils leur communiquassent le résultat de leurs travaux. On crut la paix faite : au contraire, le duc de Berri, durant ces conférences, s'étoit pleinement réconcilié avec le duc d'Orléans, et il n'avoit assemblé tous ces notables que pour leur faire entendre les accusations de ce dernier contre le duc de Bourgogne et la menace de saccager la capitale. Melun étoit rempli de Gascons et d'Armagnacs, que l'espoir du pillage de Paris avoit attirés du fond de leur province, et qui n'attendoient de la guerre aucun autre résultat. L'indignation fut grande à Paris contre le duc de Berri, et même contre les notables qu'il avoit convoqués, et la bourgeoisie ne se fiant plus à ce prince imbécile, lui ôta la charge de commandant des milices parisiennes pour la donner au comte de Saint-Pol. (1)

(1) Religieux de Saint-Denis. L. XXXI, c. 8, p. 762.

Waleran de Luxembourg, comte de Saint-Pol, étoit un des seigneurs les plus dévoués au parti de Bourgogne. En acceptant la place de capitaine général ou gouverneur de Paris, il se proposoit avant tout de faire renoncer soit le conseil du roi soit la bourgeoisie, à la neutralité qu'ils s'étoient jusqu'alors proposé de maintenir, et de les réduire à une absolue dépendance du duc de Bourgogne. Dans ce but il n'hésita point à faire alliance avec ce qu'il y avoit dans la populace de gens plus grossiers, plus brutaux, mais aussi plus redoutés. Les bouchers formoient à Paris une corporation puissante; un petit nombre de familles, jouissant d'un monopole qu'on leur avoit imprudemment vendu, s'enrichissoient en fournissant seules à la consommation de viande de cette grande ville. De nombreux valets, toujours armés de couteaux, forts, courageux, accoutumés au sang, dépendoient d'eux, et la populace s'empressoit à suivre ces hommes qui lui donnoient l'exemple de l'audace comme de la férocité. Le comte de Saint-Pol admit à sa familiarité les trois fils du boucher Legoix, qui se déclarèrent parmi les plus ardens partisans du duc de Bourgogne : il leur permit de former une compagnie de cinq cents garçons bouchers, ou écorcheurs, auxquels il distribua des armes, en leur confiant la garde de la ville. Il suffisoit qu'un de ceux-ci accusât un passant d'être un *Arma-*

gnac, pour qu'il fût aussitôt assommé par la populace, qui couroit ensuite piller sa maison. Les Legoix n'exerçoient pas seulement leur autorité dans les rues, ils assiégeoient le conseil du roi, et par leurs clameurs et leurs menaces ils en excluoient ceux qui vouloient persister dans le système de neutralité auquel ce conseil devoit son existence. Ils forcèrent ainsi l'archevêque de Reims, qui le présidoit, et l'évêque de Saintes, à se retirer; ils exigèrent ensuite que le roi et le dauphin quittassent l'hôtel de Saint-Paul, parce qu'il étoit trop près des murs, et vinssent habiter au Louvre. Ils abattirent une partie de l'hôtel de Nesle, qui appartenoit au duc de Berri, sous prétexte d'ouvrir un chemin de ronde; ils forcèrent Charles Culdoe, prévôt des marchands, à quitter Paris, avec plus de trois cents des bourgeois les plus considérés, et ils lui firent nommer pour successeur Pierre Gentien, qui, au reste, n'étoit pas indigne de cet office; enfin ils firent exiler sous peine de la vie, tous les serviteurs et adhérens des ducs de Berri et d'Orléans, et du comte d'Alençon. (1)

Avec les trois frères Legoix, maîtres de la boucherie de Sainte-Geneviève, s'étoient asso-

---

(1) Religieux de Saint-Denis. L. XXXI, c. 8 et 9, p. 763. — Juvénal des Ursins, p. 224. — Monstrelet. T. II, c. 82, p. 236. — Le Fèvre Saint-Remi, c. 15, p. 293. — Berri, roi d'armes, p. 421. — Journal d'un bourgeois de Paris, p. 165.

ciés les Thibert et les Saint-Yon, maîtres de la grande boucherie près le Châtelet, Caboche, écorcheur de bêtes à la boucherie de l'Hôtel-Dieu, et Jean de Troyes, chirurgien, qui étoit l'orateur du parti. Ces hommes, qui entraînoient avec eux toute la populace, furent, tant que le parti de Bourgogne eut le dessus, les vrais maîtres de Paris. Leur crédit s'augmentoit encore de l'indignation que causoient dans la ville les détails qu'on y recevoit sur la conduite des Armagnacs dans le Vermandois. Ils y avoient commencé la guerre, sous les ordres du nouveau duc de Bourbon, du comte d'Alençon, et de Clignet de Brabant, amiral de France. Aucun corps bourguignon ne s'y trouvoit encore pour les combattre; aussi ne s'attaquoient-ils qu'aux habitans du pays. Tous ceux qui n'avoient pas cherché un refuge dans les villes murées étoient victimes de leur cupidité ou de leur fureur. Tous les biens étoient livrés au pillage, toutes les femmes étoient violées, les hommes étoient pendus par les pouces au-dessus d'un brasier, pour leur faire avouer où ils avoient caché leur argent. Mais, après même qu'on leur avoit tout pris, ils étoient encore victimes du sentiment de haine ou de mépris qu'on avoit excité chez les soldats contre Charles VI. Ceux-ci leur coupoient le nez et les oreilles, puis les renvoyoient avec dérision, en leur disant : « Allez vous plaindre à votre idiot de

« roi ; allez vous montrer à ce fainéant, à ce cap-
« tif. » Les Armagnacs traitoient plus cruellement
encore les bourgeois de Paris, quand ils pouvoient en saisir quelqu'un ; ne trouvant enfin plus
rien dans les campagnes, ils attaquèrent les villes
murées ; ils s'emparèrent de Troyes, ils tentèrent
une escalade sur Réthel et sur Bapaume, et ils
pénétrèrent dans plusieurs parties de l'Artois.
Tout ce pays soupiroit après l'arrivée de l'armée
de Bourgogne, de laquelle il attendoit sa délivrance. (1)

Le conseil du roi se vit enfin forcé à renoncer
à la neutralité qu'il avoit prétendu observer jusqu'alors. Le foible Charles VI, ou son jeune fils,
n'inspiroient point assez de confiance pour avoir
pu réunir un tiers parti autour d'eux : on ne
voyoit en France que des Bourguignons ou des
Armagnacs ; il falloit choisir, et le conseil se dé-
cida avec justice pour les premiers, qui respectoient la paix jurée, contre les seconds, qui étoient
les agresseurs : d'ailleurs les Legoix et Saint-Yon,
avec leur redoutable milice, pressoient les décisions du conseil. Celui-ci écrivit, le 28 août, au
duc de Bourgogne, pour l'inviter à venir défendre la monarchie contre les rebelles, et, le 11
septembre, il fit publier à son de trompe, dans

(1) Religieux de Saint-Denis. L. XXXI, c. 10, p. 766. —
Monstrelet. T. II, c. 82, p. 238. — Juvénal des Ursins,
p. 225.

Paris, une ordonnance qui déclaroit rebelles les enfans d'Orléans et leurs partisans, qui confisquoit leurs biens, et qui autorisoit à leur courir sus. (1)

Le duc de Bourgogne attendoit cette invitation, et il s'étoit préparé à y répondre, en appelant sous ses drapeaux toute la noblesse de Bourgogne, de Flandre et d'Artois. Il avoit aussi invoqué l'assistance des puissantes communes de Flandre, les plus riches et les plus belliqueuses de l'Europe, et celles-ci avoient mis en campagne leurs milices, qui formoient un corps de quarante à cinquante mille hommes. On ne voyoit nulle part une infanterie mieux armée et mieux équipée ; quand elle campoit, ses tentes, alignées selon l'ordre des cités et des métiers, formoient une grande ville ; elle l'entouroit d'une fortification mobile, consistant en une triple rangée de charrettes enchaînées les unes aux autres, et garnies de parapets. Mais ces charrettes, au nombre de douze mille (2), n'étoient pas seulement destinées à porter des munitions, les Flamands les conduisoient avec eux pour remporter le pillage qu'ils comptoient enlever en France ; car, même dans le brigandage, ils apportoient leur esprit

---

(1). Au recueil des Ordonnances, elle porte la date du 3 octobre. T. IX, p. 635. — Religieux de Saint-Denis. L. XXXI, c. 11, p. 768. — Monstrelet. T. II, c. 83, p. 245.

(2) *Meyer* dit seulement deux mille.

d'ordre et de régularité; ils enlevoient dans le pays qu'ils parcouroient tout ce dont la valeur pouvoit payer le transport; ils ne commençoient pas par brûler, par détruire; mais ils vidoient complétement les villages; et comme ils le faisoient sans trouble et sans précipitation, rien ne leur échappoit. Durs, hautains, querelleurs, sans pitié, ils se firent bientôt détester et des soldats picards qui combattoient sous les mêmes drapeaux, et des malheureux paysans qui les avoient attendus comme des libérateurs. (1)

Le duc de Bourgogne avoit rassemblé son armée à Douai; il en sortit dans les premiers jours de septembre, avec deux mille cinq cents chevaliers, huit cents hommes d'armes, et cinquante mille fantassins. Il se dirigea d'abord contre Ham, ville qui appartenoit par moitié au comte de Nevers, son frère, mais où Bernard d'Albret s'étoit établi avec cinq cents hommes d'armes armagnacs; la résistance de ce dernier ne fut pas longue. L'artillerie qu'avoient amenée les Flamands étoit si supérieure en calibre à celle qu'on avoit accoutumé d'employer, que dès le premier jour du siége elle renversa des pans de mur et des édifices, que les assiégés croyoient inébranlables. Dans la nuit suivante Charles d'Albret s'échappa avec la garnison et tous ceux des

(1) Monstrelet. T. II, c. 84, p. 246. — *Meyer Ann. Fland.* L. XV, f. 236.

bourgeois qui lui avoient montré quelque faveur. Ceux qui attendirent les Bourguignons avoient au contraire souvent prouvé leur dévoûment au comte de Nevers, leur seigneur, et ils comptoient sur sa protection : ils furent presque tous massacrés, leurs maisons furent pillées méthodiquement, et ce ne fut qu'après que tout ce qui avoit la moindre valeur eut été enlevé, que les Flamands mirent le feu à la ville, et l'entretinrent pour qu'elle fût entièrement consumée. (1)

Cette exécution répandit la terreur dans le pays, et les garnisons orléanaises qui occupoient les petites villes d'Athies, de Nesle, de Chauny-sur-Oise et de Roye, se hâtèrent de les abandonner, tandis que les bourgeois vinrent en tremblant faire leur soumission au duc de Bourgogne. Cependant le duc d'Orléans ayant avec lui le comte d'Armagnac, le sire d'Albret, connétable de France, et le sire de Hangest, grand-maître des arbalétriers, que le parti opposé venoit de destituer à Paris, s'approchoit de son côté avec une armée formidable. On assuroit qu'il avoit sous ses étendards, lorsqu'il passa l'Oise au pont de Beaumont, huit mille chevaliers ou écuyers, et dix mille autres gendarmes, mais beaucoup moins d'infanterie que son adversaire, parce que la noblesse se rangeoit de préférence du côté des

(1) Religieux de Saint-Denis. L. XXXI, c. 12, p. 771. — Monstrelet, c. 84, p. 250.

Armagnacs, et la bourgeoisie de celui des Bourguignons, les chefs des deux partis prenant à tâche de flatter chacun l'un de ces deux ordres de l'État.

Malgré cette différence, les deux armées pouvoient être considérées comme égales; le duc de Bourgogne s'étoit avancé jusqu'à Montdidier, le duc d'Orléans étendoit ses quartiers de Beaumont à Clermont; il n'y avoit pas dix lieues de distance entre leurs avant-postes, et tout le monde attendoit la bataille : cependant les deux armées passèrent neuf jours à cette petite distance, sans oser s'attaquer l'une l'autre; si les plus jeunes soldats demandoient la bataille, les vieux, et surtout les princes, déclaroient ne pas vouloir mettre à si grand hasard le sort de leur parti. Toutefois les milices des communes de Flandre n'étoient tenues qu'à un service de quarante jours; arrivées à ce terme, elles ne voulurent pas continuer plus long-temps une guerre à laquelle leur patrie ne prenoit aucun intérêt. Les connétables et tous les chefs de la milice vinrent auprès du duc de Bourgogne lui demander leur congé. En vain le duc leur représenta que jamais il n'avoit eu un plus pressant besoin de leur secours; que sa sûreté, son existence, son honneur, étoient compromis, s'il fuyoit devant l'ennemi, qui s'étoit rapproché pour lui livrer bataille. En vain, parcourant les rangs et les tentes, il demanda seulement huit jours, seulement quatre; il pria, il promit, il appela les Flamands ses frères, ses compagnons, ses plus féaux amis; ceux-ci opposèrent à toutes ses demandes un silence obstiné et une détermination immuable. Au milieu de la nuit ils crièrent aux armes, ils chargèrent leurs chars, les attelèrent, et dès le point du jour ils se mirent en marche, après avoir mis le feu à leur logis. Le duc de Bourgogne, qui avoit en vain essayé de les retenir, ne voulut pas même alors se brouiller avec eux; il les accompagna jusqu'à Péronne, où il les remercia de nouveau de leurs services. (1)

Les princes et les seigneurs qui formoient le conseil du duc d'Orléans l'engagèrent à ne pas poursuivre le duc de Bourgogne, encore qu'il eût pu profiter du désordre où la retraite des Flamands jetoit son ennemi, mais plutôt de rentrer à Paris, pour ressaisir le roi et l'étendard de la légitimité, reprendre possession de leurs hôtels, et punir les bourgeois révoltés. Les Armagnacs se rapprochèrent donc rapidement de la capitale, par la rive droite de la Seine, occupant Pantin, Saint-Ouen, Clignancourt, Montmartre; rava-

---

(1) Monstrelet. T. II, c. 84, p. 259. — Religieux de Saint-Denis. L. XXXI, c. 14, p. 777. — Le Fèvre Saint-Remi, c. 14, p. 292. — Juvénal des Ursins, p. 226. — Berri, roi d'armes, p. 422. — Pierre de Fenin, p. 450. — *Meyer Annal. Fland.* L. XV, f. 236.

geant le pays avec plus de cruauté encore que la première fois, et se partageant déjà en imagination le pillage de Paris et les rançons des riches bourgeois, qu'à force de tourmens ils forceroient à se racheter. (1)

Les Parisiens, avertis des dangers qu'ils couroient, se préparèrent à une vigoureuse résistance. Ils étoient dirigés par le comte de Saint-Pol, et par Pierre des Essarts, qu'ils avoient rétabli dans la charge de prévôt de Paris. Bientôt après, Jean de Challon, prince d'Orange, leur amena quatre cents lances, qu'il avoit compté conduire au duc de Bourgogne, avant d'être instruit de sa retraite : il entra le 3 octobre dans Saint-Denis, et se chargea de la défense de cette place; dès le lendemain les Armagnacs vinrent l'y investir : il n'avoit pas eu le temps de se préparer à cette attaque, et dès le 11 il fut réduit à capituler (2). Le 12 octobre, les Armagnacs se rendirent encore maîtres du pont de Saint-Cloud; dès-lors ils purent à volonté courir sur l'une et l'autre rive de la Seine, et ils recommencèrent les atrocités qui excitoient contre eux l'horreur de tout le peuple. Il restoit peu de chose à piller dans les campagnes, aussi ne songeoient-ils qu'à enlever les paysans eux-mêmes; ils les tenoient

---

(1) Religieux de Saint-Denis. L. XXXI, c. 14, p. 777.
(2) *Ibid.* c. 16, p. 780.

alors enchaînés, et les soumettoient à des tourmens prolongés, pour les forcer à racheter leur vie. Ceux-ci faisoient avertir leurs proches des tortures qu'on leur infligeoit chaque jour, et souvent ils obtenoient de leur compassion la rançon qu'ils ne pouvoient payer eux-mêmes ; mais le plus grand nombre ne pouvoient satisfaire à l'avidité de ces brigands, qui, après avoir épuisé sur eux leur cruauté ingénieuse, les pendoient ou les jetoient à la rivière. (1)

Tant d'atrocités ne servoient qu'à enflammer les haines, et à exciter de cruelles représailles. Les campagnards qui s'étoient réfugiés à Paris demandoient en grâce qu'on les conduisît contre ces monstres qu'ils promettoient de combattre vaillamment, pour venger leurs familles massacrées ou leurs maisons brûlées ; d'autres, qui s'étoient retirés dans les bois, en sortoient avec des piques qu'ils avoient fabriquées eux-mêmes, pour tomber sur les Armagnacs, et lorsqu'ils les trouvoient isolés, ils leur rendoient barbarie pour barbarie. Bientôt la misère, la faim et l'habitude de la férocité engagèrent ces hommes à piques à attaquer et à massacrer également les voyageurs de tous les partis. Le 3 octobre, le conseil du roi rendit une ordonnance pour déclarer coupables de rébellion et ennemis de l'État

(1) Religieux de Saint-Denis. L. XXXI, c. 17, p. 783.

les princes qui s'étoient ligués avec le duc d'Orléans (1). Peu après il fit publier une bulle qu'Urbain V avoit donnée en 1363, contre les compagnies qui ravageoient alors le royaume. Le conseil déclaroit que cette bulle s'appliquoit également aux Armagnacs, et que ceux-ci, en conséquence, étoient excommuniés (2). La populace, dont on cherchoit ainsi à exciter la haine, se montroit furieuse en effet; les bouchers Legoix la conduisirent à l'attaque du palais que le duc de Berri possédoit à Bicêtre, et qu'il avoit passé sa vie à orner. Ils y mirent le feu, et détruisirent ainsi les ameublemens somptueux et toutes les richesses qu'il contenoit.

Lorsque le duc de Bourgogne avoit appris que les Armagnacs attaquoient Paris, il étoit parti de Péronne avec six mille combattans, et s'étoit avancé jusqu'à Pontoise; mais là, il séjourna trois semaines, n'ayant pas des forces suffisantes pour s'ouvrir un passage jusqu'à Paris. Pendant ce temps, il entra en négociations avec le roi d'Angleterre, dont il auroit voulu s'assurer l'alliance, et il offrit une de ses filles en mariage à Henri de Monmouth, fils et héritier

---

(1) Ordonn. de France. T. IX, p. 635.—Monstrelet. T. II, c. 85, p. 274.

(2) Religieux de Saint-Denis. L. XXXI, c 19, p. 790. — Monstrelet, p. 278.

de Henri IV (1). Les Armagnacs eurent connoissance de cette offre, et ils accusèrent le duc de Bourgogne d'avoir recherché l'amitié de l'ennemi naturel de la France ; de lui avoir même offert de lui faire hommage pour la Flandre et de lui faire restituer la Guienne et la Normandie. Mais en même temps ils recherchoient eux-mêmes, avec non moins d'empressement et à des conditions non moins honteuses, l'alliance de l'Angleterre, et ils n'avoient de regret que d'avoir été devancés. (2)

Henri IV, sans accepter définitivement les conditions qui lui étoient offertes par le duc de Bourgogne, lui envoya cependant douze cents lances anglaises et un corps d'arbalétriers; mettant les comtes d'Arundel et de Kyme, les sires de Cobham et d'Old-Castel, à la tête de cette petite armée, sans prendre intérêt à l'un des ducs plutôt qu'à l'autre, il jugeoit que ses Anglais le serviroient utilement s'ils faisoient du mal à la France (3). Le duc de Bourgogne, après avoir reçu ce renfort, passa la Seine à Meulan le 22 octobre, et marchant toute la nuit et tout le jour suivant, il arriva le 23 au soir à Paris, sans avoir

---

(1) Monstrelet. T. II, c. 85, p. 266. — *Rymer*. T. VIII, p. 698, du 1ᵉʳ septembre.

(2) Religieux de Saint-Denis. L. XXXI, c. 13, p. 774, et c. 18, p. 787.

(3) Thom. Walsingham, *Hist. Angl.*, p. 380.

rencontré les Armagnacs. Ceux-ci, estimant que plus il y auroit de soldats dans Paris, plus il seroit facile d'affamer la ville, n'avoient fait aucune disposition pour fermer le passage au duc de Bourgogne. D'autre part, la milice des bouchers s'étoit avancée jusqu'à une lieue en dehors de la ville pour le recevoir : le peuple crioit *Noël* à son passage, et le duc de Guienne, qui étoit son gendre, après l'avoir accueilli avec honneur, le conduisit au roi, qui étoit au Louvre, et auprès duquel la reine étoit revenue depuis peu de jours. (1)

Les Armagnacs s'étoient réjouis de l'entrée du duc de Bourgogne à Paris; ils disoient qu'ils n'auroient désormais qu'un ennemi à surveiller au lieu de deux; mais ils ne tardèrent pas à s'apercevoir qu'ils avoient fait un mauvais calcul. Dès le lendemain les Anglais les chassèrent du poste de la Chapelle Saint-Denis, après un combat assez vif. Chacun des jours suivans il y eut de nouvelles escarmouches; les campagnes étoient tellement ruinées qu'on n'en pouvoit plus rien tirer; les Armagnacs, qui sentoient en même temps le besoin d'argent et le besoin de vivres, s'emparèrent de vive force du trésor de la reine, qu'elle avoit cru déposer en sûreté à

(1) Monstrelet, c. 86, p. 279. — Religieux de Saint-Denis. L. XXXI, c. 18, p. 787.

Saint-Denis, sous la protection de la religion (1). Enfin, le 9 novembre, le duc de Bourgogne vint attaquer Saint-Cloud avec un corps de dix mille hommes, parmi lesquels seize cents étoient l'élite de la milice parisienne. Le sire de Combour commandoit à Saint-Cloud un gros corps d'Armagnacs ; maître du pont, il faisoit à leur tête des courses au midi de la Seine, et coupoit souvent le seul chemin par lequel les Parisiens pussent recevoir des vivres ; il croyoit imprenable le château, dont il avoit fort augmenté les fortifications ; et à peine l'attaque fut-elle commencée, que le duc d'Orléans déploya toute son armée sur la rive opposée pour encourager les assiégés. Cependant les Bourguignons entrèrent d'assaut dans Saint-Cloud, ils y massacrèrent neuf cents chevaliers ou écuyers armagnacs au moment du combat ; trois cents autres, qui s'étoient cachés dans les caves, ne furent découverts qu'après la victoire, et furent également égorgés ; plusieurs se noyèrent en voulant traverser la rivière à la nage. Le duc d'Orléans, qui, de la rive opposée, voyoit ce désastre et ne pouvoit secourir les siens, en fut effrayé ; il se replia aussitôt sur Saint-Denis, et donna des ordres pour commencer la retraite : elle s'effectua pendant la nuit. Les Armagnacs repas-

(1) Religieux de Saint-Denis. L. XXXI, c. 18, p. 789.

sèrent le pont de bois qu'ils avoient construit à Saint-Denis, et prirent le chemin d'Étampes, non sans crainte d'être attaqués lorsqu'ils passeroient à la hauteur de Saint-Cloud; mais le prévôt de Paris fit tenir les portes de la ville fermées jusqu'à midi, et attendit de savoir que les Armagnacs prenoient la route d'Orléans, pour oser piller les bagages qu'ils avoient laissés à Saint-Denis. (1)

Le massacre de Saint-Cloud n'étoit point une affaire générale : il détermina cependant les Armagnacs à se mettre partout en pleine retraite. Les soldats sembloient avoir beaucoup de répugnance à se battre Français contre Français, encore qu'ils traitassent les paysans et les bourgeois français comme si une haine acharnée les animoit contre eux. Cependant le duc de Bourgogne voulut faire faire ses premières armes au duc de Guienne son gendre, et il le conduisit avec lui à l'attaque de Corbeil, de la Bretonnière et d'Étampes, qui ouvrirent successivement leurs portes. Les commandans furent accueillis gracieusement par le duc de Bourgogne, encore qu'ils eussent dû être seuls responsables des hos-

(1) Monstrelet. T. II, c. 87, p. 285.—Religieux de Saint-Denis. L. XXXI, c. 20, p. 795.—Le Fèvre Saint-Remi, c. 16, p. 294.— Journal d'un bourgeois de Paris, p. 168.— Juvénal des Ursins, p. 232. — Berri, p. 423. — Pierre de Fenin, p. 450.

tilités; les soldats et les bourgeois au contraire qui leur avoient obéi, le plus souvent par force, n'obtinrent point de quartier ; les uns furent pendus sur les lieux, les autres furent conduits à Paris, pour que la populace y pût jouir de leur supplice (1). La seigneurie de Coucy, les comtés de Valois et de Vertus, qui appartenoient au duc d'Orléans, furent successivement attaqués et soumis par les armes des Bourguignons. (2)

Le duc de Bourgogne, auquel le conseil avoit déféré, par une ordonnance du 2 novembre, un pouvoir absolu par tout le royaume, pour mettre fin à cette guerre (3), envoya aussi dans le Languedoc des commissaires pour saisir ce gouvernement et l'ôter au duc de Berri. Ce duc avare, cruel et imbécile, avoit si cruellement abusé de son pouvoir, que les peuples s'empressèrent de secouer son joug, dès qu'ils furent autorisés à le faire au nom du monarque; et le comte de Foix, dès qu'il y fut invité, ne mit pas moins d'empressement à faire la guerre au comte d'Armagnac. (4)

La guerre civile fut à peine suspendue pendant les plus grandes rigueurs de l'hiver, et le duc Jean-sans-Peur employa ce temps à écraser

(1) Religieux de Saint-Denis. L. XXXI, c. 21, p. 800.
(2) Monstrelet. T. II, c. 88, p. 295.
(3) Hist. de Bourg. T. III. Preuves, n° 276.
(4) Hist. de Languedoc. L. XXXIII, c. 88, 89, p. 428.

et à dépouiller entièrement ceux qu'il avoit combattus, abusant de sa victoire avec la dureté qui marquoit son caractère. Beaucoup de gentilshommes avoient été faits prisonniers, la plupart furent envoyés au supplice : toutefois le sire de Hangest, grand-maître des arbalétriers, fut épargné, par la crainte des représailles dont fut menacé le comte de la Marche, qui avoit été fait prisonnier par les Armagnacs à Janville, dans la Beauce (1). Un chevalier picard, nommé Mansard du Bos, avoit été pris à Saint-Cloud. Il étoit accusé d'avoir témoigné hautement son indignation de l'assassinat du duc d'Orléans ; du reste, c'étoit un homme honorable, un bon soldat, qu'on ne pouvoit accuser d'aucun délit, et auquel toute la noblesse s'intéressoit. Par ordre du duc de Bourgogne, il fut soumis à une cruelle torture, pour lui arracher les secrets du duc d'Orléans qu'il servoit, et ensuite, le 16 janvier 1412, il eut la tête tranchée aux Halles de Paris (2). Pierre de Famechon, qui étoit de l'hôtel du duc de Bourbon, fut décapité peu après, aussi-bien qu'un grand nombre d'autres. Cependant les plus malheureux encore étoient ceux qu'on ne mettoit point en jugement. Les prisons du Châtelet et celles de la ville étoient

---

(1) Religieux de Saint-Denis, L. XXXI, c. 22, p. 802.
(2) Religieux de Saint-Denis. L. XXXI, c. 23, p. 805. — Juvénal des Ursins, p. 238. — Monstrelet, c. 90, p. 308.

pleines de gens qu'on avoit dénoncés comme armagnacs; la haine de parti, aiguisée encore par les excommunications, qui l'avoient changée en passion religieuse, leur faisoit refuser les plus communs offices de l'humanité; on ne se croyoit tenu à aucune pitié envers des hommes que les prêtres avoient frappés d'anathème. « Moult « grande partie d'iceux, dit Monstrelet, très mi- « sérablement mouroient par force de froid, de « mésaise et de famine; et après qu'ils étoient « morts, on les portoit dehors la ville en aucunes « fosses, et là les laissoit-on manger des chiens, « oiseaux et autres bêtes. (1) » Il paroît que les prisonniers n'étoient guère nourris dans les prisons que par les quêtes qu'on faisoit pour eux; mais quant à ceux qui tenoient le parti du duc d'Orléans, continue Monstrelet, « ils étoient en « très grand danger de leur vie, car peu en y « avoit qui pour eux osât parler ni faire quête, « quelque prochain qu'on leur fût. » En effet, une manifestation d'intérêt pour les prisonniers suffisoit à rendre suspect; des commissaires nommés réformateurs étoient sans cesse aux aguets pour découvrir ceux qui favorisoient le parti armagnac; toute dénonciation étoit accueillie; les riches, il est vrai, pouvoient encore se racheter pour de l'argent, mais quant aux

---

(1) Monstrelet, c. 90, p. 308.

pauvres, dès qu'ils étoient arrêtés, on ne savoit plus ce qu'ils devenoient. (1)

L'accès de folie du roi s'étant terminé le 7 janvier, le duc de Bourgogne en profita pour le faire sévir contre les grands seigneurs du parti vaincu; Jean de Hangest fut privé de sa charge de grand-maître des arbalétriers, qui fut donnée au sire de Rambures; Charles d'Albret fut de même déclaré déchu de la charge de connétable de France, qui fut donnée au comte de Saint-Pol; enfin, le maréchal de Rieux fut destitué à cause de son grand âge, et Louis de Longny, que protégeoit le roi de Sicile, lui fut donné pour successeur (2). En même temps, de nombreuses ordonnances disposèrent des apanages et des fiefs confisqués sur les princes, et pourvurent à leur gouvernement (3). Pour récompenser les bourgeois de Paris de leur attachement à la cause de Bourgogne, une autre ordonnance confirma leur droit d'élire leur prévôt des marchands, et y ajouta celui d'élire leurs échevins, et de s'assembler au Parloir des Bourgeois pour délibérer sur les affaires publiques. (4)

Le parti d'Orléans, poursuivi avec cette excessive rigueur, ne se fit point scrupule de recourir

---

(1) Juvénal des Ursins, p. 239.
(2) Religieux de Saint-Denis. L. XXXI, c. 24, p. 808.
(3) Ordonn. de France. T. IX, p. 675, 690. T. X, p. 1.
(4) Ordonn. de France. T. IX, p. 668.

aux moyens les plus violens pour se défendre. Le duc de Bourgogne avoit donné aux princes l'exemple de rechercher l'alliance de l'Angleterre ; il étoit entré à Paris avec un corps de troupes anglaises, et il leur avoit dû les premiers avantages qu'il avoit remportés sur les Armagnacs. Henri IV cependant ne considéroit la France qu'en ennemi ; il n'avoit envoyé des troupes au duc de Bourgogne que pour envenimer la guerre civile ; indifférent entre les deux partis, il vouloit seulement que les Français versassent le sang de leurs compatriotes. Les princes le voyoient clairement ; ils jugèrent donc qu'ils pourroient enlever au duc de Bourgogne l'alliance du roi d'Angleterre, pourvu qu'ils fissent à celui-ci des offres plus avantageuses encore. Le 11 janvier, Henri IV expédia un sauf-conduit pour les ambassadeurs que lui envoyoit le duc de Bourgogne (1), et le 24 du même mois, les ducs de Berri, d'Orléans, de Bourbon, et le comte d'Alençon, donnèrent à Bourges de pleins pouvoirs à leurs agens, pour se rendre auprès du même Henri, et lui proposer leur alliance, pour prix de laquelle ils lui offroient, avant tout, la restitution du duché d'Aquitaine, qu'ils reconnoissoient lui appartenir (2). Le comte d'Armagnac, qui étoit alors

---

(1) *Rymer*. T. VIII, p. 712.
(2) *Rymer*. T. VIII, p. 715.

à Rhodez, accrédita de son côté un envoyé auprès du monarque anglais, pour se joindre à l'alliance des princes du sang ses cousins. Il ne lui donna cependant pas de pouvoir pour offrir la cession de l'Aquitaine (1). Henri IV, déterminé à s'unir au parti qui lui offriroit les termes les plus avantageux, envoya le 6 février des sauf-conduit aux agens des princes, et le 10 il nomma des plénipotentiaires pour traiter avec le duc de Bourgogne (2). Pour se réserver en même temps toute sa liberté, il défendit, le 10 avril, à ses sujets de prendre part, d'un ou d'autre côté, aux guerres civiles de France sans son autorisation spéciale (3). Mais le 16 mai il avoit déjà pris son parti, car il écrivit aux villes de Flandre, que si elles vouloient conserver la trève commerciale qu'elles avoient conclue avec l'Angleterre, elles devoient s'abstenir de prendre part à la guerre que leur seigneur, le duc de Bourgogne, faisoit aux ducs de Berri, d'Orléans et de Bourbon, aux comtes d'Alençon et d'Armagnac, et au sire d'Albret, car ces seigneurs étoient ses chers cousins et alliés (4) : deux jours après, ou le 18 mai, le traité d'alliance entre les princes et le roi d'Angleterre fut signé à Bourges.

(1) *Rymer.* T. VIII, p. 716.
(2) *Rymer.* T. VIII, p. 718 et 721.
(3) *Rymer.* T. VIII, p. 728.
(4) *Rymer.* T. VIII, p. 738.

Par ce traité, les princes du parti d'Armagnac offroient au service du roi d'Angleterre, leurs personnes et leurs biens, pour le recouvrement de ses justes droits; déclarant qu'ils mettoient au premier rang parmi ces droits le recouvrement du duché d'Aquitaine. Ils lui offroient, pour épouse de son fils aîné, celle de leurs filles ou nièces qu'il voudroit choisir. Ils s'engageoient à le reconnoître pour seigneur dans tous les fiefs qu'ils tenoient eux-mêmes du duché d'Aquitaine, et ils déclaroient y posséder entre eux plus de quinze cents villes ou châteaux fortifiés. Ils promettoient d'obéir, non pas à lui seulement, mais aux lieutenans qu'il voudroit nommer; ils s'engageoient à lui remettre immédiatement vingt places fortifiées en Aquitaine, et à l'aider de bonne foi à recouvrer toute partie de ce duché qui auroit, en aucun temps, appartenu à aucun de ses prédécesseurs. En retour le roi d'Angleterre s'engageoit à conserver au duc de Berri, sa vie durant seulement, le gouvernement du comté de Poitou, comme fief du duché de Guienne, mais après avoir mis des garnisons anglaises dans les forteresses de Lusignan, de Poitiers, et de Niort. Il conservoit aussi au duc d'Orléans, sa vie durant, les comtés d'Angoulême et de Périgord, qui devroient recevoir des garnisons anglaises dans leurs plus fortes places. Ces trois comtés, après la mort des détenteurs

1412.

actuels, devoient être réunis à la couronne d'Angleterre et au duché de Guienne. Quant au comte d'Armagnac, ses fiefs lui étoient conservés à perpétuité. Le roi d'Angleterre s'engageoit de plus à protéger les princes français comme ses fidèles vassaux, à leur faire obtenir justice, à ne point traiter avec le duc de Bourgogne sans leur consentement, et à leur envoyer à Blois, pour être à leur solde pendant trois mois, mille hommes d'armes, et trois mille arbalétriers anglais. (1)

Cette négociation ne demeura point secrète; les soldats des princes la publioient eux-mêmes, pour augmenter la terreur qu'ils inspiroient. « Attendez, disoient-ils aux paysans : bientôt « vous verrez ici les Anglais et les Allemands « que nos princes ont appelés, et vous pourrez « juger combien ils sont plus cruels que nous. » Et cependant ceux qui parloient ainsi « enchaî- « noient tout ce qu'ils trouvoient de sujets du « roi, sans distinction de sexe ni d'âge. Ils les « chassoient devant eux, comme des troupes « de galériens, et après leur avoir fait souffrir « tout ce qui se peut de supplices sans mourir, « s'ils n'avoient de quoi se racheter la vie, ils « les pendoient ou les jetoient à l'eau. » Ces mêmes soldats encore mirent le feu à trois églises

(1) *Rymer*. T. VIII, p. 738, le texte du traité, et p. 763, la ratification à Westminster, 15 juillet.

de la Beauce, comme elles étoient remplies de femmes, d'enfans, de vieillards, de malades, qui périrent tous dans les flammes. (1)

De son côté le conseil du roi obtint sur ces négociations des princes, des renseignemens plus précis que ces vanteries de soldats ; les papiers de Jacques le Grand, moine augustin qui passoit pour fort éloquent, et qui étoit l'un des négociateurs du duc d'Orléans, furent saisis à Boulogne-sur-Mer : on y trouva les instructions, et les bases du traité proposé à Henri IV. L'indignation contre les princes du sang qui travailloient ainsi à démembrer la monarchie fut extrême : on les accusa d'avoir fait pis encore, on prétendit qu'ils avoient fait serment à Bourges de faire périr le roi et le duc de Guienne, de détruire la ville de Paris, et de partager le reste de la France entre les quatre princes conjurés, savoir, les ducs de Berri, d'Orléans, de Bourbon, et le comte d'Alençon. Charles VI, tout troublé et les yeux pleins de larmes, demanda le secours des autres princes qui formoient alors son conseil. C'étoient le roi de Sicile, les ducs de Bourgogne et de Bar, les comtes de la Marche, de Vendôme, de Saint-Pol et de Mortaing, avec le dauphin, duc de Guienne, son fils. Ces princes se

(1) Religieux de Saint-Denis. L. XXXII, c. 1, p. 815.

mirent à genoux, et promirent au roi de le servir de toute leur puissance. (1)

Il fut arrêté en effet, dans le conseil, qu'on pousseroit les princes à toute rigueur : que le roi lui-même commanderoit la principale armée, qui attaqueroit le duc de Berri à Bourges, tandis que le roi de Sicile avec une seconde armée, partie du Maine et de l'Anjou, attaqueroit le comte d'Alençon et le duc d'Orléans. Louis d'Anjou, roi titulaire de Sicile, qui, le 19 mai 1411, avoit remporté une grande victoire à Roccasecca, sur son rival Ladislas, avoit su si mal en profiter, que trois jours après il avoit dû reculer devant lui ; qu'au mois de juillet il avoit ramené son armée à Rome, et au mois d'août il l'avoit abandonnée pour revenir à la cour de France (2). Retourné dans ses fiefs à l'issue de ce conseil, Louis d'Anjou assembla à Angers une belle armée, avec laquelle il se mit en campagne le 20 avril. (3)

En même temps l'armée royale se rassembloit à Melun, par les soins des ducs de Bourgogne, de Guienne, de Bar, et des comtes de Mortaing et de Nevers ; Charles VI vint l'y joindre, après

---

(1) Monstrelet. T. II, c. 93, p. 321. — Religieux de Saint-Denis. L. XXXII, c. 1, p. 816. — Le Fèvre Saint-Remi, c. 20, p. 307.

(2) Hist. des Rép. ital. T. VIII, c. 61, p. 208.

(3) Monstrelet. T. II, c. 95, p. 333.

avoir pris l'oriflamme à Saint-Denis le 14 mai, pour le déployer contre son oncle, ses cousins, et ses sujets. (1)

Au sortir de ses accès, le roi étoit tourmenté par une activité inquiète qui demandoit à être employée; il vouloit faire preuve de sa présence d'esprit, et sans être en état de distinguer quels étoient ses vrais amis ou ses vrais ennemis, il travailloit avec ardeur à dompter ceux qui lui étoient opposés : en même temps il déclaroit vouloir être le seul général de son armée; aussi en écarta-t-il le comte de Saint-Pol, nouveau connétable, qu'il envoya en Picardie tenir tête aux Anglais, et arrêta-t-il à Sens, cinq ou six jours, la marche de ses troupes, pour se faire panser d'un coup de pied de cheval qu'il avoit reçu. (2)

Quand Charles VI put de nouveau monter à cheval, il s'avança à la tête d'une armée qu'on disoit forte de cent mille hommes, par Auxerre et la Charité-sur-Loire; il fit attaquer et força à se rendre Fontenay et Dun-le-Roi, et le 11 juin il arriva devant Bourges. Le duc de Berri y étoit enfermé avec le duc de Bourbon, un frère du duc de Bar, le sire d'Albret, le comte d'Au-

---

(1) Religieux de Saint-Denis. L. XXXII, c. 2, p. 817.

(2) Religieux de Saint-Denis. L. XXXII, c. 2, p. 818. — Monstrelet, c. 96, p. 345. — Le Fèvre Saint-Remi, c. 22, p. 322. — Journal d'un bourgeois de Paris, p. 171.

xerre, les archevêques de Sens et de Bourges, les évêques de Paris et de Chartres; beaucoup de seigneurs, quinze cents cuirassiers, et quatre cents arbalétriers (1). La ville étoit grande, bien pourvue de vivres et bien fortifiée; ses environs étoient rendus fort malsains pendant les grandes chaleurs, par deux petites rivières qui s'y perdoient dans des marais. Lorsque la sommation du roi fut portée au duc de Berri, il répondit qu'il étoit prêt à ouvrir ses portes au roi et au duc de Guienne, mais qu'il voyoit avec eux des gens qui n'y devroient point être, et que c'étoit contre eux qu'il gardoit sa ville pour le roi. (2)

L'artillerie commença alors à jouer sur la ville, causant une grande terreur au duc de Berri, qui changea sept fois de logement, sans réussir à se mettre jamais entièrement à l'abri du canon; mais les assiégeans n'essayèrent pas de battre les murs en brèche : bientôt ils crurent reconnoître que les résolutions arrêtées dans leur conseil étoient révélées aux assiégés, et le duc de Bourgogne, sur ce soupçon, fit trancher la tête, le 23 juin, à un secrétaire du roi et à deux écuyers (3). Déjà l'argent lui manquoit, et les vivres devenoient

---

(1) Monstrelet, c. 99, p. 357. — Religieux de Saint-Denis. L. XXXII, c. 5, p. 825.

(2) Religieux de Saint-Denis. L. XXXII, c. 5, p. 826.

(3) *Ibid.* c. 7, p. 832.

rares ; dès le commencement de juillet les marécages répandirent une odeur pestilentielle ; le camp étoit entouré d'immondices et de cadavres d'hommes et de chevaux, d'autant que, par un sentiment de basse vengeance, les princes se plaisoient à voir les corps de leurs ennemis dévorés par les corbeaux. Bientôt le flux de sang, la fièvre, des apostèmes à la gorge, sous les aisselles ou dans les aines commencèrent à se manifester, et dans les deux mois de juillet et d'août, deux mille chevaliers ou écuyers périrent de maladie. Quant aux gens de moindre condition, on n'en tenoit pas de compte ; mais lorsque Pierre de Navarre, comte de Mortaing, et Gilles de Bretagne, succombèrent à leur tour, le roi, ami du premier, le dauphin, ami du second, en furent douloureusement affectés, et commencèrent à désirer la paix. (1)

Les assiégeans, pour éviter le mauvais air, transportèrent leur camp de l'autre côté de la rivière d'Yèvre, sans pour cela faire cesser la contagion ; les gentilshommes voyoient avec douleur une guerre qui les ruinoit, le dauphin regrettoit le luxe et les plaisirs de Paris. Le duc de Bourgogne seul ne pouvoit se résoudre à renoncer à sa vengeance. Il fallut que le dauphin prît avec lui un ton inaccoutumé, et annonçât

---

(1) Religieux de Saint-Denis. L. XXXII, c. 7, p. 832.

une ferme résolution de faire la paix, pour que Jean-sans-Peur sentît enfin la nécessité de céder. Il consentit d'abord à avoir une entrevue avec le duc de Berri. Un emplacement fut choisi pour cela au milieu du marais, dans un endroit qui paroissoit à l'abri de toute surprise, et où l'on éleva une estrade partagée en deux par une forte barrière. Les deux ducs y arrivèrent chacun de leur côté revêtus de toutes leurs armes, et appuyés par une garde nombreuse. Malgré ces précautions, qui n'étoient point superflues, ils eurent en se revoyant un moment d'attendrissement, ils se prirent par la main et ils s'embrassèrent. Cependant ils se séparèrent sans pouvoir s'entendre; mais dans une autre conférence le dauphin leur fit signer, le 14 juillet, une convention qui avoit été dressée par le duc de Bar; elle ne différoit presque pas du traité de Chartres, qu'elle rappeloit en son entier, sauf en ce qu'elle imposoit au duc de Berri l'obligation de faire des excuses au roi, pour lui avoir si long-temps fermé la ville de Bourges, et la promesse de rompre avec les Anglais. En effet, le lendemain 15 juillet les ducs de Berri et de Bourbon, le comte d'Eu, le sire d'Albret, et messire Jean de Bar, entrèrent dans la tente du duc de Guienne, dauphin, et lui remirent les clefs de Bourges, en présence du duc de Bourgogne. La paix fut aussitôt proclamée dans le camp, mais cette proclamation fut accueillie sans joie et sans confiance, car on remarqua que les seigneurs qui étoient venus faire leur soumission au roi et à son fils portoient encore tous, dans cet acte même, la bande blanche d'Armagnac. (1)

(1) Monstrelet. T. II, c. 101, p. 374.—Religieux de Saint-Denis. L. XXXII, c. 8, p. 833.—Juvénal des Ursins, p. 244. — Le Fèvre Saint-Remi, c. 24, p. 327.— Journal d'un bourgeois de Paris, p. 177. — Berri, roi d'armes, p. 424.—Pierre de Fenin, p. 452.

CHAPITRE XXVIII.

Domination des bouchers à Paris; — mécontentement qu'ils témoignent des mœurs du duc de Guienne. — Les bouchers sont chassés de la ville. — Le roi se joint aux Armagnacs, et attaque le duc de Bourgogne. — Soumission de celui-ci. — Paix d'Arras. — 1412-1414.

LA maladie qui régnoit dans le camp devant Bourges avoit accéléré les négociations pour la pacification du royaume; elle inspiroit en même temps aux princes l'impatience de quitter le voisinage de cette ville, où la mortalité sembloit les poursuivre : aussi, dès le 15 juillet 1412, jour où les clefs de Bourges avoient été remises par les assiégés au duc de Guienne, ils se hâtèrent tous également de s'en éloigner, et ils se donnèrent rendez-vous à Auxerre, pour le 22 août, afin d'y mettre la dernière main à leur traité. Cette nouvelle assemblée des princes s'y forma en effet, au jour convenu, sous la présidence du dauphin, duc de Guienne, dans la cour de la grande église de Saint-Germain, qui étoit tendue de drap d'or, et où deux trônes étoient élevés pour le dauphin et le roi de Sicile. Charles VI étoit de nouveau en délire, et ne pouvoit y paroître. Autour des trônes on voyoit rangés les ducs de Berri, de Bourgogne, de Bourbon et de Bar; Charles d'Albret, cousin du roi; le duc d'Orléans et le comte de Vertus son frère, en habits de deuil; et plus loin, les comtes, les barons, les prélats, les députés de l'Université, et ceux des villes du royaume. Le chancelier de France, après avoir annoncé que l'assemblée étoit convoquée pour ratifier le dernier traité de paix, en lut de nouveau les conditions; puis le duc de Bourgogne, et ensuite le duc d'Orléans et son frère, s'approchèrent pour prêter serment de les observer : ils jurèrent sur les évangiles et sur un morceau de la vraie croix, qui avoient été placés entre le dauphin et le roi de Sicile. Tout le reste de l'assemblée jura ensuite de maintenir cette pacification, les prêtres prononçant le serment la main sur la poitrine, les nobles et les bourgeois la main levée (1). Des ordonnances royales, rendues à Melun le 7 septembre, et à Paris le 12, donnèrent à ce traité force de loi, et prononcèrent des peines contre quiconque appelleroit désormais personne des noms de Bourguignon ou d'Armagnac. (2)

Le peuple commençoit à prendre quelque

---

(1) Religieux de Saint-Denis. L. XXXII, c. 10, p. 837.
(2) Ordonn. de France. T. X, p. 23.

confiance dans cette pacification, d'autant plus que les deux familles rivales s'unissoient par un mariage, une fille du duc de Bourgogne étant promise au comte de Vertus. Les princes se donnoient réciproquement des témoignages d'amitié et de confiance; ils célébroient leur réconciliation par des festins et des réjouissances; et, après avoir prolongé pendant un mois leurs divertissemens à Auxerre et à Melun, ils rentrèrent ensemble à Paris vers la fin de septembre. (1)

Mais il étoit difficile d'effacer les traces d'une querelle qui avoit été marquée par tant de crimes, et les efforts mêmes qu'on faisoit, d'un commun accord, pour réparer les violences passées, préparoient de nouveaux ressentimens pour l'avenir. Par une ordonnance du 22 août, les biens confisqués sur les princes qui tenoient le parti d'Armagnac, devoient leur être rendus; et, par une autre du 9 septembre, les officiers qui avoient été destitués pendant les troubles, devoient être rétablis dans leurs fonctions (2). Mais quand on voulut appliquer ces règles, on y trouva des difficultés sans nombre; les biens saisis n'étoient pas demeurés sous la main du roi; les emplois des officiers destitués n'étoient pas demeurés vacans; les nouveaux concessionnaires, les nouveaux

---

(1) Religieux de Saint-Denis. L. XXXII, c. 11, p. 840.
(2) Ordonn. des rois de France. T. X, p. 18 et 24.

titulaires, résistoient de toute leur force à ce qu'ils appeloient à leur tour une spoliation. Le duc de Bourgogne obtint, le 13 novembre, une nouvelle ordonnance, d'après laquelle les biens confisqués pour cause de rébellion, et vendus ou donnés par le roi, devoient demeurer à ceux qui en étoient en possession, à quelque titre qu'ils les possédassent, et les emplois, à ceux qui en avoient été revêtus les derniers (1). Mais cette ordonnance, signée par le dauphin et le duc de Bourgogne seulement, offensa vivement les princes du parti d'Armagnac, qui n'y apposèrent pas leur nom, et qui affirmèrent qu'elle étoit contraire au texte même du traité. (2)

Le duc de Bourgogne étoit rude, hautain, impérieux; il se faisoit obéir par le duc de Guienne, son gendre; mais il l'offensoit par ses manières : le duc d'Orléans, au contraire, étoit aimable et insinuant, et il gagna l'amitié de son cousin dès qu'il se trouva rapproché de lui. Le premier usage qu'il fit de son influence fut d'obtenir quelque réparation pour la mémoire de l'infortuné grand-maître Montagu. Le prévôt de Paris eut ordre de détacher son corps du gibet de Montfaucon, et sa tête des halles, pour leur donner une honorable sépulture. Le frère de Mon-

---

(1) Ordonn. des rois de France. T. X, p. 34.
(2) Monstrelet. T. II, c. 104, p. 395.

tagu fut rappelé à son évêché de Paris; son fils aîné fut nommé chambellan du dauphin, et recouvra tout ce qui restoit de ses biens confisqués. (1)

La paix de Bourges et d'Auxerre, qui réconcilioit si imparfaitement les partis à l'intérieur, sembloit, d'autre part, devoir provoquer la guerre étrangère : les princes s'étoient engagés à annuler leur traité avec l'Angleterre, et à ne jamais plus s'allier à l'avenir à l'ennemi de la France. Henri IV, qui, le 9 juillet, avoit nommé duc de Clarence Thomas, son second fils (2), l'avoit en même temps fait passer à Calais avec l'armée que, par son traité du 18 mai, il avoit promis d'envoyer au secours des Armagnacs. Il l'avoit, par lettres-patentes du 12 juillet, nommé son lieutenant en Guienne (3), et il avoit ordonné au comte d'Arundel de le joindre avec les troupes anglaises que celui-ci avoit, peu auparavant, conduites au duc de Bourgogne : les unes et les autres s'avancèrent en ravageant la Normandie, la Picardie et le Maine (4). Le duc d'Orléans leur devoit trois cent vingt mille écus d'or pour leur solde, et n'avoit aucun moyen de

---

(1) Monstrelet. T. II, c. 102, p. 389. — Religieux de Saint-Denis. L. XXXII, c. 12, p. 842.

(2) *Rymer.* T. VIII, p. 757.

(3) *Rymer.* T. VIII, p. 758.

(4) Thom. Walsingham, *Hist. Angl.*, p. 381.

s'acquitter. Pour se débarrasser d'eux, il finit par leur donner en otage son plus jeune frère le duc d'Angoulême (1). Le duc de Clarence consentit à s'acheminer avec son armée vers Bordeaux, en traversant les provinces de France, qu'il traita, dans cette occasion, avec quelques ménagemens; mais il ne fut pas plus tôt arrivé dans les possessions anglaises en Guienne qu'il recommença les hostilités. Le sire de Heilly y avoit été envoyé pour lui tenir tête; mais celui-ci, n'ayant pu rassembler des forces suffisantes pour défendre la frontière française, l'abandonna et revint à Paris. (2)

Le duc de Clarence annonçoit arrogamment qu'il auroit bientôt reconquis tout ce que ses ancêtres avoient perdu en France. Aucun préparatif n'étoit fait pour lui résister; le gouvernement ne songeoit à envoyer ni argent ni soldats dans le Midi. Charles d'Albret, irrité de ce qu'on lui avoit ôté la charge de connétable, ne vouloit pas entrer en campagne : le comte d'Armagnac songeoit à se ranger sous la domination des Anglais, qu'il préféroit à celle d'un roi fou et d'une populace furieuse, et déjà il portoit sur sa cotte-d'armes la croix rouge d'Angleterre. (3)

(1) Religieux de Saint-Denis. L. XXXII, c. 11, p. 840.
(2) Religieux de Saint-Denis. L. XXXII, c. 11 et 13, p. 841 et 844.
(3) Religieux de Saint-Denis. L. XXXIII, c. 8, p. 875.

Mais durant l'hiver de 1412 à 1413, Henri IV, roi d'Angleterre, fut atteint d'une maladie dangereuse qui suspendit tout à coup son activité. Pendant un règne de treize ans et demi, il avoit eu à combattre des rébellions sans cesse renaissantes : l'ordre étoit enfin rétabli dans ses États; son armée s'étoit aguerrie par l'habitude des guerres civiles; il n'avoit que quarante-six ans, et il menaçoit la France, réduite au dernier degré de désorganisation, de l'attaque la plus formidable, lorsqu'il mourut le 20 mars 1413 (1). Sa mort procura aux Français un répit inespéré. Son fils, Henri de Monmouth, qui lui succéda sous le nom de Henri V, étoit âgé de vingt-cinq ans; mais on ne l'avoit connu qu'impétueux, débauché, vivant dans un scandaleux désordre. On ne savoit point encore que toutes ses autres passions seroient dominées par l'ambition, et l'on ne prévoyoit pas qu'il entraîneroit ses sujets à de nouvelles conquêtes. Au commencement de son règne, il sentit le besoin de s'occuper d'abord de ses affaires domestiques, et de suspendre les hostilités dont on attendoit dans les deux royaumes le renouvellement. Au milieu de juillet, il entama des négociations avec le duc de Bourgogne et avec la France, et, le 25 sep-

---

(1) Rapin Thoyras. T. IV, L. XI, p. 70. — Thom. Walsingham, *Hist. Angl.*, p. 382. — *Rymer.* T. IX, p. 1.

tembre, ses ambassadeurs signèrent à Lélinghen une trêve qui devoit durer jusqu'au 1er juin 1414. (1)

On ne prévoyoit point la mort de Henri IV, lorsque le duc de Clarence ravageoit le Midi, et que la France souffroit la guerre sans être en état de la faire; l'épargne étoit vide, les provinces dans la dernière détresse; les troupes appartenoient aux princes, et non plus au roi ou au royaume; l'anarchie étoit complète, et le conseil du roi passoit les jours à délibérer sans savoir quel parti prendre, et sans trouver nulle part de ressources. Enfin il se résolut à convoquer à Paris les états-généraux du royaume pour le mois de janvier 1413, espérant rejeter en quelque sorte sur la nation elle-même, la responsabilité de la situation désespérée où les princes l'avoient réduite. (2)

On a peine à comprendre comment les élections des députés aux États purent s'accomplir au milieu des troubles universels, et lorsque les provinces, partagées entre les princes, avoient, en quelque sorte, cessé d'être françaises : aucune route n'étoit sûre, et les députés avoient également à craindre et les brigands qu'ils laissoient chez eux, et les brigands qu'ils trouve-

(1) *Rymer.* T. IX, p. 34, 35, 56, 68, 69.
(2) Religieux de Saint-Denis. L. XXXII, c. 13, p. 844.

roient maîtres des grands chemins. On sait au reste fort mal comment les États de 1413 furent composés : il est probable qu'on n'y vit guère arriver que les grands et les prélats habitués à la cour, avec les députés des villes les plus rapprochées de la capitale. Autant le danger étoit grand à se mêler des affaires publiques, autant le découragement étoit général. Personne dans l'assemblée des députés de la nation ne sembloit avoir ou le sentiment des droits du public, ou les connoissances et les talens propres à servir la patrie : personne ne s'y fit remarquer par son amour de la liberté, par son éloquence, par son ambition ; personne n'y réclama, en faveur de l'assemblée, les priviléges qui auroient dû lui appartenir ; personne n'y suggéra les mesures ou le plan de conduite qui auroient pu sauver la France.

L'ouverture des États se fit, le 30 janvier, dans la grande salle de l'hôtel de Saint-Paul. Le roi, qu'on disoit être alors en bonne santé, put la présider : il avoit auprès de lui son fils, le dauphin, duc de Guienne, qui étoit alors âgé de dix-sept ans. On voyoit autour du trône le duc de Bourgogne, le duc de Bourbon et le comte de Vertus. Le duc de Berri étoit alors fort malade ; le duc d'Orléans n'avoit pas osé venir à Paris : il avoit été averti secrètement, par Pierre des Essarts, que le duc de Bourgogne avoit formé le projet de le faire assassiner à Auxerre (1). De son côté, le duc de Bourgogne avoit prétendu que c'étoit le duc d'Orléans qui avoit voulu attenter à sa vie, et qu'il avoit gagné dans ce but son chambellan, Lourdin de Saligny. Il avoit en conséquence fait arrêter celui-ci (2). Il est assez probable que l'une et l'autre accusation étoit fondée.

Ce n'étoit pas un des moindres obstacles au pouvoir qu'auroient dû exercer les assemblées des États, que l'incapacité absolue de leurs membres pour délibérer. Aucun d'eux ne savoit parler en public, et, dans toute réunion nombreuse, quelques pédans prononçoient seuls d'ennuyeux discours, qui ne pouvoient amener à aucune décision. Le sire d'Ollehain, chancelier de Guienne, ouvrit l'assemblée des États par un discours sur les maux qu'avoit causés la guerre, sur les espérances que devoit faire concevoir la réconciliation des princes, et sur la nécessité de mettre la France en défense contre les Anglais. Après avoir allégué sur ces trois points tous les lieux communs et toutes les citations des auteurs sacrés et profanes qu'il trouva dans sa mémoire, il renvoya les trois ordres dans leurs chambres séparées, et il les invita à lui donner une réponse le sixième jour.

---

(1) Juvénal des Ursins, p. 245.—Berri, roi d'armes, p. 425.
(2) Berri, roi d'armes, p. 424.

Dans cette seconde séance on entendit deux discours des députés de Reims et de Rouen; puis, le lendemain, un discours de l'abbé de Saint-Jean; et enfin, le 9 février, un discours de Benoît Gentien, moine de Saint-Denis, parlant au nom de l'Université et de la ville de Paris; un discours du député de Sens, et un discours du député de Bourges. Chacun de ces orateurs avoit pris son texte dans la sainte Écriture, et avoit fait à l'assemblée un sermon aussi verbeux, aussi érudit et aussi inconcluant que ceux qu'on entendoit alors dans les églises. Tous cependant, après avoir célébré la paix, avoient parlé de la détresse des peuples, et de leur impossibilité de payer davantage; et, de plus, l'abbé de Saint-Jean et Benoît Gentien avoient demandé qu'au lieu de songer à imposer au peuple de nouveaux sacrifices, on fît rendre gorge à ceux qui s'étoient enrichis par leurs malversations : eux-mêmes, cependant, s'exprimèrent d'une manière si vague, qu'on ne pouvoit tirer de leur proposition aucun résultat pratique. Ce fut tout le fruit que recueillit la nation de l'assemblée de ses représentans. Le même jour, ils furent congédiés par le chancelier de France, qui leur promit que le roi prendroit en considération leurs remontrances. (1)

(1) Religieux de Saint-Denis. L. XXXII, c. 13, p. 843. — Juvénal des Ursins, p. 247.

Les Parisiens s'étoient flattés que les députés de la nation signaleroient d'une manière plus précise les abus sous lesquels ils gémissoient, et le remède qu'on pouvoit y apporter : n'ayant point obtenu de l'assemblée des États une enquête sur les causes de la misère publique, ils résolurent de la tenter eux-mêmes. Ils étoient encouragés et dirigés par les docteurs de l'Université, car ceux-ci, dans leur lutte contre la cour d'Avignon, avoient développé un esprit d'examen et de résistance, et ils avoient montré, dans la suppression du schisme, du courage d'esprit et de l'intelligence des affaires. Avec l'aide de ces docteurs, les bourgeois rédigèrent un cahier de doléances beaucoup plus explicite que n'avoient été les discours des États, et ils demandèrent une nouvelle audience au duc de Guienne pour le lui présenter. Cette audience leur fut accordée le 13 février; les ducs de Bourgogne, de Bavière et de Lorraine y étoient présens, ainsi que les comtes de Nevers, de Vertus, de Charolais, et plusieurs grands seigneurs. Maître Eustache de Pavilly, de l'ordre des Carmes, fit la lecture du cahier qu'il avoit rédigé au nom de l'Université et des bourgeois; elle dura une heure et demie.

L'université de Paris, qui se disoit la très humble et très dévouée fille du roi, annonçoit avoir reconnu que les finances royales devoient pourvoir à quatre branches de dépenses, savoir: les aumônes royales, l'entretien du roi, de la reine et du dauphin, les salaires des serviteurs royaux, et les réparations des hôtels, châteaux et domaines de la couronne. Elle s'étoit assurée de plus, quant aux aumônes, qu'elles avoient été presque absolument supprimées : quant à l'entretien du roi, que la dépense, pendant les règnes précédens, en étoit limitée à 94,000 francs, tandis qu'elle étoit montée, dans ce règne, à 450,000 francs, et cependant presque tous les fournisseurs n'étoient pas payés : quant aux serviteurs, il y en avoit une partie qui ne réussissoient jamais à se faire payer de leurs gages; d'autres, au contraire, profitant de leur faveur, s'étoient fait assurer des salaires exorbitans, et ils en étoient toujours payés fort exactement; enfin, quant aux édifices royaux, on avoit absolument supprimé toutes les réparations qu'on étoit dans l'usage d'y faire ; aussi tomboient-ils tous en ruine, et cependant il n'y avoit pas un denier dans l'épargne.

L'Université attribuoit ce désordre aux financiers : elle désignoit chacun de ceux qu'elle inculpoit, par son nom et par la nature de son emploi; elle énuméroit les richesses qu'il avoit acquises, les offices qu'il cumuloit, l'augmentation de ses gages qu'il avoit obtenue, le prix auquel il procuroit des avances d'argent dans un besoin pressant ; le prix auquel les financiers revendoient les charges dont le roi les avoit revêtus gratuitement. Elle se plaignoit de ce que des jeunes gens, ignorant les lois, avoient été introduits récemment au Parlement, de ce que le chancelier avoit indûment augmenté ses honoraires et le casuel de sa place, de ce qu'enfin les monnoies avoient été détériorées. Elle proposoit de suspendre tous les officiers publics jusqu'à ce qu'ils eussent rendu compte, et de s'assurer de leurs biens, de révoquer tous les dons et toutes les pensions accordées par le roi, de consulter enfin les députés des provinces, pour qu'ils dénonçassent également les délinquans dont ils avoient connoissance chacun dans son district. (1)

Ce cahier de doléances étoit, de tous les avertissemens donnés au roi par ses sujets, le plus susceptible d'une application pratique. Autant il excita la colère de ceux qui s'y voyoient dénoncés, autant il fut applaudi par tous ceux qui souffroient des abus, et même par la plupart des grands seigneurs, qui voyoient toujours avec plaisir attaquer les financiers. Mais personne ne parut accorder plus d'attention à ces doléances que le duc de Bourgogne. Ce prince s'apercevoit que le duc de Guienne son gendre s'éloignoit de

(1) Religieux de Saint-Denis. L. XXXII, c. 14, p. 847. — Monstrelet. T. II, c. 106, p. 400. — Baraute. T. IV, p. 37-59.

lui, et qu'il accordoit sa confiance à de nouveaux serviteurs que le duc d'Orléans avoit mis dans sa maison. Il soupçonnoit en même temps Pierre des Essarts, prévôt de Paris, qui avoit été d'abord un de ses serviteurs les plus dévoués, d'avoir abandonné son parti, et d'avoir trahi ses secrets au duc d'Orléans et au duc de Guienne. Prévoyant qu'un nouvel orage alloit se former contre lui, il redoubla de soins pour s'assurer la faveur du peuple, et il donna au cahier que lui présentoit l'Université plus d'attention encore que n'avoient osé espérer ceux qui l'avoient rédigé. Le 24 février, il fit rendre une ordonnance par laquelle il suspendoit de leurs fonctions « tous les officiers demeurant à Paris, ayant « administration et gouvernement des finances, « du domaine et des aides. » En même temps, il cassoit et annuloit tout don et assignation fait pour quelque cause que ce fût sur lesdites finances. (1)

Pierre des Essarts étoit le premier inscrit dans l'ordonnance, parmi ceux dont les fonctions étoient suspendues. Il eut peur de l'enquête qui alloit sans doute commencer; il s'échappa secrètement de Paris, et il se retira à Cherbourg, dont il étoit capitaine; beaucoup d'autres suivirent son exemple et s'évadèrent également.

(1) Ordonn. de France. T. X, p. 59.

On rapporta au duc de Bourgogne que des Essarts avoit dit avant de partir, qu'il manqueroit en effet deux millions d'écus d'or sur ses comptes, mais que si on le mettoit en jugement, il produiroit les reçus du prince auquel il les avoit livrés. Le duc étoit résolu de le faire périr avant qu'il pût produire ces reçus. Il comptoit le poursuivre à Cherbourg, et sa surprise fut extrême en apprenant, le 28 avril, qu'il étoit de retour à Paris, et qu'il étoit maître de la Bastille. Cette forteresse, destinée à commander la porte Saint-Antoine, lui avoit été livrée la nuit précédente, d'après un ordre du duc de Guienne, et il l'occupoit avec une troupe de gens qui lui étoient dévoués. (1)

A cette nouvelle, le duc de Bourgogne lâcha la bride à la populace, dont les chefs étoient depuis long-temps admis à sa confidence. Les bouchers Legoix, Chaumont, Caboche, et le chirurgien Jean de Troyes, de concert avec lui, coururent à l'Hôtel-de-Ville pour demander à André d'Épernon, prévôt des marchands, l'étendard de la commune, et l'ordre aux centeniers et cinquanteniers de faire armer la bourgeoisie. Le clerc de l'Hôtel-de-Ville leur opposa une courageuse résistance, et retarda ainsi l'insurrection de vingt-quatre heures. Mais le lendemain, 29 avril, la populace revint à la charge

(1) Religieux de Saint-Denis. L. XXXIII, c. 1, p. 857.

avec plus de fureur encore; on lui avoit persuadé que des Essarts étoit chargé par les Armagnacs d'enlever le roi et le dauphin, et de mettre ensuite le feu à la ville (1). Le prévôt des marchands, les échevins et les cinquanteniers rassemblés à l'Hôtel-de-Ville, cherchèrent en vain à calmer la foule, et à lui persuader de se retirer dans ses maisons; elle obéissoit à une impulsion secrète qui la rendoit sourde à leurs avis. Tout à coup cependant elle s'échappe de la place de l'Hôtel-de-Ville, et se précipite vers la Bastille. Environ trois mille hommes armés entourent cette forteresse, et deux gentilshommes du duc de Bourgogne, Hélyon de Jacqueville et Robinet de Mailly, se mettent à la tête des insurgés; ils leur font occuper toutes les issues de la place, tant du côté de la ville que du côté de la campagne, et ils les disposent pour une attaque selon les règles de l'art de la guerre. (2)

Toutefois la Bastille étoit bien pourvue d'artillerie; la garnison étoit nombreuse, on la croyoit brave, et si la populace livroit un assaut, elle couroit risque d'être repoussée avec une grande perte. Le duc de Bourgogne ne s'y exposa point. Il accourut au milieu des insurgés,

---

(1) Journal d'un bourgeois de Paris, p. 181.
(2) Religieux de Saint-Denis. L. XXXIII, c. 1, p. 858. — Le Fèvre Saint-Remi, c. 27, p. 334. — Juvénal des Ursins, p. 250.

il les exhorta avec douceur à ne point commettre un crime de lèse-majesté en attaquant sans ordre une place royale, tandis qu'il devoit leur suffire de la bloquer, pour empêcher que personne n'en sortît, et que lui-même entreroit en conférence avec des Essarts, pour l'engager à capituler. Des Essarts avoit déjà paru à une fenêtre du château : il avoit fait voir les lettres-patentes du dauphin, qui lui confioient le gouvernement de la Bastille ; mais les huées et les menaces du peuple l'avoient glacé de terreur, et il commençoit déjà à offrir d'évacuer la place, si on vouloit le laisser se retirer en sûreté. Tandis qu'il parlementoit, la foule armée s'étoit grossie autour de sa forteresse ; on y comptoit déjà plus de vingt mille hommes, et ses cris forcenés inspiroient aux assiégés un morne effroi. Cependant tant de gens n'étoient point nécessaires en une seule place, et avant même que des Essarts eût consenti à descendre pour parler au duc de Bourgogne, une moitié de la foule s'étoit précipitée dans la rue Saint-Paul, annonçant par ses cris qu'elle vouloit voir le duc de Guienne, dauphin. Des Essarts, toujours plus effrayé, étoit descendu auprès du duc de Bourgogne ; dès que la foule le vit dans la place, elle le demanda avec des cris féroces, pour le mettre en pièces. « Mon- « seigneur, dit des Essarts au duc, je suis venu « sous votre garantie ; si vous ne croyez pas me

« pouvoir défendre, laissez-moi rentrer dans la
« forteresse. — Mon ami, ne crains rien, ré-
« pondit le duc, je te jure sur ma foi que mon
« corps te servira de garde. » En même temps il
le prit d'une main, de l'autre il lui fit sur le dos
le signe d'une croix de Saint-André, pour indiquer à la populace qu'il étoit bon bourguignon.
Une nouvelle fantaisie s'étoit alors emparée des
insurgés; ils s'écoulèrent vers l'hôtel du duc de
Guienne, et des Essarts put être conduit, sans
éprouver aucune insulte, au petit Châtelet, d'où
on le fit ensuite passer au grand. (1)

Près de vingt mille insurgés armés s'étoient
postés cependant devant l'hôtel Saint-Paul, où se
trouvoit alors le duc de Guienne. Les bouchers
qui les conduisoient plantèrent devant la porte
de cet hôtel l'étendard de la ville, et demandèrent qu'on les fît parler au dauphin. En même
temps, le duc de Bourgogne étoit entré dans
l'hôtel, et il avoit dit à son gendre que toute
résistance étoit impossible, et qu'il ne devoit
songer qu'à calmer les insurgés par la douceur.
Il entraîna enfin ce prince à une fenêtre qu'il
ouvrit, et où le duc de Guienne se montra pâle
et tremblant. « Mes chers amis, dit-il aux in-

---

(1) Juvénal des Ursins, p. 250. — Religieux de Saint-Denis.
L. XXXIII, c. 3, p. 863. — Monstrelet. T. III, c. 108, p. 1.
— Le Fèvre Saint-Remi, c. 27, p. 335. — Journal d'un bour-
geois de Paris, p. 182. — Berri, roi d'armes, p. 425.

« surgés, je suis prêt à vous entendre, et à faire
« tout ce que vous me conseillerez. »

De toutes parts la foule répondit par le nom de Jean de Troyes, en appelant ce vieillard, et en l'invitant à parler au prince. Jean de Troyes, chirurgien habile, étoit l'orateur du parti; presque seul entre les meneurs il avoit reçu une éducation libérale ; il conservoit le souvenir des anciennes insurrections populaires, par lesquelles les bourgeois de Paris, cinquante-sept ans auparavant, avoient tenté de ressaisir leurs droits ; il étoit en effet d'un âge fort avancé, et sa belle figure donnoit du poids à ses paroles. Il s'avança, quand son nom fut ainsi proclamé, pour répondre au dauphin, et toute la foule l'écouta dans un religieux silence. Il assura le jeune prince que toute cette foule qu'il voyoit armée n'avoit d'autre désir que de le servir et de le sauver. Qu'elle le savoit entouré de conseillers funestes qui, en dépit de la reine sa mère et des princes ses parens, l'entraînoient dans un déréglement auquel sa santé ne pourroit pas résister; que chaque nuit il passoit de la salle de festin au bal, et ensuite à des débauches plus pernicieuses, encore qu'il eût devant lui l'exemple de son père, qui auroit pu le faire trembler sur les conséquences de pareils excès. Il ajoutoit que souvent les bourgeois de Paris avoient sollicité le conseil d'écarter d'autour du trône ces dangereux flatteurs qui perdoient un prince sur lequel reposoient toutes les espérances de la France; mais que leurs conseils avoient toujours été méprisés. Cette fois ils ne vouloient plus que de tels conseils fussent vains, et ils venoient demander que ces traîtres leur fussent livrés pour les punir. Le dauphin répondit avec douceur qu'il prioit ses amis les bourgeois de retourner dans leurs maisons, et de déposer leur animosité contre des serviteurs qu'il avoit toujours reconnus pour fidèles. Le chancelier de Guienne croyant imposer au peuple, par plus d'assurance, ajouta imprudemment que si les bourgeois connoissoient des traîtres dans l'hôtel du prince, ils n'avoient qu'à les nommer. Aussitôt on lui fit passer une liste en tête de laquelle se trouvoit son propre nom, et, avec le sien, celui de plus de cinquante seigneurs ou gentilshommes de la maison du duc. On lui cria de la lire, et on le força même à le faire à plusieurs reprises. Le dauphin tremblant, tout en pleurs, et cependant rouge de colère, se retira dans la chambre du roi, après avoir dit au duc de Bourgogne : « Beau-père, cette émeute « est faite par votre conseil, mais une fois vous « vous en repentirez. — Monseigneur, répon- « dit le duc froidement, vous vous informerez « mieux quand votre colère sera passée. » (1)

(1) Monstrelet. T. III, c. 108, p. 4. — Religieux de Saint-Denis. L. XXXIII, c. 2, p. 860.

Cependant le dauphin s'étoit à peine retiré de la fenêtre, que la foule s'étoit précipitée dans son palais, et avoit commencé à fouiller tous les appartemens, pour arrêter tous ceux qui se trouvoient sur sa liste. Le duc de Bar, cousin du roi; Jean de Vailly, chancelier du duc de Guienne; Jacques de la Rivière, son chambellan; les sires d'Angennes, de Boissay, de Giles, de Vitry, ses valets de chambre; Jean de Mesnil, son écuyer tranchant, avec sept autres, furent arrêtés dans l'hôtel de Saint-Paul : Vitry fut arraché des bras même de la dauphine, qui cherchoit à le sauver. On les fit tous monter à cheval, et on les conduisit à l'hôtel d'Artois, demeure du duc de Bourgogne; Hélyon de Jacqueville, Robert de Mailly, Pierre de Lens et plusieurs autres gentilshommes connus par leur attachement au duc de Bourgogne, avoient toujours marché avec les insurgés : le duc lui-même les suivit à son hôtel, pour y prendre les prisonniers sous sa garde. La populace se dispersa ensuite, mais, en se retirant, elle tua deux ou trois hommes qui lui furent signalés comme des compagnons de débauche du dauphin. (1)

(1) Religieux de Saint-Denis. L. XXXIII, c. 2, p. 860. — Monstrelet. T. III, c. 108, p. 1-4. — Juvénal des Ursins, p. 250. — Le Fèvre Saint-Remi, c. 27, p. 334. — Journal d'un bourgeois de Paris, p. 182. — Berri, roi d'armes, p. 425. — Pierre de Fenin, p. 451.

Après cette première violence exercée dans le palais du roi, les bouchers et les autres chefs du parti continuèrent à s'y présenter presque chaque jour, et à y faire pompe de l'autorité qu'ils devoient au peuple. Presque chaque jour ils forçoient le dauphin à entendre de leurs bouches de nouvelles remontrances sur le déréglement de ses mœurs, qui lui étoient adressées tantôt devant la reine, tantôt devant les princes. Aucun cependant ne lui parla avec tant de hardiesse que maître Eustache de Pavilly, un des plus fameux théologiens de l'Université, et le même qui avoit composé le cahier de doléances. Il vint prêcher devant lui un sermon, dans lequel il lui représenta que, pour des désordres qui n'étoient pas plus graves que les siens, son père le premier avoit été châtié par la main divine, et avoit perdu sa raison; que son oncle ensuite, le duc d'Orléans, avoit péri d'une manière misérable, et que, si à son tour il persistoit dans son déréglement, il donneroit sujet de transférer le droit d'aînesse à la personne de son frère puîné. (1)

Les conséquences terribles qu'avoit eu pour la France la folie du roi, et la longueur de cette calamité, qui avoit déjà duré vingt ans, mais qui, d'après l'âge et les forces de Charles VI,

(1) Religieux de Saint-Denis. L. XXXIII, c. 3, p. 865.

pouvoit fort bien durer trente ans encore, étoient bien faites pour effrayer la nation sur les désordres de l'héritier de la couronne. En effet sa tête étoit foible et sa raison n'auroit pu résister à la vie qu'il menoit, si sa santé n'avoit succombé la première. Mais les hommes qui essayoient de mettre en même temps des bornes au déréglement du duc de Guienne, et des limites au pouvoir absolu de la couronne, n'étoient point égaux ni en talent, ni en position sociale, ni en intégrité de caractère, à ceux qui, en 1356, essayèrent de limiter l'autorité du roi Jean, et, en 1382, celle du roi Charles VI. D'effroyables proscriptions avoient suivi le triomphe de l'autorité royale : la bourgeoisie avoit été décimée et ruinée ; on ne voyoit plus à Paris ces riches marchands dont l'esprit étoit développé par l'habitude des grandes affaires, dont l'indépendance étoit garantie par une fortune égale à celle des seigneurs, dont la réputation étoit un patrimoine précieux qu'ils vouloient léguer à leurs enfans. Les chefs du peuple étoient désormais des bouchers, riches il est vrai, mais grossiers et brutaux, qui donnoient aux insurrections un caractère féroce, et qui ne pouvoient s'élever à une politique libérale et éclairée. Ils s'étoient encore associés avec des docteurs en théologie, qui se présentoient habituellement comme les orateurs du parti, et les rédacteurs des mémoires qu'il adressoit aux princes. L'association de la Sorbonne avec les bouchers contribua cependant peut-être à rendre les derniers plus cruels encore : à la brutalité de la populace se joignit la dureté impitoyable du sacerdoce. Les Cabochiens, nom qu'on donnoit à la faction populaire et bourguignonne, à cause de l'écorcheur de bêtes Jean Caboche, qui étoit un de ses chefs, cherchèrent bien à se rattacher aux anciens défenseurs de la liberté à Paris : ils arborèrent comme eux les blancs chaperons, symbole de la liberté chez les Gantois, importé à Paris en 1382; ils les présentèrent aux ducs de Guienne, de Berri, de Bourgogne, qui consentirent à les porter; mais les Cabochiens ne comprenoient point la liberté dont ces blancs chaperons avoient été le signe. Les supplices du mois de février 1383, le pillage de toute la haute bourgeoisie à cette époque, et les désastres continuels qui dès-lors ne lui avoient jamais permis de se relever, forçoient désormais la majesté royale à se mesurer, non plus avec le peuple, mais avec la populace.

Les Cabochiens commencèrent par engager le dauphin à nommer douze commissaires pour juger les prisonniers qu'ils avoient arrêtés. Parmi eux, le duc de Bar fut le seul que le duc de Guienne essaya de protéger, en le recommandant au peuple : il étoit d'ailleurs tellement effrayé, qu'il s'empressoit de donner sa sanction à tout ce qui lui étoit demandé. Son cousin le comte de Vertus, alarmé de la fermentation populaire au milieu de laquelle il se trouvoit, s'échappa de nuit, déguisé, et alla rejoindre son frère le duc d'Orléans. Le duc de Guienne fit bien quelques tentatives pour s'échapper aussi; mais elles furent découvertes, et les Parisiens, non contens de faire soigneusement la garde aux portes, et de fouiller tous ceux qui sortoient, commencèrent à faire aussi toutes les nuits le guet autour de l'hôtel royal de Saint-Paul. Le duc de Guienne écrivit de sa main aux ducs d'Orléans et de Bretagne, au roi de Sicile et au comte d'Alençon, pour les supplier de venir le délivrer; mais en même temps il déclara aux bouchers, à plusieurs reprises, qu'il étoit content d'eux, et qu'il approuvoit tout ce qu'il leur voyoit faire. Ceux-ci, jaloux du petit nombre de bourgeois qui auroient pu modérer leurs excès, et qui, en raison de leur fortune et de la considération dont ils jouissoient, étoient appelés à représenter la ville, demandèrent au dauphin son assentiment pour en faire arrêter soixante, qu'ils lui représentèrent comme armagnacs, lui donnant à entendre en même temps que la confiscation des biens de ces riches marchands étoit le moyen le plus prompt pour faire rentrer de l'argent dans l'épargne :

le dauphin y consentit, et elle fut exécutée. (1)

Sur ces entrefaites, le roi, qui étoit malade depuis le commencement de l'année, rentra dans son bon sens le 18 mai, et, comme de coutume, il sanctionna aussitôt tout ce que faisoit la faction entre les mains de laquelle il se trouvoit. Il prit le chaperon blanc, qui lui fut présenté par Jean de Troyes, au milieu même de la procession qu'il faisoit pour le recouvrement de sa santé. Il prêta l'oreille avec bienveillance au discours que lui adressa le docteur de Sorbonne Eustache de Pavilly, pour lui prouver que toutes les violences exercées dans l'État, toutes les arrestations exécutées dans l'hôtel même du dauphin, avoient été faites pour le plus grand bien du prince et du royaume. Le même jour, un nouvel attroupement, de plus de dix mille hommes armés, se forma devant l'hôtel de Saint-Paul, et réclama de nouvelles arrestations, que Hélyon de Jacqueville, serviteur du duc de Bourgogne, et capitaine de Paris, vint exécuter, avec seize hommes armés, dans l'enceinte même du palais. Il prétendit être porteur d'un ordre verbal du roi, en vertu duquel il mit la main sur Louis de Bavière, frère de la reine; sur Jean de Nyelle, nouveau chancelier du dauphin; sur quatre ou

(1) Religieux de Saint-Denis. L. XXXIII, c. 4, p. 866.

cinq de ses grands officiers, et sur quinze des principales dames de la reine, qui furent tous conduits par eux en prison. (1)

Le lendemain 24 mai, il parut une ordonnance royale, signée par le roi lui-même, par les ducs de Berri et de Bourgogne, et par le connétable de Saint-Pol, aussi-bien que par un grand nombre de prélats et de grands seigneurs, pour annoncer au peuple que toutes ces arrestations avoient été faites pour l'honneur et le profit du roi, de son fils et du royaume (2). Le jour d'après, 25 mai, il parut une autre ordonnance bien plus importante; c'étoit un code tout entier, en deux cent cinquante-huit articles, sur la réforme du royaume. Jean de Troyes avoit présenté de nouveau au conseil les demandes de l'Université. Le duc de Berri avoit le premier ouvert l'avis de faire tout ce que le peuple demandoit, et le code nouveau, divisé en dix chapitres généraux, apportoit de grandes réductions dans les traitemens de tous les officiers publics, de notables diminutions dans le nombre des emplois, quelque allégement dans les charges publiques, mais aucune institution politique, à moins qu'on ne veuille considérer, sous cet aspect, les règles pour l'é-

---

(1) Religieux de Saint-Denis. L. XXXIII, c. 5, p. 868. — Le Fèvre Saint-Remi, c. 27, p. 341. — Journal d'un bourgeois de Paris, p. 182.

(2) Ordonn. de France. T. X, p. 68.

lection au scrutin des conseillers au Parlement, sur une désignation faite par le chancelier, et des règles analogues pour l'élection des juges subordonnés à la cour du Parlement. (1)

Un peu plus de trois mois après, ou le 5 septembre, cette ordonnance fut cassée comme ayant été obtenue par la crainte ; car le roi, le dauphin, les princes du sang, avouoient, sans scrupule, que la crainte suffisoit pour leur faire ordonner ce qu'ils désapprouvoient, et prêter des sermens qu'ils ne comptoient point tenir. D'après la même règle, les juges ne manquoient jamais de condamner comme coupables, ceux qui leur étoient dénoncés par le pouvoir, quel qu'il fût ; jamais ils ne songeoient que leur devoir fût de protéger l'innocence, mais seulement de motiver une condamnation. Les douze commissaires que le dauphin avoit désignés pour juger les prisonniers, non seulement passoient pour des hommes d'honneur, mais encore pour des hommes attachés au même parti que ceux qu'ils étoient appelés à juger. Cependant ils commencèrent par les faire mettre à la torture ; ils leur

(1) L'ordonnance traite successivement 1°. du domaine ; 2°. des monnoies ; 3°. des aides ; 4°. des trésoriers des guerres ; 5°. de la chambre des comptes ; 6°. du Parlement ; 7°. de la justice ; 8°. de la chancellerie ; 9°. des eaux et forêts ; 10°. des gendarmes. — Religieux de Saint-Denis. L. XXXIII, c. 6, p. 870. — Juvénal des Ursins, p. 254.

adressèrent des questions insidieuses, et ils trouvèrent bientôt de quoi les condamner. Le 4 juin, ils firent trancher la tête à messire Jacques de la Rivière, un des chevaliers les plus accomplis de France, auquel on ne pouvoit reprocher que son goût trop vif pour le plaisir. Sa tête fut exposée aux halles au bout d'une lance; mais plusieurs prétendirent que son cadavre seul avoit été livré aux bourreaux, et que Hélyon de Jacqueville étoit venu le tuer dans sa prison, ou, selon d'autres, qu'il s'y étoit tué lui-même. Jean du Mesnil, écuyer tranchant du duc de Guienne, fut décapité en même temps que lui. (1)

Si les princes avoient recherché l'appui des bons bourgeois, quelque affoibli que fût cet ordre, ils auroient encore pu trouver parmi eux quelque intelligence, quelque habitude des affaires, et surtout de la probité, de la régularité et de l'affection pour l'État; mais aux yeux des princes du sang tous les plébéiens étoient également de la canaille, et dès qu'ils consentoient à s'allier avec eux, ils faisoient choix sans scrupule des plus méprisables. Le duc de Bourgogne ne leur demandoit pas du patriotisme et des lumières, mais seulement de la passion pour son parti et de la vigueur; aussi avoit-il élevé en dignité des misérables avec lesquels le reste des bour-

(1) Religieux de Saint-Denis. L. XXXIII, c. 7, p. 872. — Le Fèvre Saint-Remi, c. 27, p. 345.

geois avoit honte de s'associer. Il avoit donné la garde et le commandement des ponts de Saint-Cloud et de Charenton à Denis de Chaumont et Simon Caboche, valets de boucherie, qui gagnoient leur vie à écorcher les bêtes tuées (1). Et lorsqu'il fut résolu d'envoyer le sire de Heilly en Guienne, pour défendre cette province contre les Anglais, les mêmes Caboche et Chaumont, avec Guillaume Legoix et Henri de Troyes, fils du chirurgien, furent nommés commissaires pour asseoir un emprunt forcé sur les bourgeois de Paris, ce qu'ils firent avec une rigueur extrême, sans épargner les officiers du roi, les prélats, ou les docteurs de l'Université; d'autres qu'eux n'auroient pas osé le tenter peut-être. Mais on reconnut bientôt à leur luxe extravagant, que dans cet emploi leurs mains n'étoient pas demeurées pures. (2)

De même que le mépris qu'inspiroient les manières et le caractère des Cabochiens éloignoit d'eux les bons bourgeois de Paris, il empêchoit les factieux de pouvoir former, comme ils se l'étoient proposé, une confédération entre toutes les villes de France : ils leur avoient envoyé à toutes les blancs-chaperons, et presque toutes, à la réserve de Sens, avoient adopté cet uniforme du parti; les ambassadeurs de

---

(1) Religieux de Saint-Denis. L. XXXIII, c. 4, p. 866.
(2) Ibid. c. 8, p. 874.

Gand, qui étoient venus à Paris chercher le comte de Charolais, fils du duc de Bourgogne, et sa femme, pour résider dans leur ville, s'étoient aussi montrés aux fêtes de l'Hôtel-de-Ville décorés du blanc-chaperon, et aucune alliance n'auroit pu être plus efficace pour les communes de France que celle des communes de Flandre (1); mais les bourgeois, accoutumés à l'ordre et à la liberté, ne pouvoient traiter long-temps avec les Cabochiens, sans être rebutés par leur cupidité, leur férocité et leur ignorance : l'alliance momentanément formée entre les villes n'eut aucune suite, et la populace de Paris ne put compter que sur elle-même.

Les bouchers ne se contentoient pas d'avoir chassé du palais de Saint-Paul les favoris du dauphin et ceux de la reine, ils vouloient les faire périr. Surtout ils étoient résolus de se défaire de Pierre des Essarts, qu'ils avoient connu comme prévôt de Paris, et dont ils redoutoient les talens, le courage et la cruauté. Des Essarts n'avoit pu éviter de laisser beaucoup de prise contre lui dans ses fonctions soit de prévôt de Paris, soit de surintendant des finances. Les juges du Châtelet, qui tout récemment encore lui avoient été subordonnés, le firent mettre à la question, jusqu'à ce qu'ils eussent obtenu de lui des aveux

---

(1) Religieux de Saint-Denis. L. XXXIII, c. 4, p. 867.

suffisans pour motiver leur sentence ; celle-ci portoit qu'il seroit traîné sur la claie jusqu'aux halles, où il auroit la tête tranchée, et que cette tête seroit exposée sur ce même gibet de Montfaucon, où trois ans auparavant il avoit fait exposer celle de Montagu, son prédécesseur dans l'emploi de surintendant des finances. La sentence fut exécutée le 1er juillet 1413 : ni le peuple, qui autrefois avoit montré beaucoup d'affection pour des Essarts, ni le duc de Bourgogne, qui lui avoit donné sa parole de le préserver de tout danger, ni le duc de Guienne, qui l'avoit admis à son amitié, ne firent aucun effort pour le sauver. (1)

Le dauphin duc de Guienne voyoit que ses serviteurs les plus dévoués étoient inhumainement massacrés; que son oncle le duc de Bavière, et son cousin le duc de Bar, traduits devant les mêmes juges, couroient risque de la vie; que les dames même de sa mère et de sa femme languissoient dans les cachots; il en ressentoit tour à tour de la colère ou de l'effroi, mais rien ne pouvoit le détourner de la poursuite de ses débauches. Il donnoit des bals chaque nuit dans l'hôtel de Saint-Paul, et il y dansoit jusqu'au jour avec des femmes de mauvaise vie. Le neuvième

---

(1) Religieux de Saint-Denis. L. XXXIII, c. 10, p. 878. — Monstrelet. T. III, c. 3, p. 34. — Le Fèvre Saint-Remi, c. 28, p. 347. — Journal d'un bourgeois de Paris, p. 184.

jour après le supplice de des Essarts, Hélyon de
Jacqueville, gouverneur de Paris, traversant
au milieu de la nuit la rue Saint-Paul, fut
attiré dans les appartemens du prince par le son
des instrumens, et les accens de la joie. Arrivé
en sa présence, il lui reprocha assez durement
de déshonorer sa jeunesse par des manières dissolues, et il accusa plus vivement encore Georges
de la Trimouille, qui étoit auprès du prince, de
lui donner si mauvais exemple. Le dauphin, irrité de cette réprimande, s'élança sur Jacqueville, et lui donna trois coups de poignard, qui
au reste ne percèrent point sa cuirasse. Peu s'en
fallut que les soldats de Jacqueville, qui accoururent à son secours, ne tuassent la Trimouille
aux pieds du dauphin. (1)

Après cette scène violente, le dauphin résolut
de redoubler d'efforts pour se dérober à la populace de Paris, et il demanda secrètement le
secours des princes qui rassembloient alors une
armée à Verneuil. Le roi de Sicile, les ducs d'Orléans et de Bourbon, les comtes d'Alençon et
d'Eu, s'étoient réunis dans cette ville, éloignée de
vingt-cinq lieues de Paris. Ils y avoient levé des
troupes, en dépit de l'ordonnance sévère rendue
par le roi le 6 juin pour les en empêcher (2), et ils

---

(1) Religieux de Saint-Denis. L. XXXIII, c. 10, p. 879. —
Juvénal des Ursins, p. 256.

(2) Ordonn. de France. T. X, p. 147.

en avoient donné le commandement à Louis Bosrédon et à Clignet de Brabant. Non seulement ces troupes maltraitoient cruellement les campagnes, mais elles s'étoient emparées, dans le Gâtinais, de plusieurs places appartenant au roi. Cependant le langage des princes étoit encore pacifique; ils avoient envoyé une ambassade au roi pour demander la confirmation du traité d'Auxerre. En même temps ils le supplioient de les admettre en sa présence, mais ils vouloient que ce fût ailleurs qu'à Paris, où ils ne se regardoient pas comme en sûreté. (1)

Les bouchers auroient voulu ne permettre aucune négociation, mais les bons bourgeois, l'Université et le Parlement désiroient la paix. Ils obtinrent que le duc de Berri et le duc de Bourgogne s'avançassent jusqu'à Pontoise, le 21 juillet, pour y avoir une conférence avec les députés des princes. L'orateur de l'ambassade de ceux-ci, Pierre Saignet, ouvrit la conférence le 22 juillet par un sermon long et pédantesque, dans lequel il passa en revue les outrages auxquels le roi, la reine et le duc de Guienne avoient été exposés par la populace de Paris. Il convint que le dernier pouvoit, par ses dérèglemens, s'être exposé à quelques reproches, mais il affirma « qu'il n'y « a que ceux du sang royal qui soient en droit

---

(1) Religieux de Saint-Denis. L. XXXIII, c. 11, p. 880.

« de prendre connoissance de ce qu'un si grand
« prince pourroit avoir fait contre l'honneur de
« sa naissance et de sa dignité. »(1)

Il déclara que les princes ne conservoient aucun ressentiment contre Paris, et ne demandoient que l'oubli du passé, l'abolition de toutes les injures, l'exécution religieuse de la paix d'Auxerre, et la réunion du conseil dans un lieu sûr, d'où ils pussent gouverner désormais le royaume en parfaite intelligence. Le duc de Berri vouloit accepter immédiatement ces conditions, tant elles lui paroissoient modérées, et ramener avec lui les députés des princes à Paris. Mais le duc de Bourgogne, sans s'arrêter aux propositions qui lui étoient faites, sentoit bien que son parti avoit exercé le pouvoir avec trop de violence pour pouvoir le déposer sans donner lieu à une réaction. Il revint donc à Paris, le 31 juillet, avec le duc de Berri; il fit connoître au conseil les propositions des princes, et il s'efforça d'empêcher qu'elles ne fussent acceptées. (2)

D'autre part la bourgeoisie commençoit à secouer le joug que lui avoient imposé les bouchers et les Cabochiens; elle avoit horreur des violences qui s'exerçoient encore; elle avoit fait re-

---

(1) Religieux de Saint-Denis. L. XXXIII, c. 13, p. 887.
(2) *Ibid.* c. 14, p. 890.

mettre en liberté les dames qui avoient été arrêtées, et les hommes modérés désiroient que la même grâce fût étendue à tous les prisonniers. Les conditions demandées par les princes furent lues en conseil, le 1ᵉʳ août, devant Charles VI et le duc de Guienne. Jean de Troyes, Caboche, les Saint-Yon et les Legoix se présentèrent alors à la porte du conseil, pour en prendre connoissance. Le chancelier leur répondit qu'il les communiqueroit le lendemain à la ville de Paris et au Parlement. Il y eut en effet le 2 août une grande assemblée de la magistrature et de la bourgeoisie à l'Hôtel-de-Ville, à laquelle le chancelier donna lecture des demandes des princes. Les bouchers s'y étoient rendus en armes, dans l'espérance d'intimider leurs concitoyens. Ils demandèrent que si l'on accordoit la paix aux Armagnacs, ce fût à titre d'amnistie, et que dans l'ordonnance même qui leur pardonneroit on récapitulât tous leurs crimes. Mais plusieurs échevins et plusieurs bons bourgeois se récrièrent contre cette proposition; ils déclarèrent qu'ils ne vouloient point de récriminations, et qu'il falloit que tout le passé fût mis en oubli. Toutefois ils sentirent bientôt qu'en présence des bouchers armés, ils n'obtiendroient point une décision courageuse de l'assemblée; ils demandèrent donc que la délibération fût renvoyée aux réunions des bourgeois, par quartiers; et malgré une opposition violente et de vives menaces, cet avis l'emporta.

Dans la journée du 3, les cinq assemblées de quartiers se formèrent : les bons bourgeois, qui la veille avoient senti leur force, s'y montrèrent tous également las de la tyrannie des bouchers, également impatiens d'obtenir la paix. Ils envoyèrent plusieurs députations au roi et au duc de Guienne, pour leur annoncer qu'ils étoient résolus à les arracher au joug honteux de la populace, et qu'ils demandoient seulement que le duc de Guienne se mît à leur tête. Celui-ci hésitoit à prendre un parti si hardi ; il perdit encore un jour, et il leur donna rendez-vous pour le lendemain. Cependant de son côté le duc de Bourgogne manquoit également de résolution ; il n'osa pas refuser les clefs de la Bastille, dont le conseil ôta le commandement à Henri de Troyes, tout comme celui de la conciergerie du palais à Jean de Troyes son père. Le vendredi matin, 4 août, le duc de Bourgogne ayant appris que Caboche, avec quatre cents hommes de son parti, occupoit l'Hôtel-de-Ville, alla le joindre ; mais apparemment il le trouva trop foible pour livrer bataille, et il lui conseilla de congédier sa troupe. Il essaya ensuite d'engager les bourgeois dans les autres quartiers à se séparer de même ; mais ceux-ci avoient résolu de se rendre à l'hôtel de Saint-Paul pour servir de cortège au duc de Guienne ; ils étoient déjà réunis au nombre de plusieurs milliers, et ils repoussèrent toutes ses instances.

Les bourgeois en effet avoient commencé par se réunir en armes dans leurs quartiers, puis ils s'étoient formés en un seul corps à Saint-Germain-l'Auxerrois; de là ils s'acheminèrent vers l'hôtel Saint-Paul, en évitant de traverser la place de Grève, où les bouchers étoient le plus forts. Ils arrivèrent vers dix heures du matin dans la cour de cet hôtel, où le Parlement, le corps de ville et l'Université étoient déjà rassemblés et haranguoient le dauphin. Celui-ci, quand il vit arriver une troupe si nombreuse, qui montoit, à ce qu'on assuroit, à plus de vingt mille hommes armés, n'hésita plus à se mettre à leur tête. Les ducs de Berri et de Bourgogne montèrent aussi à cheval et l'accompagnèrent, quoique le dernier sût fort bien que c'étoit contre son parti qu'il marchoit, et qu'il alloit détruire l'ouvrage auquel il avoit si long-temps travaillé; du moins il vouloit paroître dans les rangs des vainqueurs, non dans ceux des vaincus. Le cortége se porta d'abord au Louvre, où le duc de Guienne fit ouvrir les prisons du duc de Bavière et du duc de Bar, et les fit monter à cheval à ses côtés. Il s'avança ensuite vers les autres prisons, et il fit délivrer de même tous les prisonniers qu'elles contenoient. Il revint enfin avec eux tous à l'hôtel de Saint-Paul, où le roi traita les princes et tint cour ouverte. Après dîner il donna la garde du Louvre au duc de Bavière, et celle de la Bastille au duc de Bar, qu'il nomma son lieutenant. Il rendit ensuite au duc de Berri la capitainerie de Paris, et bientôt de nouvelles destitutions et distributions de grâces se succédèrent rapidement, dans les emplois et la magistrature. Caboche et les principaux chefs de son parti, se voyant abandonnés par le peuple, s'étoient échappés de la place de Grève, et étoient sortis de Paris. (1)

Au moment de cette révolution, le duc de Guienne et ceux qui l'avoient secondé, heureux d'avoir secoué un joug si honteux, ne demandoient que la paix, et ne parloient que de pardon. Comme ils avoient consenti à tous les excès, qu'ils avoient sanctionné par lâcheté tous les outrages de la populace, ils n'osoient pas de prime abord punir ceux avec lesquels ils avoient été long-temps associés. Mais bientôt leur irritation s'accrut avec la confiance dans leurs forces; chacun s'empressa d'exprimer son indignation ou son mépris pour la canaille dont on avoit brisé le joug, et pour ceux qui s'étoient servis d'elle.

(1) Religieux de Saint-Denis. L. XXXIII, c. 15, p. 892. — Juvénal des Ursins, p. 257-262.— Monstrelet. T. III, c. 112, p. 38-66.— Le Fèvre Saint-Remi, c. 28 et 29, p. 348-366. — Journal d'un bourgeois de Paris, p. 186.— Berri, p. 426.— Pierre de Fenin, p. 453.

Le 5 août l'ordre avoit été donné aux gens de guerre de se disperser, et d'évacuer les forteresses qu'ils occupoient (1). Le 8 août la paix avoit été publiée dans tous les carrefours, avec défense, sous peine de la corde, de donner plus à personne le nom de Bourguignon ou celui d'Armagnac (2). En même temps le roi avoit fait solliciter les princes de rentrer à Paris, seule ville où ils pussent se loger convenablement et où la cour pût briller de tout son éclat, tandis qu'ils n'y couroient plus de risques depuis la fuite de leurs plus ardens adversaires. Bientôt après il avoit expulsé de l'échevinat, Jean de Troyes, Garnot de Saint-Yon, et Robert de Belloy, pour les remplacer par des hommes qu'on disoit modérés. Le dauphin avoit destitué Jean de Nyelle, chancelier de Guienne, que le parti bourguignon lui avoit donné, et il l'avoit remplacé par Jean Juvénal des Ursins, alors avocat général, et dont l'historien son fils, qui portoit le même nom, s'est efforcé de faire un grand homme. Eustache de Laistre, que les Bourguignons avoient fait chancelier de France, s'étoit enfui; il fut remplacé par Henri de Marle, premier président au Parlement (3). Peu de jours après, quelques gentilshommes du duc de Bourgogne et beaucoup

---

(1) Ordonn. de France. T. X, p. 159.
(2) Religieux de Saint-Denis. L. XXXIII, c. 16, p. 896.
(3) *Ibid.* c. 17, p. 898.

de bourgeois furent arrêtés ; enfin les exécutions commencèrent, et comme les premiers qui furent livrés aux bourreaux s'étoient rendus coupables de meurtres, pendant le triomphe de leur faction, leur supplice parut une juste réparation due à la société.

Mais le duc de Bourgogne jugeoit bien que la réaction ne s'arrêteroit point là. On avoit arrêté deux de ses gentilshommes dans son hôtel ; on n'écoutoit plus ses avis dans le conseil ; on introduisoit dans la ville ses ennemis. La peur le gagna ; cependant s'il étoit resté à Paris, où il avoit de nombreux partisans ; s'il s'étoit entouré, dans son hôtel d'Artois, des hommes braves et dévoués qu'il pouvoit faire venir de ses provinces, il auroit arrêté le triomphe de ses adversaires : il leur céda, au contraire, lâchement le terrain. Auparavant il essaya d'enlever le roi, en lui persuadant de venir chasser à l'oiseau dans la forêt de Vincennes. Juvénal des Ursins assure que son père eut avis d'une embûche dressée dans cette forêt par le duc de Bourgogne ; qu'il y suivit Charles VI avec quelques centaines de chevaux, et qu'il le détermina à revenir, tandis que le duc, se voyant déjoué, partit au galop pour la Flandre. Les autres historiens ne parlent point de Juvénal des Ursins, et ils indiquent un autre lieu et un autre jour pour la chasse où le duc de Bourgogne se sépara du roi. (1)

La fuite du duc de Bourgogne rendit la révolution complète ; tout le pouvoir passa aussitôt aux Armagnacs. Les princes firent seulement, le 31 août, leur rentrée à Paris. On voyoit à leur tête Louis II d'Anjou, roi de Sicile ; puis le duc d'Orléans, qui avoit quitté ses habits de deuil pour en prendre de tout semblables à ceux du duc de Guienne : avec eux marchoient le duc de Bourbon, les comtes d'Alençon, de Vertus, d'Eu et de Dammartin. A leur entrée dans la ville, ils prêtèrent, entre les mains du duc de Berri, le serment de ne point molester les Parisiens, et de ne garder aucun ressentiment contre eux ; mais il ne dépendoit pas même d'eux d'arrêter la réaction : le 5 septembre, le roi tint un lit de justice, où tous les princes assistèrent. Il y révoqua l'ordonnance réformatrice du 25 mai, rendue sur la demande de l'Université et des États, et qu'il déclara lui avoir été extorquée (2). Il révoqua encore toutes les ordonnances qui avoient été rendues contre les princes, les déclarant dérogatoires à leur honneur et calom-

---

(1) Juvénal des Ursins, p. 263. — Religieux de Saint-Denis. L. XXXIII, c. 17, p. 899. — Le Fèvre Saint-Remi, c. 29, p. 367. — Monstrelet. T. III, c. 113, p. 69. — Berri, roi d'armes, p. 427.

(2) Ordonn. de France. T. X, p. 167-170.

nieuses. Il rétablit dans leurs honneurs, à la demande du sire de Hangest, tous ceux qui, dans la guerre civile, avoient servi les princes. Il rendit à Charles d'Albret la charge de connétable de France ; il rendit également à Clignet de Brabant celle d'amiral de France, encore que celui-ci se fût rendu odieux dans toute la Langue d'Oïl, par les barbaries épouvantables que ses troupes avoient exercées. Poursuivant enfin de ses destitutions tous ceux qui avoient été élevés par la faveur du duc de Bourgogne, il les remplaça dans tous les emplois par des Armagnacs (1). Le 18 septembre, une ordonnance plus sévère fut rendue contre ceux qu'on nommoit *cabochiens*, c'est-à-dire contre tous les chefs de la faction des bouchers, qui, pour la plupart, étoient déjà en fuite ; ils furent déclarés coupables du crime de lèse-majesté, et bannis du royaume. En même temps, Charles VI les dénonça à Henri V, roi d'Angleterre, en lui demandant de traiter comme ennemis de tous les rois ces chefs de la populace, s'ils venoient à se réfugier dans ses États. (2)

1413.

―――――

(1) Religieux de Saint-Denis. L. XXXIII, c. 18, p. 901. — Le Fèvre Saint-Remi, c. 30, p. 369. — Journal d'un bourgeois de Paris, p. 192. — Monstrelet. T. III, c. 114, p. 82. — Juvénal des Ursins, p. 265.

(2) Religieux de Saint-Denis. L. XXXIII, c. 20, p. 906. — *Rymer*. T. IX, p. 51.

1418.

Des ambassadeurs du duc de Bourgogne étoient arrivés à la cour peu après le départ de leur maître. Ils avoient protesté en son nom que celui-ci vouloit observer la paix de Pontoise, et on leur avoit répondu par des protestations semblables; cependant, de part et d'autre on y mêloit d'amères récriminations, et un affront personnel vint bientôt ajouter à la colère du duc de Bourgogne. Le roi de Sicile, Louis d'Anjou, qui d'abord avoit recherché avidement son alliance, s'étoit, depuis le traité de Bourges, jeté dans la faction de ses ennemis. Le 20 novembre, il lui renvoya à Beauvais sa fille Catherine, qui avoit été fiancée, ou même mariée à Louis, fils et héritier du roi de Sicile, et qui avoit déjà vécu trois ans à Angers sous la garde de la reine de Sicile : les deux époux étoient, il est vrai, encore enfans; mais le renvoi de cette jeune princesse n'en fut pas moins regardé comme une sanglante injure (1). Toutefois le duc de Bourgogne sentoit bien que le moment n'étoit pas venu où il pourroit renouveler la guerre sans un grand désavantage.

En effet, quoique la France fût accoutumée à la guerre civile; quoique la résistance armée des princes à la couronne fût, en quelque sorte,

---

(1) Monstrelet. T. III, c. 118, p. 115.—Religieux de Saint-Denis. L. XXXIII, c. 18, p. 903. — Le Fèvre Saint-Remi, c. 33, p. 385. — Berri, roi d'armes, p. 427.

devenue le droit national ; quoique l'incapacité de Charles VI fût aussi reconnue quand il étoit dans son bon sens, que durant ses accès de folie, et que son fils, dépourvu de moralité et de talent, n'inspirât ni confiance ni respect, le nom royal conservoit un prestige vraiment surprenant après une si longue lutte. Quel que fût le parti qui se trouvoit maître de la personne du roi et du dauphin, ce parti devenoit légitime; ses adversaires devenoient rebelles, non pas à ses yeux seulement, mais aux yeux de toute la nation. Depuis que le duc de Bourgogne, en quittant Paris, avoit perdu le privilége de faire parler la marionnette royale à sa volonté, ses partisans trembloient, et les villes qui lui avoient été le plus dévouées n'osoient lui montrer quelque faveur, de peur de se jeter dans la révolte.

On auroit dit que le duc de Guienne prenoit à tâche de détruire ce préjugé qui faisoit sa sauvegarde. Il avoit pour le plaisir une passion si désordonnée, que les partis divers auxquels il s'associoit successivement, quoique loin d'être sévères, ne pouvoient la tolérer. Toutes les nuits son palais se remplissoit d'hommes et de femmes de mœurs plus que suspectes; il retentissoit du son des instrumens jusqu'à une heure très avancée. Le prince, épuisé par la danse, la débauche et le libertinage, passoit ensuite les journées tout entières au lit, en sorte qu'on ne pouvoit obtenir de lui qu'il fût présent à aucun conseil. Pendant la domination des bouchers, nous avons vu que Jean de Troyes lui avoit adressé plusieurs fois des reproches : quand ses cousins du parti d'Orléans furent revenus auprès de lui, ils ne furent pas plus satisfaits de cette conduite. La reine aussi, quoique en général son indolence l'empêchât de rien savoir de ce qui passoit, en témoigna son mécontentement, et essaya même de faire cesser le désordre par son autorité maternelle. Le duc de Guienne, impatient de toute contrainte, regarda ces remontrances comme une atteinte à sa liberté. Il écrivit secrètement au duc de Bourgogne, son beau-père, de revenir à Paris, bien accompagné, pour le délivrer, et de ne donner aucune confiance aux lettres contraires qu'il pourroit être forcé de lui écrire. Trois billets de même teneur, écrits de la propre main du dauphin, et portant la date du 4 décembre, du 13 et du 22, parvinrent au duc de Bourgogne. Celui-ci leur donna aussitôt la plus grande publicité, et il invita tous les fidèles sujets de la France à se joindre à lui, pour délivrer de sa captivité l'héritier du trône, qui étoit indignement traité à Paris. Ces lettres du dauphin revinrent ainsi, au commencement de l'année 1414, à la connoissance du conseil du roi : le chancelier fut alors obligé de convenir que le scandale donné par la conduite du prince demandoit à être réprimé : il en accusa surtout ses flatteurs, et ceux de ses courtisans qui lui avoient été donnés par le duc de Bourgogne. D'après les ordres du conseil, en effet, le sire de Croy fut arrêté le 9 janvier, et conduit en prison à Montlhéry : les sires de Brimeu, de Muy et de Montauban, furent renvoyés de Paris ; le Borgne de la Heuse, Bruneau de Saint-Clair, et beaucoup d'autres courtisans du dauphin, bourguignons de parti, se retirèrent d'eux-mêmes ; et le prince, après avoir témoigné d'abord une violente colère, voyant qu'ensuite on lui rendoit toute liberté de partager ses nuits entre la danse et le libertinage, se montra prêt à démentir tout ce qu'il avoit écrit à son beau-père. (1)

Le duc de Bourgogne s'étoit cependant mis à la tête de son armée, et il s'avançoit vers Paris. Il avoit envoyé à toutes les villes la copie des lettres du dauphin, attestée par un notaire, tandis qu'en même temps le conseil leur envoyoit d'autres lettres du même dauphin, qui affirmoient que les premières étoient controuvées ; qu'il étoit parfaitement libre à Paris, et que sa femme, fille du duc de Bourgogne, y étoit plus que jamais honorée. Bientôt les villes de Noyon,

---

(1) Religieux de Saint-Denis. L. XXXIII, c. 25, p. 922. — Monstrelet. T. III, c. 119, p. 131. — Le Fèvre Saint-Remi, c. 34, p. 397. — Juvénal des Ursins, p. 266. — Pierre de Fenin, p. 454.

de Soissons, de Compiègne, de Dammartin, et enfin de Saint-Denis, ouvrirent leurs portes au duc de Bourgogne, qui se présentoit comme le libérateur de la famille royale : toutefois le duc de Bourgogne n'avoit guère plus de deux mille hommes d'armes, et autant de gens de pied et d'arbalétriers. Le comte d'Armagnac, vrai chef du parti opposé, avoit dans Paris onze mille chevaux ; mais comme il ne se fioit ni aux bourgeois, ni à l'Université, ni au Parlement, ni au duc de Guienne, il ne vouloit point hasarder de sortir de la ville ; il en faisoit garder soigneusement les portes et les murs ; il faisoit faire de constantes patrouilles dans les rues, pour empêcher toute sédition, et il refusoit toute réponse au duc de Bourgogne.

Celui-ci, à qui les bouchers réfugiés auprès de lui avoient persuadé que, dès qu'il paroîtroit aux portes, ses partisans s'empresseroient de les ouvrir, vint ranger, le 11 février, son armée en bataille entre Montmartre et Chaillot, fit occuper la butte des Moulins par Enguerrand de Bournonville, qui y déploya sa bannière, et envoya son roi d'armes, avec quatre chevaliers, à la porte Saint-Honoré, pour demander qu'elle lui fût ouverte. Il annonçoit qu'en conformité avec le traité de paix, qu'il n'avoit aucune intention d'enfreindre, il vouloit seulement rendre ses respects au roi et au duc de Guienne, se réunir à ses cousins, et prendre la place qui lui appartenoit dans le conseil du royaume. Les gendarmes seuls du comte d'Armagnac occupoient les portes, d'où ils avoient renvoyé la garde bourgeoise. Selon l'ordre qu'ils avoient reçu, ils ne répondirent pas un seul mot, tandis que les princes, et avec eux le duc de Guienne, parcouroient les rues, exhortant les bourgeois à rester dans leurs maisons, à ne point quitter leurs ateliers, et à attendre avec confiance les décisions du conseil. Le duc de Bourgogne, voyant qu'il ne se faisoit aucun mouvement à Paris, se retira à Saint-Denis, d'où il reprit la route de ses États. (1)

Vers le même temps, le roi recouvra ce qu'on nommoit sa raison, état dans lequel il embrassoit toujours avec impétuosité le parti où le hasard l'avoit placé, et il montroit une impatience extrême pour toute résistance à ses ordres. Peut-être cette irritabilité provenoit-elle de la crainte qu'on ne le crût encore fou, ou du ressentiment de ce que, durant son accès, on avoit refusé de lui obéir. Les Armagnacs qui l'entouroient profitèrent de cette disposition pour le pousser aussitôt aux dernières extrémités contre son cousin le duc de Bourgogne. L'évêque de

---

(1) Religieux de Saint-Denis. L. XXXIII, c. 26, p. 924. — Monstrelet. T. III, c. 120, p. 145. — Le Fèvre Saint-Remi, c. 34, p. 404. — Journal d'un bourgeois de Paris, p. 194.

1414. Paris et le grand-inquisiteur dénoncèrent à la Sorbonne le discours du docteur Jean Petit, dans lequel il avoit justifié l'assassinat du duc d'Orléans. Beaucoup de docteurs de cette faculté s'étoient retirés avec les Bourguignons, en sorte que la majorité n'y étoit plus la même. Aussi l'université de Paris condamna-t-elle neuf propositions extraites de ce discours, *comme erronées, cruelles et impies dans la foi et dans les mœurs* (1). Une ordonnance du 10 février récapitula tous les crimes du duc de Bourgogne, *depuis le cruel et damnable homicide commis par son commandement sur le frère du roi,* jusqu'à sa dernière rébellion, lorsqu'il étoit venu à Montmartre avec une armée, et elle le déclara *rebelle, désobéissant, ennemi de la paix, et, comme tel, ennemi du roi et du royaume, avec tous ceux qui lui donneroient conseil ou aide* (2). Une autre ordonnance enfin convoqua le ban et l'arrière-ban, pour servir le roi contre le duc de Bourgogne, appelant tous ceux qui avoient des fiefs ou des arrière-fiefs de la couronne, à se rendre en armes à Paris avec leurs vassaux. (3)

Le roi avoit résolu de marcher en personne

---

(1) Religieux de Saint-Denis. L. XXXIII, c. 28, p. 931. — Monstrelet. T. III, c. 118, p. 127.

(2) Religieux de Saint-Denis. L. XXXIII, c. 27, p. 927. — Monstrelet. T. III, c. 121, p. 175.

(3) Ordonn. de France. T. X, p. 192.

contre son cousin. Il aimoit la guerre : le mouvement d'un camp, l'obéissance d'une armée, l'émulation qu'il voyoit autour de lui, lui faisoient illusion ; il oublioit sa maladie, il sentoit qu'il régnoit. Il alla prendre l'oriflamme à Saint-Denis, le 1ᵉʳ avril, jour de Pâques fleuries ; il s'avança ensuite jusqu'à Senlis, où il passa les fêtes de Pâques. Son armée étoit forte de six ou sept mille hommes d'armes (1) : le duc de Guienne s'y trouvoit avec tous les princes, à la réserve du roi de Sicile et du duc de Berri, qui avoient été laissés à la garde de Paris. Le comte d'Armagnac étoit le vrai général de l'armée royale ; tout le monde, et jusqu'au roi, portoit son écharpe blanche. Les Gascons qu'il avoit amenés, et les Allemands du comte de Saarbruck formoient l'élite de l'armée, mais ils étoient aussi les plus redoutés par les paysans, dont ils avoient cruellement saccagé les villages. Ils se flattoient de s'enrichir par le pillage de Compiègne, où Hugues de Lannoy commandoit la garnison bourguignonne la plus rapprochée de Paris. Armagnac le somma de rendre la place ; il refusa, et il eut même, dans quelques sorties, un succès dont les Gascons se réjouirent, parce qu'il leur donnoit le droit de traiter avec plus de rigueur la ville quand elle seroit prise. Mais le roi et le

1414.

(1) Chron. de Berri, p. 427.

duc de Guienne montrèrent plus de modération; ils firent des propositions nouvelles; ils promirent sûreté aux habitans, et le 7 mai la ville leur fut livrée; celle de Noyon ouvrit ses portes presque en même temps, et l'on regarda comme une preuve signalée de la clémence du roi, que dans l'une et l'autre de ces villes il n'y avoit eu personne puni de mort. (1)

Le roi vint ensuite avec les Armagnacs attaquer Soissons, où commandoit Enguerrand de Bournonville, qui avoit sous lui les sires de Menou et de Craon. Lorsque ces chefs furent sommés de rendre au roi la place où ils commandoient, Bournonville répondit, que deux ans auparavant il avoit fait preuve de sa fidélité au siége de Bourges, où il avoit servi sous le roi et le dauphin contre ces mêmes Armagnacs dont il les voyoit à présent entourés; il étoit prêt à recevoir dans Soissons son souverain avec sa suite, mais il ne pouvoit ouvrir également ses portes aux ennemis de son maître. En même temps il écrivit au duc de Bourgogne de ne pas tarder à venir le secourir; mais celui-ci ne pouvoit réussir à faire arriver ses feudataires sous ses étendards, parce qu'ils se troubloient à l'idée

---

(1) Religieux de Saint-Denis. L. XXXIV, c. 4, p. 940. — Monstrelet. T. III, c. 125, p. 211. — Le Fèvre Saint-Remi, c. 38, p. 418. — Journal d'un bourgeois de Paris, p. 197. — Juvénal des Ursins, p. 275.

de combattre contre une armée où le roi se trouvoit en personne.

On livra autour de Soissons plusieurs escarmouches; dans l'une d'elles, un bâtard de Bourbon fut tué, et le duc son frère jura d'en tirer une cruelle vengeance, comme si la mort d'un guerrier tué dans un combat pouvoit avoir le caractère d'une offense. Dès-lors les princes ne voulurent plus entendre aucune proposition de capitulation; leur artillerie fit à la muraille de larges brèches, et lorsqu'ils les jugèrent suffisamment ouvertes, ils donnèrent l'assaut, le 20 mai, en cinq endroits différens. Pendant deux heures, les bourgeois, de concert avec les soldats de Bournonville, se défendirent en désespérés. Mais enfin les Armagnacs pénétrèrent de toutes parts dans la ville; la cupidité, l'ivresse du combat, et une haine furieuse les animoient, et le pillage fut accompagné d'un épouvantable massacre. Presque toute la garnison fut passée au fil de l'épée; un grand nombre de bourgeois furent de même égorgés dans les rues et dans leurs maisons; presque toutes les femmes furent violées, sans qu'on épargnât les religieuses plus que les autres. Toutes les richesses des églises furent pillées aussi-bien que celles des maisons, et les soldats jetèrent dans la boue les hosties pour se saisir des ciboires, ou les reliques des saints pour enlever leurs châsses. Après même que le massacre et le pillage eurent cessé, les gens du roi firent subir le dernier supplice à Bournonville, à Pierre de Menou, à quatre autres gentilshommes, et à vingt-cinq bourgeois. Ces malheureux étoient punis pour être demeurés fidèles au parti que le roi avoit quitté peu de mois auparavant, sans avoir eu d'autre raison pour son changement que le hasard, qui avoit amené auprès de lui des visages nouveaux. (1)

Charles VI s'avança ensuite jusqu'à Laon, où le comte de Nevers, frère du duc de Bourgogne, ne tarda guère à se rendre, pour lui faire sa soumission particulière. Il n'étoit point assez fort pour défendre par lui-même son comté de Réthel, dont l'armée royale approchoit déjà, et il ne pouvoit espérer aucun secours de son frère. Il mit donc un genou en terre, demanda pardon pour sa faute, promit de recevoir désormais dans toutes ses villes les gouverneurs et les garnisons que le roi voudroit y envoyer, et de ne plus donner aucune assistance à son frère. Le roi le reçut en grâce, et accorda un acte d'oubli à tous ses serviteurs, à la réserve de deux de ses plus intimes conseillers, qu'il se réserva de poursuivre en justice (2). Peu après, des députés de Flandre

(1) Religieux de Saint-Denis. L. XXXIV, c. 7, p. 947. — Monstrelet. T. III, c. 126, p. 215. — Le Fèvre Saint-Remi, c. 39, p. 424. — Journal d'un bourgeois de Paris, p. 198. — Juvénal des Ursins, p. 278. — Pierre de Fenin, p. 455.

(2) Religieux de Saint-Denis. L. XXXIV, c. 8, p. 949. —

vinrent à leur tour assurer le roi que les Flamands ne s'armeroient point contre lui, d'autant que dans tous leurs traités avec leur seigneur, ils avoient toujours réservé leur fidélité au roi et à l'héritier de la couronne. Les deux Bourgognes ne suivirent pas cet exemple et ne séparèrent point leur cause de celle de leur duc, mais quatre mille Bourguignons et Savoyards, qui s'étoient avancés jusqu'à Mie-Bray-sur-Sambre, y furent attaqués le 17 juin, par le duc de Bourbon et le comte d'Armagnac, et mis en déroute (1). Enfin, le 29 juin, le duc de Brabant et la comtesse de Hainaut, l'un frère, et l'autre sœur du duc de Bourgogne, arrivèrent à Péronne, auprès du roi, venant de Douai, où ils avoient laissé le duc; ils supplièrent Charles de faire grâce à leur frère; mais celui-ci déclara que si le duc, au lieu de songer à se justifier, ne venoit pas en personne s'humilier et se soumettre à sa miséricorde, comme le moindre de ses sujets, il ne devoit espérer aucun pardon. (2)

Il avoit été résolu, dans le conseil du roi, de confisquer les États du duc de Bourgogne : c'étoit par l'Artois que Charles VI vouloit commencer l'exécution de cette sentence, et l'avant-garde

Le Fèvre Saint-Remi, c. 39, p. 428. — Monstrelet, c. 127, p. 223. — Juvénal des Ursins, p. 279.

(1) Religieux de Saint-Denis. L. XXXIV, c. 9, p. 951. — Monstrelet, c. 127, p. 225. — Juvénal des Ursins, p. 279.

(2) Religieux de Saint-Denis. L. XXXIV, c. 9, p. 953. — Juvénal des Ursins, p. 280.

de son armée fut chargée d'investir Bapaume. Il s'en approcha lui-même le 12 juillet, mais la ville lui fut ouverte aussitôt, par les ordres du duc de Bourgogne; celui-ci ne chercha pas même à en retirer auparavant quatorze de ses partisans, émigrés de Paris ou de Compiègne, qui s'y étoient réfugiés, et qui furent tous envoyés au supplice. (1)

Dans ce moment, Charles VI eut un nouvel accès de folie, mais l'armée royale, conduite par le comte d'Armagnac, sous le nom du duc de Guienne, vint investir Arras, et fut en état, le 28 juillet, d'ouvrir ses batteries contre la place. La garnison en avoit déjà rasé elle-même les faubourgs. Le duc de Bourgogne avoit enfin réussi à rassembler à Douai une armée respectable, cependant il envoya de nouveau le duc de Brabant et la comtesse de Hainaut à l'armée royale, pour tâcher de nouer quelques négociations. Le comte d'Armagnac, les Gascons, les Bretons, et tous les soldats aventuriers, qui ne faisoient la guerre que dans l'espoir du pillage, et qui se partageoient déjà en idée les richesses d'Arras, voyoient avec beaucoup d'humeur ces tentatives d'accommodement; ils demandoient qu'on les laissât faire, qu'on repoussât toutes les ouvertures de paix, et ils promettoient de traiter

---

(1) Religieux de Saint-Denis. L. XXXIV, c. 11, p. 957. — Monstrelet, c. 128, p. 227. — Juvénal des Ursins, p. 280.

bientôt Arras comme ils avoient traité Soissons. Cependant il se trouvoit encore dans l'armée du roi quelques hommes qui se souvenoient qu'ils étoient Français, et que c'étoit une ville française qu'on vouloit détruire par le massacre et l'incendie. Le comte d'Alençon et les Normands se distinguoient surtout par leur désir de mettre fin aux hostilités. Au bout de cinq semaines de siége, les assaillans n'avoient encore fait aucun progrès contre la place, tandis que des maladies commençoient à se manifester parmi eux. Sur ces entrefaites, le duc de Brabant et la comtesse de Hainaut revinrent pour la troisième fois au camp, et demandèrent avec instance la paix, assurant que leur frère étoit prêt à se soumettre, pour l'obtenir, à tous les sacrifices. Cette fois, le duc de Guienne se prononça hautement pour l'ouverture des négociations; il accorda aux assiégés une suspension d'armes, et il commença à dresser les articles de la pacification, malgré l'opposition des ducs d'Orléans, de Bar, de Bavière et du comte d'Eu. Le sire Amé de Saarbruck venoit de mourir de la maladie épidémique, le duc de Bavière et le connétable Charles d'Albret en étoient aussi atteints : le premier languissoit au lit malade, le second s'étoit fait transporter ailleurs. (1)

(1) Religieux de Saint-Denis. L. XXXIV, c. 13, p. 962. —

Dès qu'on entamoit les négociations pour rétablir la paix, on étoit bien plus embarrassé à saisir et à définir les intérêts matériels pour lesquels on s'étoit battu, qu'à obtenir des sacrifices réciproques. Quoique le duc de Bourgogne eût eu pendant la guerre assez de désavantage pour se regarder comme vaincu, on ne songeoit déjà plus à lui ôter la moindre partie de son patrimoine, à lui demander le sacrifice d'aucune province, d'aucun château. On n'oublioit point qu'il étoit cousin du roi et beau-père du duc d'Aquitaine; on le traitoit toujours en parent, ou plutôt en enfant mutin qu'on châtioit; on lui demandoit de reconnoître sa faute, de promettre plus de docilité à l'avenir; mais on n'avoit aucune envie de lui faire du mal. Enfin le traité de paix fut signé, le 4 septembre, dans la tente du roi devant Arras. Il portoit seulement que le duc de Brabant, la comtesse de Hainaut et les États de Flandre, au nom du duc de Bourgogne, supplioient humblement le roi et le duc de Guienne de lui pardonner les torts qu'il avoit eus depuis la paix de Pontoise, et de le recevoir dans leurs bonnes grâces. Le duc offroit au roi les clefs d'Arras, et promettoit de le recevoir de même dans toutes ses places; il promettoit d'éloigner de ses États tous ceux qui avoient encouru l'indignation du

Juvénal des Ursins, p. 282. — Le Fèvre Saint-Remi, c. 45, p. 444.

roi. Il déclaroit n'avoir aucune alliance avec les
Anglais, et promettoit de n'en contracter aucune
sans le consentement du roi. Il promettoit enfin
de ne point revenir à Paris, sans y être rappelé
par le roi et le dauphin. En retour on lui promettoit la restitution des terres enlevées à ses
vassaux à l'occasion de la guerre, et l'abolition
des lettres royales qui attaquoient son honneur.
A tout autre égard les parties rentroient sous le
traité de Chartres, qu'elles promettoient d'observer désormais fidèlement. (1)

Après que le duc de Brabant et la comtesse de
Hainaut eurent prêté le serment d'observer cette
paix, d'abord en leur nom propre, comme garans, ensuite au nom du duc de Bourgogne,
comme partie principale, le duc de Guienne
prêta serment à son tour, puis il demanda aux
princes ses alliés de faire de même. Le duc d'Orléans, le duc de Bourbon et l'archevêque de
Sens, frère de Montagu, s'y refusèrent d'abord;
ils obéirent ensuite sur un ordre positif du duc
de Guienne; tous les autres princes suivirent leur
exemple; puis on publia la défense de porter davantage, ou la bande blanche des Armagnacs, ou
la croix de Saint-André des Bourguignons. Le

(1) Religieux de Saint-Denis. L. XXXIV, c. 14, p. 965.
— Monstrelet. T. III, c. 132, p. 242.— Le Fèvre Saint-Remi,
c. 46, p. 446. — Juvénal des Ursins, p. 283. — Pierre de
Fenin, p. 457. — Journal d'un bourgeois de Paris, p. 201.

duc de Guienne ayant reçu les clefs d'Arras, ordonna que les drapeaux du roi y fussent arborés, et que le sire du Quesnoy y fût reçu pour gouverneur; mais il n'entra point lui-même dans la ville. Enfin, le 11 septembre, il donna l'ordre de plier les tentes et de rassembler le bagage, pour se mettre en route vers Paris dès le lendemain. Mais les soldats désordonnés, et peut-être ivres, trouvèrent plus commode de mettre le feu à leurs logemens au milieu de la nuit, pour s'épargner la peine de remporter de si lourds fardeaux. L'incendie se répandit avec une telle rapidité, que plusieurs princes furent en danger d'y périr, et que quatre cents malades furent consumés dans leurs lits. Le duc de Guienne, ayant perdu ses équipages et tous ses bagages, fit sa retraite en désordre, et rentra à Paris le 1er octobre, comme s'il avoit éprouvé une grande déroute. (1)

(1) Monstrelet. T. III, c. 132, p. 244.—Religieux de Saint-Denis. L. XXXIV, c. 18, p. 979.—Juvénal des Ursins, p. 283. — Le Fèvre Saint-Remi, c. 45, p. 445. — Journal d'un bourgeois de Paris, p. 202.

CHAPITRE XXIX.

Le dauphin renvoie de Paris tous les princes. — Descente de Henri V en Normandie; bataille d'Azincourt. — Le duc de Bourgogne menace Paris. — Mort du premier dauphin. — Tyrannie du comte d'Armagnac. — Mort du second dauphin. — Le troisième dauphin relègue la reine à Tours. — 1414-1417.

Depuis que Charles VI étoit monté sur le trône, les événemens s'étoient succédé avec une telle rapidité; il y avoit eu tant de guerres et tant de traités de paix, tant de partis divers avoient obtenu successivement la victoire, tant d'hommes nouveaux avoient été appelés au pouvoir, qu'il sembloit qu'on auroit dû avancer vers le terme de cette longue anarchie. Cependant on en étoit toujours précisément au même point. Depuis vingt-deux ans un roi fou étoit à la tête de la monarchie, sans que les hommes qui avoient vieilli au milieu des calamités qu'il attiroit sur elle, eussent compris qu'il falloit mettre des bornes à son autorité, qu'il falloit élever un pouvoir national au-dessus de celui de la couronne, ne fût-ce que pour décider quand le roi étoit en état d'exercer ses fonctions ; qu'il falloit tout au moins qu'à la sortie de ses accès il donnât d'une manière authentique des preuves du retour de sa raison, et qu'il ne suffisoit point qu'il reconnût ceux qui l'approchoient, pour rentrer de plein droit en possession de la souveraine puissance.

Depuis vingt-deux ans, toutes les fois que l'autorité lui échappoit pendant sa maladie, elle retomboit dans des mains également incapables. Isabeau de Bavière étoit toujours la même femme, foible et emportée, oubliant les affaires pour les plaisirs de la table, peu désireuse de gouverner, n'exerçant jamais le pouvoir que lui avoient réservé les ordonnances royales, et l'abandonnant sans résistance à celui des princes qui vouloit s'en saisir. Le duc de Guienne, son fils, étoit ce qu'avoit été avant lui le duc d'Orléans, frère du roi : comme lui il étoit avide de plaisirs, débauché, incapable d'application, dépourvu également de dignité, de sensibilité, de compassion pour les pauvres, et de talent ; comme lui il dissipoit, sans mesure et sans jugement, les biens qu'il arrachoit sans pitié aux contribuables. Le duc de Berri s'étoit rapproché toujours plus de l'imbécillité ; le duc de Bourgogne avoit remplacé son père, mais valoit moins que lui : brutal, cruel, dépourvu de tout sentiment élevé, incapable de toute vue profonde, il étoit le digne compagnon des bouchers auxquels il s'étoit associé, et qu'il avoit admis à sa familiarité. Entre tous les autres princes il n'y en avoit pas un seul qui se distinguât, pas un seul sur qui pussent reposer les espérances de la nation. Beaucoup de capitaines s'étoient attachés à eux ; mais il n'y en avoit pas un seul qui eût développé un grand caractère. Grossiers dans leurs mœurs, avides de pillage et sans pitié pour le peuple, leur bravoure étoit dépourvue de cette galanterie qui ennoblit les combats de l'homme, et les distingue de ceux des animaux féroces. Quoiqu'ils n'eussent d'autre occupation, d'autre savoir que la guerre, ils n'avoient fait faire aucun progrès à l'art militaire, ils n'avoient pas compris que la guerre pût être l'objet d'une science.

La nation enfin, abrutie par tant de cruautés, par tant de souffrances, voyoit sans horreur la multiplication des supplices. Elle s'étoit tellement accoutumée au pillage et aux violences des gens de guerre, qu'elle cessoit de s'en plaindre. La population et la richesse avoient rapidement diminué; mais l'instruction, l'habitude de la réflexion, l'aptitude aux affaires publiques, avoient diminué bien plus encore. Ceux qui arrivoient au pouvoir ne songeoient pas même qu'on pût l'exercer pour le bien de tous. Les états-généraux eux-mêmes, quand ils furent assemblés, ne comprirent ni ce qu'ils étoient, ni ce qu'étoit la nation : ils ne se saisirent point de l'autorité qui leur étoit offerte, ils ne firent pas reconnoître un seul droit des citoyens, ils n'établirent pas une garantie. A son tour, la populace de Paris, quand elle se trouva maîtresse, ne sut demander autre chose que des vengeances et du pillage.

La paix d'Arras laissa la France dans ce même état honteux de voleries universelles, d'oppression des campagnes, de brigandage des gens de guerre, de haines à peine comprimées, qui avoit précédé la guerre. Le roi avoit été ramené à Paris le 1er octobre; mais il étoit alors au plus fort d'un accès de folie, en sorte que c'étoit au duc de Guienne à le représenter dans le gouvernement. Celui-ci cependant avoit recommencé ses bals, ses fêtes nocturnes et ses débauches, après lesquelles il demeuroit pendant le jour incapable de toute occupation et de tout travail. Ses prodigalités étoient si excessives, que Juvénal des Ursins, son chancelier, se refusa enfin à appliquer les sceaux du duché de Guienne à des dons de six mille et de dix mille écus qu'on lui apportoit chaque matin à signer. Le dauphin le congédia, et reçut des mains du duc de Berri un autre chancelier accoutumé à plus de complaisance. (1)

Le duc de Berri, qui dès le temps de sa jeunesse avoit donné tant de preuves de son manque

---

(1) Juvénal des Ursins, p. 285.

de talens et de son manque de vertus, occupoit de nouveau la charge de capitaine et gouverneur de Paris. A ce titre il reçut, à l'occasion de la paix d'Arras, une députation des Parisiens, qui se plaignoient de ce que ce traité avoit été conclu sans qu'on les eût appelés à y prendre part. « Cela ne vous touche en rien, leur répondit-il, « ni entremettre ne vous devez de notre sire le « roi, ni de nous, qui sommes de son sang et li- « gnage; car nous nous courrouçons l'un à l'autre « quand il nous plaît, et, quand il nous plaît, la « paix est faite et accordée (1). » Les Parisiens auroient pu répondre que, quand les princes se courrouçoient, ils faisoient tuer ou pendre les bourgeois; que, quand ils faisoient la paix, ils s'accordoient pour les piller. Mais les princes avoient ôté aux Parisiens l'audace de parler avec tant de liberté; ils avoient nommé Tannegui du Châtel prévôt de la ville, et ils lui avoient fait arracher des rues et des carrefours toutes les chaînes destinées à former les barricades; ils lui avoient fait ensuite désarmer tous les bourgeois, et rassembler au Louvre et à la Bastille toutes ces armures. Dès-lors ils pouvoient sans crainte braver le mécontentement des habitans. (2)

La paix d'Arras devoit être ratifiée par le duc

1414.

(1) Monstrelet. T. III, c. 133, p. 254. — Le Fèvre Saint-Remi, c. 47, p. 453.
(2) Monstrelet. T. III, c. 122, p. 192.

de Bourgogne; et comme plusieurs articles demandoient à être éclaircis, et pouvoient donner lieu à de nouvelles discussions, l'on étoit convenu qu'il y auroit entre les deux partis des conférences à Senlis. Elles furent ensuite transférées à Saint-Denis; mais loin d'y aplanir les difficultés qui restoient encore, on n'y fit que s'aigrir de nouveau. En même temps le duc de Bourgogne étoit entouré de tous les réfugiés les plus odieux aux Armagnacs, de Jacqueville, Mailly, Eustache de Laistre, Legoix, Chaumont, de Troyes, et des autres chefs des bouchers : il les conduisit avec lui dans le comté de Tonnerre, qu'il ravagea, pour punir de sa désobéissance Louis de Châlons, son feudataire, dont il avoit fait faire le procès. Quelques uns des bannis qui le suivoient furent alors faits prisonniers par les Armagnacs, envoyés à Paris, et pendus. De part et d'autre plusieurs gentilshommes furent surpris par leurs adversaires, malgré la paix; les uns furent mis à mort, d'autres ne se rachetèrent que par de grosses rançons. Ainsi le traité d'Arras n'avoit donné de garantie ni aux personnes, ni aux propriétés, dans aucune partie du royaume. (1)

La cour elle-même sembloit peu disposée à observer une paix qui n'étoit due qu'à l'influence

---

(1) Monstrelet. T. III, c. 136, p. 260. — Le Fèvre Saint-Remi, c. 47, p. 454. — Religieux de Saint-Denis. L. XXXIV, c. 18, p. 980.

momentanée du duc de Guienne. Depuis que celui-ci, en se replongeant dans la débauche, avoit abandonné les affaires, et que l'accès du roi s'étoit terminé, les ducs d'Orléans et de Bourbon avoient redoublé de rigueur contre ceux des Parisiens qu'on accusoit d'être bourguignons. Le nouveau prévôt de Paris, Tannegui du Châtel, avoit fait conduire à Orléans toutes les femmes des bannis qui suivoient le camp du duc de Bourgogne. Les princes profitèrent aussi de ce que le duc de Guienne étoit parti, le 4 janvier, pour Melun, afin d'y rencontrer sa mère et sa sœur la duchesse de Bretagne; ils ordonnèrent en son absence un service funèbre, dans l'église Notre-Dame, en l'honneur du feu duc d'Orléans. Il eut lieu le samedi 5 janvier. L'on y voyoit en habits de deuil, autour de Charles VI, le jeune duc d'Orléans et son frère le comte de Vertus, le duc de Berri, le duc de Bourbon, le duc de Bavière, et le nouveau duc d'Alençon : Jean Ier, petit-fils du frère de Philippe VI, venoit d'obtenir, le 1er janvier 1415, que son comté d'Alençon fût érigé en duché-pairie (1). Toute la cour, où l'on voyoit encore les comtes de Richemond, de la Marche, d'Eu, et plusieurs autres, étoit également vêtue de noir. Jean Gerson, chancelier de l'Église, célèbre par ses efforts pour extirper

---

(1) Ordonn. de France. T. X, p. 228.

le schisme, et l'auteur présumé du *Traité de l'Imitation de Jésus-Christ*, prêcha devant cette assemblée en fougueux armagnac. Il fit l'éloge du duc défunt, il déclara que le royaume n'avoit plus été gouverné avec sagesse depuis sa mort; il prêcha la guerre contre le duc de Bourgogne; il se crut cependant obligé de dire qu'il ne recommandoit pas sa mort ou sa destruction, qu'il vouloit seulement qu'il fût humilié pour lui faire reconnoître son péché. Des sermons non moins véhémens furent prêchés les jours suivans, sur le même sujet, aux Célestins et au collége de Navarre. (1)

Mais, encore que la cour ne parût respirer que la haine pour le duc de Bourgogne, et qu'elle fît exprimer les mêmes sentimens par Charles VI, qui passoit alors pour être en son bon sens, les princes n'étoient pas empressés de renouveler les hostilités; aussi les conférences furent-elles continuées avec le duc de Brabant et la comtesse de Hainaut, qui étoient venus à Saint-Denis; et comme ce frère et cette sœur du duc de Bourgogne se prêtèrent à plusieurs modifications au traité d'Arras, toutes défavorables à leur frère, la paix fut de nouveau signée à Paris le 25 février, jurée le 14 mars par le duc de Brabant et

---

(1) Monstrelet. T. III, c. 138, p. 268. — Le Fèvre Saint-Remi, c. 59, p. 460.

les ambassadeurs de Bourgogne, et publiée le 16 mars. (1)

Si les princes avoient été animés d'aucun sentiment d'amour pour la France, il y auroit eu des motifs suffisans pour réconcilier les deux factions, dans la tournure que prenoient les négociations avec l'Angleterre. Henri V, depuis son avénement au trône, avoit toujours paru, comme son père, empressé de traiter avec celle des deux factions qui lui offriroit les termes les plus favorables. Comme il étoit jeune et non marié, il avoit proposé de consolider par un mariage la trève ou la paix qu'il se montroit disposé à signer. La trève qui avoit été renouvelée le 24 janvier 1414, expiroit au 2 février 1415 (2). Pendant sa durée, deux négociations avoient été entamées presque simultanément par les Anglais; l'une, le 30 mai 1414, pour faire épouser à Henri V Catherine, cinquième fille de Charles VI, qui étoit alors âgée de quatorze ans (3); l'autre, le 4 juin, avec le duc de Bourgogne, pour faire épouser au même Henri une autre Catherine, fille de ce duc, et la même qui avoit été promise au fils du roi de Sicile (4). Ces deux

(1) Monstrelet. T. III, c. 140, p. 274. — Le Fèvre Saint-Remi, c. 50, p. 463. — Journal d'un bourgeois de Paris, p. 206.
(2) *Rymer.* T. IX, p. 91.
(3) *Rymer.* T. IX, p. 131.
(4) *Rymer.* T. IX, p. 136.

négociations avoient été continuées concurremment toute l'année. Cependant le roi d'Angleterre paroissoit s'attacher davantage à la première : il s'étoit engagé à ne point contracter d'autre mariage pendant que cette négociation étoit pendante, et il avoit renouvelé, à plusieurs reprises, cette promesse, en prolongeant chaque fois le terme accordé aux négociateurs. (1)

D'autre part, le 24 janvier 1415, la trêve entre la France et l'Angleterre avoit été de nouveau prolongée, mais jusqu'au 1er mars seulement. En même temps, les demandes de Henri V étoient devenues toujours plus arrogantes. En compensation de son droit à la couronne, qu'il rappeloit toujours, il demandoit la restitution de toutes les provinces que Jean-sans-Terre avoit perdues, de toutes celles du moins qui avoient été cédées par le traité de Bretigny, et de plus le paiement de seize cent mille écus qu'il assuroit que la France devoit encore pour la rançon du roi Jean. Le conseil de France lui offroit seulement la restitution de la principauté d'Aquitaine, telle que le prince Noir l'avoit possédée, et huit cent mille écus à titre de dot de la princesse Catherine. (2)

Une ambassade, à la tête laquelle se trouvoit le

---

(1) *Rymer*. T. IX, p. 103, 104, 140, 150, 166, 182, 183.
(2) *Rymer*. T. IX, p. 208. — Religieux de Saint-Denis. L. XXXV, c. 1, p. 992.

duc d'Exeter, oncle du roi d'Angleterre, étoit venue à Paris demander la princesse Catherine, et avec elle les cessions considérables de territoire moyennant lesquelles Henri V consentoit à accorder la paix à la France, et l'on profitoit de cette occasion pour donner aux ambassadeurs des fêtes splendides, et un tournoi, où l'on vit joûter Charles VI lui-même, et les ducs d'Alençon, de Brabant et d'Orléans (1); mais pendant ce temps le roi d'Angleterre pressoit l'armement de ses soldats et de ses flottes. Il avoit ordonné à tous ses hommes d'armes de se rendre à Southampton, pour y être prêts à s'embarquer avec lui le 24 juin. En effet, il étoit résolu à la guerre avec la France, d'autant qu'il la regardoit comme un moyen d'attacher les Anglais à ses droits et à sa personne, et d'occuper les esprits inquiets qui avoient si souvent ébranlé le trône de son père. D'ailleurs l'état de la France lui laissoit à peine prévoir quelque résistance de la part d'un pays sans trésor, sans armée et sans gouvernement. (2)

Les ambassadeurs anglais étoient repartis après avoir assisté aux fêtes qu'on avoit données pour eux; on leur avoit annoncé seulement qu'une ambassade française porteroit incessamment en Angleterre la réponse du conseil du roi. Char-

---

(1) Monstrelet. T. III, c. 140, p. 273. — Le Fèvre Saint-Remi, c. 52, p. 475.

(2) Thom. Walsingham, *Hist. Angl.*, p. 389.

les VI étoit de nouveau hors d'état de se montrer; la reine étoit à Melun, dont elle faisoit sa résidence habituelle. Dans les premiers jours d'avril, le dauphin duc de Guienne alla l'y trouver : presque aussitôt après il fit inviter tous les princes du sang, qui étoient alors à Paris, à venir le rejoindre à Melun, pour y traiter avec lui d'affaires importantes; mais, dès qu'il les vit tous arrivés au château, il en repartit en secret dans la nuit, et revint en hâte à Paris, faisant fermer après lui le pont de Charenton et les portes de la ville. Le matin suivant, il fit assembler au Louvre le corps de ville, l'Université et les principaux bourgeois : il leur fit adresser par l'évêque de Chartres, chancelier de Guienne, un discours dans lequel il attribuoit aux princes du sang toutes les calamités qu'avoit éprouvées le royaume depuis la mort de Charles V. Il rappeloit, sans aucun ménagement, comment le duc d'Anjou avoit pillé le trésor de la couronne pour son expédition d'Italie; quelles avoient été la rapacité du duc de Berri, les ruineuses prodigalités du feu duc de Bourgogne, les folles dépenses du feu duc d'Orléans, et les violentes extorsions du présent duc de Bourgogne. Il annonçoit que le dauphin vouloit enfin mettre un terme à tant de désordres, et qu'il avoit renvoyé tous les princes dans leurs apanages, pour veiller seul à l'administration de son patrimoine et de son royaume.

En effet, ses messagers avoient déjà porté l'ordre au duc de Berri de se retirer à Dourdan, près d'Étampes; au duc d'Orléans de partir pour Blois, et au duc de Bourbon pour le Bourbonnais. Le comte d'Armagnac et le duc de Bourgogne, qui n'auroient pas été peut-être si aisément joués par un jeune homme de dix-neuf ans, étoient déjà, l'un en Guienne, l'autre à Dijon. Tous les autres princes étoient également dispersés, à la réserve d'Artur, comte de Richemond et frère du duc de Bretagne, jeune homme de vingt-un ans, qui étoit alors l'ami et le confident du dauphin. (1)

Rien n'étoit plus fondé que cette accusation contre les princes du sang; aussi les Parisiens les virent partir sans regret. Cependant le duc de Guienne ne valoit pas mieux que ceux qu'il avoit chassés; ils ne lui étoient devenus insupportables que parce qu'ils critiquoient ses débauches nocturnes, qu'ils lui reprochoient ses dilapidations, et qu'ils le traitoient comme un enfant; surtout il ne vouloit pas les admettre au partage d'un acte de brigandage qu'il avoit médité. Il avoit découvert que sa mère Isabeau de Bavière, qui ne connoissoit guère d'autre occupation ou d'autre plaisir que celui d'accumuler,

---

(1) Monstrelet. T. III, c. 144, p. 296. — Le Fevre Saint-Remi, c. 53, p. 477.

avoit confié ses épargnés à trois riches bourgeois de Paris, Michaud de Laillier, Guillaume Sangain et Picquet de la Haie. Il fit entourer leurs maisons de gens armés; il fit saisir tout l'argent qu'on y trouva, et se le fit apporter à son hôtel. En même temps il fit enlever, par le comte de Richemond, sa femme, qui étoit auprès de la reine, non pour la recevoir auprès de lui, car la place étoit occupée par une de ses maîtresses, mais pour la faire conduire, sous bonne garde, à Saint-Germain-en-Laye. (1)

Le duc de Bourgogne crut d'abord qu'une révolution qui écartoit les Armagnacs de la cour devoit lui être favorable. Il envoya au dauphin en ambassade l'évêque de Tournai, deux chevaliers et un avocat de Dijon, pour lui proposer un nouveau traité; celui qui venoit d'être signé à Paris avoit fixé à cinq cents le nombre des partisans de Bourgogne dont le bannissement étoit maintenu: le duc demandoit pour eux l'amnistie; il vouloit que le roi et l'université de Paris ne fissent plus poursuivre pardevant le concile de Constance, qui étoit alors assemblé, la condamnation des doctrines de Jean Petit; il vouloit enfin que le duc de Guienne rappelât sa femme Marguerite de Bourgogne auprès de lui, et renvoyât sa maîtresse. Il paroît que cette der-

(1) Monstrelet. T. III, c. 144, p. 297. — Le Fèvre Saint-Remi, c. 53, p. 478.

nière demande excita le courroux du duc de Guienne, qui les refusa toutes également, et qui, le 23 juillet, fit publier à son de trompe, en présence des ambassadeurs bourguignons, le bannissement définitif des cinq cents partisans de leur maître, exceptés de l'amnistie, pour avoir pris part aux troubles de Paris. Incapable, d'autre part, de se charger plus long-temps des soucis du gouvernement, qui le détournoient de ses plaisirs, il rappela son grand-oncle le duc de Berri, à Paris, pour les lui abandonner. Le duc de Bourgogne, à cette nouvelle, fit déclarer au dauphin qu'il n'acceptoit point la paix signée pour lui par son frère et sa sœur; qu'il ne la jureroit point, et qu'il ne s'armeroit point pour défendre le royaume contre l'invasion des Anglais. (1)

Cette invasion devenoit de plus en plus imminente. Le duc de Berri, le plus foible entre les foibles princes qui déshonoroient alors la France, avoit choisi les ambassadeurs qui devoient porter à Henri V les réponses du conseil à ses arrogantes propositions. C'étoient l'archevêque de Bourges, l'évêque de Lisieux, les comtes de Vendôme et de Tancarville, quatre chevaliers et quatre conseillers secrétaires du roi. Le moindre de ces seigneurs avoit voulu avoir une suite qui

(1) Monstrelet. T. III, c. 146, p. 305. — Le Fèvre Saint-Remi, c. 54, p. 480.

donnât aux étrangers une haute idée de son rang et de sa richesse : le sauf-conduit demandé à Henri V, et accordé le 13 avril, comprenoit douze ambassadeurs, et un cortége de cinq cent quatre-vingt-douze personnes (1). Mais cette splendide ambassade mettoit dans un plus grand jour la foiblesse de l'État qu'elle représentoit. L'archevêque de Bourges adressa un discours, ou plutôt un sermon à Henri V, sur ce texte : *Pax tibi et domui tuæ*, dans lequel il se contenta d'entasser tous les lieux communs à la louange de la paix qu'il pouvoit appuyer par des passages de la sainte Écriture ou des poètes. Le chancelier d'Angleterre lui répondit sur le même ton, et le lendemain 2 juillet, les conférences s'ouvrirent. Les ambassadeurs français offroient la restitution de sept comtés et de quinze villes qui avoient fait partie de la principauté d'Aquitaine ; ils y joignoient les villes de Tulle, de Limoges, et tout le Limousin, et ils avoient porté la dot de Catherine de France à 850,000 écus d'or. Mais ils se refusèrent à assigner un terme rapproché pour livrer les terres et l'argent, et, après plusieurs pourparlers, le 28 juillet la négociation fut rompue. (2)

Il est douteux que Henri V eût l'intention

---

(1) *Rymer*. T. IX, p. 219.
(2) Religieux de Saint-Denis. L. XXXV, c. 2, p. 996, et c. 3, p. 999.

d'accepter les offres de la France, même quand elles auroient été plus avantageuses. Dès le 16 avril, il avoit communiqué à son Parlement son projet de faire une descente en France, et il lui avoit demandé des subsides dans ce but (1). Le 29 avril, il avoit donné à tous les seigneurs qui devoient faire partie de l'expédition, l'ordre de se tenir prêts à partir avec le nombre d'hommes que chacun devoit conduire (2), et depuis ce moment les enrôlemens de soldats, les achats d'armes, de provisions, les rassemblemens de vaisseaux, s'étoient poursuivis avec une activité et une publicité qui ne pouvoient laisser aucun doute sur les intentions de Henri V. Il avoit cependant consenti deux fois à la prorogation de la trève; d'abord, du 1er mai jusqu'au 8 juin; ensuite, du 10 juin jusqu'au 15 juillet (3); mais c'étoit bien plutôt pour terminer ses préparatifs de guerre que pour entendre l'archevêque de Bourges. Lorsqu'il eut rassemblé à Southampton une armée de six mille hommes d'armes et de vingt mille archers prêts à être embarqués, il chargea l'évêque de Winchester de congédier l'ambassade de France, en déclarant qu'il étoit désormais résolu de recouvrer son droit par les armes. (4)

(1) *Rymer*. T. IX, p. 222.
(2) *Rymer*. T. IX, p. 229.
(3) *Rymer*. T. IX, p. 225, 260, 262.
(4) Religieux de Saint-Denis. L. XXXV, c. 3, p. 999.

1415.

Lorsque les ambassadeurs revinrent d'Angleterre, le duc de Guienne et son conseiller le duc de Berri comprirent enfin que le danger étoit réel, et ils firent quelques avances au duc de Bourgogne pour obtenir son assistance; ils accordèrent une amnistie aux bannis de son parti, à la réserve de quarante-cinq seulement; ils lui envoyèrent des lettres-patentes du 31 août, par lesquelles le roi le reconnoissoit pour son loyal parent et vassal, et défendoit qu'on prêchât contre lui; ils l'engagèrent enfin à jurer la paix, ce que le duc de Bourgogne fit le 4 septembre, au château d'Argilly près de Beaune, tout en se réservant le droit de faire encore des remontrances sur plusieurs articles du traité d'Arras qui ne lui convenoient pas. (1)

Le duc de Berri, qui dès ses premières années s'étoit montré dépourvu de sens et de caractère, parvenu alors à l'âge de soixante-quinze ans, étoit devenu plus pusillanime encore. Toujours accoutumé à craindre les princes du sang ses rivaux, plus encore que les ennemis de l'État, il ne pouvoit se résoudre à les rappeler à Paris dans ce moment de crise, et il persuada au dauphin de commander aux ducs de Bourgogne et

---

Monstrelet. T. III, c. 147, p. 307. — Le Fèvre Saint-Remi, c. 54, p. 479.

(1) Hist. de Bourgogne. T. III, L. XVI, p. 420-422; et Preuves, *ibid.* §. 297-300.

d'Orléans de lui envoyer chacun cinq cents hommes d'armes, mais de ne point les conduire eux-mêmes, de peur qu'en se trouvant en présence, leurs anciennes jalousies ne se réveillassent. En même temps Charles d'Albret, connétable de France, fut chargé de commander toutes les armées du royaume avec toute la plénitude du pouvoir royal; Boucicault, maréchal de France, fut nommé capitaine de Normandie, et Clignet de Brabant, grand-amiral, capitaine de Picardie. Ces choix faits, dans le courant du mois d'août, parmi les plus fougueux Armagnacs, montroient que le dauphin étoit toujours favorable à ce parti, autant du moins que l'épuisement où le laissoient ses débauches lui permettoit de s'occuper des affaires publiques. (1)

L'approche imminente et indubitable de la guerre n'avoit pu engager le dauphin à suspendre ses prodigalités; le trésor étoit vide, et pour le remplir il ordonna en même temps de lever une taille sur le peuple, et une décime sur le clergé; les agens du fisc se répandirent en tout sens dans les villages et les campagnes, saisissant tout l'argent, les meubles et le bétail des paysans, souvent leurs personnes mêmes, pour les obliger à se racheter. Les généraux, nommés seulement au mois d'août, n'avoient point d'armée, mais les

---

(1) Juvénal des Ursins, p. 292.

gendarmes se mettoient en marche de tous les côtés pour s'approcher du théâtre de la guerre ; car, quoiqu'ils n'attendissent pas de solde, ils préféroient, dans le désordre universel, être armés, et piller eux-mêmes, plutôt que d'attendre chez eux, et d'y être pillés. En effet, tout ce qui avoit échappé au collecteur des tailles étoit enlevé par les soldats, et plus souvent encore les collecteurs n'arrivoient dans les villages qu'après que les soldats y avoient passé et avoient tout détruit. Les malheureux habitans, également maltraités par les employés civils et militaires, n'avoient rien de plus à craindre des Anglais. Ils abandonnoient leurs foyers, ils se cachoient dans les bois, et ils faisoient seulement des vœux pour que la lutte ne fût pas longue, quelque dût être le vainqueur. (1)

Henri V avoit compté s'embarquer du 22 au 24 juillet ; il avoit fait son testament, et il avoit nommé le duc de Bedford son frère pour être en son absence régent d'Angleterre (2). En ce moment Edmond Mortimer comte de la Marche, l'héritier légitime du trône que Henri IV avoit usurpé, vint lui dénoncer une conspiration formée en sa faveur, et par son propre beau-frère, Richard comte de Cambridge. Edmond, quoi-

---

(1) Religieux de Saint-Denis. L. XXXV, c. 4, p. 1002.
(2) *Rymer.* T. IX, p. 289 et 305.

qu'il désirât la couronne, n'avoit pas voulu courir de si grands risques pour l'obtenir. Il aima mieux sacrifier ses amis, qui lui avoient, seulement ce jour-là même, communiqué leurs complots, que de partager leurs hasards. Le comte de Cambridge, frère du duc d'York, lord Grey de Northumberland, et lord Scroop, furent immédiatement arrêtés, et envoyés le 5 août au supplice, et des lettres de grâce furent accordées au comte de la Marche. Cette découverte et ces supplices forcèrent cependant Henri V à retarder de quelques jours son départ. (1)

Le 13 août tout étoit terminé, et Henri V mit à la voile ; le mercredi 14 août, veille de l'Assomption, la flotte anglaise entra dans l'embouchure de la Seine, entre Harfleur et Honfleur, et elle vint effectuer son débarquement sur la rive droite sans éprouver aucune résistance. Les Anglais n'eurent pas plus tôt pris terre, qu'ils investirent Harfleur, ville marchande, et l'une des plus importantes de la Normandie, dans laquelle les sires d'Estouteville et de Gaucourt s'étoient enfermés avec quatre cents gendarmes et plusieurs chevaliers. (2)

(1) *Rymer*. T. IX, p. 300-303. — Thom. Walsingham, *Hist. Angl.*, p. 389. — Rapin Thoyras. T. IV, L. XI, p. 98.
(2) Religieux de Saint-Denis. L. XXXV, c. 4, p. 1002. — Monstrelet. T. III, c. 148, p. 311. — Juvénal des Ursins, p. 292. — Le Fèvre Saint-Remi, c. 56, p. 489.

Le 22 août les Anglais ouvrirent leurs batteries contre Harfleur, avec le gros canon qu'ils avoient débarqué, et ils commencèrent à lancer sur la ville d'énormes boulets de pierre qui renversoient les maisons, et qui causoient un grand effroi aux bourgeois. Cependant les assiégés résistoient avec vaillance : les sires d'Estouteville et de Gaucourt avoient conduit avec succès plusieurs sorties, et ils se flattoient d'être bientôt secourus par l'armée royale qu'ils savoient se rassembler à Vernon. Le duc de Guienne s'étoit rendu dans cette ville le 3 septembre; le roi, qui étoit alors regardé comme étant en son bon sens, prit le 10 septembre l'oriflamme à Saint-Denis, et vint ensuite rejoindre l'armée à Vernon. Durant ce temps la garnison de Harfleur avoit été réduite à capituler; elle s'étoit engagée à livrer la ville aux Anglais, le 22 septembre, si avant ce jour le roi ou le dauphin ne s'avançoient pas en personne, avec une armée suffisante pour la délivrance de Harfleur. Le sire d'Estouteville obtint un sauf-conduit des Anglais pour venir à Vernon faire connoître cette capitulation. Il eut beaucoup de peine à parvenir jusqu'au roi : Charles VI, comme de coutume, chargea son chancelier de répondre pour lui; celui-ci dit au sire d'Estouteville qu'il devoit se reposer sur la sagesse du roi, qui sans doute, quand il en seroit temps, feroit ce qui seroit convenable. La sagesse du roi ne fit rien du tout, et le 22 septembre il fallut livrer la ville. Il paroît qu'une partie de la garnison se refusa à exécuter la capitulation, que les Anglais furent obligés de livrer un assaut, et que ce fut leur motif pour traiter Harfleur avec un redoublement de sévérité. Les chevaliers et les plus riches bourgeois furent mis à rançon; les autres furent obligés de sortir de la ville, et de se retirer à Rouen, sans charrettes ni fardeaux. Tout ce qu'ils avoient abandonné dans leurs maisons fut livré par Henri V au pillage de ses soldats. (1)

Cinq semaines s'étoient écoulées depuis le débarquement des Anglais jusqu'à la reddition de la ville de Harfleur, et cet espace de temps auroit suffi à tout autre gouvernement pour sauver la France, d'autant plus que l'armée de Henri V avoit beaucoup souffert durant le siége: les Anglais avoient vécu dans la débauche; ils s'étoient jetés avec avidité sur les fruits, à l'abondance desquels ils n'étoient pas accoutumés; ils n'avoient établi aucune police, aucune propreté dans leur camp, qui étoit entouré d'im-

(1) Religieux de Saint-Denis. L. XXXV, c. 4, p. 1004. — Le Fèvre Saint-Remi, c. 56, 57, p. 489, 494. — Monstrelet. T. III, c. 148, p. 314. — Th. Walsingham, p. 390. — Barante, d'après un factum manuscrit du sire de Gaucourt; Ducs de Bourg. T. III, p. 227. — Juvénal des Ursins, p. 294. — Berri, roi d'armes, p. 428. — Pierre de Fenin, p. 459.

mondices, et des restes fétides du bétail qu'ils avoient tué. La dysenterie s'étoit déclarée dans leurs troupes. L'évêque de Norwich, le comte de Suffolck, et près de deux mille soldats en moururent; les comtes de la Marche et d'Arundel, et le lord maréchal, trop malades pour continuer leur service, retournèrent en Angleterre. Quoique Henri V vît son armée fort affoiblie, il crut son honneur engagé à ne pas la ramener en Angleterre, sans avoir retiré d'un armement aussi considérable d'autre avantage que la conquête d'une seule ville. Il résolut de conduire ses troupes à Calais pour y passer l'hiver, afin de commencer de bonne heure la campagne l'année suivante. Mais la saison s'avançoit, les vivres venus par mer s'étoient avariés, les pluies avoient commencé, l'armée étoit fort réduite en nombre, et une marche de soixante et dix lieues en pays ennemi, en présence de forces très supérieures aux siennes, n'étoit pas sans danger. (1)

Charles VI avoit porté son quartier-général à Rouen, et la noblesse française y accouroit en foule, pour se ranger sous ses drapeaux. Elle sentoit que son honneur exigeoit qu'elle se montrât réunie contre les ennemis du royaume, après avoir été si long-temps divisée par l'ambi-

(1) Le Fèvre Saint-Remi, c. 58, p. 497. — Monstrelet, T. III, c. 151, p. 326.

tion des princes du sang. Le parti d'Armagnac voyant deux de ses chefs, le sire d'Albret et Clignet de Brabant, à la tête de l'armée, y arrivoit sans défiance. Le duc d'Orléans, malgré la défense du roi, s'y étoit rendu avec ses deux frères, ainsi que le roi de Sicile, les ducs de Bourbon, d'Alençon et de Bar, et le comte de Vendôme. Mais le parti de Bourgogne ne s'y croyoit point aussi en sûreté; non seulement le duc Jean-sans-Peur n'y parut pas, il n'y laissa arriver aucun des chevaliers de Bourgogne, de Savoie et de Lorraine. Il empêcha également de se rendre à l'armée son fils le comte de Charolais, quoique celui-ci fût à Aire, presque sur la scène des combats. Le comte de Nevers, frère du duc de Bourgogne, étoit cependant arrivé de bonne heure à Rouen avec ses chevaliers; son autre frère, le duc de Brabant, ne rejoignit l'armée royale que le jour même de la bataille. Malgré l'absence des Bourguignons on comptoit dans cette armée quinze des plus grands seigneurs de France, et quatorze mille hommes d'armes. La noblesse qui s'y trouvoit réunie fit refuser avec mépris par le dauphin l'offre de la ville de Paris d'y envoyer six mille bourgeois bien armés. (1)

Henri V séjourna quinze jours à Harfleur,

(1) Religieux de Saint-Denis. L. XXXV, c. 5, p. 1005. — Monstrelet. T. III, c. 150, p. 321.

puis ayant commis à la garde de cette ville cinq cents hommes d'armes et mille archers, il se mit en route au travers du pays de Caux, à la tête de deux mille hommes d'armes et de treize mille archers. Jusqu'à Eu il ne s'éloigna pas beaucoup de la mer, et il rencontra peu d'opposition. De là, il se dirigea vers Airaines, comptant passer la Somme à la Blanche-Tache ou au Pont-Remi. Mais le sire d'Albret, connétable de France, qui avoit porté à Abbeville son quartier-général, et qui y avoit avec lui Boucicault, Vendôme, Dampierre et le duc d'Alençon, avoit eu soin de couper tous les ponts sur la Somme, et de mettre la rive droite en état de défense. Les attaques des Anglais furent repoussées au Pont-Remi, et Henri V se vit contraint de se détourner de sa route, et de remonter la Somme, pour trouver plus près de sa source un passage qui ne fût pas gardé. A mesure qu'il avançoit, les vivres devenoient plus rares, les malades augmentoient en nombre dans son armée, et les Français remontant sur l'autre rive de la Somme, occupoient successivement Amiens, Corbie, Péronne, et lui fermoient partout le passage. Ce ne fut que le 19 octobre qu'il put passer la Somme à Béthencourt, près de Saint-Quentin. A cette nouvelle, Charles VI, qui étoit encore à Rouen, y assembla son conseil de guerre; il avoit alors avec lui, Louis d'Anjou roi de Sicile, les ducs de Berri et de Bretagne, et deux de ses fils, le dauphin duc de Guienne et Charles, le plus jeune, alors comte de Ponthieu. Au conseil de guerre on compta trente-cinq seigneurs, y compris les deux chanceliers de France et de Guienne. Il y fut résolu de livrer bataille aux Anglais. Le roi et son fils vouloient se rendre à l'armée, qui avoit pris position sur les hauteurs de Bapaume; mais le duc de Berri, qui se souvenoit encore de la peur qu'il avoit eue cinquante-neuf ans auparavant à Poitiers, s'y opposa en disant : *Il vaut mieux perdre la bataille que le roi et la bataille.* (1)

A la réserve des trois fils du roi, et des ducs de Berri, de Bretagne et de Bourgogne, tous les princes du sang rejoignirent l'armée; toute la fleur de la noblesse de France s'y trouvoit aussi : cette noblesse avoit de la vaillance, et plus de présomption encore, mais aucune discipline et aucune connoissance de l'art de la guerre; aussi ne sut-elle ni harceler Henri V dans sa marche au travers d'un pays ennemi, où il étoit entouré de forces supérieures, ni lui couper les vivres, ni l'arrêter dans des positions difficiles. Les ducs d'Orléans et de Bourbon, et le connétable de France, lui écrivirent de choisir le jour et le lieu où il voudroit leur livrer bataille; Henri V répondit que dans sa marche de Harfleur à Ca-

---

(1) Berri, roi d'armes, p. 429.—Monstrelet. T. III, c. 152, p. 330. — Le Fèvre Saint-Remi, c. 59, p. 502.

lais, il ne s'enfermoit point dans des villes murées, et qu'on le trouveroit toujours et partout prêt à combattre, si on essayoit de lui couper le chemin (1). Il paroît qu'il y eut aussi quelque ouverture de négociation, et que Henri V, qui voyoit bien dans quel danger il se trouvoit, réduisit sa demande à la restitution de la Guienne et du Ponthieu, avec huit cent mille écus pour la dot de Catherine ; mais les Français, qui se croyoient sûrs de le vaincre, ne vouloient lui accorder le passage pour se retirer librement, qu'autant qu'il rendroit Harfleur, qu'il renonceroit à toutes ses prétentions sur la France, et qu'il se contenteroit de ce qu'il possédoit déjà dans la Guienne et la Picardie. (2)

Au lieu d'inquiéter les Anglais dans leur marche, les Français prirent les devans, et résolurent d'arrêter Henri V dans un champ de bataille qu'ils choisirent, entre Azincourt et Framecourt, à trois ou quatre lieues au nord de Saint-Pol et de Hesdin. Il étoit resserré entre deux petits bois, ce qui leur ôtoit la faculté de s'étendre et de profiter de l'immense supériorité de leur cavalerie. Le sire d'Albret, connétable de France, vint y loger son armée le jeudi 24 octobre, au soir, et il ne songea point à

---

(1) Le Fèvre Saint-Remi, c. 59, p. 502.
(2) Le Fèvre Saint-Remi. T. VIII. Édition de Buchon, c. 62, p. 7.

occuper les bords d'une rivière qui auroit couvert sa position. Quand Henri V eut passé cette rivière, il découvrit l'armée française, qui s'étoit logée dans les deux villages d'Azincourt et de Framecourt; lui-même il se logea au village de Maisoncelle.

Il pleuvoit, la nuit étoit froide, la terre, profondément détrempée, étoit composée d'une argile tenace. Les Français, qui avoient au moins cinquante mille hommes, en grande partie de cavalerie, en rassemblant du fourrage pour une si grande quantité de chevaux, avoient tellement piétiné le terrain, qu'à une grande distance autour d'eux on ne trouvoit que des boues profondes. Tout étoit désordre et sujet de clameur dans cette grande multitude qui obéissoit à tant de chefs différens, si souvent divisés, qui si souvent avoient combattu l'un contre l'autre, et qui avoient réciproquement tant de reproches à se faire. Le connétable étoit bien chef nominal de l'armée, mais les princes du sang se croyoient de trop haute origine pour obéir à personne; ils ne consultoient pas davantage Boucicault, quoique celui-ci eût pu apprendre la science militaire en Italie, où il avoit combattu avec Braccio, Sforza et les habiles capitaines formés à leur école. Le choix du champ de bataille montroit assez l'ignorance des Français dans l'art de la guerre; le front en étoit si resserré qu'il leur faisoit perdre tout l'avantage du nombre, et les boues y étoient si profondes qu'il étoit impossible d'y faire manœuvrer leur belle cavalerie pesante.

Au point du jour du vendredi 25 octobre, l'armée sortit de ses logemens et se rangea en bataille sur le terrain que le connétable avoit choisi. C'étoit un champ de blé nouvellement semé, où les chevaux enfonçoient jusqu'à mi-jambe. Elle étoit divisée en trois corps : l'avant-garde, sous les ordres immédiats du connétable, étoit formée par les ducs d'Orléans et de Bourbon, les comtes de Richemond et d'Eu, le maréchal Boucicault, les sires de Rambures, de Dampierre et Guichard Dauphin, avec les corps de gendarmerie que chacun d'eux avoit conduits. Sur les ailes le comte de Vendôme et Clignet de Brabant, amiral de France, commandoient l'un seize cents, l'autre huit cents hommes d'armes à cheval. A quelque distance en arrière, le corps de bataille étoit formé des troupes des ducs de Bar et d'Alençon, des comtes de Nevers, de Vaudemont, de Blammont et de Roussy. L'arrière-garde enfin marchoit sous les ordres des comtes de Dammartin, de Marle et de Fauquemberg; mais comme les seigneurs français, impatiens de se distinguer dans la bataille, jugeoient par la nature du terrain que l'avant-garde de leur armée seroit seule engagée, ils s'y portèrent tous, laissant leurs soldats seulement à la place qui leur avoit été assignée; par la même raison ils ne permirent point à l'infanterie et aux archers français de prendre place à la première ligne; ce poste d'honneur fut réservé à la noblesse et à la gendarmerie, qui toute revêtue de fer s'y rangea sur ses pesans chevaux, et y enfonça bientôt de manière à ne pouvoir plus remuer. Les Français demeurèrent ainsi en position jusqu'à neuf ou dix heures du matin. Ils avoient peu d'instrumens de musique pour les animer; une vague tristesse se répandoit sur leur ligne. On avoit remarqué que de toute la nuit on n'y avoit pas entendu un cheval hennir : la pluie froide, la boue, le souvenir des grandes déroutes de Crécy et de Poitiers, agissoient sur leurs esprits, quoiqu'à la vue seulement, ils pussent juger qu'ils étoient trois fois plus nombreux que les Anglais : bientôt ceux qui nourrissoient quelque haine les uns contre les autres, se pardonnèrent réciproquement, burent à la même coupe, et s'embrassèrent, avec le sentiment qu'ils étoient peut-être arrivés à leur dernier jour. (1)

Les Anglais avoient de leur côté passé la nuit dans un grand silence : frappés de la disproportion du nombre, et du danger qu'ils alloient braver, ils se préparoient à affronter la mort par une confession générale de leurs péchés; et dès que chacun d'eux avoit achevé ses dévotions, il

(1) Le Fèvre Saint-Remi. T. VIII, c. 61, p. 1.

s'occupoit de revoir son armure, de changer les cordes de son arc, ou de soigner son cheval. Quand ils parloient, ce n'étoit qu'à voix basse, tandis qu'ils entendoient de leurs logemens les cris des Français, qui s'appeloient par leurs noms et qui se répondoient. Au point du jour, Henri V fit dire la messe devant lui; il en entendit trois l'une après l'autre, puis se revêtant de ses habits royaux, et montant son petit cheval gris, il fit sortir sans trompettes la troupe de ses logemens, et il la rangea en un seul corps de bataille, les gendarmes au milieu, les archers sur les deux ailes. Il parcourut ensuite les rangs, en rappelant aux Anglais ce qu'il appeloit son bon droit. Il leur retraça ensuite les victoires que leurs ancêtres avoient remportées sur les Français; le danger de leur situation, d'où ils ne pouvoient sortir que par le courage et la victoire, la confiance religieuse enfin que devoit leur inspirer la supériorité de leur conduite morale sur celle de l'armée ennemie, où tant de crimes se commettoient chaque jour. Voyant ensuite que les Français l'attendoient et ne chargeroient pas les premiers, il descendit de cheval, prit place dans les rangs de l'infanterie, et mena l'armée anglaise en avant. A deux reprises il arrêta ses soldats pour qu'ils pussent reprendre haleine et reformer leur ligne; à deux reprises les Anglais en recommençant à marcher, poussèrent tous ensemble un grand cri, que les Français entendirent avec quelque trouble, et qui fut bientôt suivi, dès que les archers furent à portée du trait, par une volée de flèches. Ces archers étoient à peine couverts de foibles armures défensives, et pauvrement habillés, mais ils ne redoutoient point un engagement corps à corps avec leurs adversaires ; ils portoient à leur ceinture, pour le moment de la mêlée, ou des haches ou des épées, et ils plantoient devant eux, quand ils combattoient comme archers, des pieux aiguisés par les deux bouts, qui leur formoient une espèce de barricade.

Ces archers ajustant à leur aise leurs traits sur le front de bataille des Français, qui demeuroient immobiles, on en vit bientôt tomber un grand nombre, et les chevaux déjà hérissés de flèches, paroissoient n'obéir plus à leurs conducteurs. Ce fut le moment où le comte de Vendôme et Clignet de Brabant voulurent exécuter l'ordre qui leur avoit été donné de prendre, avec les deux ailes qu'ils commandoient, les archers anglais en flanc. Ils partirent au galop avec douze cents hommes d'armes qu'on regardoit comme l'élite de l'armée, mais quand ils arrivèrent sur l'ennemi, ils n'en avoient pas plus de cent soixante : les autres, enfonçant dans les terres labourées, ne pouvant manier leurs chevaux, blessés, frappés d'une terreur superstitieuse, avoient tourné bride, et s'étoient rejetés sur l'avant-garde, qu'ils mettoient en désordre. Quand celle-ci voulut manœuvrer à son tour, les boues se trouvèrent si profondes que les chevaux ne purent avancer, et se renversèrent les uns sur les autres. Pendant que cette gendarmerie incertaine, et cherchant un terrain plus solide, avançoit, reculoit, s'embarrassoit elle-même, et ne pouvoit joindre l'ennemi, une grêle de flèches fondoit sur elle, tuoit un grand nombre d'hommes et de chevaux, et augmentoit la confusion des autres. Enfin le désordre s'accrut au point que les Anglais, qui l'observoient, laissèrent leurs arcs et leurs pieux derrière eux, s'élancèrent l'épée à la main sur l'avant-garde, et commencèrent le massacre de cette cohue qui n'étoit plus formée en bataille. Elle reculoit cependant, mais en même temps le corps de bataille s'avançoit pour la soutenir : bientôt les deux divisions se fondirent en une seule, et le désordre de la première se communiqua à la seconde. Au milieu de cette masse confuse beaucoup de Français se comportoient avec bravoure, mais ils ne trouvoient autour d'eux ni ordre, ni obéissance, ni même espace pour se mouvoir. Les Anglais, animés par le sentiment qu'ils tenoient déjà la victoire, avançoient toujours; les gendarmes qu'ils attaquoient, ou foulés de manière à ne pouvoir se défendre et manier leurs armes, ou frappés d'une terreur panique, les appeloient pour se rendre à eux, ôtoient leurs casques, et passoient, la tête nue, derrière les vainqueurs ; cependant ni la seconde ni la troisième ligne des Français ne tentoient quelque manœuvre qui les sauvât de la confusion croissante, et qui rétablît les chances du combat. Dans ces deux lignes il ne restoit plus d'officiers généraux, plus de princes, plus de seigneurs, personne qui osât prendre sur lui de donner des ordres. Tous s'étoient portés à l'avant-garde, et les subalternes qui occupoient seuls leurs places, s'ils avoient tenté de commander, n'auroient pas été obéis. Avant d'avoir joint l'ennemi, ou éprouvé ses premiers coups, l'arrière-garde prit la fuite ; son exemple entraîna ceux qui combattoient encore, et la déroute fut bientôt universelle. Les Anglais, inquiets de leur petit nombre, et ne voulant pas compromettre leur victoire, ne poursuivoient personne, ne rompoient jamais leurs rangs, mais avançoient toujours. De cette manière ils traversèrent les deux premières lignes françaises, qui ne pouvoient plus se réunir, la troisième étoit en fuite, et la bataille étoit gagnée. Dans ce moment on vint annoncer à Henri V que Robinet de Bournonville avec un corps d'armée, paroissoit sur ses derrières, et commençoit à piller ses bagages. Ignorant la force de ce nouvel ennemi, et craignant qu'il ne délivrât les prisonniers que ses soldats avoient faits dans la bataille, il donna l'ordre de les tuer tous. Les Anglais ne pouvoient s'y résoudre parce que c'étoit perdre en même temps des rançons, dont chacune valoit mieux que la paie du soldat pendant toute une année; Henri V chargea alors un gentilhomme avec deux cents archers d'exécuter cette boucherie, et en effet des milliers de gentilshommes sans défense, et qui s'étoient rendus sur la foi du vainqueur, furent alors massacrés. Au bout de quelque temps le corps qu'on avoit remarqué derrière l'armée prit de nouveau la fuite; il ne restoit plus de motif pour l'ordre cruel qu'avoit donné Henri, car l'armée française étoit entièrement dissipée. Il le révoqua donc et le massacre cessa. Dès-lors les Anglais ne s'occupèrent plus qu'à dépouiller les morts sur le champ de bataille, à relever les blessés, et à achever ceux dont ils ne pouvoient point espérer de rançon. Ils passèrent ainsi plusieurs heures sur le champ de bataille; puis le soir ils rentrèrent dans les logis qu'ils avoient occupés la veille. (1)

Cette victoire leur avoit coûté à eux-mêmes

(1) Le Fèvre Saint-Remi, témoin oculaire dans l'armée anglaise. T. VIII, c. 62, p. 5-15. — Monstrelet, qui l'a copié. T. III, c. 153, p. 337.—Religieux de Saint-Denis. L. XXXV, c. 6, p. 1007.—Juvénal des Ursins donne deux récits différens, p. 312.—Berri, roi d'armes, p. 430.—Pierre de Fenin, p. 460. — Thom. Walsingham, p. 392. — Barante, Ducs de Bourg. T. IV, p. 236-255.

seize cents hommes, parmi lesquels on comptoit le duc d'York, grand-oncle du roi, et le comte d'Oxford; mais ils avoient tué aux Français plus de dix mille hommes, dont on assuroit que près de huit mille étoient gentilshommes, et ils emmenoient quinze cents prisonniers. Parmi les morts se trouvoient le duc de Brabant et le comte de Nevers, frères du duc de Bourgogne; le duc de Bar et ses deux frères, le connétable d'Albret et le duc d'Alençon, tous sept proches parens du roi; les comtes de Dampierre et de Vaudemont, de Marle, de Roussy, de Salm, de Dammartin, et cent vingt seigneurs ayant bannière; enfin, les baillis de Vermandois, de Mâcon, de Sens, de Senlis, de Caen et de Meaux, qui tous commandoient les communes de leurs bailliages, et qui périrent avec les bourgeois qu'ils avoient amenés. Parmi les prisonniers, on remarquoit le duc d'Orléans, le comte de Richemond, le maréchal Boucicault, le duc de Bourbon, les comtes d'Eu et de Vendôme, les sires d'Harcourt, de Craon, de Mouy, de Helly, de Savoisy et de Torsy. (1)

Malgré sa victoire, Henri V doutoit encore de sa sûreté, avec une armée aussi fatiguée et aussi affoiblie qu'étoit la sienne; loin de songer à s'avancer de nouveau en pays ennemi, il ne se pro-

(1) Le Fèvre Saint-Remi, c. 64, p. 21. — Monstrelet. T. III, c. 154, p. 348. — Journal d'un bourgeois de Paris, p. 208.

posa que de faire promptement sa retraite sur Calais, sans se charger d'équipages qui pussent l'arrêter sur la route. Il contraignit donc ses soldats à brûler tout le butin qu'ils avoient amassé, puis, dès le lendemain, il se remit en chemin. Il s'arrêta quelques jours à Guines et ensuite à Calais, tandis que ses troupes repassoient le canal avec leurs prisonniers; enfin il s'embarqua lui-même, le 2 novembre, pour Douvres, le huitième jour après sa victoire. (1)

Les Français, au contraire, que cette terrible défaite avoit jetés dans la consternation, apprenant, peu de jours après, qu'il ne leur restoit plus d'ennemis sur le sol de la France, ne virent dans la bataille d'Azincourt que la perte d'hommes et de richesses qu'ils y avoient faite, et ne songèrent point qu'elle compromettoit l'indépendance de leur pays. Oubliant les Anglais qui se retiroient, ils ne songèrent qu'aux Bourguignons et aux Armagnacs, qui, depuis si long-temps, étoient aux prises, et ils considérèrent la bataille comme gagnée par les premiers. En effet, quoique le duc de Bourgogne y eût perdu ses deux frères, sa puissance n'en étoit pas diminuée, et presque aucun autre de ses chevaliers n'y avoit combattu. Le parti d'Armagnac, au contraire, avoit perdu à la bataille ses plus vaillans guer-

(1) Le Fèvre Saint-Remi, c. 63, p. 15.

riers, et la captivité des ducs d'Orléans et de Bourbon lui ôtoit les chefs dont le ressentiment avoit jusqu'alors renouvelé si souvent la guerre civile.

A peine le duc de Bourgogne avoit reçu la nouvelle de la bataille d'Azincourt, que prenant avec lui le duc de Lorraine et dix mille chevaux, il marcha vers Paris, pour s'emparer de cette capitale. Avec non moins de précipitation, le roi de Sicile et les ducs de Guienne et de Berri y ramenèrent le roi pour la défendre, et ils y rappelèrent le comte d'Armagnac, auquel ils destinoient l'office de connétable, et qui revint de Languedoc avec cinq ou six mille hommes. La reine, quoique malade, et la duchesse de Guienne, rentrèrent aussi de Melun à Paris, pour ne pas tomber entre les mains des Bourguignons. Ceux-ci, que le duc de Bourgogne conduisit jusqu'à Lagny-sur-Marne, à six lieues de Paris, grossissoient à vue d'œil, et ils étoient déjà au nombre de vingt mille hommes. Le duc comptoit ou sur la foiblesse ou sur l'affection de son gendre, ou sur les mouvemens du peuple de Paris : il ne voulut rien précipiter, il s'arrêta sur l'ordre que lui envoya le dauphin, et cependant le roi de Sicile, qui étoit malade, et qui ne vouloit pas s'exposer à tomber entre les mains des Bourguignons, s'étoit retiré à Angers. Le dauphin, demeuré seul, montroit une vigueur inaccoutumée, mais sa constitution, épuisée par ses débauches, ne put pas supporter long-temps le travail, ou peut-être même le retour à une vie plus rangée ; dès la fin de novembre, il fut atteint d'un flux de ventre qui s'aggrava de jour en jour, et auquel il succomba le 18 décembre, sans que sa mort excitât les regrets de personne. (1)

Cette mort désorganisoit cependant le gouvernement. Louis, duc de Guienne, étoit déjà le troisième dauphin, fils de Charles VI, car l'on commençoit à regarder ce titre comme équivalent à celui d'héritier de la couronne ; il l'avoit porté quinze ans, et il étoit, quand il mourut, sur le point d'accomplir sa vingtième année ; Jean, duc de Touraine, quatrième fils du roi, qui lui succédoit dans le titre de dauphin, étoit né le 31 août 1398, et n'avoit pas encore dix-huit ans. Il avoit épousé Jacqueline, fille du comte de Hainaut et d'une sœur du duc de Bourgogne, et il vivoit dans les États de son beau-père, uniquement entouré de conseillers bourguignons.

Le roi ne pouvoit plus être considéré comme ayant aucune volonté ; la reine, que les histo-

---

(1) Religieux de Saint-Denis. L. XXXV, c. 9, p. 1016. — Le Fèvre Saint-Remi, c. 66, p. 26. — Journal d'un bourgeois de Paris, p. 210. — Monstrelet, c. 158, p. 365. — Juvénal des Ursins, p. 321.

riens modernes ont accusée de tous les malheurs du royaume, n'est au contraire jamais nommée par les contemporains, et n'étoit point consultée quand il y avoit quelque décision à prendre ; le duc de Berri étoit presque tombé dans le radotage, le roi de Sicile étoit malade à Angers, les autres princes étoient prisonniers en Angleterre : mais, le 29 décembre, le comte d'Armagnac arriva de Languedoc à Paris, et dès le lendemain il reçut du roi l'épée de connétable. Une guerre dans laquelle il s'étoit engagé contre le comte de Foix avoit jusqu'alors motivé son absence (1). Dès son retour, il rendit toute sa première vigueur au parti qui portoit son nom, et qui lui obéissoit avec d'autant plus de déférence que tous ses autres chefs avoient disparu. Le conseil du roi, avant son arrivée, avoit envoyé une députation au nouveau dauphin, Jean duc de Touraine, pour l'inviter à revenir à Paris, et celui-ci n'avoit voulu la recevoir qu'en présence des ambassadeurs de Bourgogne, pour annoncer publiquement qu'il avoit embrassé les intérêts de son oncle, le duc Jean-sans-Peur (2). Le comte d'Armagnac n'en tint aucun compte. Dès les premiers jours de janvier 1416, il renvoya au duc de Bourgogne sa fille, veuve du dernier dauphin, sans lui rendre ni sa dot ni ses effets, et il

(1) Hist. gén. de Languedoc. L. XXXIII, c. 106, p. 439.
(2) Juvénal des Ursins, p. 327.

fit ordonner de par le roi, à ce duc, qui n'avoit pas dépassé Lagny, de s'écarter de Paris, s'il ne vouloit pas être réputé pour traître. Il fit arrêter dans Paris tous ceux qu'il soupçonnoit d'être bourguignons ; il écarta d'auprès du roi dix-huit de ses serviteurs, dont il n'étoit pas assez sûr ; il garnit enfin de ses troupes Senlis, Saint-Denis, Château-Thierry, Meaux, Melun, Corbeil et Saint-Cloud.

Le duc de Bourgogne vouloit éviter les extrémités, d'autant qu'il se croyoit sûr d'arriver au pouvoir sans violence, à l'aide de l'héritier du trône ; il passa dix semaines à Lagny sans rien entreprendre, et devint ainsi la risée des Parisiens ; un capitaine à lui, Martelet du Ménil, qui s'étoit avancé jusqu'à Saint-Cloud, y fut surpris et fait prisonnier par les Armagnacs, après avoir perdu beaucoup de monde. Le duc de Bretagne, qui étoit gendre du roi, arriva le 14 janvier à Paris, chargé de quelques propositions d'accommodement par le duc de Bourgogne ; mais le comte d'Armagnac le força à repartir, le 30 janvier, sans avoir rien obtenu (1). Le duc de Bourgogne, qu'on ne désignoit plus à Paris que sous le nom de *Jean-le-Long*, ou *Jean-de-Lagny*, ayant lassé la patience de ses partisans sans rien faire pour eux, leva son camp le 28

---

(1) Lobineau, Hist. de Bret. L. XV, p. 530.

février, et s'en retourna en Flandre (1). Le comte d'Armagnac, redoublant de violence en raison de l'avantage que lui laissoit son rival, fit mettre à la torture et ensuite pendre Martelet du Ménil et quatre autres gentilshommes du duc de Bourgogne, qu'il avoit faits prisonniers. Il se fit aussi nommer, le 12 février, gouverneur général des finances et capitaine général de toutes les forteresses du royaume, s'efforçant ainsi de saisir tous les pouvoirs à la fois.

L'arrivée de l'empereur Sigismond, qui entra à Paris le 1er mars 1416, avec une suite nombreuse, fit pour un peu de temps diversion aux fureurs de l'esprit de parti, que ce monarque se proposoit en effet d'assoupir par son voyage. Sigismond, qui avoit succédé, en 1410, à Robert, roi des Romains, s'étoit dès-lors occupé presque exclusivement de la pacification de l'Église, et c'étoit pour achever de terminer le schisme qu'il venoit alors à Paris. L'autorité du concile de Pise, d'Alexandre V, que ce concile avoit nommé, et de Jean XXIII, successeur d'Alexandre, avoit été méconnue par Grégoire XII et Benoît XIII, que ce concile avoit déposés. Le royaume de Naples étoit resté sous l'obédience du premier,

---

(1) Juvénal des Ursins, p. 325. — Monstrelet. T. III, c. 159, p. 368. — Le Fèvre Saint-Remi. T. VIII, c. 67, p. 32. — Berri, roi d'armes, p. 431. — Journal d'un bourgeois de Paris, p. 211.

l'Aragon du second. Pour rétablir l'unité de l'Église, il avoit fallu assembler un nouveau concile. Mais l'université de Paris, qui avoit pris tant de part à la première de ces assemblées, et qui avoit montré tant de vigueur contre les papes schismatiques, accablée désormais sous le poids des malheurs de la France, et divisée elle-même par des factions politiques, n'avoit plus pu exercer le même crédit sur la chrétienté. C'étoit Sigismond qui avoit engagé Jean XXIII à convoquer un nouveau concile général à Constance, le 1er novembre 1414, et à en faire ensuite l'ouverture le 5 de ce mois. Bientôt Jean XXIII avoit été effrayé des prétentions de cette assemblée de l'aristocratie de l'Église, qui, jalouse du pouvoir de la cour de Rome, avoit entrepris de réformer et le scandale de ses mœurs et la vénalité de ses offices. Ce pape avoit cependant promis, le 1er mars 1415, qu'il déposeroit le pontificat pour mettre fin au schisme, mais le 21 du même mois, il s'étoit évadé de Constance pour éviter d'accomplir sa promesse. Sigismond l'avoit poursuivi, l'avoit ramené prisonnier à Constance, et le 29 mai, le concile l'avoit déposé et fait enfermer au château de Gottleben. De son côté, Grégoire XII avoit reconnu le concile de Constance, et abdiqué entre ses mains le 4 juillet. Le seul Benoît XIII s'obstinoit à repousser toute conciliation, et à déclarer le monde entier schismatique, parce que le monde ne le reconnoissoit plus. Sigismond, pour ramener ce vieillard à des sentimens plus chrétiens, entreprit le voyage en Occident qui l'amenoit à Paris. Il comptoit aller voir Benoît XIII à Perpignan, et pour réussir plus complétement dans un projet auquel il attachoit sa gloire, il vouloit rétablir la paix civile avec la paix religieuse, et il offroit sa médiation, d'une part, aux Bourguignons et aux Armagnacs, de l'autre, aux rois de France et d'Angleterre. (1)

La France avoit envoyé de nombreux députés au concile de Constance ; mais abreuvée comme elle l'étoit de sang et de larmes par les guerres civiles et étrangères, par la tyrannie domestique et les pillages des soldats, elle ne donnoit que peu d'attention ou aux efforts que les pères assemblés à Constance faisoient pour réunir l'Église, ou aux efforts plus hardis que des hommes doués d'autant de talent que de courage faisoient au levant et au couchant de l'Europe, pour réformer la religion elle-même. En Angleterre, les lollards, disciples de Wickleff, se multiplioient, encore que le clergé, pour engager Henri V à sévir contre eux, les lui eût représentés comme conspirant contre l'autorité royale (2). En Bo-

---

(1) Je renvoie le lecteur au récit de ce concile que j'ai donné dans l'Hist. des Rép. ital. T. VIII, c. 62, p. 234.

(2) Thom. Walsingham, *Hist. Angl.*, p. 390.

hême, Jean Huss et Jérôme de Prague avoient attaqué toutes les superstitions, dévoilé toutes les fausses doctrines sur lesquelles le clergé fondoit son pouvoir; et le clergé, irrité, venoit de les faire brûler tous les deux à Constance, Jean Huss, le 6 juillet 1415, et Jérôme de Prague, le 23 mai 1416, au mépris du sauf-conduit sous la foi duquel ils étoient venus. Mais la France demeuroit étrangère à ce mouvement des esprits; elle ne se permettoit plus d'examiner sa foi, elle croyoit tout ce que lui enseignoient ses prêtres, et elle ne comptoit pas un seul hérétique.

Une seule affaire, entre celles qui se traitoient au concile, sembloit intéresser la France, ou plutôt les factions qui la gouvernoient, c'étoit l'apologie du meurtre du duc d'Orléans par Jean Petit. Pendant le triomphe des Armagnacs, ils avoient fait condamner sa doctrine, le 23 février 1414, par l'évêque de Paris. Mais le duc de Bourgogne se regardoit comme entaché par cette condamnation, et vouloit la faire révoquer par le concile. Il chargea de cette négociation Martin Porée, évêque d'Arras, qui lui-même avoit justifié le même meurtre, tandis que Jean Gerson, chancelier de l'université de Paris, tout dévoué aux Armagnacs, poursuivoit la confirmation de la sentence de l'évêque de Paris par le concile, et la condamnation d'une doctrine sanguinaire. Peu d'affaires occupèrent autant les pères assemblés à

Constance, que ce plaidoyer, où les parties étoient deux des plus grands seigneurs de l'Europe. Le concile finit par casser la sentence de l'évêque de Paris contre Jean Petit, pour un défaut de forme, ce que les Bourguignons regardèrent comme un grand triomphe, encore que le concile ne jugeât point la doctrine au fond, et ne donnât point sa sanction à la justification du régicide. (1)

1416.

Le séjour de Sigismond à Paris n'eut point les résultats qu'il paroissoit s'être proposés, soit que son zèle pour la paix de la France se refroidît, ou qu'il trouvât dans le comte d'Armagnac une résistance inflexible à toute concession. Après un séjour de trois semaines, durant lequel on lui donna quelques fêtes, Sigismond partit pour l'Angleterre, et il annonça qu'il chercheroit à y négocier une trêve de quatre ou cinq ans entre les deux couronnes. (2)

Le comte d'Armagnac savoit bien qu'il étoit détesté des Parisiens; aussi il ne régnoit dans la ville que par la terreur; en même temps qu'il exigeoit des plus riches bourgeois des tailles excessives que l'on percevoit avec la dernière rigueur, il leur faisoit pour la seconde fois enlever

(1) Monstrelet. T. III, c. 160, p. 371. — Le Fèvre Saint-Remi. T. VIII, c. 68, p. 34. — Juvénal des Ursins, p. 328. — Hist. du Concile de Constance, p. 246, 248, 258, 275, 312, 328, 353, 368.

(2) *Rymer*. T. IX, p. 333. — Journal d'un bourgeois de Paris, p. 212.

toutes leurs armes, il leur interdisoit toute réunion, même pour des festins et des noces, autrement qu'en la présence d'un commissaire nommé par le prévôt de Paris; enfin il faisoit périr, par la main du bourreau, plusieurs bourgeois qu'il accusoit d'avoir conspiré pour livrer la ville aux Bourguignons. (1)

Croyant ainsi avoir pourvu à la sûreté de la capitale, Armagnac ne craignit pas de s'en éloigner quelque peu, dans l'espoir de surprendre Harfleur, d'où le commandant, comte de Dorset, étoit sorti pour rassembler des vivres dans le pays de Caux. Il eut d'abord sur lui un léger avantage; pendant qu'il étoit aux mains avec Dorset, ses valets pénétrèrent dans le parc des Anglais, et en enlevèrent tous les chevaux. Il somma alors son adversaire, qui n'avoit que quinze cents hommes sous ses ordres, et qui se trouvoit renfermé entre la mer et les Français, de se rendre; mais ses propositions furent repoussées avec hauteur, et son armée, quoique beaucoup plus nombreuse que celle qu'il attaquoit, frappée d'une terreur panique par le souvenir de tant de revers, prit la fuite après le premier choc. Armagnac, qui courut lui-même risque d'être fait prisonnier, fit pendre sans misé-

(1) Journal d'un bourgeois de Paris, p. 213. — Monstrelet. T. III, c. 161, p. 376. — Juvénal des Ursins, p. 332.

ricorde les gentilshommes qui avoient donné l'exemple de la lâcheté. (1)

A son retour à Paris, le comte d'Armagnac trouva la bourgeoisie plus aigrie encore contre lui, et il redoubla les mesures de rigueur et les supplices, pour la contenir par la crainte : plusieurs bourgeois furent décapités, comme ayant eu quelque correspondance avec le sire de Poix et d'autres gentilshommes du duc de Bourgogne; plusieurs autres furent noyés secrètement dans la Seine, et pour que personne ne fût témoin de ces exécutions, il fut défendu, le 10 août, sous peine de la potence, de se baigner dans la rivière (2). Comme le comte d'Armagnac se défioit surtout des bouchers, qui avoient fait preuve de dévoûment au duc de Bourgogne, et qui étoient plus fortement organisés qu'aucun autre corps de métier, il supprima leur communauté, il fit détruire la grande boucherie du Châtelet, et il fit établir à la place quatre boucheries dans quatre quartiers de la ville, abolissant leur monopole héréditaire, et admettant indifféremment à exercer le métier de boucher tous ceux qui étoient en état de le faire. (3)

(1) Thom. Walsingham, *Hist. Angl.*, p. 394. — Juvénal des Ursins, p. 331.

(2) Monstrelet. T. III, c. 161, p. 380. — Journal d'un bourgeois de Paris, p. 215.

(3) Ordonn. de France. T. X, p. 372. — Journal d'un bourgeois de Paris, p. 214.

Sur ces entrefaites le duc de Berri mourut à Paris, le 13 juin, à l'âge de soixante-seize ans, ne laissant que deux filles, dont l'une étoit mariée au comte d'Armagnac, l'autre au duc de Bourbon (1). Le duché de Berri, et le Poitou son apanage, étoient déjà promis au duc de Touraine, nouveau dauphin. En effet, une ordonnance du 14 juin confirma le droit du prince héréditaire à ces deux provinces; mais comme le comte d'Armagnac ne désiroit point accroître le pouvoir d'un prince qui continuoit à résider parmi ses ennemis, il transféra, par une autre ordonnance du 15 juillet, le duché de Touraine au dernier des fils de Charles VI, qui n'étoit encore que comte de Ponthieu (2). Ce jeune homme, nommé Charles, qui n'avoit pas plus de quatorze ans, fut promis à la fille du roi de Sicile, et confié à ce prince, pour qu'il l'élevât dans l'attachement aux Armagnacs; il reçut en même temps la charge de capitaine de Paris, que le duc de Berri avoit jusqu'alors exercée. (3)

Les Français auroient pu s'attendre à ce que Henri V poussât avec vigueur les avantages qu'il avoit obtenus par la brillante victoire d'Azincourt; mais il suffisoit alors d'une courte guerre

---

(1) Monstrelet. T. III, c. 162, p. 382. — Juvénal des Ursins, p. 334. — Le Fèvre Saint-Remi, c. 69, p. 38.
(2) Ordonn. de France. T. X, p. 368-371.
(3) Monstrelet. T. III, p. 383.

pour épuiser les ressources d'une grande monarchie. L'expédition qui s'étoit terminée par cette bataille avoit dissipé les trésors de Henri et laissé ses arsenaux vides; ses troupes avoient beaucoup souffert au siége de Harfleur, et il avoit besoin d'une année entière de repos avant de recommencer les combats. Il employa cette année à des négociations, pour lesquelles il vint même passer le mois de septembre à Calais; il n'y amena point d'armée, encore qu'il eût à deux reprises appelé à lui ses hommes d'armes. (1)

Ces négociations se suivoient en même temps avec tous les partis qui divisoient la France. D'une part, Henri V confirma, le 6 mars, une trève marchande entre l'Angleterre et la Flandre, qui avoient également besoin l'une de l'autre, et il entra en traité en même temps avec le duc de Bourgogne, pour l'attirer à son parti (2). Le 28 mai, il prolongea d'une année la trève avec la Flandre, et il donna son frère, le duc de Glocester, en otage au duc de Bourgogne, lorsque celui-ci vint le trouver à Calais (3). Il lui demandoit de reconnoître son droit à la couronne de France, et de l'assister secrètement, quoiqu'il le dispensât de l'hommage jusqu'au moment où il conviendroit à tous deux qu'il se déclarât. Le

(1) *Rymer.* T. IX, p. 350, 355, 362, 385, 404.
(2) *Rymer.* T. IX, p. 328, 331, 332, 354.
(3) *Rymer.* T. IX, p. 390.

duc écouta ces propositions sans indignation, il différa seulement de s'engager. (1)

D'autre part, Henri V traitoit en même temps avec les ducs ses prisonniers. Le duc de Bourbon lui demandoit un congé pour aller en France au nom de tous les autres; il s'engageoit à y faire accepter par le conseil du roi la paix de Bretigny, à laquelle la France ajouteroit encore la cession de Harfleur. S'il ne pouvoit y réussir, il promettoit de livrer à l'Angleterre tous les fiefs qu'il possédoit, et de faire hommage à Henri V comme au vrai roi de France. (2)

Tandis que tous les princes du sang trahissoient ainsi à l'envi leur patrie, le conseil du roi, dirigé par le connétable et le roi de Sicile, négocioit aussi avec l'Angleterre. L'archevêque de Reims et le sire de Gaucourt furent d'abord envoyés à Londres; ils continuèrent ensuite leurs conférences à Calais, mais ils ne réussirent à conclure qu'une trêve insignifiante, qui devoit durer seulement du 9 octobre au 2 février (3). Ce n'est pas qu'à l'ouverture de cette négociation, Henri V, inquiet pour la sûreté de Harfleur, dont le comte d'Armagnac avoit entrepris le siége avec des galères génoises, n'eût consenti à une plus longue

---

(1) *Rymer*. T. IX, p. 394.
(2) *Rymer*. T. IX, p. 427.
(3) Monstrelet. T. III, c. 162, p. 383. — *Rymer*. T. IX, p. 397.

suspension d'armes; mais, dans ce moment, c'étoit le connétable qui s'y opposoit. Les dispositions changèrent d'une et d'autre part lorsque Henri V donna à son frère le duc de Clarence le commandement d'une flotte anglaise, avec laquelle celui-ci força l'entrée de la Seine, coula à fond deux vaisseaux français, et contraignit le connétable d'Armagnac à lever le siége. (1)

Pendant toute cette année, le dauphin Jean étoit resté en Hainaut auprès de son beau-père, négociant avec le conseil du roi, pour pouvoir rentrer à Paris et y conduire son oncle et son ami le duc de Bourgogne. Le comte d'Armagnac, sans égard pour les droits de l'héritier du trône, protestoit qu'il ne le recevroit point, tant qu'il n'auroit pas abjuré ouvertement le parti bourguignon. Pour ne pas se soumettre à cette tyrannie, le dauphin, qui jusqu'alors avoit prétendu se maintenir neutre entre les deux partis, fut obligé de contracter avec le duc de Bourgogne une alliance plus étroite. Il l'appela à Valenciennes le 12 novembre; la comtesse de Hainaut, le comte de Charolais, et les principaux seigneurs et conseillers de Flandre et de Hainaut s'y trouvèrent réunis. Le duc de Bourgogne jura de servir le dauphin et le roi son père contre tous leurs ad-

(1) Le Fèvre Saint-Remi, c. 70, p. 39. — Juvénal des Ursins, p. 334. — Monstrelet, T. III, c. 166, p. 400. — Berri, p. 432.

versaires, de les défendre contre leurs ennemis d'Angleterre, et toutefois de ne point commettre d'hostilité, sans y être forcé, contre aucun prince ou parti français, excepté le roi de Sicile, qui devoit demeurer exclu de la paix générale. Le dauphin promit, de son côté, de protéger le duc de Bourgogne contre tous ses ennemis; enfin le comte de Hainaut jura qu'il ne remettroit le dauphin à ceux qui exerçoient le pouvoir en France, qu'autant qu'ils lui auroient donné des sûretés suffisantes pour l'accomplissement de ce traité. Il promit de plus de venir trouver la reine pour lui faire agréer ces conditions, et obtenir le rappel du duc de Bourgogne (1). Pendant le temps même que ces conférences se tenoient à Valenciennes, divers capitaines du duc de Bourgogne, les sires de Fosseuse, de Poix, de Wargnies, parcouroient la Normandie, la Picardie et l'Ile-de-France, pillant tous ceux qu'ils regardoient comme armagnacs, brûlant les villages, mettant à contribution les petites villes, et se proposant, par ces violences mêmes, de faire désirer aux Français le retour du duc de Bourgogne, pour mettre fin à de si longues hostilités (2). D'autre part, Raimonnet de la Guerre et les autres lieu-

---

(1) Monstrelet. T. III, c. 168, p. 403. — Le Fèvre Saint-Remi, c. 72, p. 48.

(2) Pierre de Fenin, p. 463. — Monstrelet. T. III, c. 165, p. 390.

tenans du connétable, quand ils pouvoient atteindre quelques officiers ou soldats bourguignons, ne faisoient grâce ni aux roturiers ni aux nobles; ils pendoient tous les prisonniers qui tomboient entre leurs mains; les arbres qui entouroient Noyon courboient sous le poids de ces victimes humaines. (1)

Après les conférences de Valenciennes, le comte de Hainaut avoit reconduit au Quesnoy le dauphin, son gendre. Cependant il avoit annoncé qu'il l'ameneroit jusqu'à Saint-Quentin, si la reine et les princes vouloient venir l'y joindre. La reine étoit fort chargée d'embonpoint; les voyages lui étoient pénibles, et elle insista pour que son fils s'avançât au moins jusqu'à Compiègne. Il vint s'y établir, en effet, au commencement de janvier 1417, avec la dauphine et le comte et la comtesse de Hainaut. De son côté, la reine s'avança jusqu'à Senlis, avec son plus jeune fils Charles, et le duc de Bretagne, son gendre. Les deux cours commencèrent ensuite à traiter par des messagers qu'elles s'envoyoient réciproquement. Le jeune duc d'Alençon vint visiter le dauphin: la dauphine, d'autre part, vint rendre ses hommages à la reine; cependant la mère et le fils ne se virent point, et la reine retourna à Paris avec le comte de Hai-

---

(1) Monstrelet. T. III, p. 399.

naut, qui s'étoit chargé de soutenir devant le conseil du roi les intérêts du duc de Bourgogne. Il y déclara que si la paix ne se faisoit point, et si le duc de Bourgogne n'étoit pas rappelé à Paris, et admis au conseil des princes, il remmeneroit le dauphin en Hainaut. Ce jeune prince, âgé de près de dix-neuf ans, qui n'avoit point eu occasion de se faire connoître, et contre lequel on ne rapportoit rien de défavorable, étoit regardé, par la majorité du peuple, comme ayant droit à gouverner le royaume et à représenter son malheureux père; tandis qu'on ne voyoit dans le comte d'Armagnac qu'un Gascon, par conséquent un étranger, parent éloigné de la famille royale, et qui s'étoit rendu odieux par des actes de cruauté et de volerie sans nombre. Le comte d'Armagnac sentit bien que son pouvoir étoit ébranlé; il voulut faire arrêter le comte de Hainaut, contre la foi qu'il lui avoit jurée, afin de le forcer à lui livrer le dauphin. Le comte, averti par un ami secret, réussit à s'enfuir, et arriva, lui troisième, à Compiègne; mais il y trouva que le comte d'Armagnac avoit réussi d'une autre manière, ou que la fortune l'avoit servi. Le dauphin étoit mourant; il expira le 4 avril, dimanche des Rameaux : une clameur presque universelle accusa les Armagnacs de l'avoir empoisonné. Les historiens favorables à ce parti passent rapidement sur cet événement, et n'en donnent aucun détail. (1)

Si la mort du dauphin fut hâtée par un crime, on n'eut d'autre indice pour en reconnoître les auteurs que l'avantage qu'ils en pouvoient attendre. Mais la clameur publique accusa de préférence Louis II d'Anjou, roi de Sicile, peut-être seulement parce qu'il ne vécut pas assez long-temps pour pouvoir imposer silence à ses ennemis. Vingt-cinq jours après la mort du dauphin Jean, qui faisoit passer le titre de dauphin et les droits d'héritier à la couronne, à Charles, cinquième fils du roi, et gendre du roi de Sicile, ce dernier mourut aussi à Paris le 29 avril (2). Enfin, Guillaume, comte de Hainaut et de Hollande, qui étoit revenu tristement à Bouchain après la mort de son gendre, y mourut aussi lui-même le 31 mai. (3)

La mort précipitée de ces divers personnages débarrassoit en même temps le comte d'Armagnac de son collègue et de ses plus redoutables adversaires. Il demeuroit seul maître d'un roi imbécile, et d'un dauphin qui n'avoit pas quatorze ans, qui devoit long-temps rester également

---

(1) Monstrelet. T. III, c. 169, p. 406. — Le Fèvre Saint-Remi, c. 72, p. 49. — Pierre de Fenin, p. 462. — Juvénal des Ursins, p. 335. — Berri, roi d'armes, p. 432.

(2) Monstrelet. T. III, c. 176, p. 432. — Le Fèvre Saint-Remi, c. 76, p. 56.

(3) Monstrelet, c. 172, p. 414.

1417.

dépourvu de force de tête et de force de volonté, et qui avoit adopté comme une croyance religieuse toutes les passions du parti d'Armagnac. Le connétable savoit qu'en relevant cet enfant, il se relevoit lui-même; aussi se pressa-t-il de lui faire accorder par le conseil du roi, dont il disposoit, tous les honneurs, toutes les prérogatives qu'il avoit lui-même disputées au dauphin qui venoit de mourir. Les revenus du Dauphiné et l'administration de cette province lui furent conférés par lettres-patentes du 13 avril (1). Le duché de Berri et le comté de Poitou y furent joints le 17 mai, pour les tenir en pairie : puis, le 14 juin, Charles VI le nomma pour présider le conseil, lorsqu'il ne pourroit pas y assister lui-même (2). Mais, en élevant ainsi le fils du roi, Armagnac se proposoit surtout d'écarter sa mère. Quoique Isabeau de Bavière ne se mêlât presque point des affaires publiques, le connétable, qui ne voyoit plus qu'elle en position de lui disputer son pouvoir, avoit résolu de la perdre. Par d'anciennes ordonnances qui n'étoient point révoquées, elle avoit toujours le droit de représenter son mari dans le conseil; elle pouvoit se lasser de la tyrannie du comte d'Armagnac, et elle venoit récemment de

---

(1) Ordonn. de France. T. X, p. 404.
(2) *Ibid.* p. 409 et 416.

montrer quelque envie de travailler à la réconciliation du duc de Bourgogne. On répandit le bruit qu'il se passoit à sa cour beaucoup de choses déshonnêtes; cependant on n'articuloit d'autre accusation que le luxe de cette cour, et surtout la forme bizarre des toilettes qu'Isabeau avoit mises à la mode. « Les dames et damoiselles, dit « Juvénal des Ursins, menoient grands et exces- « sifs états, et cornes merveilleuses hautes et « larges, et avoient de chacun côté au lieu de « bourlées deux grandes oreilles si larges, que « quand elles vouloient passer l'huis d'une cham- « bre, il falloit qu'elles se tournassent de côté et « se baissassent, ou elles n'eussent pu passer (1) ». Dans un temps de misère générale le luxe devient aisément odieux; on prétendit *que les manières de la reine déplaisoient fort aux gens de bien.* Armagnac vouloit se débarrasser des sires de Graville, de Giac et de Bosrédon, qui étoient conseillers de la reine, et qui lui avoient paru porter leurs vues au-delà de l'étiquette de la cour. Il excita la colère de Charles VI contre le dernier, parce que celui-ci, en le rencontrant sur le chemin de Vincennes, ne l'avoit pas salué assez profondément. Charles VI donna à l'instant ordre au prévôt de Paris de le suivre et de l'arrêter. Il fut aussitôt mis à la question, où il avoua, dit-

---

(1) Juvénal des Ursins, p. 336.

on, des choses graves qui ne sont pas même indiquées ; puis il fut enfermé dans un sac de cuir, sur lequel étoit écrit : *Laissez passer la justice du roi*, et jeté dans la Seine. En même temps, presque toute la maison de la reine fut licenciée ; tout son argent, tous ses joyaux furent saisis, et elle-même fut envoyée à Tours avec sa belle-sœur la duchesse de Bavière : trois conseillers du roi furent chargés de l'y conduire, de l'y garder, de veiller sur elle, et d'ouvrir toutes les lettres qu'elle recevroit ou qu'elle écriroit. (1)

(1) Monstrelet. T. III, c. 174, p. 426. — Le Fèvre Saint-Remi, c. 74, p. 50. — Juvénal des Ursins, p. 336. — Journal d'un bourgeois de Paris, p. 217.

CHAPITRE XXX.

Tyrannie du comte d'Armagnac. — Le duc de Bourgogne enlève la reine de Tours. — Ses partisans se rendent maîtres de Paris. — Armagnac est tué. — Massacres dans les prisons de Paris. — Conquête de la Normandie par Henri V. — Le dauphin mis à la tête du parti d'Armagnac. — 1417-1419.

La France étoit réduite à un tel état d'anarchie; le gouvernement avoit donné tant de preuves d'ignorance, d'incapacité et d'injustice; il avoit si complétement renoncé à protéger l'ordre public; les chefs de parti avoient élevé sur les ruines de l'autorité royale une tyrannie si oppressive et si cruelle, que les Français étoient réduits à désirer une catastrophe quelconque qui mît un terme à leur souffrance : la plupart ne pouvoient être arrêtés par la crainte qu'elle entraînât la chute, non pas seulement de la dynastie des Valois, qui, depuis près d'un siècle qu'elle régnoit, ne s'étoit signalée que par son imbécillité, sa lâcheté et sa perfidie, mais de l'indépendance nationale. Dans cette agonie prolongée, si quelque chose peut exciter encore notre admiration, c'est de trouver qu'il y avoit d'autres hommes qui conservoient un cœur français, qui exposoient leur fortune et leur vie pour arrêter les conquêtes des Anglais, et qui ne regardoient pas le passage sous un joug étranger, comme moins redoutable que la continuation d'une telle souffrance.

Depuis la captivité des ducs d'Orléans et de Bourbon, et la mort du roi de Sicile, le comte d'Armagnac, secondé par les partisans de ces princes, avoit asservi la France à son joug tyrannique. Le roi, dont il invoquoit toujours l'autorité, n'avoit plus aucune volonté, aucune connoissance de ce qui se passoit dans son royaume. Le dauphin n'étoit qu'un instrument dans les mains de ceux qui le guidoient : il avoit quatorze ans seulement, et son esprit étoit aussi foible que l'avoit été celui de ses pères : plus tard, il devoit aussi l'énerver comme eux par la poursuite de tous les plaisirs; on l'avoit accoutumé à croire qu'il suffisoit pour être vertueux de se montrer bon armagnac, et l'on excitoit son irritabilité, son impétuosité, comme des qualités brillantes. Le vicomte de Lomagne, fils aîné d'Armagnac, et capitaine-général de Languedoc et de Guienne (1), avec le chancelier Henri de Marle, Gérard de Montagu, évêque

---

(1) Hist. de Languedoc. L. XXXIV, c. 2, p. 442.

de Paris; Tannegui du Châtel, prévôt de Paris; Bureau de Dammartin, Étienne de Mauregard et Philippe de Corbie, étoient les seuls conseillers du dauphin. C'étoient leurs passions, leur cupidité, leur ambition, leurs vengeances, qu'il se croyoit appelé à servir pour mériter l'éloge d'être un bon armagnac.

Aucun prince du sang n'assistoit plus au conseil du roi, ou ne signoit plus les ordonnances, qui étoient préparées et rendues par un petit nombre d'intrigans. Le Parlement avoit d'abord voulu conserver une sorte de neutralité. Il avoit décrété, le 29 mai 1417, qu'on écriroit au duc de Bourgogne, pour l'exhorter à la paix, et pour le prier d'envoyer un chargé de pouvoirs avec lequel on pût traiter; mais Armagnac ne vouloit entendre à aucun accommodement, et il fit chasser de la ville à cette occasion plus de trois cents bourgeois, dont les uns étoient membres du Parlement, d'autres docteurs à l'Université, juges au Châtelet, avocats et procureurs, s'assurant ainsi de la majorité des suffrages dans les corps d'où il les avoit éliminés. (1)

Le comte d'Armagnac ne pouvoit guère compter sur la recette régulière des impôts; mais il se procuroit de l'argent par des voies plus violentes. Il découvrit successivement diverses ca-

(1) Juvénal des Ursins, p. 337. — Journal d'un bourgeois de Paris, p. 218.

chettes, où la reine Isabeau avoit cru mettre en sûreté l'argent qu'elle accumuloit sans cesse. Il les fit enlever et se les appropria; il dépouilla les églises, les châsses des saints, celles même de saint Denis et de saint Louis, de toute l'argenterie qui étoit consacrée au culte; il donna aux monnoies un cours supérieur à leur valeur (1), et força les bourgeois à acheter tout le sel conservé dans les greniers de l'État, à raison de quatre écus le setier : celui à qui l'on portoit ce sel devoit le payer à l'instant, ou bien l'on mettoit chez lui des garnisaires. Il contraignit encore tous les bourgeois ou à travailler en personne, tous les cinq jours, à creuser les fossés et les égouts des fortifications de Paris, ou à lui payer une rétribution pour fournir des remplaçans, sur lesquels il faisoit un immense bénéfice; enfin il demanda que sur trois familles on équipât un homme d'armes, et celui qui mettoit quelque retard à payer tout ce qu'on lui demandoit, étoit maltraité, jeté en prison, ou même tué comme bourguignon. (2)

D'autre part, le duc de Bourgogne, qui étoit alors à Hesdin, adressa, le 24 avril, des circulaires aux principales villes du royaume, pour les appeler à secouer un joug tyrannique qui

---

(1) Ordonn. de France. T. X, p. 407, 411, 413, 417.
(2) Journal d'un bourgeois de Paris, p. 220.

pesoit également sur la nation et sur la famille royale. Il se vantoit de n'avoir cessé de solliciter ceux qui gouvernoient la chose publique, de mettre un terme aux extorsions, aux tailles et aux voleries sous lesquelles le pauvre peuple succomboit; il prétendoit que c'étoit la raison pour laquelle on lui avoit refusé l'entrée de Paris, quand il s'étoit avancé jusqu'à Lagny, pour offrir ses conseils et ses secours contre l'Anglais. Il accusoit les Armagnacs d'avoir successivement fait périr par le poison les deux dauphins, Louis et Jean, parce que ces jeunes princes vouloient écouter les conseils qu'il donnoit, lui cousin germain du roi, doyen des pairs, et deux fois pair de France. Il les accusoit d'avoir violé successivement six traités jurés solennellement avec lui; il déclaroit enfin qu'il les poursuivroit désormais jusqu'à la mort, en même temps qu'il offroit la paix et le maintien de toutes leurs franchises à toutes les villes qui se déclareroient pour lui. (1)

Les sires de Fosseuse, d'Humbercourt et de Morvilliers, gentilshommes du duc de Bourgogne, qui portèrent ces lettres à plusieurs villes de Picardie, déterminèrent en effet Montreuil, Saint-Riquier, Abbeville, Amiens et Dourlens, à arborer les étendards de Bourgogne, et à dé-

(1) Monstrelet. T. III, c. 173, p. 416. — Le Fèvre Saint-Remi. T. VIII, c. 74 et 77, p. 50 et 59.

clarer qu'elles s'armoient pour remettre en liberté le roi et le dauphin, pour rétablir la justice et les franchises du royaume (1). Rouen se souleva en même temps ; Alain Blanchard, zélé partisan du duc de Bourgogne, dirigea l'insurrection ; il surprit de nuit et tua dans sa maison Raoul de Gaucourt, gouverneur de la ville pour les Armagnacs, ainsi que son lieutenant et une dizaine de ses principaux officiers; mais il ne put se rendre maître du château, où il y avoit une bonne garnison. Armagnac, dès qu'il reçut la nouvelle de ce soulèvement, envoya le dauphin lui-même, sous la direction de quelques uns de ses plus fidèles lieutenans, pour l'apaiser ; bien sûr que ce jeune homme seroit tout glorieux de paroître en personne à la tête d'une petite armée, et de prendre sur lui la responsabilité d'une opération de quelque importance. Le dauphin, en effet, avec deux mille hommes d'armes, arriva jusqu'au Pont-de-l'Arche ; le duc de Bourgogne étoit trop éloigné pour faire parvenir à temps aucun secours. Alain Blanchard et les autres partisans bourguignons s'évadèrent; et le dauphin ayant promis de pardonner à la ville, fut admis dans Rouen. (2)

Cependant le duc de Bourgogne s'approchoit

(1) Monstrelet. T. III, c. 178, p. 436.
(2) Monstrelet. T. III, c. 175, p. 428. — Le Fèvre Saint-Remi, c. 75, p. 53. — Juvénal des Ursins, p. 336.

de nouveau de Paris, en réduisant successivement à son obéissance les Armagnacs qu'il trouvoit sur son passage. Un de ceux qui auroient pu l'incommoder le plus étoit le sire de la Trimouille, que la duchesse de Berri avoit épousé en secondes noces, cinq mois après la mort de son vieux mari : elle lui avoit en même temps remis la seigneurie de la ville et du comté de Boulogne, son héritage. Le duc de Bourgogne commença par les saisir; il partit ensuite d'Arras au commencement d'août, et vint à Amiens, puis à Beauvais, Senlis et Montdidier, et partout il fut reçu avec joie. Le sire de Lille-Adam, qui étoit au service de ses ennemis, mais que le comte d'Armagnac avoit offensé par sa hauteur, lui livra le passage de l'Oise. Bientôt il fut maître de Pontoise, Saint-Germain, Mantes et Meulan. Il ne trouva de résistance qu'à Saint-Denis et à Saint-Cloud. Il avança cependant, et occupant toute la rive gauche de la Seine, il établit son quartier à Montrouge, et commença à couper les vivres aux Parisiens. Les portes de Saint-Jacques et de Saint-Marceau étoient les seules, de ce côté de la rivière, qui n'eussent pas été murées; celle de Saint-Denis et plusieurs autres du côté opposé l'étoient aussi, et les vivres n'arrivoient plus que difficilement à la capitale; cependant le comte d'Armagnac et Tannegui du Châtel, prévôt de Paris, parcouroient sans cesse

1417. les rues et les remparts, pour empêcher toute réunion, tout soulèvement de ceux qui favorisoient les Bourguignons. Ils arrêtoient de même ceux du parti opposé qui se montroient impatiens de combattre; ils ne vouloient pas s'exposer à ce que le duc pût faire des prisonniers qui l'instruisissent de l'état de la ville, ou à ce qu'il remportât quelque avantage sous ses murs. Aucun bourgeois de Paris n'osa en effet manifester de partialité pour les Bourguignons; tous les secrets messages du duc furent dénoncés au conseil du roi; le héraut d'armes qu'il envoya au dauphin ne lui rapporta que des menaces; il sentit bientôt qu'il étoit inutile de demeurer plus long-temps devant les murs de la capitale, et il conduisit son armée à l'attaque de Montlhéri, Palaiseau, Marcoussis, et des autres places du voisinage. (1)

L'irritation entre les partis étoit si violente, que dans Paris il suffisoit de dire d'un homme qu'il étoit bourguignon, et dans le reste de l'Ile-de-France, qu'il étoit armagnac, pour le faire tuer par la populace; le plus souvent chaque faction pendoit tous ses prisonniers de guerre; et quant aux paysans, dépouillés et accablés de coups partout également, ils se réfugioient dans les bois pour vivre de brigandage, ou ils aban-

---

(1) Monstrelet. T. IV, c. 182, p. 26. — Le Fèvre Saint-Remi, c. 79, p. 70. — Juvénal des Ursins, p. 339. — Journal d'un bourgeois de Paris, p. 219.

donnoient absolument leur pays (1). Le duc de
Bourgogne venoit de soumettre Étampes et Chartres, et il assiégeoit Corbeil, lorsqu'il reçut la
visite d'un serviteur de la reine Isabeau, qui
avoit réussi à se soustraire à la vigilance des Armagnacs, et qui venoit lui demander de délivrer
cette reine de sa captivité. Il sentit aussitôt
qu'une alliance avec elle pouvoit donner à son
parti cette légitimité qui lui manquoit encore;
il lui fit passer des instructions; puis levant tout
à coup le siége de Corbeil, il se rendit à Chartres.
Dans la nuit du 1er novembre, il partit de cette
dernière ville avec huit cents cavaliers les mieux
montés de son armée, et s'approcha rapidement
de Tours. Arrivé à deux lieues de cette ville, il
s'arrêta; mais les sires de Vergy et de Fosseuse,
avec soixante cavaliers, continuèrent leur route
jusqu'à demi-lieue des murs. Pendant ce temps,
la reine avoit annoncé aux trois gardiens que lui
avoit donnés le comte d'Armagnac, qu'elle désiroit célébrer le lendemain la fête de la Toussaint
au couvent de Marmoutiers, pour lequel elle
avoit une dévotion particulière, et qui est situé
hors de la ville. Ces trois bourgeois, Jean Porel,
Jean Petit et Laurent Dupuis, n'osèrent pas lui
refuser la liberté d'y faire ses dévotions : ils se
rendirent avec elle à Marmoutiers; mais à peine

(1) Juvénal des Ursins, p. 336.

étoit-elle entrée dans l'église qu'Hector de Saveuse arriva au galop, et l'entoura avec ses soixante cavaliers. Comme il se présentoit ensuite devant elle pour lui offrir les obéissances de son maître, elle lui demanda de faire arrêter aussitôt ses trois gardiens. Laurent Dupuis, qui l'avoit souvent traitée avec insolence, pour échapper à Saveuse, se jeta dans un petit bateau amarré derrière l'église, et qu'il poussa dans la Loire; mais il s'y noya : les deux autres furent détenus. Deux heures après, le duc arriva avec tous ses gendarmes. La reine, qui jusqu'alors paroissoit n'avoir point pardonné au duc de Bourgogne le meurtre du duc d'Orléans, lui exprima vivement sa reconnoissance, et lui promit d'être désormais toujours fidèle à ses intérêts. Elle fit sommer les bourgeois de Tours et le commandant du château de recevoir son cousin de Bourgogne; après une courte hésitation, ceux-ci se soumirent, et arborèrent la croix de Saint-André. (1)

Le duc de Bourgogne, après avoir mis garnison à Tours, ramena la reine à Chartres, et se hâta de dresser et de faire publier les circulaires par lesquelles la reine faisoit valoir ses droits à l'administration du royaume. Dans ces circulaires, adressées le 12 novembre à toutes les

(1) Monstrelet. T. IV, c. 185, p. 47. — Le Fèvre Saint-Remi, c. 80, p. 75.

villes de France, on faisoit dire à la reine que *des gens de petit état* s'étoient rendus maîtres de la personne du roi et du dauphin, qu'ils exerçoient sur la France une tyrannie insupportable, qu'ils avoient pillé les provinces, qu'ils avoient envoyé au supplice grand nombre d'hommes recommandables, qu'ils l'avoient exilée elle-même, lorsqu'ils s'étoient aperçus que de concert avec le comte de Hainaut elle vouloit rendre la paix au royaume; qu'ils avoient pillé son épargne privée; qu'ils avoient enfin laissé sans défense les provinces qu'envahissoient les Anglais. La reine rendoit grâce au duc de Bourgogne de l'avoir délivrée; elle rappeloit qu'à elle seule, pendant la maladie du roi et la minorité de son fils, appartenoit le gouvernement du royaume; que son droit étoit établi par des lettres-patentes du roi, approuvées par tous les princes du sang, et déclarées irrévocables; elle annonçoit qu'elle exerceroit ce gouvernement conjointement avec le duc de Bourgogne, et elle interdisoit, sous peine de rébellion, à tous les sujets du royaume, de faire passer aucun argent à ceux qui prétendoient agir au nom du roi et du dauphin, ou d'obéir à leurs ordres. Enfin elle donnoit commission à Philippe de Morvilliers, conseiller du duc de Bourgogne, d'établir à Amiens une cour souveraine de justice, en remplacement du parlement de Paris, et de faire faire un sceau portant l'image de la reine, en remplacement de celui du chancelier de France. (1)

Pendant que l'Ile-de-France et toutes les provinces centrales du royaume étoient ravagées par la guerre civile, les frontières étoient abandonnées sans défense aux ennemis nationaux. Le comte d'Armagnac avoit entre autres rappelé à Paris tous les hommes d'armes qui avoient d'abord été chargés de défendre contre les Anglais la Normandie et la Picardie. Des négociations s'étoient renouées, dès le mois de janvier 1417, entre la France et l'Angleterre; des ambassadeurs de Charles VI avoient obtenu un sauf-conduit de Henri V, et des plénipotentiaires avoient été nommés pour prolonger les trèves (2). Mais en même temps d'autres négociations beaucoup plus actives avoient été entretenues entre le duc de Bourgogne et Henri V. Leur prétexte étoit le renouvellement ou la prolongation des trèves marchandes, que le duc avoit conclues entre la Flandre et l'Angleterre, pour protéger le commerce de ses industrieux sujets; et il étoit facile de reconnoître, au ton affectueux de ces communications, qu'il se traitoit une alliance intime et secrète entre le roi et le duc, encore

---

(1) Monstrelet. T. IV, c. 186, p. 52. — Le Fèvre Saint-Remi, c. 81, p. 80.

(2) Rymer. T. IX, p. 432, 438, 445.

que celui-ci ne cessât pas de le nier (1). De son côté, le duc de Bretagne avoit renoncé à s'attacher à une monarchie qui conspiroit pour sa propre ruine, et il avoit demandé un sauf-conduit à Henri V, pour se rendre en personne en Angleterre. (2)

Henri V jugea alors que le moment étoit enfin venu de profiter de sa victoire d'Azincourt, et plus encore de l'anarchie de la France. Il nomma, le 25 juillet, le duc de Bedford pour être son lieutenant en Angleterre (3). Il s'embarqua avec l'armée qu'il avoit rassemblée, et qui n'étoit pas considérable; et le 1er août il vint prendre terre à Teuques, au-dessous d'Honfleur, à l'embouchure de la Seine (4). Cette place, dont Armagnac avoit rappelé la garnison, ne put faire aucune résistance; elle capitula le 3 août. De ce jour jusqu'au 13 octobre, Henri V reçut les capitulations d'Anvilliers, Villiers, Caen, Bayeux et L'Aigle, qu'il attaqua successivement (5). Le 16 octobre, le duc de Bretagne lui fit pour la seconde fois demander un sauf-conduit. Henri V consentit à l'admettre en sa présence; mais quoique la mère du duc de Bretagne

---

(1) *Rymer.* T. IX, p. 449, 451, 454, 468, 476.
(2) *Rymer.* T. IX, p. 446.
(3) *Rymer.* T. IX, p. 475.
(4) Thom. Walsingham, *Hist. Angl.*, p. 397.
(5) Toutes ces capitulations sont dans *Rymer.* T. IX, p. 479, 480, 486, 490, 493, 501.

eût épousé en secondes noces le père du monarque anglais, celui-ci ne traita point Jean V en frère : il le laissa long-temps à genoux devant lui, avant de lui dire de se lever (1). La conférence eut lieu à Alençon le 16 novembre; elle se termina toutefois par la signature d'une trève, qui devoit durer jusqu'au 8 mai suivant. Par elle, le duc s'engageoit, non seulement à ne point nuire au roi d'Angleterre, et à ne point donner passage à ses ennemis, mais encore à rappeler ceux de ses sujets qui pouvoient être au service de Charles VI (2). Le duc de Bretagne, qui venoit de promettre sa fille en mariage à Louis III d'Anjou, alors sous la tutelle de Yolande sa mère, reine de Sicile, obtint en même temps, pour cette même Yolande, et aux mêmes conditions que pour lui, une trève qui garantissoit la neutralité des comtés de l'Anjou et du Maine. (3)

Henri V, assuré de cette manière, sur sa droite, par la neutralité de la Bretagne, de l'Anjou et du Maine; sur sa gauche, par celle de l'Artois et de la Flandre, poursuivit pendant le reste de la saison la conquête de la Normandie, sans y rencontrer aucun empêchement. Il avoit pris sous sa protection tous les prêtres qui s'étoient em-

(1) Juvénal des Ursins, p. 338. — Lobineau, Hist. de Bret. L. XV, c. 66, p. 533.
(2) Rymer. T. IX, p. 511.
(3) Rymer. T. IX, p. 513.

pressés de se déclarer pour lui, et de lui prêter serment comme au souverain légitime de la France (1). Des milliers de paysans et de bourgeois profitèrent de cette protection pour venir, sous la tonsure et sous l'habit ecclésiastique, apporter des vivres dans le camp anglais. Les soldats britanniques auroient voulu qu'on leur permît de traiter ces faux prêtres comme ils traitoient les autres Français, de leur enlever ce qu'ils apportoient, de les dépouiller, de les pendre par les pieds au-dessus d'un brasier, pour leur faire payer une rançon, mais Henri comprenoit mieux ce qu'il pouvoit gagner à favoriser le commerce avec le pays conquis ; il empêcha qu'on ne les maltraitât, et bientôt après il fit publier la défense de violer les femmes ou les filles, et de piller les propriétés des Français qui se seroient soumis à son autorité (2). Avant la fin de la campagne, Honfleur et le château de Caen capitulèrent encore ; Falaise et Cherbourg, qui étoient aussi assiégés, se défendirent plus long-temps. (3)

Henri V faisoit la guerre à la France, mais la France, partagée entre les Bourguignons et les

---

(1) Lettres de protection du 7 septembre. *Rymer*. T. IX, p. 488.

(2) Th. Walsingham, p. 397.

(3) Monstrelet. T. IV, c. 189, p. 65.—Juvénal des Ursins, p. 344-346. — Berri, roi d'armes, p. 433.

Armagnacs, loin de songer à rendre les coups qu'on lui portoit, ou seulement à se défendre, ne s'occupoit qu'à se nuire à elle-même. Le duc de Bourgogne s'étoit rapproché de Paris, dont quelques uns de ses partisans lui avoient promis de lui ouvrir une porte; mais comme il en étoit à demi-lieue du côté du faubourg Saint-Marceau, le traité fut dénoncé au comte d'Armagnac, qui fit saisir les traîtres, et attaquer à l'improviste l'avant-garde des Bourguignons. Le duc jugeant la partie manquée, se retira à Montlhéri, puis à Chartres, et il licencia ses gendarmes pour la saison. Il s'établit ensuite à Troyes avec la reine pour y passer l'hiver; le duc de Lorraine vint l'y joindre, et accepta des mains de la reine la fonction de connétable, dont le comte d'Armagnac fut déclaré devoir être dépouillé en raison de ses trahisons. Ce comte, loin de reconnoître à la reine le droit de le destituer, profita de l'éloignement du duc de Bourgogne pour recouvrer par les armes Montlhéri, Étampes, et plusieurs autres places autour de Paris. (1)

Quoique le duc de Bourgogne méritât bien peu l'attachement du peuple, il n'oublia jamais entièrement que, dès le temps de son père, sa faction s'étoit recommandée comme la plus po-

---

(1) Monstrelet. T. IV, c. 188, p. 60. — Juvénal des Ursins, p. 345. — Le Fèvre Saint-Remi, c. 81, p. 80. — Berri, roi d'armes, p. 434. — Pierre de Fenin, p. 466.

pulaire, et qu'elle ne se maintenoit que parce qu'il avoit toujours affecté quelque intérêt pour le bien-être de la bourgeoisie. Il profita de l'autorité royale qu'il prétendoit appartenir à la reine, et qu'il exerçoit au nom de cette princesse, pour faire rendre par celle-ci diverses ordonnances destinées à augmenter sa popularité. Le 30 du mois de janvier 1418, une ordonnance rendue à Troyes par Isabeau supprima tous les impôts qui avoient été établis en sus de la gabelle, sous les noms de quatrièmes, de vingtièmes et de maltôtes (1). Le même jour, elle chargea Louis de Challon, comte de Genève, fils aîné du prince d'Orange, avec quatre conseillers, de ramener sous l'obéissance du duc de Bourgogne et sous la sienne le Languedoc, l'Auvergne et le duché de Guienne (2). Le 16 février la reine cassa les cours du Parlement et de la chambre des comptes séant à Paris, se fondant sur ce que le comte d'Armagnac avoit corrompu ces cours, où il avoit introduit de nouveaux conseillers, tandis qu'il avoit chassé ou fait mourir les anciens. Elle institua, pour les remplacer, un nouveau Parlement et une nouvelle cour des comptes, qui devoient se réunir à Troyes. Elle annula encore toutes les condamnations pronon-

---

(1) Ordonn. de Troyes du 30 janvier. T. X, p. 429.
(2) *Ibid.* p. 431.

cées par ces tribunaux depuis le mois de juillet 1413, d'autant, disoit-elle, que le comte d'Armagnac, qui avoit fait périr ses deux fils aînés par le poison, avoit abusé dès-lors de la maladie du roi et du jeune âge du dauphin pour maintenir une cruelle tyrannie, avec les gens de *petit état* qui lui étoient associés. Elle accusa encore ce comte de chercher à entraîner la France dans le schisme. En effet, il étoit demeuré attaché au vieux pape Benoît XIII, alors retiré en Aragon, et déposé par le concile de Constance, tandis que tout le reste de la chrétienté reconnoissoit Martin V, que ce concile avoit élu le 11 novembre 1417, pour remplacer les trois antipapes. (1)

Le comte d'Armagnac avoit eu plus de moyens pour affermir sa puissance sur le Languedoc, où il possédoit beaucoup de fiefs, que sur le reste de la France; et là aussi il s'étoit montré jaloux de toute autorité nationale. Dès le 12 juillet 1415, il avoit interdit au sénéchal de Toulouse d'assembler les États de cette partie du royaume (2). Le duc de Bourgogne, qui avoit donné au comte de Genève cinq cents hommes d'armes, avec lesquels il l'avoit chargé de ramener cette province à son parti, pour lui préparer les voies, fit rendre par la reine une ordonnance le 3 avril,

(1) Ordonn. de France. T. X, p. 436.
(2) Hist. de Languedoc. L. XXXIII, c. 105, p. 438.

qui autorisoit les trois sénéchaux de Toulouse, Beaucaire et Carcassonne, à assembler les États de Languedoc selon l'antique usage, pour que les prélats, les nobles et les communes sanctionnassent les impôts, et traitassent eux-mêmes les affaires de leur pays (1). Les Languedociens, sur cette assurance, s'empressèrent de se déclarer pour le parti bourguignon, dès l'arrivée du comte de Genève. Le Pont Saint-Esprit, Nîmes, Usez, Bagnols, Montpellier, Aigues-Mortes, lui ouvrirent volontairement leurs portes; plus tard, Toulouse, Carcassonne, Béziers et Narbonne suivirent cet exemple; enfin, les seules villes de Beaucaire, de Villeneuve d'Avignon, et quelques châteaux peu considérables demeurèrent fidèles au parti d'Armagnac. (2)

Pour détruire, autant qu'il le pourroit, l'effet des proclamations de la reine, et pour profiter de ce que le duc de Bourgogne avoit licencié ses troupes pendant l'hiver, le comte d'Armagnac, qui avoit déjà remporté plusieurs petits avantages, résolut, au mois de février, d'assiéger Senlis, où le bâtard de Thian commandoit une garnison bourguignone, et de faire paroître Charles VI lui-même à ce siége. Ce malheureux roi aimoit la guerre et le mouvement des armes; sans être en état de distinguer ses amis d'avec ses

(1) Ordonn. de France. T. X, p. 449.
(2) Hist. de Languedoc. L. XXXIV, c. 4, p. 444.

ennemis, il étoit toujours prêt à combattre ceux qu'on lui disoit être ses adversaires, tout comme à sévir contre eux. Barbasan et Tannegui du Châtel lui furent donnés pour le diriger; ils pressèrent les travaux du siége, et vers la fin de mars le bâtard de Thian fut réduit à capituler. Il promit qu'il livreroit Senlis le 19 avril aux assiégeans, s'il n'étoit pas secouru auparavant, et il leur donna huit otages choisis parmi les hommes les plus considérés de la ville, en garantie de sa promesse. D'autre part, le comte de Charolais, fils du duc de Bourgogne, qui étoit alors à Amiens, averti du danger que couroit Senlis, assembla tous les soldats de son parti répandus dans la province, et en donna le commandement à Jean de Luxembourg et au sire de Fosseuse. Ceux-ci, avec huit mille combattans environ, arrivèrent jusqu'à une lieue de Senlis. Quoiqu'ils ne sussent point encore comment ils pourroient forcer leur passage, les Armagnacs laissèrent apercevoir dans leur camp une agitation qui fit comprendre aux assiégés que leurs défenseurs approchoient. Le bâtard de Thian en profita : dans la nuit du 18 au 19 avril, il conduisit une sortie jusqu'au logis du connétable, qu'il brûla. Armagnac irrité somma dès l'aube du jour le bâtard de Thian de lui livrer la place; le bâtard répondit que l'heure convenue n'étoit point arrivée; Armagnac, sans l'attendre, fit couper la tête à ses otages, et les fit pendre par quartiers; Thian, à son tour, fit couper la tête à seize prisonniers; il en fit pendre deux, et noyer deux femmes. Pendant que ces meurtres se commettoient de part et d'autre, le sire de Luxembourg avançoit avec son armée : le connétable ne l'attendit point; il se hâta de lever son camp et de ramener le roi à Paris (1). Il y rentra le 24 avril; il en étoit sorti à la fin de janvier.

Dans le même temps Henri V poursuivoit ses conquêtes en Normandie, sans que le reste de la France songeât seulement à envoyer des secours à la province que l'étranger envahissoit. Avant la fin de décembre, le roi anglais avoit mis le siége devant Falaise; la ville ne résista pas long-temps, mais le château se rendit seulement le 1er février (2). Il partagea ensuite son armée en quatre divisions, sous les ducs de Clarence et de Glocester, les comtes de Warwick et de Kymes, afin d'entreprendre plus de siéges à la fois, puisque aussi-bien aucune armée française ne tenoit la campagne, et ne rendoit dangereuse une telle division (3). Toutes les villes, tous les châteaux de Normandie, étoient fortifiés; tous, avec leurs seules forces, essayèrent quelque

---

(1) Monstrelet. T. IV, c. 192, p. 74. — Le Fèvre Saint-Remi, c. 83, p. 84. — Journal d'un bourgeois de Paris, p. 225.
(2) Th. Walsingham, p. 399. — Rymer. T. IX, p. 541.
(3) Th. Walsingham, p. 400.

1418. temps de se défendre, et leur patriotisme étoit digne d'un meilleur gouvernement; mais tous à leur tour furent forcés de capituler entre le 20 février et le 20 mai; et ces capitulations de Vire, Courtomer, Chambrais, Hambye, Coutances, Carentan, Saint-Lo, Saint-Sauveur, Pont-Orson, Ivry et Évreux, qui nous ont été conservées, nous apprennent que Henri, qui avoit beaucoup de dureté dans le caractère, exigeoit presque toujours que les assiégés abandonnassent toutes leurs propriétés aux vainqueurs, souvent même qu'ils remissent leur personne à sa discrétion, auquel cas il en envoyoit toujours quelques uns au supplice. (1)

L'Église, à la pacification de laquelle la France avoit si long-temps travaillé, chercha à son tour à rendre le même bon office au premier des royaumes chrétiens. Le pape Martin V envoya en France, comme légats, les cardinaux Orsini et de Saint-Marc, pour traiter une double paix entre les Bourguignons et les Armagnacs d'une part, entre la France et l'Angleterre de l'autre (2). Ces deux cardinaux obtinrent en effet que des fondés de pouvoirs de la reine et du duc de Bourgogne s'avançassent jusqu'à Bray-sur-Seine, tandis que ceux du roi, du dauphin et du comte

(1) *Rymer.* T. IX, p. 545, 549, 552, 553, 554, 556, 559, 565, 566, 585, 589. — Monstrelet. T. IV, c. 194, p. 84.
(2) *Rymer.* p. 578.

d'Armagnac les attendoient à Montereau ; il ne paroît pas que Henri V ait voulu se prêter alors à aucune négociation. Les légats prenoient pour base de la réconciliation entre les deux partis le traité d'Arras ; ils proposoient que toutes les condamnations, toutes les confiscations prononcées de part et d'autre fussent abolies, que tous les biens fussent rendus à ceux sur qui ils avoient été saisis ; que toutes les forteresses conquises de part et d'autre fussent évacuées ; enfin, que la reine, le dauphin, le duc de Bourgogne et tous les princes du sang fussent admis également au conseil du roi. La souffrance universelle et la honte de la France, qui se laissoit conquérir pied à pied, sans opposer aucune résistance, avoient touché les négociateurs ; ils vouloient la paix, et ils signèrent le 23 mai, à Montereau, un projet de traité qui contenoit ces diverses conditions. (1)

1418.

Ce projet de traité satisfit pleinement l'évêque de Paris et tous les bourgeois attachés au parti d'Armagnac ; ils prétendirent aussi que le roi et le dauphin avoient témoigné qu'ils en étoient contens : l'un comme l'autre, il est vrai, n'étoient point en état de le comprendre. Mais les chefs les plus actifs du parti, le comte d'Armagnac, connétable, le chancelier Henri de Marle,

(1) Hist. de Bourgogne. T. III, L. XVII, p. 486.

1418. Tannegui du Châtel, prévôt de Paris, et Raymonnet de la Guerre, gentilhomme gascon, qui s'étoit distingué par ses talens militaires, regardèrent cette pacification comme la ruine de leur parti. Comme ils n'étoient point princes du sang, ils ne pouvoient espérer de maintenir leur indépendance dans le conseil du roi; tout y seroit décidé par l'autorité des quatre chefs nominaux des deux partis, le roi et le dauphin de leur côté, la reine et le duc de Bourgogne de l'autre; mais ils savoient bien que le roi ou le dauphin n'avoient point de volonté à eux, et que dès qu'ils seroient avec leurs adversaires, ils parleroient comme leurs adversaires. Armagnac déclara donc qu'il n'y avoit que des ennemis du roi qui pussent lui conseiller un tel traité, et le chancelier ajouta que si le roi vouloit le signer, il falloit qu'il le scellât aussi lui-même, car pour lui, il ne le scelleroit point. (1)

La rupture du traité de Montereau redoubla le mécontentement des Parisiens: la haine contre Armagnac étoit universelle; les bourgeois étoient ruinés par ses exactions; les vivres, qui étoient montés à des prix très élevés, commençoient à manquer, soit à cause des garnisons bourguignones qui entouroient Paris, soit plus encore à cause de l'état de dévastation où toutes les

(1) Le Fèvre Saint-Remi, c. 84, p. 88.—Monstrelet. T. IV, c. 193, p. 81.

campagnes étoient réduites. Cependant Armagnac avoit trois mille Gascons dans la ville, qui lui suffisoient pour faire trembler toute la bourgeoisie, et Tannegui du Châtel, comme prévôt de Paris, faisoit aussitôt saisir et envoyoit au supplice tous ceux qui lui étoient dénoncés comme faisant des vœux pour les Bourguignons, ou comme entretenant avec eux quelque correspondance. (1)

Mais lorsque la tyrannie est arrivée au point qu'il y a autant de danger dans la soumission que dans la résistance, et lorsque les hommes qui y sont exposés n'ont pas perdu tout caractère, à un complot découvert en succède bientôt un autre, et les oppresseurs finissent par expier leurs violences. Perrinet Le Clerc, marchand fertier sur le Petit Pont, dont le père étoit chargé, comme quartenier, de garder les clefs de la porte Saint-Germain-des-Prés, avoit été maltraité par les Armagnacs, et ne pouvoit obtenir du prévôt aucune justice. Il s'associa à six ou sept jeunes gens également mécontens, et il fit avertir le sire de Lille-Adam, qui commandoit à Pontoise une petite troupe de Bourguignons, qu'il se faisoit fort de lui ouvrir la porte Saint-Germain le 29 mai, à deux heures après minuit. En effet, pendant la nuit il déroba à son père les clefs de la porte, que celui-ci gardoit sous son chevet,

(1) Journal d'un bourgeois de Paris, p. 225.

il monta la garde à cette porte avec ses compagnons, et dès que Lille-Adam se présenta, il la lui ouvrit. Celui-ci avoit rassemblé seulement huit cents combattans à cheval, dont les plus notables étoient Le Veau de Bar, bailli d'Auxois, les sires de Chastellux, de Chevreuse, de Mailly, de Wargnies, de Bournonville et de Gouy. Cette troupe entra en silence, et non sans trembler, dans une grande ville qu'elle pouvoit croire ennemie, et qu'occupoient trois mille soldats gascons, de qui elle ne pouvoit point attendre de quartier. Les Bourguignons avancèrent sans bruit jusqu'au Châtelet ; là seulement ils rencontrèrent quatre cents bourgeois armés, que Perrinet Le Clerc avoit fait entrer dans sa conspiration, et qui s'unirent à eux. Encouragés par ce premier renfort, ils continuèrent à avancer dans les rues les plus populeuses, en criant *vive la paix! vive le roi! vive Bourgogne!* Les bourgeois, éveillés à ces cris, se hâtèrent de prendre sur leurs habits la croix de Bourgogne, et accoururent en armes pour se joindre à eux. Toujours plus confians à mesure qu'ils avançoient et qu'ils voyoient grossir leur troupe, ils se partagèrent en plusieurs bandes pour arrêter leurs ennemis. Le chancelier, Raymonnet de la Guerre, et les évêques de Senlis, de Bayeux et de Coutances, furent saisis dans leurs maisons ; le comte d'Armagnac, en entendant le tumulte, n'eut que le temps de s'échapper de chez lui, et de venir se cacher chez un pauvre maçon, son voisin. Tannegui du Châtel, plus éloigné du tumulte, put non seulement se sauver, mais encore emmener avec lui le prince qui faisoit la garantie de son parti. Aux premiers cris qu'il entendit, il monta chez le dauphin, et sans lui donner le temps de s'habiller, il l'enveloppa dans la couverture de son lit, et l'emporta dans ses bras jusqu'à la porte, où son chancelier, Robert Le Masson, le mit à cheval; ils gagnèrent au galop la Bastille, où ils s'enfermèrent, et où Martin Gouge, évêque de Clermont, et Louvet, président de Provence, deux des chefs les plus violens du parti armagnac, se joignirent à eux. Pendant ce temps Lille-Adam s'étoit emparé de l'hôtel Saint-Paul, et il étoit entré auprès du roi. Ce malheureux prince n'avoit pas eu depuis quelque temps d'accès de frénésie, il reconnoissoit ceux qui l'entouroient, il étoit doux et affable en ses manières; mais il n'avoit plus ni mémoire ni jugement, et il étoit toujours prêt à faire tout ce qu'on lui proposoit. On le fit monter à cheval avec un frère du roi de Chypre, qui se trouvoit alors dans son palais, et on le promena par la ville au milieu des Bourguignons, pour qu'il donnât ainsi ostensiblement son approbation à la révolution qui venoit de s'opérer. (1)

(1) Le Fèvre Saint-Remi, c. 85, p. 90.—Monstrelet. T. IV,

Cette révolution prit bientôt un caractère plus féroce qu'aucune de celles qui l'avoient précédée. L'oppression du comte d'Armagnac avoit été si violente, tant de gens avoient péri par ses ordres, tant de gens avoient souffert, et sortoient des prisons, pâles, décharnés, et la rage dans le cœur, que toute la population ne respiroit que vengeance. Des troupes de bourgeois armés commencèrent à fouiller les maisons des Armagnacs; tous ceux qui étoient connus pour leur attachement à ce parti furent arrêtés, maltraités, entassés dans les prisons; toutes leurs maisons furent mises au pillage. Le Veau de Bar fut nommé prévôt de Paris par Lille-Adam, en remplacement de Tannegui du Châtel; mais au lieu de s'occuper à réprimer le désordre, il pressoit les visites domiciliaires pour découvrir le comte d'Armagnac. Le maçon chez lequel celui-ci s'étoit réfugié ne crut pas pouvoir échapper à des recherches si rigoureuses : il eut peur, et livra son hôte. Cependant la troupe de Lille-Adam qui occupoit Paris étoit encore inférieure en forces à celle de Tannegui du Châtel, qui occupoit la Bastille. Celui-ci s'étoit hâté de rappeler à lui tous les Armagnacs qui faisoient la guerre dans l'Ile-de-France. Barbasan, officier distingué, et le

c. 195, p. 86.—Juvénal des Ursins, p. 348.—Jacques le Bouvier, dit Berri, p. 435.—Pierre de Fenin, p. 467.— Journal d'un bourgeois de Paris, p. 227.

maréchal de Rieux, breton comme lui, lui en avoient conduit un grand nombre. De son côté Lille-Adam demandoit avec instance des renforts; mais le duc étoit alors en Bourgogne, et il n'avoit point de corps d'armée rapproché de Paris. Tannegui résolut de prévenir son adversaire, avant qu'il eût reçu des secours. Le 1er juin, de grand matin, il sortit de la Bastille par la rue Saint-Antoine, à la tête de seize cents hommes, auxquels il faisoit crier *vive le roi, le dauphin et le comte d'Armagnac!* Les Bourguignons ne purent l'empêcher d'entrer ainsi dans l'hôtel Saint-Paul, où il espéroit surprendre et enlever le roi; mais la veille on avoit eu soin de le retirer d'un voisinage qu'on redoutoit, et de le conduire au Louvre. Les gendarmes de Tannegui, trompés dans leur attente, commencèrent alors à se répandre dans les maisons voisines, pour piller, en criant *à mort! à mort! tuez, tuez tout!* Les bourgeois, pendant ce temps, s'étoient armés; ils s'étoient rangés en bataille sous les ordres du Veau de Bar, le nouveau prévôt de Paris, et ils vinrent attaquer avec vigueur les Armagnacs, avant que les gendarmes de Lille-Adam eussent eu le temps de s'assembler. La bataille fut acharnée, mais Tannegui, attaqué en même temps de front et des fenêtres des maisons voisines, y perdit plus de quatre cents hommes, et fut enfin contraint de se retirer dans la Bastille. Dès l'avant-veille il en avoit fait sortir le dauphin, et il l'avoit fait conduire par le pont de Charenton à Melun, d'où il se rendit plus tard à Bourges. Tannegui du Châtel, petit gentilhomme breton, étoit demeuré le vrai chef du parti d'Armagnac; mais il avoit besoin de se couvrir du nom du dauphin, et il ne vouloit pas que ce jeune homme, pour lequel il étoit supposé se battre, fût à portée de négocier avec ses adversaires ou de changer de parti. Déjà il venoit d'être abandonné par un autre jeune prince, qu'il auroit pu croire plus zélé encore que le dauphin pour sa cause : c'étoit Charles, comte de Clermont, fils du duc de Bourbon, alors prisonnier en Angleterre; ce comte, âgé d'environ quinze ans, et laissé à Paris au moment de la fuite des Armagnacs, avoit déclaré que là où étoit le roi, là il vouloit rester aussi. On ne pouvoit douter que le dauphin ne se conduisît de même, dès que les Bourguignons auroient quelque accès auprès de lui. Tannegui jugea donc essentiel de ne pas perdre ce prince de vue, et comme il n'espéroit plus reprendre Paris, il alla le joindre à Melun. La petite garnison qu'il avoit laissée à la Bastille capitula le 11 juin, et en sortit vies et bagues sauves. (1)

(1) Monstrelet. T. IV, c. 194, p. 91. — Le Fèvre Saint-Remi, c. 85, p. 93.—Journal d'un bourgeois de Paris, p. 231. — Juvénal des Ursins, p. 349. — Bouvier, dit Berri, p. 435 — Pierre de Fenin, p. 468.

Les deux partis sembloient avoir pour chefs ces deux princes à peine adolescens. Le dauphin donnoit désormais son nom au parti qu'avoient formé le duc d'Orléans et le comte d'Armagnac, tous deux prisonniers; mais il en remit la direction à Tannegui du Châtel, qu'il nomma *capitaine et lieutenant, de par monseigneur le dauphin, de tous les pays de France, Champagne, Brie, et de outre la rivière Seine* (1). D'autre part le parti bourguignon prétendoit agir à Paris sous l'autorité de Charles, comte de Clermont, fils du duc de Bourbon. Le duc de Bourgogne n'étoit point revenu de son duché, où il avoit passé la plus grande partie de l'hiver. Il étoit alors à Montbelliard, où il s'étoit rendu pour avoir une entrevue avec l'empereur Sigismond. La reine étoit toujours à Troyes : incapable de conduire un parti, et étrangère aux affaires, elle ne vouloit rien prendre sur elle, et elle refusoit de rentrer à Paris jusqu'à ce que le duc y fût revenu. Le conseil du roi se composoit donc, sous la présidence du jeune comte de Clermont, des cardinaux de Bar et de Saint-Marc, de l'évêque de Paris, de l'archevêque de Rouen, de Chastellux et du prévôt de Paris, auxquels vint se joindre Philippe de Morvilliers, que, sur la présentation du duc de Bourgogne, la reine avoit fait son chancelier.

(1) Jacques le Bouvier, dit Berri, roi d'armes, p. 435.

Tous les jours de nouveaux partisans de Bourgogne entroient à Paris, à la tête de leurs gendarmes. Tous les vassaux de Lille-Adam, ses paysans même, arrivoient à la capitale pour avoir leur part de la conquête qu'avoit faite leur seigneur. Ils pilloient les maisons et les églises, ils forçoient ceux qu'ils nommoient Armagnacs à leur payer une rançon, souvent ils les tuoient au milieu des rues. On assuroit que les sires de Chastellux, de Bar et de Lille-Adam avoient chacun amassé plus de cent mille écus par les extorsions qu'ils avoient exercées sur les bourgeois; les sires de Saveuse et de Crèvecœur se faisoient remarquer plus encore par leur rapacité et leur violence. Enfin des hommes plus redoutables que ces capitaines étoient rentrés avec eux à Paris; c'étoient les bouchers et les autres bannis des classes inférieures du peuple. Leurs familles avoient été traitées avec une telle cruauté, qu'on ne devoit point s'étonner s'ils ne respiroient que vengeance. Toutes les prisons étoient remplies de ceux qu'ils avoient arrêtés comme Armagnacs; mais ils commençoient à s'apercevoir que leurs chefs vouloient faire marchandise de tous ces captifs, et qu'ils les menaçoient de la justice seulement pour les engager à se racheter à plus haut prix. Des alarmes continuelles augmentoient l'agitation de la multitude. Toutes les nuits on sonnoit le tocsin; on annonçoit l'arrivée des Armagnacs pour délivrer leurs prisonniers; on les disoit à la porte Saint-Germain, à la porte Saint-Marceau, et le peuple qui couroit de l'une à l'autre, loin de se calmer en n'y trouvant personne, n'en étoit que plus furieux pour avoir été trompé. Un potier d'étain, nommé Lambert, dans la nuit du dimanche 12 juin, commença à exhorter le peuple à se mettre à l'abri du retour et du triomphe de ses ennemis, en tuant tous les Armagnacs prisonniers. Ce conseil farouche fut accueilli avec avidité; bientôt la foule se porta avec fureur vers les prisons de l'Hôtel-de-ville, et entreprit de les forcer. Les sires de Lille-Adam, de Luxembourg et de Fosseuse accoururent aussitôt avec près de mille chevaux; mais voyant un rassemblement de quarante mille personnes armées de maillets, de haches et de massues, aucun d'eux n'osa dire autre chose sinon : *Mes enfans, vous faites bien.* La tour du palais fut forcée, le connétable comte d'Armagnac, le chancelier Henri de Marle, et un nommé Maurignon, furent entraînés dans la cour et assommés. La populace dépouilla leurs corps, et coupa sur la peau du connétable une lanière de l'épaule droite au côté gauche, qui figuroit l'écharpe, enseigne du parti, ou bande d'Armagnac.

Les insurgés rendus plus furieux par le sang qu'ils avoient versé, marchèrent alors de prison en prison, forçant leurs portes, et tuant à coups d'épée ou de hache tous ceux qu'ils y trouvoient enfermés. La prison de Saint-Eloi fut la première dont ils se rendirent maîtres, puis le petit Châtelet, où, avec une apparence de régularité, un d'eux s'empara de l'écrou des prisonniers et les appela les uns après les autres; mais à mesure qu'ils passoient le guichet ils étoient massacrés. C'est là que périrent les évêques de Coutances, de Senlis, de Bayeux, d'Evreux, deux présidens au Parlement, et plusieurs maîtres des requêtes ou membres de la chambre des comptes. Au grand Châtelet les prisonniers s'étoient procuré des armes et ils se défendirent pendant deux heures; les assaillans y mirent le feu, et les étouffèrent enfin par la fumée. Les prisons de Saint-Martin-des-Champs, de Saint-Magloire, du Temple, furent forcées à leur tour. On avoit du sang jusqu'à la cheville dans les cours de ces prisons. Les corps des morts, traînés dans les rues par la populace, furent livrés à mille outrages; des femmes, des enfans furent égorgés. Comme on voyoit l'enfant d'une malheureuse femme grosse qu'on venoit de tuer, palpiter encore dans ses flancs, on disoit autour d'elle: *tiens, le petit chien remue encore!* Beaucoup de femmes enceintes accouchèrent dans l'excès de leur terreur; mais les prêtres bourguignons refusoient le baptême à de petits Armagnacs, et les laissoient mourir sans secours, à côté de leurs mères. Ces massacres continuèrent depuis le dimanche 12 juin à quatre heures du matin jusqu'au lundi matin à dix heures. On estime diversement le nombre des morts, depuis seize cents jusqu'à trois mille. Les serviteurs du duc de Bourgogne, dans les relations de cet événement qu'ils lui adressèrent, supposèrent qu'il n'y en avoit pas eu plus de quatre cents.

L'ordre ne se rétablit pas même après que tous les prisonniers furent égorgés. Ce ne fut que le quatrième jour que leurs corps furent relevés dans des tombereaux, et enterrés sans cérémonie ecclésiastique dans une large fosse auprès du marché des Pourceaux. Le peuple cependant continuoit à fouiller les maisons pour y tuer ceux qu'il nommoit les Armagnacs, et piller leurs biens. Il suffisoit de dire d'un homme qu'on voyoit passer dans la rue, voilà un Armagnac, pour qu'il fût immédiatement assommé. (1)

En vain on pressoit le duc de Bourgogne de venir à Paris pour rétablir la paix dans la ville: tandis que ses gendarmes se rassembloient à Châtillon-sur-Seine, il prolongeoit son séjour à

(1) Le Fèvre Saint-Remi. T. VIII, c. 86, p. 94. — Journal d'un bourgeois de Paris, p. 232.—Monstrelet. T. IV, c. 197, p. 97.

Dijon. Enfin il vint à Troyes prendre la reine, et il fit avec elle son entrée à Paris le 14 juillet. La populace le reçut avec des transports de joie; le roi parut fort content de revoir sa femme et son cousin, et les grands seigneurs se firent confirmer par le duc les offices qu'ils s'étoient attribués comme dépouilles des Armagnacs. Les sires de Lille-Adam et de Chastellux furent nommés maréchaux, Robinet de Mailly fut fait grand panetier; Charles de Lens, amiral; Eustache de Laître, chancelier; Philippe de Morvilliers, premier président du Parlement; et le duc de Bourgogne prit pour lui-même la charge de capitaine-général de Paris. Il rendit aux bourgeois toutes leurs franchises; il leur permit de replacer leurs chaînes aux coins des rues; il rétablit aussi le monopole de la grande boucherie, et il supprima toutes les boucheries nouvelles. (1)

Cependant la misère alloit croissant; toute culture avoit cessé dans les campagnes, tout commerce dans les villes; la navigation de la Seine inférieure étoit arrêtée par les Anglais, celle de la Seine supérieure par les Armagnacs, qui étoient maîtres de Melun; les vivres deve-

---

(1) Le Fèvre Saint-Remi, c. 86, p. 94.—Monstrelet. T. IV, c. 198, p. 100.—Journal d'un bourgeois de Paris, p. 232-240. —Juvénal des Ursins, p. 351. — Berri, p. 435. — Pierre de Fenin, p. 468. — Ordonn. de France. T. X, p. 456, 459, 468. — Barante, Ducs de Bourg. T. IV, p. 363-372.

noient tous les jours plus rares et plus chers, l'air étoit empesté par la puanteur des cadavres laissés sans sépulture. Parmi les milliers de familles persécutées, le trouble, la douleur, la crainte, disposoient les esprits comme les corps aux maladies. Une épidémie effrayante ne tarda pas en effet à se manifester : depuis le mois de juin à celui d'octobre, on assure que cinquante mille personnes périrent dans Paris ou les campagnes environnantes. Parmi les serviteurs du duc de Bourgogne, cette maladie emporta le prince d'Orange, le sire de Fosseuse, Jeannet de Poix et le sire d'Auxy. (1)

En même temps quelques uns des meneurs de la populace, moins accoutumés que les gentilshommes à répandre du sang, commencèrent à éprouver des remords pour tous les meurtres qu'ils avoient commis; ils se croyoient poursuivis par les ombres de leurs victimes, ils repoussoient la confession, la communion, et toutes les consolations de l'Église, comme étant souillés par trop de crimes pour conserver quelque espoir de salut. On assura que plus de sept ou huit cents d'entre eux moururent désespérés à l'Hôtel-Dieu. On raconta entr'autres qu'un de ces meurtriers des prisons couroit plein d'effroi dans les rues de Senlis, en criant *je suis damné*. Il finit

---

(1) Le Fèvre Saint-Remi, c. 88, p. 101.

par se jeter dans un puits la tête la première (1). D'autres au contraire imposèrent silence à leurs remords par un redoublement de fureur. C'étoient les Armagnacs qu'ils accusoient de tous les maux qu'ils souffroient; c'étoient eux qui occasionnoient la cessation du travail, la faim, la maladie. Le plus forcené de tous étoit Capeluche, le bourreau de Paris. Ce fut lui qui le 21 août souleva une seconde fois le peuple pour égorger de nouveau les Armagnacs. Les arrestations avoient recommencé depuis le premier massacre, et on avoit rempli de nouveau les prisons. Capeluche étoit secondé par les Legoix, Saint-Yon, Caboche, chefs de la faction des bouchers, et *par les faux sermonneurs et prêcheurs de l'Université*. Les uns sur la place publique, les autres dans la chaire, répétoient que les princes ne songeoient point à faire justice, qu'ils vouloient seulement tirer des prisonniers de grosses rançons, et qu'ils les relâcheroient ensuite lorsque leur courroux seroit encore aigri par la souffrance, et lorsque leur seule passion seroit de tirer une plus atroce vengeance du peuple. La foule ameutée par eux se porta alors au grand Châtelet; on lui en refusa l'entrée, et les gens de la justice permirent aux prisonniers de se défendre, ce qu'ils firent avec des pierres

---

(1) Juvénal des Ursins, p. 354.

et des briques, et en soutenant un assaut régulier : mais les assassins pénétrèrent par le toit dans cette espèce de forteresse, et mirent à mort tout ce qu'ils y trouvèrent. Ils attaquèrent ensuite le petit Châtelet, et en massacrèrent de même les prisonniers. Ils se portèrent enfin devant la Bastille, et comme on refusoit de leur livrer les prisonniers, ils en commencèrent le siége, cherchant à y pénétrer ou par la mine, ou en faisant une brèche aux murs. Le duc de Bourgogne essaya en vain de les engager à se retirer, en leur montrant de l'amitié et de la confiance ; il prit même par la main Capeluche le bourreau, que peut-être il ne connoissoit pas. Ses sollicitations furent inutiles, et comme il ne vouloit pas compromettre sa popularité, il ne fit point avancer de troupes pour réprimer l'insurrection. Il se contenta de demander aux meneurs de la populace une promesse, dont il savoit lui-même le peu de valeur, celle de conduire les prisonniers au Châtelet pour y être jugés. Ensuite il leur livra lui-même Enguerrand de Marigny, Hector de Chartres, père de l'archevêque de Reims, un riche bourgeois nommé Jean Taranne, et quatre ou cinq autres des prisonniers de la Bastille. Le peuple consentit à ce qu'il en conservât trois sous sa garde ; mais à peine les insurgés eurent-ils conduit leurs prisonniers dans la cour du petit Châtelet, qu'ils les y massacrè-

1418.

rent. Dans cette journée il périt de quatre-vingts à cent personnes; le lendemain trois ou quatre prisonniers enfermés à la tour du Louvre furent de même livrés au peuple; mais cette fois il les conduisit, sans leur faire d'outrages, au lieutenant du prévôt de Paris. Toutefois le duc de Bourgogne désiroit rétablir enfin la tranquillité publique : il proposa aux massacreurs de prisons d'aller combattre les Armagnacs, qui, maîtres de Montlhéry et de Marcoussis, affamoient la ville; il leur donna des chefs, il leur fit ouvrir les portes; mais dès qu'ils furent dehors il fit refermer ces portes, pour les empêcher de rentrer. Plus de six mille des plus turbulens se trouvèrent ainsi exclus de la ville : il fit alors arrêter Capeluche le bourreau, dont il se reprochoit d'avoir serré la main, et il lui fit trancher la tête par son valet, auquel Capeluche montra comment il devoit s'y prendre, préparant pour lui tous les instrumens de son propre supplice. Le duc fit ensuite publier dans Paris que quiconque exciteroit désormais le peuple à massacrer les prisonniers, seroit puni du même supplice; mais pour montrer que ce n'étoit point dans le but de sauver la vie aux Armagnacs qu'il les déroboit aux fureurs populaires, il fit trancher la tête à plusieurs magistrats accusés d'appartenir à cette faction. (1)

(1) Le Fèvre Saint-Remi, c. 89, p. 101.—Monstrelet. T. IV,

Un seul souci sembloit alors occuper le duc de Bourgogne : il vouloit faire révoquer la sentence de l'évêque de Paris contre la mémoire de Jean Petit. Cet évêque, Gérard de Montagu, frère du grand-maître que le duc avoit fait mourir, étoit alors malade ; il s'étoit cependant réconcilié à la faction de Bourgogne, et ses prêtres montrèrent beaucoup d'empressement à se conformer aux désirs de l'autorité. Ce fut avec son autorisation que son vicaire apostolique approuva solennellement ce qu'il avoit solennellement condamné, déclara nulle la sentence prononcée contre Jean Petit pour avoir prêché le tyrannicide, et célébra dans l'église Notre-Dame l'honneur et la loyauté du duc de Bourgogne. (1)

Mais on s'étonnoit que le duc de Bourgogne, au lieu de s'occuper encore d'un sermon que le peuple auroit volontiers oublié, ne travaillât pas plutôt à repousser les Armagnacs et les Anglais. Chacun répétoit « qu'il étoit le plus long homme « en toutes ses besognes qu'on peut trouver, car « il ne se mouvoit d'un côté, quand il y étoit, « ne quand ce fut paix partout, si le peuple « par force de plaintes ne l'émouvoit (2). Depuis

---

c. 204, p. 120. — Journal d'un bourgeois de Paris, p. 242. — Juvénal des Ursins, p. 354. — Pierre de Fenin, p. 469. — Barante, Ducs de Bourg. T. IV, p. 376.

(1) Monstrelet. T. IV, c. 203, p. 117.
(2) Journal d'un bourgeois de Paris, p. 248.

qu'il étoit entré dans Paris les vivres y devenoient tous les jours plus chers, et au-dehors il éprouvoit tous les jours de nouvelles pertes. Les Armagnacs, qui désormais répudioient ce nom, et qui se faisoient appeler Dauphinois ou parti du dauphin, avoient de fortes garnisons à Meaux et à Melun, d'où ils couroient tout le pays; bientôt ils surprirent Compiègne, et plus tard ils se rendirent aussi maîtres de Tours. (1)

Le duc de Touraine, dauphin, étoit alors entré dans sa seizième année. On ne doit point supposer qu'un homme qui toute sa vie n'eut point d'affections constantes, point d'opinions arrêtées, fût dans sa première jeunesse un chef de parti bien ardent; mais depuis plusieurs années il n'étoit entouré que d'Armagnacs, et tant qu'on ne le séparoit point d'eux, il épousoit leurs passions et leurs haines. Tannegui du Châtel, le vicomte de Narbonne, Jean Louvet, président de Provence, et Robert Masson, chancelier du dauphin, étoient alors ses conseillers et ses guides. Comme ils n'étoient point assez grands seigneurs pour se montrer en première ligne, ils affectoient de n'être que les humbles agens du dauphin. Ils lui avoient fait prendre le titre de lieutenant-général du royaume, et établir, le 21 septembre, une cour souveraine à Poitiers, composée des

(1) Le Fèvre Saint-Remi, c. 89, p. 103. — Monstrelet. T. IV, c. 200, p. 107.

conseillers au parlement de Paris qui l'avoient suivi dans son exil; on distinguoit parmi eux Jean-Juvénal des Ursins, le père de l'historien (1). Ils lui avoient enfin fait repousser toutes les invitations du roi et de la reine à venir les joindre à Paris. Le nouveau comte d'Armagnac, connu auparavant sous le nom de vicomte de Lomagne, n'essaya point de remplacer son père à cette cour du dauphin : il s'y rendit, il est vrai, pour demander vengeance; mais il préféroit l'alliance des Anglais à celle de l'héritier du trône. Il avoit conclu une trève particulière avec Henri V, et il s'étoit engagé à lui faire hommage. (2)

Le duc de Bourgogne sentoit qu'un roi fou ou imbécile, et une reine tellement indolente, tellement inepte qu'elle ne comprenoit aucune des affaires publiques, n'étoient point pour lui des appuis suffisans, et il désiroit vivement se réconcilier avec l'héritier de la couronne, qui auroit dû être absolument étranger aux haines et aux vengeances du duc d'Orléans, du roi de Sicile et du comte d'Armagnac. Il lui avoit renvoyé honorablement sa jeune femme Marie d'Anjou; il avoit engagé le duc de Bretagne, qu'il appela à Paris, et les deux cardinaux légats du pape à offrir de nouveau leur médiation, et il avoit obtenu que

---

(1) Ordonn. de France. T. X, p. 477.
(2) *Rymer*. T. IX, p. 597 et 602.

1418. de nouvelles conférences fussent ouvertes à Charenton. Des articles de paix y furent arrêtés, presque conformes à ceux qui avoient été convenus à Montereau quatre mois auparavant. La reine, le duc de Bourgogne, les princes et les légats, les signèrent le 16 septembre à Saint-Maur-des-Fossés. Mais Tannegui du Châtel et ses associés ne vouloient de paix à aucune condition; car il n'y avoit point de paix qui ne dût leur faire perdre le rang qu'ils occupoient auprès du dauphin. Ils savoient de plus que le duc de Bourgogne perdoit chaque jour davantage sa popularité; qu'il avoit rétabli les aides auparavant supprimées par lui, qu'il avoit exigé des Parisiens un emprunt forcé, qu'il avoit recouru aux moyens les plus vexatoires pour se procurer de l'argent, et que cependant il ne paroissoit point prêt à entrer en campagne. Ils engagèrent donc le dauphin à refuser de ratifier le traité signé en son nom. (1)

Aucune trahison ne pouvoit cependant être plus fatale à la couronne et à l'indépendance de la France, que le refus de mettre un terme à la guerre civile, pour l'intérêt privé de quelques aventuriers. Henri V, sans avoir ni une armée bien nombreuse, ni des finances dont les rentrées fussent bien régulières, profitoit de cette guerre

(1) Monstrelet. T. IV, c. 205, p. 124.—Journal d'un bourgeois de Paris, p. 249.

civile pour continuer ses conquêtes en Normandie, sans y rencontrer plus d'empêchement que s'il n'avoit eu la guerre qu'avec cette seule province. Il avoit négocié adroitement avec les deux partis, sans avoir l'intention de conclure avec aucun, mais seulement pour les endormir, ou plus encore pour fournir des prétextes à ceux qui ne vouloient pas agir. Il avoit signé, le 17 juillet, une trève particulière pour la Guienne, afin d'être sans inquiétude de ce côté (1). Il avoit, le 4 août, prorogé la trève avec le duc de Bretagne (2), et il avoit entamé de nouvelles négociations avec la reine de Sicile comme comtesse d'Anjou et du Maine (3). Dès le mois de mars il avoit aussi prorogé les trèves de Flandre (4), et il avoit dès-lors continué à négocier pour la paix générale, d'une part avec le duc de Bourgogne, de l'autre avec le dauphin; mais il avoit apporté tant de lenteur à toutes ses communications, qu'il ne pouvoit être forcé de conclure. Loin de suspendre ses conquêtes pendant ce temps, il les poursuivoit au contraire avec plus d'ardeur. Vers la fin de juin il avoit conduit son armée devant Rouen, et dès lors il pressoit le siége de cette grande ville. La population de Rouen s'élevoit

(1) *Rymer.* T. IX, p. 602.
(2) *Rymer.* T. IX, p. 613.
(3) *Rymer.* T. IX, p. 624.
(4) *Rymer.* T. IX, p. 561.

alors presque à la moitié de celle de Paris; la bourgeoisie s'étoit remise sous la protection du duc de Bourgogne, et elle montroit pour la France et pour ses rois un attachement que les Valois avoient bien peu mérité. Avant que le siége fût formé, le duc de Bourgogne y avoit fait passer les sires de Neuchâtel, de Montagu, de Toulongeon, et le bâtard de Thian, qu'il comptoit parmi ses meilleurs capitaines, avec environ quatre mille gendarmes. Les citoyens de la ville avoient formé une milice de quinze mille hommes bien armés, dont ils avoient donné le commandement à Gui Le Bouteiller, gentilhomme normand. (1)

Les habitans de Rouen avoient réparé leurs murailles, ils les avoient pourvues de machines de guerre, ils avoient ordonné à tous ceux qui ne pourroient pas s'approvisionner de vivres pour dix mois, de sortir de la ville; cependant les greniers n'étoient pas remplis comme ils auroient dû l'être, parce que, dès la fin de juin, l'avant-garde du roi d'Angleterre avoit empêché qu'on n'introduisît les moissons de la campagne dans la ville. Henri V avoit distribué son armée en huit ou neuf corps, devant chacune des portes, sous le commandement des ducs de Glocester, de Clarence, d'Exeter, des comtes de Warwick,

---

(1) Monstrelet. T. IV, c. 201, p. 111.

Dorset, Huntingdon, Salisbury, Kymes, des lords Maréchal, Cornwall et Mévill. Leurs quartiers étoient couverts par des fossés profonds, revêtus de haies d'épines; ils communiquoient les uns avec les autres par des tranchées qui les mettoient à l'abri du tir du canon, et la rivière, tant au-dessus qu'au-dessous de la ville, étoit fermée par trois chaînes, l'une un pied et demi au-dessous de l'eau, l'autre à fleur d'eau, la troisième deux pieds au-dessus. Enfin huit mille Irlandais moitié nus, mal armés, mais agiles comme des sauvages, tenoient la campagne. Quoique incapables de résister à des troupes réglées, ils étoient redoutables pour les paysans; ils remplissoient le camp de leur butin, ils arrêtoient ceux qui avoient échappé aux soldats réguliers, et ils mettoient l'armée à l'abri des surprises. (1)

Les assiégés s'étoient bien efforcés d'interrompre par des combats journaliers la ligne de circonvallation dont on les entouroit, mais depuis que les Anglais avoient achevé de la former, les gens de Rouen ne pouvoient plus combattre. Ils voyoient diminuer leurs munitions, et ils ne pouvoient douter que s'ils n'étoient secourus du dehors, si une armée française, en s'approchant, ne faisoit lever le siége, la faim ne les forçât à

(1) Monstrelet. T. IV, c. 202, p. 113. — Le Fèvre Saint-Remi, c. 91, p. 107. — Juvénal des Ursins, p. 356. — Pierre de Fenin, p. 471.

succomber. Ils réussirent à faire sortir un vieux prêtre de la ville, qui vint à Paris pour implorer les secours du roi et du duc de Bourgogne. Ce prêtre, pour faire plus d'impression sur les princes, crut devoir recourir à l'éloquence de maître Eustache de Pavilly, le même moine qui, cinq ans auparavant, avoit fait au nom de l'Université de fameuses remontrances. La pédanterie en effet, à l'époque de la renaissance de l'érudition, s'étoit emparée même de la politique, et les affaires de l'État se traitoient par des sermons. Frère Eustache prit pour texte : *Domine, quid faciemus?* Il prêcha sur les misères et les dangers de la ville de Rouen, et il fut écouté comme on écoute un prédicateur, sans qu'il influe sur la conduite de ceux même qui l'admirent. Le vieux prêtre de Rouen prit ensuite la parole : il protesta de l'attachement des bourgeois de Rouen à la couronne de France; mais il annonça qu'il étoit chargé de crier pour eux le grand *haro*, ou demande de secours, et que s'ils étoient abandonnés, s'ils étoient contraints de se rendre et de faire serment de fidélité à Henri V, le roi n'auroit plus de pires ennemis qu'eux (1). Le duc de Bourgogne chargea ce prêtre de retourner à ses concitoyens, et de leur donner l'espérance d'un prompt secours. Cependant ses traités l'avoient mis dans l'impossibilité de faire avancer les Fla-

(1) Monstrelet T. IV, c. 206, p. 126.

mands à l'aide de la Normandie; dans le reste du royaume ses partisans étoient aux mains avec les Armagnacs : il se résigna donc à ne point faire marcher de soldats, et il se contenta d'envoyer au Pont-de-l'Arche des ambassadeurs pour négocier avec le roi d'Angleterre.

Le duc de Bourgogne faisoit de nouveau offrir à Henri V la main de Catherine, fille aînée du roi, qui n'avoit pas quitté la reine, et qui étoit revenue avec elle à Paris. Henri demandoit pour sa dot un million d'écus, la cession de la Normandie et celle de toutes les provinces cédées à Édouard III par le traité de Bretigny; il refusoit cependant de poser les armes, même à ces conditions, parce qu'il disoit que le duc de Bourgogne n'avoit pas autorité pour renoncer à l'héritage du dauphin (1). En même temps il avoit d'autres ambassadeurs qui traitoient à Alençon avec le dauphin : mais quand celui-ci consentit aux cessions convenues par le traité de Bretigny, en donnant de plus, au lieu de la Normandie, un équivalent à prendre sur les États de Bourgogne, Henri V refusa également de conclure, parce que le dauphin n'avoit pas autorité pour faire de telles concessions au nom du roi (2). Ces doubles négociations occupèrent la fin d'octobre

---

(1) Monstrelet. T. IV, c. 206, p. 128.
(2) Journal des négociations d'Alençon, dans *Rymer*. T. IX, p. 632-645.

et le commencement de novembre, mais sans suspendre le siége de Rouen.

Les bourgeois de cette ville, dont la détresse alloit toujours croissant, apprirent enfin que Charles VI avoit pris l'oriflamme à Saint-Denis, et qu'avec le duc de Bourgogne et la reine il s'étoit avancé d'abord jusqu'à Pontoise, ensuite jusqu'à Beauvais. L'espoir d'être secourus commença à renaître chez eux; ils se résignèrent à manger les chevaux, les chats, et toutes les nourritures immondes qu'ils pouvoient atteindre, en même temps qu'ils firent sortir de la ville, comme bouches inutiles, douze mille vieillards, femmes et enfans; mais les Anglais ne laissèrent point passer ceux-ci, en sorte qu'on les retint dans les fossés, où ils se nourrissoient seulement des herbes qu'ils arrachoient, et où ils mouroient chaque jour par centaines. Vers le milieu de décembre les assiégés réussirent à faire parvenir de nouveau un messager à Beauvais, pour exposer leur détresse. Le duc de Bourgogne promit que, quatre jours après Noël, il seroit en état de marcher à leur délivrance. Les gens de Rouen attendirent; ils se résignèrent à des souffrances toujours croissantes : cinquante mille personnes, assuroit-on, étoient mortes dans leur ville depuis le commencement du siége (1). La fête de Noël

(1) Monstrelet. T. IV, c. 207, p. 130. — Le Fèvre Saint-Remi, c. 92, p. 116.

arriva enfin, et le duc de Bourgogne reconnut qu'il n'avoit pas assez de forces pour attaquer les Anglais. Il quitta donc Beauvais, il tourna le dos au théâtre de la guerre, et il ramena le roi et la reine à Provins, en faisant dire aux habitans de Rouen de traiter avec les Anglais aux meilleures conditions qu'ils pourroient obtenir. (1)

1418.

Mais l'obstination même de la défense avoit rendu ces conditions bien plus mauvaises. Henri V, au lieu de ressentir de l'estime pour des braves gens qui avoient si bien fait leur devoir, n'aspiroit qu'à tirer d'eux une cruelle vengeance, d'autant qu'il savoit qu'il ne leur restoit plus de vivres dans la ville. Quand leur députation se présenta à lui, il ne voulut entendre parler d'aucune condition; la ville et tous ses habitans devoient se remettre à sa discrétion, et jusqu'alors on n'avoit vu ni générosité, ni pitié dans son caractère, qui encourageassent à se fier à lui. Lorsque les assiégés reçurent cette dure réponse, ils résolurent de mettre sur des étais un pan de mur, qu'ils renverseroient tout à coup au milieu de la nuit, et par cette brèche ils tenteroient une sortie, aimant mieux mourir les armes à la main que sur l'échafaud (2). Mais Henri V, averti de cette résolution

1419.

---

(1) Monstrelet, c. 208, p. 135. — Le Fèvre Saint-Remi, c. 93, p. 120.

(2) Monstrelet. T. IV, c. 208, p. 137. — Le Fèvre Saint-Remi, c. 93, p. 122.

désespérée, rappela leurs députés, et leur offrit le 13 janvier quelques garanties, que les bourgeois acceptèrent, quoique la capitulation fût encore bien dure. La ville devoit lui être livrée le 19 janvier, à midi, si elle n'étoit secourue auparavant par le roi de France. Elle devoit payer pour sa rançon trois cent mille écus d'or, moitié le 22 janvier, moitié le 24 février. Les habitans devoient livrer toutes leurs armes, tous leurs équipages de guerre, et faire serment de fidélité au roi d'Angleterre. Les gendarmes pouvoient se retirer où ils vouloient, en jurant seulement que jusqu'au 1er janvier 1420 ils ne porteroient pas les armes contre les Anglais. A ces conditions, le roi faisoit grâce de la vie aux habitans, à la réserve d'Alain Blanchard, leur commandant, de trois autres bourgeois, d'un chevalier, et de deux bateliers. Alain Blanchard, qui s'étoit distingué pendant le siége par une conduite héroïque, eut en effet la tête tranchée; les autres en furent quittes pour la confiscation de leurs biens. (1)

Henri V rentra en possession de Rouen deux cent quinze ans après que cette ville avoit été conquise sur ses ancêtres par Philippe-Auguste (2). Il lui rendit les priviléges qu'elle tenoit des ducs

---

(1) La capitulation est dans *Rymer*. T. IX, p. 664. — Monstrelet, c. 208, p. 138. — Le Fèvre Saint-Remi, c. 93, p. 122. — Juvénal des Ursins, p. 357. — Pierre de Fenin, p. 471.

(2) Le 30 juin 1204. *Voyez* ci-devant, tome VI, c. 23, p. 230.

normands, il y fit frapper monnoie à son effigie, et il y reçut le serment de fidélité des feudataires du duché. On remarqua que Gui Le Bouteiller, commandant des milices, fut un des premiers à le prêter, et des soupçons de trahison, déjà formés contre lui pendant le siége, s'en redoublèrent. Plusieurs seigneurs, au contraire, aussi-bien que la jeune dame de La Rocheguyon, refusèrent de reconnoître le roi anglais pour duc de Normandie. (1)

La conquête de la capitale de la Normandie força enfin les Français de tous les partis à ouvrir les yeux sur le danger qui menaçoit leur patrie. Le parlement de Paris, tout dévoué aux Bourguignons, et celui de Poitiers, tout dévoué aux Armagnacs, pressèrent également les princes de se réconcilier pour résister en commun aux Anglais. Tannegui du Châtel ne put ou n'osa pas repousser ces instances, et il signa le 14 mai une trève de trois mois avec le duc de Bourgogne. Mais en même temps le dauphin, à sa persuasion, étoit convenu avec le roi d'Angleterre d'une suspension d'armes qui devoit durer du 22 février au 23 avril, et le duc de Bourgogne avoit, au nom de Charles VI, signé avec le même roi une suspension d'armes qui devoit durer du 7 avril au 15 mai. Ainsi, après cette grande catastrophe,

---

(1) Monstrelet. T. IV, c. 208, p. 142.

1419. tous les partis se reposèrent en même temps sur leurs armes, tous voulurent tenter si l'on pourroit mettre un terme par des négociations au malheur universel. (1)

(1) *Rymer.* T. IX, p. 686, 692 et 717.

CHAPITRE XXXI.

Négociations de paix. — Assassinat du duc de Bourgogne. — Arrestation du duc de Bretagne. — Le dauphin déclaré indigne du trône. — Traité de Troyes. — Les rois de France et d'Angleterre font la guerre au dauphin. — Mécontentement des Français. — Mort de Henri V et de Charles VI. — 1419-1422.

Le cri des peuples pour la paix, dans tous les partis, à toutes les conditions, étoit devenu irrésistible. La France, réduite au dernier degré de souffrance et d'épuisement pendant la longue durée du règne de Charles VI, ne sembloit pas pouvoir supporter plus long-temps un état si calamiteux. Elle ne répugnoit plus à aucun sacrifice pour satisfaire les Anglais; elle ne pouvoit plus mettre en balance des vanités, des préventions avec les intérêts plus immédiats de la vie; elle sentoit qu'elle seroit moins affoiblie par la cession de plusieurs provinces, que par la destruction de toutes : d'ailleurs elle commençoit à se résigner à l'opinion nourrie par tant de défaites, que les Français étoient peu propres à la guerre. « Or, l'on doit savoir, dit le roi « d'armes Jacques le Bouvier, dit Berri, que

« le métier des armes se doit apprendre; car,
« quand les Anglais vinrent et entrèrent en
« France, les Français ne savoient presque rien
« de la guerre, ou du moins pas tant qu'ils
« firent depuis; mais par longuement apprendre
« ils sont devenus maîtres à leurs dépens » (1).
Juvénal des Ursins porte le même jugement
sur leur inexpérience dans l'art de la guerre.
Cette inexpérience étoit une excuse singulière
pour un peuple qui n'avoit pas joui d'un seul
intervalle de paix. L'infériorité des armées françaises dans ce siècle étoit un fait cependant
qu'on ne pouvoit nier; mais il faut en chercher
l'explication moins dans l'inexpérience que dans
la présomption de la noblesse, qui ne vouloit
point apprendre la guerre comme un art ou
comme une science, et dans l'abaissement du
peuple, auquel on interdisoit l'usage des armes,
et qu'on s'efforçoit de maintenir par la terreur
dans l'obéissance.

De même que les peuples, les princes désiroient la paix, ne fût-ce que parce qu'ils ne pouvoient subvenir plus long-temps aux dépenses
qu'entraînoit la guerre. En effet, encore que le
plus souvent ils ne payassent pas de solde à leurs
hommes d'armes, ils étoient appelés à une dépense croissante pour leur fournir des vivres :

---

(1) Chron. de Berri, p. 437. — Juvénal des Ursins, p. 359.

les campagnes étoient tellement ruinées, tellement désertes, qu'il ne suffisoit plus de laisser les gens de guerre vivre à discrétion sur le pays ami ou ennemi ; il falloit pourvoir à leur nourriture dans leurs garnisons, et même dans leurs marches ; il falloit réparer leurs armes ; il falloit surtout subvenir à la dépense de l'artillerie, dont l'usage devenoit toujours plus fréquent, et qui entraînoit une consommation toujours plus considérable.

Les Anglais, de leur côté, étoient forcés à désirer la paix par l'épuisement de leurs finances : Henri V éprouvoit de grandes difficultés pour nourrir, pour payer et recruter son armée. Jusqu'alors il n'avoit eu à lutter que contre les seules forces de la province de Normandie : sur les deux flancs, la Flandre et l'Artois, la Bretagne, l'Anjou et le Maine s'étoient engagés à ne point prendre part aux combats ; et cependant, depuis le 1er août 1417 au 7 avril 1419, quoiqu'aucune armée française n'eût tenu la campagne contre lui, il avoit à grand'peine, par des siéges continuels, soumis les deux tiers de la Normandie. Sa position pouvoit devenir très critique si les Armagnacs venoient à se réunir aux Bourguignons contre lui.

Cette réunion étoit le premier vœu de la France ; elle étoit également nécessaire et pour recommencer la guerre, et pour faire la paix.

Au premier aspect, on avoit peine à comprendre ce qui l'arrêtoit encore. Le duc de Bourgogne étoit las de la guerre ; il avoit perdu toute son activité ; il ne sembloit plus le même homme ; soit que ses passions fussent désormais satisfaites, car il n'avoit plus à désirer ni pouvoir, ni richesse, ni vengeance, soit, ce qui semble plus probable encore, que son âme fût troublée par le remords de tous les crimes qu'il avoit commis ou laissé commettre. Dans le parti opposé, ceux qui avoient des vengeances à poursuivre étoient éloignés de la scène. Le duc d'Orléans étoit prisonnier en Angleterre ; son frère, le comte de Vertus, étoit l'un des plus zélés à exhorter les deux factions à la paix ; son autre frère, le comte d'Angoulême, aussi prisonnier en Angleterre, n'étoit qu'un enfant. Le roi de Sicile, qui avoit montré tant de haine contre le duc de Bourgogne, étoit mort, et son fils Louis III d'Anjou, ainsi que sa veuve, étoient désormais zélés pour la paix. Le duc de Bourbon, depuis qu'il étoit prisonnier, avoit renoncé à ses ressentimens, et n'espéroit recouvrer la liberté que par la paix. Le comte d'Armagnac étoit mort ; toutes les passions, comme tous les intérêts des princes, sembloient tendre désormais à une prompte réconciliation. (1)

---

(1) Juvénal des Ursins, p. 561.

Au printemps de 1419, des armistices avoient été signés entre toutes les armées qui se partageoient la France, et des négociations s'ouvroient de toutes parts. Les rois de France et d'Angleterre étoient convenus d'avoir une conférence à Meulan à la fin de mai. Le premier cependant fut atteint à cette époque d'un nouvel accès de frénésie, et le duc de Bourgogne fut obligé de le laisser à Pontoise. Il arriva donc à Meulan le 29 mai avec la reine seulement et sa fille Catherine, âgée alors de dix-neuf ans, et qu'on devoit offrir pour femme à Henri V. (1)

Les négociateurs qui avoient arrangé cette entrevue avoient surtout apporté le plus grand soin à l'étiquette, pour conserver une égalité parfaite entre le roi anglais et la reine qui représentoit le roi de France. Un champ, près de Meulan, étoit préparé pour leur conférence : en sortant de leurs tentes respectives, ils devoient faire autant de pas l'un que l'autre, pour se rencontrer auprès d'un pieu placé au milieu de l'enceinte; ils devoient se rendre ensemble à une tente commune, où deux trônes élevés à une même hauteur étoient placés à deux toises l'un de l'autre. Henri V et Isabeau étoient suivis chacun de trente chevaliers, trente écuyers et seize conseillers, et l'un et l'autre avoient laissé à une

(1) *Rymer*. T. IX, p. 759. — Juvénal des Ursins, p. 364.

égale distance une garde de mille combattans. Le roi d'Angleterre étoit accompagné par les ducs de Clarence et de Glocester, ses frères. Au milieu de l'enceinte il rencontra la reine, accompagnée par le duc de Bourgogne et la princesse Catherine : il l'embrassa, et il convint avec elle que l'armistice, qui étoit près d'expirer, se prolongeroit jusqu'à huit jours après l'issue des conférences. (1)

La jeune princesse offerte en mariage à Henri V parut lui plaire; cependant il n'étoit point disposé à sacrifier pour elle aucune de ses prétentions : violent, emporté, dur avec ceux qui l'approchoient, Henri, dont on a fait un héros, parce qu'il remporta une grande victoire, étoit un homme peu propre à concilier les esprits ou à gagner les cœurs; ses manières arrogantes aliénèrent ceux qui désiroient le plus vivement la paix, et surtout le duc de Bourgogne, qu'il menaça de chasser lui et son roi de son royaume, si on lui refusoit quelque chose de ce qu'il demandoit (2). Il vouloit qu'on le mît en possession de toutes les provinces cédées par le traité de Bretigny, auxquelles la France joindroit la Nor-

---

(1) Monstrelet. T. IV, c. 213, p. 153. — Le Fèvre Saint-Remi, c. 94, p. 125.—Juvénal des Ursins, p. 364.—*Rymer*. T. IX, p. 717, 732, 746, 756, 759.

(2) Le Fèvre Saint-Remi, c. 94, p. 128. — Monstrelet. T. IV, c. 213, p. 157.

mandie, pour posséder le tout en souveraineté absolue, sans aucune vassalité envers le roi de France. Le duc de Bourgogne avoit consenti à l'abandon de toute la Guienne et de la Normandie; mais il ne vouloit céder aux Anglais ni la Touraine, l'Anjou et le Maine, ni la suzeraineté de la Bretagne (1). Tandis que, dans les conférences journalières, qui se continuèrent quatre semaines, Henri V et le duc de Bourgogne disputoient sur ce point, les conseillers du dauphin s'alarmoient de ce qu'on alloit faire la paix sans eux, et Tannegui du Châtel avec Barbazan, les deux hommes les plus influens du parti, vinrent à Pontoise, pour offrir au duc de Bourgogne une réconciliation complète des Armagnacs avec les Bourguignons, qui mettroit la France en état de ne plus recevoir la loi des Anglais (2). C'étoit la chose que le duc de Bourgogne désiroit le plus passionnément; il auroit acheté par de grands sacrifices sa réunion avec l'héritier du trône. L'arrogance de Henri V le blessoit chaque jour; l'explication du traité de Bretigny donnoit lieu à des difficultés toujours croissantes. A l'issue de la conférence du 30 juin, Henri et le duc de Bourgogne se séparèrent avec aigreur, et la négociation fut rompue. Le monarque anglais en

---

(1) *Rymer*. T. IX, p. 762.
(2) Juvénal des Ursins, p. 366.

éprouva cependant du regret; il donna, le 18 juillet, commission à l'archevêque de Cantorbéry et au comte de Warwick de reprendre les conférences, comme aussi de proroger la trève jusqu'au 29 juillet. (1)

Mais, dès le 7 juillet, le duc de Bourgogne avoit quitté Pontoise, pour se rendre à Corbeil, et se rapprocher ainsi du dauphin, qui étoit à Melun. Un petit pont sur un ruisseau qui prend sa source près de Pouilly-le-Fort, et qui se jette dans la Seine entre Melun et Corbeil, avoit été choisi pour le lieu de leur conférence : une cabane de feuillage, ornée de draperies et d'étoffes de soie, avoit été élevée sur ce pont, qui est à une lieue de Melun; ce fut là que les deux princes se rencontrèrent le 11 juillet; ils étoient chacun accompagnés de dix chevaliers seulement, et ils avoient laissé leur garde à deux traits d'arc en arrière. La dame de Giac, ancienne dame d'honneur de la reine, et maîtresse du duc de Bourgogne, avoit eu la part principale à ce rapprochement; elle étoit connue du dauphin, et liée avec plusieurs de ses conseillers les plus intimes : elle avoit amené les uns et les autres à donner leur consentement au traité qui fut signé sur le pont de Pouilly. Ce traité, au reste, ne sembloit, non plus que les

---

(1) *Rymer*. T. IX, p. 775 et 782.

précédens, point décider des questions en litige, ou donner des garanties qui eussent demandé de longues négociations. Le dauphin et le duc promettoient réciproquement de mettre en oubli toutes les offenses passées : le duc s'engageoit à servir le dauphin comme la première personne dans le royaume après le roi; le dauphin à traiter le duc comme son proche et loyal parent, et tous deux convenoient de gouverner de concert le royaume. Les principaux serviteurs des deux princes furent appelés à jurer l'observation de ce traité, et ils furent sommés de renoncer à leur fidélité, ainsi qu'à tout service et toute obéissance envers celui des deux qui viendroit à le violer. (1)

Dans aucun siècle on n'avoit mis plus d'importance au cérémonial des cours et aux dehors du respect et de la politesse. Le dauphin, qui avoit alors seize ans et demi, mais qui étoit de petite taille, n'ayant point encore achevé sa croissance, et qui, plus encore, étoit de petit esprit, savoit cependant à fond observer ces égards et ces belles manières qu'on regardoit comme l'empreinte des cours. Quand le duc de Bourgogne plia le genou devant lui, le dauphin

---

(1) *Voyez* le texte du traité dans Monstrelet. T. IV, c. 214, p. 160; et dans *Rymer*. T. IX, p. 776.—*Voyez* aussi Journal d'un bourgeois de Paris, p. 260. — Le Fèvre Saint-Remi, c. 95, p. 129.

se hâta de le relever et de l'embrasser, et il lui dit que s'il y avoit quelque chose au traité qui ne lui plût pas, c'étoit à son bon oncle le duc de Bourgogne à le corriger; car désormais il voudroit tout ce que le duc voudroit. De nouveau, quand ils se séparèrent, le duc tint l'étrier du dauphin, tandis que ce dernier se refusoit à recevoir de lui une si grande marque de respect. Cependant les deux princes ne se réunirent point; ils ne rentrèrent point ensemble à la cour pour diriger en commun les conseils du roi. Le duc de Bourgogne revint à Pontoise; le dauphin retourna à Melun, d'où il passa ensuite à Tours. Une ordonnance du 19 juillet, rendue à Pontoise, confirma tous les arrêts rendus par le parlement du dauphin à Poitiers, et invita les membres de cette cour à venir se réunir à leurs confrères à Paris(1); mais ils ne se hâtèrent point d'obéir. Malgré la paix de Pouilly, la France demeuroit divisée en deux États rivaux, avec deux chefs, deux gouvernemens, deux justices et deux drapeaux ennemis.

Le 23 juillet, le duc de Bourgogne ramena le roi et la reine à Saint-Denis, laissant à la garde de Pontoise le sire de Lille-Adam avec une garnison assez foible. Cependant cette ville contenoit une partie des équipages de la cour, et de plus les immenses richesses que ce seigneur avoit

---

(1) Ordonn. de France. T. XI, p. 15.

amassées à Paris, lorsqu'il s'étoit emparé par surprise de la capitale, et qu'il y avoit exercé une si cruelle tyrannie. La trève avec les Anglais expiroit le 29 juillet, mais le duc de Bourgogne ne sembloit pas même y avoir songé : il n'avoit fait aucun préparatif pour recommencer la guerre. A l'aube du jour, au moment même où la trève expiroit, trois mille soldats anglais, conduits par le captal de Buch, arrivèrent devant la porte de Pontoise, qui étoit encore fermée; quelques uns d'entre eux appliquèrent aussitôt des échelles contre le mur, le franchirent, accablèrent la garde, et ouvrirent la porte à leurs compagnons d'armes. Pendant la trève et les conférences de Meulan, les Anglais avoient vécu avec les Français sur un pied d'égards mutuels, qui sembloit indiquer un commencement d'amitié; mais la rencontre dans les festins de ces hommes féroces et leur participation à une joie commune n'avoient point suffi pour les adoucir : les Anglais, en surprenant Pontoise, la traitèrent comme une ville prise d'assaut; non seulement ils la pillèrent avec la dernière rigueur, mais ils massacrèrent autant des habitans désarmés qu'ils en purent atteindre, tandis que les autres, à moitié nus, et portant leurs enfans dans leurs bras, fuyoient vers Paris avec Lille-Adam à leur tête. (1)

(1) Monstrelet. T. IV, c. 216, p. 169. — Le Fèvre Saint-

1419.

Les Anglais, maîtres de Pontoise, poussèrent leurs courses jusqu'aux portes de Paris. Cette grande ville, depuis les massacres des prisons, étoit abandonnée par le duc de Bourgogne, qui sembloit s'en écarter avec un sentiment d'horreur et d'effroi : la misère y étoit épouvantable ; les hommes les plus riches étoient en fuite, les travaux étoient suspendus, les pauvres demeuroient sans salaire, une foule de paysans, de fugitifs de tous les villages voisins, remplissoient les rues, tandis que les vivres n'arrivoient plus qu'en petite quantité et avec peine, et que leur prix augmentoit tous les jours. Lorsque le duc de Bourgogne s'étoit rendu à Pontoise pour les conférences de Meulan, il avoit évité de passer par Paris ; et de nouveau, le 30 juillet, lorsqu'il apprit à Saint-Denis la prise de Pontoise par les Anglais, il avoit quitté précipitamment Saint-Denis, et sans traverser Paris, il avoit emmené à Troyes le roi, la reine et madame Catherine. Il avoit donné au maréchal de Lille-Adam l'ordre de rassembler tous les gendarmes de Paris et de l'Ile-de-France, et de les conduire à Beauvais, pour couvrir l'Artois. Il avoit enfin abandonné la capitale à la seule défense des milices bourgeoises, après lui avoir donné pour capitaine

---

Remi, c. 95, p. 132. — Journal d'un bourgeois de Paris, p. 261. — Juvénal des Ursins, p. 368. — Berri, p. 437. — Pierre de Fenin, p. 473.

un enfant de quinze ans, Jean de Luxembourg, comte de Saint-Pol, son neveu, secondé seulement par deux hommes de robe, le chancelier Eustache de Laistre et Giles de Clamecy, maître des comptes, qu'il venoit de faire prévôt de Paris. Cette conduite étoit si étrange, que les uns y voyoient la preuve de l'affoiblissement d'esprit du duc de Bourgogne, auquel jusqu'alors on n'avoit point eu de lâcheté à reprocher, les autres de sa trahison. Il n'est pas impossible que, d'après l'état de désorganisation et de ruine où Paris étoit tombé, il aimât mieux laisser occuper cette ville par les ennemis, que de contracter l'obligation, en la gardant, de la nourrir et d'y rétablir l'ordre. Cependant les Anglais, de leur côté, ne tentèrent pas de s'en rendre maîtres : ils préférèrent attaquer et soumettre Gisors, Saint-Martin-le-Gaillard, Poix, Breteuil, Château-Gaillard et la Roche-Guyon. (1)

Pendant ce temps le dauphin, avec les intrigans qui le dirigeoient, avoit visité la Touraine et le Berri, et pendant les deux mois qui s'écoulèrent depuis le traité du pont de Pouilly, il y avoit rassemblé vingt mille combattans; il revint avec eux jusqu'à Montereau, et de là il envoya Tannegui du Châtel à Troyes, pour demander

---

(1) Monstrelet, c. 217 et 218, p. 173-176.—Le Fèvre Saint-Remi, c. 96, p. 135. — Journal d'un bourgeois de Paris, p. 262.

une nouvelle conférence au duc de Bourgogne son oncle. Le duc répondit d'abord qu'il étoit bien plus naturel que le dauphin revînt à la cour auprès de son père et de sa mère; que non seulement la paix étoit faite entre eux, mais encore que comme le duc et le dauphin ne s'étoient jamais offensés l'un l'autre, que comme il n'y avoit entre eux aucune occasion de ressentiment ou de vengeance, la défiance et les précautions qu'on auroit pu prendre entre deux chefs ennemis lui sembloient hors de saison; mais la dame de Giac, maîtresse du duc de Bourgogne, et Jossequin son favori, rétorquèrent contre lui les mêmes argumens, pour lui persuader de se confier au dauphin, et de lui faire toutes les avances qui pourroient rendre la réconciliation complète. La relation n'étoit cependant point la même. Le duc de Bourgogne ne pouvoit, il est vrai, avoir d'autre intérêt que de regagner l'amitié de l'héritier du trône; mais quant à tous ces capitaines du parti Armagnac qui entouroient le dauphin, à ces hommes qui avoient été nourris dans la haine du nom Bourguignon, dont les parens et les amis avoient été inhumainement massacrés dans les prisons de Paris, dont le crédit et la richesse tenoient à la continuation des guerres civiles, et disparoîtroient dans une cour paisible, il ne pouvoit y avoir aucune réconciliation réelle entre eux et le duc de Bourgogne. Si celui-ci ramenoit une fois le dauphin auprès du roi, il lui seroit facile de les perdre : aussi la mort seule du duc leur paroissoit-elle pouvoir les garantir de l'influence qu'il ne tarderoit pas à exercer sur le jeune garçon dont ils se disoient les conseillers ; et cette mort étoit probablement résolue dès le moment des conférences du pont de Pouilly.

Le duc, cédant aux instances de sa maîtresse et de son favori, consentit à la conférence. Le pont de Montereau fut proposé pour le lieu de l'entrevue, comme l'avoit été, deux mois auparavant, le ponceau de Pouilly, parce qu'une rivière coulant entre les deux partis les mettoit à l'abri de toute surprise. Le château sur la rive droite fut livré au duc pour qu'il y logeât ses gendarmes ; il fut convenu que l'un et l'autre prince entreroit sur le pont avec dix chevaliers seulement ; aux deux bouts, de fortes barrières fermées d'une porte devoient empêcher la foule de s'y précipiter à leur suite. Au milieu du pont une loge en charpente étoit destinée pour l'entrevue ; elle n'étoit point séparée au milieu par une barrière, mais de chaque côté l'on n'y pouvoit entrer que par un passage étroit ; tous ces préparatifs avoient été faits par les gens du dauphin. Les gens du duc de Bourgogne, sans reconnoître précisément le danger de ces dispositions, étoient alarmés, peut-être parce qu'ils avoient remarqué la joie mal dissimulée de leurs adversaires : ils supplioient le duc de ne point s'aventurer sur le pont, où ils lui prédisoient qu'il seroit trahi, et ils renouvelèrent leurs instances au moment même où il alloit y entrer, et où l'examen plus détaillé des barrières redoubla leur défiance.

Le duc de Bourgogne étoit venu à Bray-sur-Seine le 9 septembre 1419, veille du jour fixé pour l'entrevue : les deux princes et leur suite répétèrent le serment d'observer la paix du pont de Pouilly. Le 10, à trois heures après midi, le duc arriva à cheval en face du pont de Montereau : ce fut là que trois de ses serviteurs qui revenoient de visiter les barrières, l'arrêtèrent encore et le supplièrent de ne pas aller plus avant; ce fut en vain. Les deux princes prêtèrent de nouveau le serment de ne point se nuire l'un à l'autre, et le duc de Bourgogne frappant sur l'épaule de Tannegui, qui étoit venu le recevoir à la barrière avec le sire de Beauveau, dit à haute voix : *Voici en qui je me fie!* Le dauphin étoit déjà dans sa loge avec ses huit autres chevaliers; Tannegui fit hâter le pas au duc et au sire de Navailles, frère du comte de Foix, et les sépara ainsi du reste de la suite, en les entraînant devant le dauphin. Au moment où le duc ôtoit son chaperon et plioit le genou en terre devant l'héritier du trône, Tannegui le poussa par-derrière,

et leva sur lui une hache d'armes; le sire de
Navailles voulut l'arrêter, il fut abattu et tué
par le vicomte de Narbonne, d'un coup de hache
à la tête. Le sire d'Autray, qui accouroit, fut
aussi gravement blessé. Pendant ce temps, Robert de Loir et Le Bouteiller avoient l'un saisi,
l'autre frappé le duc d'un grand coup d'épée,
en criant : *Tuez! tuez!* Tannegui l'avoit abattu
de sa hache aux pieds du dauphin; Olivier Layet
et Pierre Frottier l'avoient achevé par terre, en
soulevant sa cotte d'armes pour plonger leurs
poignards dans son sein. Tous ceux-là étoient
au nombre des dix chevaliers du dauphin; mais
en même temps ses gendarmes avoient franchi
les barrières du côté de la ville, et s'étoient jetés
sur les autres chevaliers qui avoient suivi le duc.
Tous furent arrêtés, à la réserve du sire de Montagu, qui franchit de nouveau en fuyant la barrière par laquelle il étoit entré, et qui s'enferma
au château. Les gens du dauphin qui le poursuivoient, se jetèrent alors sur la suite du duc,
qui étoit restée en dehors, tuèrent plusieurs de
ses gens, et mirent le reste en fuite. (1)

(1) M. de Barante, dans son Hist. des Ducs de Bourgogne, a recueilli et pesé tous les témoignages, T. IV, p. 445-467 : aussi je l'ai principalement pris pour guide ; j'ai comparé cependant Monstrelet. T. IV, c. 219, p. 177. — Le Fèvre Saint-Remi, c. 97, p. 136. — Juvénal des Ursins, p. 369. — Berri, roi d'armes, p. 438.—Pierre de Fenin, p. 473. — Hist. de Bourg. T. III. L. XVII, p. 523. —*Meyer Ann. Fland.* L. XV, f. 256.

1419.

Le dauphin força La Trémoille, qui, avec plusieurs serviteurs du duc, s'étoit enfermé au château, mais qui n'y avoit ni munitions ni artillerie, à le lui remettre par capitulation. La dame de Giac, son fils, et Jossequin qui s'y trouvoient aussi, et qui avoient si fort contribué à amener le duc à Montereau, craignant que ses serviteurs ne les traitassent comme complices de cet assassinat, se mirent sous la protection du dauphin, et ne le quittèrent plus. Dès le lendemain le dauphin écrivit à la ville de Paris et aux autres bonnes villes du royaume; il prétendit avoir reproché au duc, lorsque celui-ci se présenta à lui, de n'avoir pas encore commencé à faire la guerre aux Anglais, et le duc, dit-il, «répondit plusieurs « folles paroles, et chercha son épée à nous envahir et villener en notre personne, laquelle, « comme après nous avons su, il contendoit à « prendre et mettre en sa sujétion. De laquelle « chose, par divine piété, et par la bonté et aide « de nos loyaux serviteurs, nous avons été pré- «servés, et il, par sa folie, mourut en la place (1)». Cette lettre seule suffiroit à prouver que le dauphin avoit consenti à l'assassinat, qu'il y dissimule si gauchement par un mensonge; on lui avoit aisément persuadé qu'il exerçoit une prérogative royale en punissant un prince criminel.

(1) Monstrelet. T. IV, c. 221, p. 193. — Preuves de l'histoire de Bourgogne. §. 309.

Il étoit alors âgé de seize ans, sept mois et dix-neuf jours: nous verrons que de longues années s'écoulèrent encore sans qu'il acquît la raison ou le caractère d'un homme. Ceux qui l'entouroient et qui avoient formé son esprit, étoient loin de comprendre la honte ou le crime du guet-à-pens de Montereau; la plupart se glorifièrent d'avoir frappé le duc, et d'avoir ainsi vengé le duc d'Orléans leur maître. Le seul Barbazan paroît avoir eu horreur de l'assassinat; Tannegui du Châtel chercha aussi à s'en disculper; mais c'étoit seulement parce que le duc avoit déclaré publiquement qu'il se reposoit sur sa foi; il prétendit que, dès le commencement du tumulte, il avoit pris le dauphin dans ses bras, et l'avoit passé par-dessus les barrières du pont, en sorte qu'il n'avoit pas pu être un des assassins. Cette assertion nous apprend seulement que la taille du dauphin étoit alors celle d'un jeune garçon. (1)

Le sire de Montagu, quand du château de Montereau il eut été reconduit à Bray-sur-Seine, envoya des circulaires à Troyes, à Reims, à Châlons, et aux autres bonnes villes, pour leur annoncer le crime qui venoit d'être commis, et les exhorter à se tenir sur leurs gardes. A Paris, le comte de Saint-Pol, le chancelier,

(1) Juvénal des Ursins, p. 372.

le prévôt de Paris et le prévôt des marchands, firent assembler le 12 septembre, de grand matin, au parloir des bourgeois, tous les magistrats, les gentilshommes et les chefs de famille; ils leur donnèrent les détails de l'assassinat du duc de Bourgogne, et leur demandèrent d'être fidèles à son fils. L'assemblée répondit par acclamation qu'elle poursuivroit de tout son pouvoir tous ceux qui avoient pris part à ce meurtre, ou qui y avoient donné leur consentement, et qu'elle ne les laisseroit jamais rentrer dans Paris. Plusieurs bourgeois attachés au parti d'Armagnac, qui étoient revenus depuis la paix, furent aussitôt arrêtés, et quelques uns d'entre eux furent mis à mort. (1)

Philippe, comte de Charolais, seul fils de Jean-sans-Peur, étoit âgé de vingt-trois ans, lorsque, par cet événement, il devint duc de Bourgogne; il étoit à Gand, tandis que la duchesse sa mère étoit à Dijon. La reine Isabeau, qui étoit demeurée à Troyes avec son mari et sa fille Catherine, écrivit à la duchesse et au duc pour leur demander de prompts secours (2). Philippe, avec plus d'activité et de capacité que son père n'en avoit montré depuis long-temps, prit aussitôt ses mesures pour raf-

---

(1) Monstrelet. T. IV, c. 222, p. 197. — Le Fèvre Saint-Remi, c. 97, p. 146.

(2) Hist. de Bourg. T. III. L. XVII, p. 529.

fermir le parti de Bourgogne, et venger le duc assassiné. Il appela d'abord auprès de lui, au château de Male, les bourgmestres des trois puissantes villes de Gand, Ypres et Bruges, et, d'accord avec eux, il prit possession du comté de Flandre (1). Il se rendit ensuite à Malines, où il eut une conférence avec les ducs de Brabant et de Clèves, la comtesse de Hainaut, et Jean de Bavière, son oncle (2); puis il revint à Lille pour y recevoir une députation des bourgeois de Paris, que lui amenoit Morvilliers, président du Parlement : déjà il put leur répondre qu'il étoit assuré de la puissante assistance de tous ses amis pour venger son père. Cependant, pour rendre cette vengeance plus sanglante encore et plus exemplaire, il résolut d'y faire concourir aussi le roi anglais.

Henri V étoit à Gisors lorsqu'il apprit l'assassinat du duc de Bourgogne. Sa première pensée fut d'ordonner qu'on veillât plus soigneusement sur les ducs d'Orléans et de Bourbon, ses prisonniers, pour que ceux-ci, en s'échappant, ne vinssent pas fournir de nouveaux chefs de parti à la France (3). D'autre part, il nomma, le 24 septembre, des plénipotentiaires pour traiter de

---

(1) Monstrelet, c. 224, p. 202.
(2) *Meyer Annal. Fland.* L. XVI, f. 259.
(3) *Rymer.* T. IX, p. 801.

trève ou de paix avec la ville de Paris (1), et bientôt après il reçut une invitation du nouveau duc de Bourgogne, qui proposoit d'ouvrir, le 17 octobre, un congrès pour cet objet à Arras. (2)

Le nouveau duc de Bourgogne étoit gendre du roi de France. Sa femme Michelle étoit sœur du dauphin, mais de six ans plus âgée que lui. Cette étroite relation n'arrêta point le courroux du duc; il ne vit dans le dauphin que le meurtrier de son père : il résolut de le poursuivre comme s'étant rendu indigne du trône par cet assassinat, ou, selon les termes mêmes du traité de Pouilly, « comme ayant absous ses serviteurs « de tout serment de loyauté et autres, de toutes « promesses et obligations de services ». Il se détermina donc à transporter au roi d'Angleterre la couronne de France, et à faire de l'exclusion de la famille régnante la base des négociations qu'il ouvroit à Arras : de leur côté, l'évêque de Rochester et les comtes de Warwick et de Kent, ambassadeurs d'Angleterre, arrivés à la fin de novembre à Arras, firent formellement la demande du trône de France pour leur maître, demande à laquelle le duc de Bourgogne accéda le 2 décembre (3). Dès le 20 novembre,

---

(1) *Rymer*. T. IX, p. 796.
(2) Monstrelet, c. 224, p. 202. — Le Fèvre Saint-Remi, c. 98, p. 147.
(3) *Rymer*. T. IX, p. 816.

une trève particulière avoit été accordée à la ville de Paris (1), et le 24 décembre, une trève générale, dont le dauphin seul demeuroit exclus, fut signée à Rouen, pour durer jusqu'au 1ᵉʳ mars. (2)

Le dauphin et ceux qui dirigeoient ses mouvemens sembloient avoir senti qu'après l'assassinat de Montereau, ils devoient s'éloigner de Paris pour laisser le temps de se calmer à l'indignation qu'ils avoient excitée. Le dauphin étoit à Poitiers le 27 septembre, et à Loches le 12 octobre; il y rendit diverses ordonnances comme régent du royaume (3). Il visita aussi l'Anjou, afin d'y avoir une conférence avec le duc de Bretagne, qu'il désiroit attirer à son parti (4). Il étoit de retour à Bourges le 30 octobre, et il y demeura jusqu'au commencement de l'année suivante : il se rendit ensuite à Lyon, où il arriva vers la fin de janvier 1420; il étoit à Vienne en février, et à Carcassonne en mars (5). Pendant ce temps, quelques uns de ses capitaines, maîtres de Compiègne et de Crespy en Laonais, faisoient des courses sur les Bourguignons. Les autres

(1) *Rymer*. T. IX, p. 812-815.
(2) *Rymer*. T. IX, p. 818-829.
(3) Ordonn. de France. T. XI, p. 22 et 23.
(4) Le Fèvre Saint-Remi, c. 97, p. 145.—Monstrelet, c. 223, p. 200. — Lobineau, Hist. de Bret. L. XV, p. 540.
(5) Ordonn. de France. T. XI, p. 30, 45, 59.

avoient à peu près achevé de soumettre le midi de la France à sa domination.

C'étoit le comte de Foix qui avoit accompli cette révolution dans le Languedoc : les deux partis avoient cherché en même temps à s'attacher ce puissant seigneur. Dès le mois de décembre 1418, le dauphin l'avoit nommé son lieutenant en Languedoc : le duc de Bourgogne, de son côté, lui avoit fait expédier par le roi, le 20 janvier 1419, des lettres-patentes qui l'instituoient son lieutenant et gouverneur-général dans les mêmes provinces. Le comte de Foix, sans se prononcer encore entre les deux partis, saisit l'autorité qui lui étoit offerte, au détriment du prince d'Orange, qui avoit dirigé dans le Midi le parti bourguignon, et auquel il ne laissa que Nîmes et le pont Saint-Esprit. Il convoqua pour le 15 février 1420 les États de Languedoc à Carcassonne, et ce fut alors seulement que, de concert avec eux, il se déclara pour le dauphin. Il soumit ensuite, dans les mois d'avril et de mai, les villes de Nîmes et du pont Saint-Esprit, en sorte que le parti d'Armagnac se trouva maître de toute la province. Tannegui du Châtel conduisit le dauphin à Toulouse; il lui fit accorder plusieurs priviléges à cette ville : le dauphin lui rendit, entre autres, une cour de parlement, dont la province avoit été privée pendant une longue suite d'années; mais, d'autre part, il eut soin de destituer tous les partisans de Bourgogne qui occupoient quelque emploi en Languedoc, et il en fit mettre plusieurs en prison. (1)

Tannegui du Châtel se flatta aussi un moment d'avoir attaché, par une nouvelle trahison, la Bretagne, sa patrie, au parti du dauphin. Jean VI, duc de Bretagne, avoit épousé, depuis plus de quinze ans, Jeanne, sœur du dauphin; d'autre part, il avoit d'anciennes relations avec la maison de Bourgogne, et il s'étoit maintenu neutre entre les deux partis, auprès desquels il avoit souvent agi comme médiateur. Il ne sembloit conserver aucune inimitié contre les comtes de Penthièvre, petits-fils de Charles de Blois et du connétable de Clisson, et dont l'aïeul, par le traité de Guérande en 1365, avoit été exclu de la succession de Bretagne. Tannegui du Châtel réveilla dans le cœur de ces jeunes gens des espérances auxquelles leurs aïeux avoient renoncé depuis cinquante-cinq ans, et il leur fit expédier des lettres-patentes scellées du sceau du dauphin, par lesquelles celui-ci promettoit de les rétablir dans leur héritage du duché de Bretagne, s'ils réussissoient à faire le duc prisonnier. Les Penthièvre, pour tromper plus facilement le duc leur parent, lui proposèrent de faire, dans

(1) Hist. de Languedoc. T. IV, L. XXXIV, p. 450. — Juvénal des Ursins, p. 378.

1420. ce temps de guerre civile et de danger, une alliance plus intime avec lui. Ils allèrent le trouver à Nantes; et après avoir fait entre ses mains le serment *de le servir envers et contre tous ceux qui peuvent vivre et mourir*, et avoir été traités par lui avec une hospitalité somptueuse, ils l'engagèrent à venir à son tour honorer par sa présence les fêtes que leur mère Marguerite, fille d'Olivier de Clisson, lui préparoit à Châteauceaux. Le duc partit en effet avec eux le 12 février, envoyant devant lui, avec ses maîtres d'hôtel, sa vaisselle d'or et d'argent. Mais au passage d'une petite rivière le comte de Penthièvre sépara le duc de sa suite, tandis que son frère ressortit tout à coup d'un bois avec quarante lances, et l'arrêta, ainsi que Richard, frère du duc, et ceux de ses officiers qui l'entouroient. Il n'y eut sorte d'indignité que n'éprouvât le duc prisonnier. Les Penthièvre, qui ne vouloient pas laisser deviner le lieu où ils retenoient leur captif, le conduisoient de nuit, tantôt à pied dans la fange, tantôt garotté sur son cheval, pour le transporter de tours en tours, de cachots en cachots; en même temps ils firent courir le bruit qu'ils l'avoient noyé dans la Loire. Mais la noblesse et les communes de Bretagne, indignées de la trahison dont leur souverain étoit victime, avoient pris les armes pour le remettre en liberté, et la duchesse, sa femme, déploya, pour le sauver, une énergie indomptable. Elle ne se laissa intimider ni par les menaces des Penthièvre, qui lui faisoient dire que si elle ne cessoit pas ses hostilités, ils couperoient son mari en morceaux, ni par les messages du duc lui-même, qui l'assuroit que son zèle couroit risque de lui coûter la vie. Elle engagea seulement le dauphin, son frère, à envoyer aux Penthièvre l'ordre d'épargner la vie de leur prisonnier; puis elle assiégea, l'un après l'autre, les châteaux de ces seigneurs, et elle contraignit enfin Marguerite, leur mère, à capituler, le 5 juillet, dans celui de Châteauceaux, et à remettre le duc et tous les autres prisonniers en liberté, pour sauver sa propre vie. (1)

Ce nouvel acte de perfidie, qu'on sut être approuvé par les lettres-patentes du dauphin, ajouta encore à l'éloignement qu'il inspiroit, et facilita la décision qu'alloit prendre la France de le déclarer indigne de la succession, et de transmettre la couronne au seul souverain qui semblât pouvoir mettre un terme aux calamités que la nation éprouvoit. Il y avoit cent quatre ans que, pour la première fois, les descendans mâles des Capets, quoique plus éloignés du trône, avoient

(1) Hist. de Bret. L. XV, p. 541-549. — Monstrelet, T. IV, c. 245, p. 299. — *Rymer*. T. IX, p. 876, 884. — Juvénal des Ursins, p. 375. — Journal du duc de Bretagne, dans les notes de Godefroy, p. 686.

été appelés à la succession de préférence aux femmes. Il y en avoit quatre-vingt-douze que cette déviation d'une règle généralement suivie, en France même, dans la succession de tous les fiefs relevant de la couronne, avoit porté sur le trône les Valois; et ceux-ci, de toutes les branches d'une famille royale, s'étoient rendus peut-être les plus méprisables par la plus constante incapacité, la plus ruineuse prodigalité et le plus de vices.

La France, sous le gouvernement des Valois, n'avoit, pendant un siècle, cessé de déchoir en population, en richesse, en industrie, en agriculture, en vertus militaires. La maison royale, soumise à la même décadence, avoit eu pour dernier représentant un monarque fou, qui avoit occupé quarante ans le trône pour le malheur de tout l'occident de l'Europe. Ses enfans sembloient atteints de la même dégénération ou physique ou mentale. Ses quatre fils aînés étoient morts avant d'avoir atteint leur vingtième année, et l'un d'eux cependant avoit eu le temps de se signaler par une incapacité, des vices, une inconséquence, qui faisoient attendre de lui un roi semblable à son père. Un cinquième survivoit seul, et à seize ans et demi il s'étoit déjà souillé par un crime épouvantable, un crime dont on ne pouvoit lui ôter la responsabilité qu'en convenant qu'il n'avoit encore ni l'intelligence ni le sentiment moral qu'on trouveroit dans d'autres enfans de son âge. La maison de Valois avoit encore un grand nombre de branches, mais toutes avoient également mérité d'être en abomination aux yeux du peuple français. L'imbécile, cupide et cruel duc de Berri n'avoit pas laissé de fils, mais un prince adolescent représentoit ce duc d'Anjou, qui avoit si scandaleusement volé le trésor de son frère mourant. Le duc de Bourgogne qui venoit de périr avoit provoqué, par un crime odieux, le crime dont à son tour il étoit victime. Les fils du duc d'Orléans, réduits de bonne heure en captivité, n'avoient point eu le temps de marquer eux-mêmes; mais on se souvenoit encore des violences, des prodigalités et de l'incapacité de leur père. Depuis vingt-huit ans que le roi étoit fou, on avoit laissé chacun des princes du sang à son tour s'essayer dans l'art de gouverner, et tous s'en étoient montrés également incapables. Plusieurs de ces princes étoient alors prisonniers en Angleterre, et les appeler à la couronne, c'étoit donner à l'ennemi des otages pour l'asservissement de la nation. Le moment sembloit donc venu de repousser, sans faire d'exception, une race méprisable, qui ne s'étoit fait connoître au peuple que par les calamités qu'elle lui avoit infligées.

Édouard III, petit-fils par une femme de Philippe-le-Bel, avoit prétendu à la couronne de

France, sans que son droit fût valide, même en admettant la succession des femmes; quant à Henri V, fils d'un usurpateur de la couronne d'Angleterre, il pouvoit moins encore établir son droit sur celle de France : il y prétendoit cependant, et il suffisoit que cette prétention eût occupé long-temps le public, et eût été sanctionnée par plusieurs victoires, pour n'être pas sans valeur aux yeux des peuples. D'ailleurs Henri V possédoit une partie considérable de la France; tout traité de paix avec lui démembreroit la monarchie, tandis qu'en portant Henri V sur le trône, on la réuniroit, on la rendroit plus puissante que jamais, et dès la génération suivante, on verroit l'Angleterre devenir une dépendance de la France, comme l'Écosse est devenue une dépendance de l'Angleterre par la succession des Stuarts. Voilà comment l'intérêt national auroit pu faire raisonner au moment de la négociation importante qui s'entamoit. Mais les passions agissent par de tout autres motifs. Le duc de Bourgogne, qui appartenoit lui-même à cette race des Valois qu'il vouloit exclure du trône, ne songeoit qu'à venger sur son beau-frère l'assassinat de son père. La reine, qui avoit eu à se plaindre de tous ses fils, voyoit avec plaisir que sa fille Catherine, la seule qui ne l'eût jamais quittée, qui ne lui eût jamais donné de sujet de plainte, monteroit sur le trône de France en épousant Henri V. Le roi ne pensoit et ne sentoit rien ; les princes du sang prisonniers étoient prêts à acheter à tout prix leur délivrance. Le peuple seul, qui ne pouvoit que gagner à la paix, ne savoit pas se résigner à ce que l'ennemi qu'il avoit si long-temps combattu restât vainqueur à la fin de la lutte.

Le 28 mars 1420 le nouveau duc de Bourgogne arriva à Troyes avec une suite nombreuse, et il fut admis à prêter foi et hommage au roi pour le duché de Bourgogne, les comtés de Flandre et d'Artois, et ses autres seigneuries. Il y fut reçu avec confiance par le roi, la reine et madame Catherine ; le roi n'avoit plus ni mémoire ni jugement ; la reine, appesantie par la bonne chère, et incapable de comprendre ou de conduire les affaires, n'écoutoit que son ressentiment contre les Armagnacs, qui l'avoient volée plusieurs fois ; sa colère contre son fils, qui s'étoit joint à ses ennemis ; sa tendresse pour Catherine ; son désir de mettre fin aux terreurs dont elle avoit sans cesse été assiégée au milieu des guerres civiles. Les conditions de la paix avoient été convenues pendant que la trêve étoit prorogée seulement de dix jours en dix jours, et le 9 avril Isabeau en fit signer les préliminaires à Charles VI, qui ne savoit pas ce qu'il faisoit. (1)

(1) *Rymer.* T. IX, p. 848, 852, 857, 863, 874, 877, 889 et 893.

Ces préliminaires obligeoient Henri V à renoncer au titre de roi de France, qu'il s'attribuoit, pour se contenter de celui de régent et héritier de la couronne ; mais en retour ils lui transmettoient immédiatement l'administration du royaume : ni la reine ni le duc de Bourgogne ne s'y étoient réservé aucune part. Les négociations avoient porté dès-lors sur la garantie des libertés du royaume et de son intégrité, et sur quelques réserves pour l'entretien du roi et de la reine, ou pour le douaire de madame Michelle, duchesse de Bourgogne. Le 29 avril le chancelier de France donna communication de l'état des négociations à une assemblée formée à Paris du Parlement, de la chambre des comptes, de l'Université, du chapitre, des gens du roi, du prévôt de Paris, du prévôt des marchands, enfin des quarteniers, des dizainiers et cinquanteniers. Aucune voix ne s'éleva contre ces préliminaires ; on ne répondit à leur lecture que par des cris de *vive le roi, la reine et le duc de Bourgogne!* Le chancelier et le premier président se rendirent ensuite à Pontoise, auprès du roi d'Angleterre : tout étoit conclu, et le 20 mai celui-ci se transporta lui-même à Troyes. Il étoit accompagné par les ducs de Glocester et de Clarence ses frères, et il conduisoit avec lui une armée de sept mille hommes d'armes. Le duc de Bourgogne alla au-devant de lui avec les seigneurs de France; le même jour, les fiançailles de Henri V avec madame Catherine furent célébrées dans l'église de Saint-Pierre, et le lendemain, 21 mai 1420, le roi d'Angleterre, ayant consenti aux dernières modifications qui lui étoient proposées, signa avec Charles VI le fameux traité de Troyes.

Par ce traité, Henri V s'engageoit à conserver à Charles VI et à Isabeau, durant la vie du premier, la couronne et la dignité royale, avec les revenus nécessaires pour en soutenir la splendeur. Mais après la mort de Charles VI, la couronne de France devoit être perpétuellement dévolue, avec tous ses droits, à Henri V et à ses héritiers. Même pendant la vie de Charles VI l'administration du royaume devoit, à cause de l'infirmité du roi, être confiée à Henri V; mais il étoit tenu d'user pour cela des conseils des nobles et des sages du royaume, de maintenir la juridiction du Parlement, ainsi que les droits et libertés des nobles, pairs, cités, villes et communautés de France. Ceux-ci, en retour, devoient prêter serment de le servir fidèlement, et de le reconnoître pour roi au décès de Charles VI. Henri s'engageoit à réduire à l'obéissance du roi toutes les villes et provinces qui tenoient le parti d'Armagnac ou du dauphin; mais toutes ces conquêtes, la Normandie exceptée, devoient être réunies au royaume de France. La Normandie elle-même devroit y être réunie aussi quand Henri V parviendroit à la couronne. Henri s'engageoit à ne lever aucune imposition sur le royaume, sans cause raisonnable et nécessaire. Les deux royaumes devoient demeurer perpétuellement unis et gouvernés par le même roi, mais chacun selon ses lois et ses usages, et par ses officiers nationaux. Les deux rois et le duc de Bourgogne s'engageoient enfin à ne jamais traiter avec Charles, *qui se dit dauphin de Viennois*, si ce n'est d'un commun consentement, et avec le conseil des trois États du royaume, *à cause des horribles et énormes crimes qu'il a commis*. (1)

L'espérance de la paix, après tant et de si horribles souffrances, fit accueillir ce traité avec joie par une partie de la France, et surtout par la ville de Paris, qui étoit réduite au dernier degré de misère : beaucoup d'autres, cependant, n'y voyoient que l'humiliation de la France et le triomphe des Anglais, que pendant un siècle on s'étoit accoutumé à regarder comme ennemis. Au lieu de songer qu'au bout d'une ou de deux générations ce seroit l'Angleterre qui obéiroit à la France, on sentoit que, pendant la durée de la génération qu'on avoit combattue, ce seroit

---

(1) Le traité de Troyes est rapporté dans les ordonnances de France. T. XI, p. 86; dans *Rymer*. T. IX, p. 895; et dans Monstrelet. T. IV, c. 233, p. 238; et Le Fèvre Saint-Remi, c. 101, p. 157. — Journal d'un bourgeois de Paris, p. 276.

à elle qu'on obéiroit, et qu'on auroit à essuyer toutes les conséquences de son arrogance, de ses préjugés et de son antique haine. Déjà, pendant la durée même des négociations, on avoit éprouvé à quel point le caractère hautain des insulaires et le mépris qu'ils affichoient pour les autres nations, feroient souffrir les Français. Jean de Luxembourg avoit accordé une capitulation aux Armagnacs qui défendoient Roye; il leur avoit promis vies et bagues sauves; le comte de Huntingdon, survenu avec des Anglais, n'en tint aucun compte; il détroussa les soldats qui sortoient de Roye, et les retint prisonniers (1). Aussi plusieurs des grands seigneurs attachés au duc de Bourgogne, et entre autres les deux frères de Luxembourg, refusèrent-ils d'abord de jurer le traité de Troyes (2). Les villes de Bourgogne ne montrèrent pas moins d'éloignement pour le recevoir. Les bourgeois de Paris, au contraire, écrivirent le 2 juin à Henri V, pour accepter ce traité de paix, et protester de leur soumission (3). Les trois États du royaume furent convoqués à Paris, pour donner leur sanction à ce même traité. Charles VI présida lui-même, le 6 décembre, leur assemblée dans son palais de Saint-Paul; il avoit alors suffisam-

(1) Monstrelet. T. IV, c. 226, p. 209.
(2) Le Fèvre Saint-Remi, c. 102, p. 162.
(3) *Rymer*. T. IX, p. 910.

ment de présence d'esprit pour répéter la leçon qu'on lui avoit faite, et déclarer qu'il regardoit le traité de Troyes comme pouvant seul assurer la paix du royaume. Il invita les trois États à se retirer dans leurs chambres pour délibérer, et à se réunir de nouveau, le 10 décembre, en assemblée générale. Ce jour-là le traité de Troyes fut solennellement accepté par les trois États du royaume, et déclaré loi de la monarchie. (1)

Henri V n'avoit point attendu jusqu'alors pour pousser la guerre contre le dauphin et les Armagnacs ; son mariage avec Catherine avoit été célébré le 2 juin, et dès le lendemain Henri conduisit le duc de Bourgogne au siége de Sens ; cette ville se rendit à lui au bout de deux jours. Il assiégea ensuite Montereau, et s'en rendit maître le 24 juin. Le château tenoit encore. Pour engager le sire de Guitry, qui y commandoit, à capituler, Henri V fit conduire au bord du fossé les prisonniers qu'il venoit de faire, en menaçant de les faire tous pendre si Guitry ne se rendoit pas ; le gouverneur, fidèle à son devoir, résista à leurs prières, et Henri ne craignant point de signaler, dans le premier mois de son mariage, la dureté de son caractère et son mépris pour la vie de ses nouveaux sujets, les fit tous pendre en effet. Le gouverneur cependant, ne recevant point des

(1) *Rymer.* T. X, p. 30.

Armagnacs les secours qu'on lui avoit fait espérer, fut obligé de se rendre huit jours après (1). Henri V et le duc de Bourgogne s'emparèrent ensuite de Villeneuve-le-Roi; puis ils vinrent mettre le siége devant Melun, ville bien fortifiée, bien pourvue de munitions, et que défendoit Barbazan avec une garnison de six ou sept cents hommes d'armes. Pour que les assiégés fussent bien avertis que c'étoit au roi de France lui-même qu'ils résistoient, on fit avancer Charles VI jusqu'à Corbeil, avec les reines de France et d'Angleterre, sa femme et sa fille. (2)

Le dauphin, qui avoit passé le mois de juin à Toulouse, s'avança, le 8 juillet, jusqu'à Chinon en Touraine, pour rassembler ses partisans; il conduisit ensuite à Bourges l'armée qu'il avoit formée, annonçant qu'il ne tarderoit pas à faire lever le siége de Melun, et qu'il sentoit toute l'importance de cette place. Mais les capitaines qui le conduisoient étoient plus jaloux encore du comte de Foix, le plus grand seigneur de leur parti, que désireux de sauver une ville assiégée : ils engagèrent le dauphin à ôter à ce comte le gouvernement de Languedoc, et à le remplacer par l'évêque de Carcassonne et le vicomte de Lautrec. Foix, irrité, entra au service

(1) Monstrelet. T. IV, c. 234, p. 254. — Le Fèvre Saint-Remi, c. 102, p. 161.

(2) Monstrelet, c. 236, p. 263.

d'Angleterre, où son frère le captal de Buch étoit déjà ; et le dauphin, inquiet pour les provinces du Midi, retourna en Auvergne au mois d'octobre, et en Languedoc dans les mois de novembre et de décembre. (1)

Barbazan, qui ne pouvoit s'attendre à être ainsi abandonné, défendit Melun avec un grand courage : il repoussa tour à tour les assauts et la mine. Henri V combattit en personne dans les galeries souterraines, où les chevaliers, opposés un à un, se croyoient à un pas d'armes ou un tournoi. Les vivres commencèrent enfin à manquer dans la ville; mais la faim et les épidémies se faisoient également sentir dans le camp des assiégeans, et une effroyable misère régnoit à Paris et dans toute la France (2). Ce fut seulement lorsque les assiégés furent assurés de la retraite du dauphin qu'ils offrirent de capituler le 17 novembre (3). Henri V ne les reçut qu'avec la dureté et la cruauté qu'il manifestoit en toute occasion : il ne voulut faire aucune promesse aux bourgeois; et, quant aux soldats, il ne garantit la vie sauve qu'à ceux qui n'avoient pas trempé dans l'assassinat du duc de Bourgogne. En effet, étant entré dans Melun le 18 novembre, il fit couper la tête à plusieurs bourgeois et à

---

(1) Hist. de Languedoc. T. IV. L. XXXIV, c. 15-18, p. 453.
(2) Journal d'un bourgeois de Paris, p. 291.
(3) *Rymer.* T. X, p. 29 et 30.

deux moines; il fit pendre tous les Écossais de la garnison, et il envoya le reste des gendarmes dans les prisons de Paris, où presque tous périrent en conséquence des mauvais traitemens et de la misère qu'ils y éprouvèrent. (1)

Pendant que ce siége duroit encore, le duc de Bourgogne livra aux Anglais les forteresses de Paris, savoir : la Bastille Saint-Antoine, le Louvre, l'hôtel de Nesle et le château de Vincennes. Le duc de Clarence, frère de Henri, fut nommé capitaine de la ville, et mit garnison dans ces divers châteaux. Ce ne fut qu'après avoir pris ces précautions de sûreté que les deux rois, les reines, le duc de Bourgogne et toute la cour rentrèrent à Paris le 1er décembre. Le peuple les accueillit par des fêtes et des cris de joie; mais ces cris étoient mêlés aux accens de la faim et du désespoir. La misère de Paris et la désolation de tout le pays environnant avoient été toujours en croissant : le pain manquoit chez les boulangers, et le salaire manquoit au pauvre. Beaucoup d'enfans mouroient de faim et de froid; des cris effrayans retentissoient toutes les nuits dans les rues, et une maladie pestilentielle commençoit à se déclarer; elle hâta probablement la retraite des députés aux États-généraux, qui ne signa-

---

(1) Monstrelet. T. IV, c. 239, p. 280. — Le Fèvre Saint-Remi, c. 104, p. 168. — Pierre de Fenin, p. 483. — Juvénal des Ursins, p. 384. — Berri, p. 440.

lèrent leur réunion que par l'approbation du traité de Troyes; elle détermina aussi Henri V à partir au mois de janvier 1421 pour l'Angleterre avec sa nouvelle épouse, et le duc de Bourgogne à partir pour la Flandre. Le dernier cependant, avant de quitter Paris, avoit entamé, le 23 décembre, un procès contre le dauphin, pour l'assassinat commis à Montereau. (1)

Le dauphin Charles fut ajourné, le 3 janvier 1421, à comparoître, sous trois jours, devant le Parlement, pour se purger de l'homicide commis, en sa présence, sur la personne du duc de Bourgogne; et comme il ne comparut point, un arrêt de cette cour le déclara convaincu du crime à lui imputé, le condamna au bannissement, et le déclara indigne de succéder à toute seigneurie venue ou à venir. Il sembloit alors que cette sentence ne seroit pas bien difficile à mettre en exécution : le dauphin, foible d'esprit et de caractère, et dépourvu d'activité, ne sembloit soutenu ni par des hommes d'un grand talent, ni par l'affection du peuple; sa famille même l'avoit abandonné. Tandis que son père, sa mère et sa sœur armoient la France et l'Angleterre contre lui, son cousin, Louis III d'Anjou, étoit

---

(1) Juvénal des Ursins, p. 384. — Pierre de Fenin, p. 483. — Journal d'un bourgeois de Paris, p. 296. — Notes de Godefroy, p. 703. — Monstrelet, c. 237, p. 268, et c. 240, p. 284. — Le Fèvre Saint-Remi, c. 105, p. 175.

parti pour tenter de nouveau la conquête du royaume de Naples, avec cinq vaisseaux de transport, neuf galères, et tout ce qu'il avoit pu rassembler de braves guerriers, de munitions de guerre et d'argent : auparavant il avoit eu soin de renouveler les trèves que sa mère avoit négociées pour lui avec le roi d'Angleterre. Il parut devant Naples le 15 août 1420, et s'empara de Castellamare, tandis que Sforza Attendolo, connétable de Sicile, qui s'étoit tourné contre la reine Jeanne II, avoit fait proclamer Louis d'Anjou roi de Naples dès le mois de juin (1). Mais tous les Français qu'il engageoit dans cette guerre étrangère étoient ôtés à la défense de l'héritier du trône et de l'indépendance nationale. Les princes du sang prisonniers en Angleterre offroient déjà de signer le traité de Troyes, pour recouvrer leur liberté. Le duc de Bourbon en prit l'engagement le 17 mars, reconnoissant Henri V pour héritier du roi de France, et s'engageant à livrer ses forteresses aux Anglais, et à leur donner un de ses fils en otage, et cent mille écus d'or pour sa rançon (2). Son fils, le comte de Clermont, que le duc de Bourgogne avoit

---

(1) Hist. des Rép. ital. T. VIII, c. 63, p. 306. — *Leodrisii Cribellii Vita Sfortiæ.* T. XIX, p. 703. — Le Fèvre Saint-Remi, c. 104, p. 169.—Monstrelet, c. 236, p. 267.—Bouche, Hist. de Provence. T. II, p. 445.

(2) *Rymer.* T. X, p. 85.

1421.

conduit avec lui à Montereau, après lui avoir fait épouser sa fille, y ayant été fait prisonnier, s'étoit, il est vrai, déclaré pour le meurtrier de son beau-père, et le dauphin venoit de le nommer capitaine-général de Languedoc, en le chargeant d'assiéger Aigues-Mortes; mais ce prince, deux fois transfuge en seize mois, avoit perdu tout crédit (1). Le duc d'Orléans et son frère le duc d'Angoulême, captifs en Angleterre, étoient entrés en traité avec les Anglais pour obtenir leur liberté, en reconnoissant Henri V pour leur roi futur (2). Le comte de Vertus, leur frère, venoit de mourir à Blois.

Mais il restoit au dauphin une personne qui le servoit plus efficacement que ses alliés ou que ses parens : c'étoit Henri V, son ennemi, qui, par l'arrogance et la dureté de son caractère, empêchoit les Français de s'attacher à lui, ou de chercher le repos dans l'accomplissement du traité de Troyes. La ville de Paris, qui avoit accueilli ce traité avec joie, perdoit courage en voyant qu'il ne mettoit fin ni à la guerre ni à la misère. Durant les dernières années, le gouvernement avoit recommencé à altérer et à falsifier les monnoies, et au milieu de tant de souffrances, celle-là avoit à peine été aperçue.

(1) Hist. de Languedoc. L. XXXIV, c. 18, p. 455.
(2) *Rymer*. T. X, p. 158.

Henri V, pour ramener les impôts à leur précédente valeur, jugea à propos de rétablir la monnoie forte au moment où la misère et la famine qu'éprouvoit le royaume sembloient requérir le plus de ménagemens : c'étoit exiger des contribuables deux et trois fois ce qu'ils payoient auparavant. Il fallut, pendant tout le cours de l'année, publier ensuite ordonnance sur ordonnance, pour régler comment les dettes contractées en monnoie foible seroient payées en monnoie forte, ou dans quels cas les contrats eux-mêmes seroient annulés. (1)

En même temps les Français s'affligeoient de ce que Charles VI étoit abandonné de tous les courtisans; ils se sentoient humiliés de l'humiliation de leur roi, comme si elle n'avoit pas été une conséquence inévitable de sa démence et de son impuissance (2). Ils en montroient du ressentiment aux Anglais, et ceux-ci, en retour, en prenoient de la défiance, et conservoient entre leurs mains toute la force et toute l'autorité. Le duc d'Exeter, demeuré capitaine de Paris en l'absence du duc de Clarence, fit arrêter et conduire à la Bastille le maréchal de Lille-Adam, pour le punir d'avoir montré trop d'indépendance, et il

---

(1) Ordonn. de France. T. XI, p. 115, 117, 119, 122, 128, 132, 134, 143, 146.

(2) Monstrelet. T. IV, c. 271, p. 381.

fit tirer sur le peuple, qui vouloit le délivrer(1). Le duc de Clarence avoit quitté Paris pour aller combattre les Armagnacs dans l'Anjou ; il les trouva en effet à Baugé, le 23 mars, commandés par le sire de La Fayette et le comte de Buchan, écossais; mais il les attaqua avec une impétuosité si imprudente, que, s'étant séparé de son corps de bataille, il y fut tué, avec les lords Kymes, Ross, et deux ou trois mille Anglais. (2)

Jacques de Harcourt, serviteur du duc de Bourgogne, fut le premier seigneur qui, ne pouvant se résoudre à servir les Anglais, changea de parti, se rangea sous les drapeaux du dauphin, et commença à faire des courses contre les Anglais en Picardie. Dans la même province La Hire, Poton de Saintrailles, Rambures et Louis de Gaucourt, attachés aux mêmes drapeaux, commençoient aussi à acquérir de la réputation par leurs hardies entreprises (3). Le roi d'Angleterre en fut averti, comme il ramenoit en France une nouvelle armée : il débarqua le 11 juin à Calais, avec quatre mille gendarmes et un corps très nombreux d'archers. A Montreuil il trouva le duc de Bourgogne, qui étoit venu au-

---

(1) Monstrelet, c. 247, p. 309.

(2) Monstrelet, c. 248, p. 310. — Le Fèvre Saint-Remi, c. 110, p. 186. — Pierre de Fenin, p. 484. — Berri, p. 440.— *Rymer*. T. X, p. 95.

(3) Monstrelet, c. 250, p. 314.

devant de lui; mais la province étoit tellement ruinée, les vivres y étoient si rares et si chers, et la misère y avoit causé une épidémie si funeste, qui gagna bientôt l'armée anglaise, que le duc se hâta de s'en séparer, et de retourner dans l'Artois. Henri V continua sa marche vers Paris, où il entra le 30 juin. (1)

Quoique le peuple de Paris vît tous les jours augmenter sa détresse, qu'il souffrît à la fois de la faim, de la maladie, de la pesanteur des impôts, des changemens continuels de monnoies, et des courses de ceux qu'il persistoit à nommer les Armagnacs, il n'osoit pas même murmurer; car Philippe de Morvilliers, premier président du Parlement et fougueux partisan des Bourguignons, faisoit percer la langue à quiconque lui étoit dénoncé comme ayant fait entendre quelque plainte (2). Les Parisiens supplièrent du moins Henri V de pousser vivement la guerre contre les Armagnacs, pour les éloigner du voisinage de la capitale, et laisser libre l'arrivage des vivres. Le dauphin assiégeoit alors Chartres en personne, avec une armée de six mille gendarmes, quatre mille arbalétriers, et six mille archers, qu'il avoit amenés du Languedoc; mais, dès qu'il sut que Henri V et le duc de Bourgogne s'étoient donné

---

(1) Monstrelet, c. 252, p. 318.
(2) Journal d'un bourgeois de Paris, p. 305.

rendez-vous à Mantes pour marcher contre lui, il leva le siége, qui avoit duré trois semaines; il se retira à Orléans, puis à Tours, et le 15 août il étoit déjà de retour à Carcassonne, où il avoit convoqué les États de Languedoc. (1)

Les chevaliers qui avoient déployé l'étendard du dauphin en Picardie, secondés par la haine du peuple contre les Anglais, et par sa détresse même, qui lui faisoit chercher dans les camps les moyens de subsistance qu'il ne trouvoit plus dans les villages, avoient acquis la supériorité sur les Bourguignons. Le duc de Bourgogne quitta le roi d'Angleterre pour aller les attaquer; il leur reprit le Pont-Remy; il alloit aussi attaquer Saint-Riquier, lorsqu'il apprit que de toutes parts les Armagnacs s'avançoient pour l'envelopper. Il marcha rapidement sur la Blanche-Tache, afin d'attaquer Saintrailles, Conflans et Gamache avant qu'ils eussent passé la Somme, et se fussent réunis au sire de Harcourt. C'est la première fois, dans cette longue guerre, qu'on voit un général calculer le temps que mettront ses ennemis dans leur marche, les prévenir et les diviser par une manœuvre habile. La bataille se livra le 31 août à Mons en Vimeu; elle fut disputée avec acharnement, et malgré l'habileté

(1) Monstrelet, c. 251 et 252, p. 316-321. — Le Fèvre Saint-Remi, c. 111, p. 189. — Juvénal des Ursins, p. 391.— Hist. de Languedoc. L. XXXIV, c. 19, p. 356.

qu'avoit déployée le duc de Bourgogne, il fut long-temps sur le point de la perdre, d'autant qu'une partie de ses chevaliers, frappés d'une terreur panique, l'avoient abandonné. Son succès cependant finit par être complet; Saintrailles, Conflans et Gamache furent faits prisonniers, et ne rachetèrent leur liberté qu'en lui livrant la forteresse de Saint-Riquier. (1)

La bataille de Mons en Vimeu délivra pour un temps la Picardie de la guerre civile : les Armagnacs n'y possédoient plus que la forteresse du Crotoy, où s'étoit retiré Jacques de Harcourt; mais l'Ile-de-France, la Champagne et l'Orléanais étoient toujours livrés sans défense au brigandage des soldats. L'habitude de la souffrance, du besoin, du danger, avoit détruit toute pitié, toute sympathie; les soldats des deux partis ne pilloient pas seulement pour vivre ou pour s'enrichir, ils pilloient pour détruire, et plus encore pour faire souffrir. Le désespoir, les tourmens de ceux qui étoient soumis à leur puissance, excitoient leur gaîté. Tous sans exception se montroient féroces; mais entre tous cependant se distinguoit le bâtard de Vaurus, qui commandoit à Meaux au nom du dauphin. Ce monstre, en battant la campagne autour de Paris, ne songeoit

(1) Monstrelet. T. IV, c. 253, p. 322, 256, p. 334. — Le Fèvre Saint-Remi, c. 112, p. 192. — Pierre de Fenin, p. 485-489.

qu'à enlever des voyageurs, des marchands, des paysans, des femmes, qu'il mettoit à la torture, moins encore dans l'espoir de leur arracher une rançon que pour s'amuser de leurs cris et de leurs convulsions; il les faisoit ensuite pendre à un arbre connu dans tout le pays sous le nom de l'orme de Vaurus. Henri V avoit forcé Dreux à se rendre, le 20 août, par capitulation; il avoit ensuite pris Beaugency, Rougemont dont il fit noyer toute la garnison, Villeneuve-le-Roi, et quelques autres forteresses; il vint enfin, le 6 octobre, se loger devant la ville de Meaux. (1)

Cette ville est bâtie sur la droite de la Marne; c'étoit là que commandoit le bâtard de Vaurus, qui avoit avec lui son frère, une dizaine de chevaliers de renom, et environ mille hommes d'armes; ses lieutenans occupoient le Marché de Meaux, forteresse indépendante sur la gauche de la rivière, et une île qui lioit l'une avec l'autre place. Le roi d'Angleterre, qui avoit avec lui vingt mille combattans, établit son quartier au couvent de Saint-Pharon; mais ses troupes se partagèrent entre les deux rives de la Marne, et assiégèrent les deux forteresses à la fois. La saison des pluies avoit commencé, les vivres manquoient, une maladie pestilentielle, répandue dans les villages voisins, gagna le camp anglais,

(1) Monstrelet. T. IV, c. 259, p. 345.—Journal d'un bourgeois de Paris, p. 303.

et y causa beaucoup de ravages; mais Henri V étoit déterminé à prendre Meaux, il s'obstina au siége de cette place, et il passa huit mois entiers devant ses murs. (1)

Au mois de janvier 1422, Henri V invita son beau-père à venir le joindre au siége de Meaux, et Charles VI, qui croyoit régner encore, qui régnoit en effet autant qu'il l'eût fait jamais, et qui conservoit toujours son même goût pour la guerre, vint le joindre au couvent de Saint-Pharon, d'où il data une de ses ordonnances (2). Il avoit laissé la reine à Vincennes, qu'ils habitoient ensemble, et celle-ci, étrangère à la politique, non moins incapable de gouverner que son mari, étoit comme lui satisfaite de son gendre, parce qu'il ne la troubloit point dans la jouissance des plaisirs de la table, dans son attention scrupuleuse à l'étiquette et à la toilette de ses dames, ou dans sa passion pour accumuler.

Le dauphin, qui se trouvoit transformé en chef de parti, sans avoir ni plus de capacité que son père et que sa mère, ni plus de passions politiques, leur faisoit la guerre cependant, parce que ses amis le vouloient ainsi; mais il ne s'ap-

---

(1) Monstrelet, c. 259, p. 347. — Le Fèvre Saint-Remi, c. 113, p. 197. — Juvénal des Ursins, p. 385.— Berri, p. 440. — Pierre de Fenin, p. 490.—Journal d'un bourgeois de Paris, p. 304.

(2) Ordonn. de France. T. XI, p. 154.

prochoit pas des lieux où l'on combattoit : au mois de novembre il s'étoit avancé jusqu'à Bourges, et il avoit ainsi relevé les espérances des assiégés de Meaux; mais au mois de janvier il étoit revenu devant Sommières, que le sénéchal de Beaucaire assiégeoit pour lui (1). Son conseil se composoit de l'archevêque de Reims, de l'évêque de Laon, de l'abbé de Saint-Antoine de Vienne, de Tannegui du Châtel et La Fayette, maréchaux de France, et des sires de Montlaur, de Mirandol, de Montenay et de quelques autres d'une naissance inférieure. Quoique le Languedoc, dont il faisoit sa demeure habituelle, confinât avec les possessions des Anglais dans la Guienne, il n'eut jamais de guerre sur cette frontière; il n'essaya point de troubler la tranquillité des Bordelais, et les Anglais n'essayèrent jamais d'attaquer de ce côté le Languedoc. (2)

Pendant ce temps le siége de Meaux continuoit; le duc de Bourgogne y étoit arrivé au mois de janvier, mais sa suite étoit peu nombreuse, car le prince d'Orange et plusieurs grands seigneurs bourguignons avoient refusé de l'y accompagner, pour ne pas être appelés à prêter serment au roi Henri. Lui-même il ne prit aucune part aux combats; mais après avoir conféré avec

(1) Ordonn. de France. T. XI, p. 141.
(2) Hist. de Languedoc. L. XXXIV, c. 23, p. 458.

les deux rois sur les affaires d'État, il continua
son chemin vers la Bourgogne, où les villes de
son duché, en haine des Anglais, refusoient
de prêter le serment d'observer le traité de
Troyes(1). Les princes étoient bien plus empressés que les peuples à sacrifier leur honneur ou
l'indépendance de leur pays à leur avantage
privé. Ceux qui étoient prisonniers en Angleterre sollicitoient Henri V de leur permettre
d'accéder au traité de Troyes ; mais quoique
Henri négociât avec eux tous, il n'accorda cette
faveur qu'à Arthur, frère du duc de Bretagne
et comte de Richemond, auquel il permit de
venir servir sous lui, au siége de Meaux, contre
les gens du dauphin. (2)

Ce n'étoit point en cherchant à faire brèche
aux murailles que les Anglais pressoient ce siége,
tout comme ce n'étoit guère par des sorties que
les Français se défendoient. De part et d'autre
on se flattoit de lasser la patience de ses adversaires, on comptoit sur la famine et les maladies, qui régnoient et dans la ville et dans le
camp. Surtout les assiégés, qui, par une défense
de sept mois, avoient donné tant de temps au
dauphin, ne pouvoient croire qu'il ne fît aucun
effort pour les secourir. Ses lieutenans ne les

---

(1) Monstrelet, c. 263, p. 355.
(2) Monstrelet. T. IV, c. 264, p. 358. — Le Fèvre Saint-Remi, c. 114, p. 200

abandonnoient pas tout-à-fait. Le sire d'Offemont, qui s'étoit récemment distingué en Picardie, essaya d'entrer dans Meaux avec quarante braves : ce petit secours avoit été annoncé aux assiégés, qui avoient promis de reconnoître Offemont pour leur capitaine. Arrivé, le 2 mars, au pied du mur, où il avoit placé une échelle, Offemont fit monter ses quarante hommes devant lui, et il resta en bas le tout dernier pour les encourager. La planche en travers du fossé, sur laquelle il étoit demeuré, fut renversée par un havresac que laissa tomber un des soldats qui montoient devant lui, il fut jeté dans l'eau, couvert de son armure ; le bruit qu'on fit pour le retirer réveilla la garde anglaise ; il fut blessé et fait prisonnier comme les siens le retiroient de l'eau. Cet accident découragea les assiégés ; au bout de peu de semaines, ils résolurent d'évacuer la ville et de se retirer dans le Marché pour avoir une moindre enceinte à défendre ; mais avant que cette évacuation fût terminée les Anglais montèrent à l'assaut, et s'emparèrent de vive force de la ville qu'on avoit compté leur abandonner quelques heures plus tard (1). De là, ils passèrent dans l'île au milieu de la Marne, où Henri V fit dresser des batteries ; une nouvelle attaque le rendit maître des moulins bâtis

(1) Monstrelet. T. IV, c. 265, p. 360. — Journal d'un bourgeois de Paris, p. 310.

sous les murs mêmes du Marché, et cette forteresse couroit risque d'être prise au premier assaut. La garnison le brava cependant et le soutint pendant sept ou huit heures avec une grande valeur; mais les pertes qu'elle éprouva dans ce dernier combat ne lui laissèrent plus de moyen d'éviter les rudes conditions que lui imposoit le vainqueur. Elle convint de livrer la place le 10 mai, si le dauphin ne venoit auparavant à son secours: or le dauphin étoit alors à Capestan dans le diocèse de Narbonne; on eût dit qu'il avoit voulu s'éloigner le plus possible des malheureux qui attendoient son assistance. (1)

Aucun secours ne parut, et le Marché de Meaux fut livré aux Anglais; le sire de Gast, le bâtard de Vaurus et quatre autres capitaines furent recommandés à la merci de Henri, qui les fit pendre; cinq autres chevaliers se rachetèrent du même supplice, en lui livrant des forteresses qu'ils possédoient dans d'autres provinces; tous les Anglais, Écossais et Irlandais qui se trouvoient dans Meaux furent aussi pendus; tous les meubles des bourgeois et de la garnison furent pillés, tous leurs immeubles furent confisqués, tous les habitans enfin furent conduits dans d'horribles prisons, où les Anglais les laissèrent souffrir de la faim et de la misère. (2)

(1) Hist. de Languedoc. L. XXXIV, c. 24, p. 459.
(2) Monstrelet. T. IV, c. 269, p. 371. — Le Fèvre Saint-

Onze jours après la capitulation de Meaux, le 21 mai, Catherine, fille de Charles VI et femme de Henri V, arriva à Harfleur avec une suite nombreuse; elle avoit donné naissance à Windsor, le 6 décembre précédent, à un fils qui fut Henri VI, et qui devoit être pour l'Angleterre presque ce qu'avoit été son aïeul Charles VI pour la France. Elle se rendit à Vincennes auprès de son père et de sa mère, et son mari vint l'y rejoindre. Mais Catherine ne songeoit qu'aux fêtes de la cour; Charles VI et Isabeau, dans leur stupide indifférence, ne s'apercevoient pas de la détresse de leurs sujets. Aucun des trois n'essaya d'inspirer à Henri V quelque compassion pour les Français, sur lesquels il prétendoit régner, et qu'il traitoit cependant en ennemis, car il ne travailloit qu'à les détruire. Philippe duc de Bourgogne ne montroit pas plus de compassion pour un royaume qu'il avoit sacrifié à ses vengeances. Toutefois les peuples, que leurs souverains aidoient si peu, commençoient à s'aider eux-mêmes. Ceux qui habitoient au nord de la Loire, plutôt que de perpétuer chez eux la guerre civile, se soumirent au joug anglais (1). Ceux au contraire qui habitoient au midi de la Loire,

---

Remi, c 116, p. 204. — Juvénal des Ursins, p. 387. — Berri, p. 440. — Pierre de Fenin, p. 490. — Journal d'un bourgeois de Paris, p. 314.

(1) Monstrelet, c. 270, p. 377, et c. 272, p. 382.

avertis de tout ce que leurs voisins souffroient sous une domination étrangère, se réunissoient sous l'étendard français, et s'efforçoient de chasser de leurs provinces les partisans de Bourgogne, qui commençoient à prendre à leurs yeux le caractère de traîtres et de transfuges. Plusieurs de ceux-ci périrent à Serverette en Gévaudan, où ils avoient été poursuivis par les gentilshommes du Limousin, du Forez et du Vivarais, sur lesquels ils avoient voulu lever des contributions (1). Une armée de vingt mille combattans, commandée par le vicomte de Narbonne, prit la Charité-sur-Loire et assiégea Cône (2). Le dauphin se rendit lui-même à cette armée. Il y étoit entouré par un grand nombre d'aventuriers écossais, empressés de combattre les Anglais en France, et de venger ainsi leur roi Jacques Ier que ceux-ci retenoient prisonnier, depuis qu'il avoit fait naufrage sur leurs côtes. Le dauphin avoit nommé l'un d'eux, le comte de Buchan, connétable de France; Wicton, Douglas, Lindsay, Swinton, Stuart et d'autres encore se distinguoient dans son armée (3). Cône avoit capitulé, et devoit lui ouvrir ses portes le 16 août, si cette ville n'étoit secourue auparavant. Mais avant que ce jour fût venu, le duc de Bourgogne,

---

(1) Berri, p. 442.
(2) Hist. de Languedoc. L. XXXIV, c. 24, p. 459.
(3) *Buchanani Hist. Scot.* L. X, p. 314. — Berri, p. 441.

qui rassembloit son armée à Avallon, fit demander la bataille au dauphin par ses hérauts d'armes : le duc de Bedford assembloit l'armée anglaise à Vezelay. Le dauphin ne les attendit point, il se retira à Bourges, puis à Beziers, et il les laissa entrer librement le 11 août dans Cône. (1)

Cette retraite du dauphin devoit, il est vrai, être le dernier triomphe du roi d'Angleterre. A cette époque même il avoit été atteint à Senlis d'une dysenterie; il s'étoit cependant fait porter à Melun, pour se trouver à la bataille qu'il comptoit livrer devant Cône : mais là les forces lui manquèrent, il fut obligé de revenir à Vincennes, et il s'y mit au lit pour ne plus se relever. Le duc de Bedford son frère, averti de l'état dangereux où il se trouvoit, se hâta de revenir auprès de lui, avec les principaux officiers de l'armée anglaise. Il arriva à temps pour recevoir ses dernières instructions. Henri V expira à Vincennes le 31 août avec beaucoup de calme et de courage : il laissoit à son fils unique, enfant de huit mois, deux royaumes, et il chargea ses deux frères de les administrer. Le duc de Bedford devoit gouverner la France, le duc de Glocester l'Angleterre, et le comte de Warwick,

(1) Monstrelet. T. IV, c. 274, p. 400. — Le Fèvre Saint-Remi, c. 118, p. 213. — Berri, p. 442. — Pierre de Fenin, p. 493.

leur cousin, devoit élever Henri VI. Le vainqueur d'Azincourt recommanda à tous trois de cultiver la bonne amitié du duc de Bourgogne; et il mourut se complaisant dans le souvenir d'une carrière qui avoit été si fatale à l'humanité. (1)

Le malheureux Charles VI, père adoptif de Henri V, ne lui survécut que peu de semaines. Il fut atteint à son hôtel de Saint-Paul, à Paris, d'une fièvre quarte; à peine dans l'état de stupidité complète auquel il étoit réduit, remarqua-t-on sa maladie, qui fut très courte. Il mourut le 21 octobre, à l'âge de cinquante-quatre ans, après en avoir régné quarante-deux, sans être jamais capable de se gouverner lui-même. Il n'avoit auprès de lui, dans ce dernier moment, que son chancelier, son premier chambellan, son confesseur, et un petit nombre de serviteurs. Il laissoit en mourant la couronne disputée entre le fils de ses plus anciens ennemis, qu'il avoit adopté, et qui n'avoit pas une année, et son propre fils, bientôt âgé de vingt ans, mais souillé par un crime atroce, et qu'il avoit déshérité. Sa vie avoit été pour son pays une époque affreuse de calamités, mais sa mort ne sembloit

---

(1) Monstrelet, c. 274, p. 403. — Le Fèvre Saint-Remi, c. 118, p. 215. — Pierre de Fenin, p. 494. — Juvénal des Ursins, p. 394. — Berri, p. 443. — Th. Walsingham, p. 406. — Barante. T. V, p. 104.

point devoir mettre un terme aux maux dont avoit gémi la France. (1)

(1) Monstrelet. T. IV, c. 276, p. 415. — Le Fèvre Saint-Remi, c. 120, p. 223. — Juvénal des Ursins, p. 396.—Berri, roi d'armes, p. 443. — Pierre de Fenin, p 495. — Journal d'un bourgeois de Paris, p. 324.

FIN DU TOME DOUZIÈME.

TABLE CHRONOLOGIQUE

ET ANALYTIQUE

DU TOME DOUZIÈME.

SUITE DE LA CINQUIÈME PARTIE.

LA FRANCE DURANT LA FOLIE DE CHARLES VI. 1392-1422.

CHAPITRE XXI. *Premiers symptômes du dérangement de la raison de Charles VI. — Sa maladie à Amiens. — Tentative d'assassinat sur Clisson. — Folie du roi. — Le duc de Bourgogne s'empare du gouvernement. — Prolongement de la trêve avec l'Angleterre. — Mort de Clément VII. — 1392-1394*............................page 1

 Charles VI élevé en roi, ne permet point qu'on raisonne avec lui...................... *ibid.*
 Il ne s'accoutume jamais à raisonner, parce qu'il peut commander au lieu de convaincre. 3
 Foiblesse d'un cerveau qui n'a point été exercé, et qu'on enivre d'orgueil................ 4
 Ignorance du roi; son adresse dans les exercices du corps; son incontinence............. 5
1392. Février. Charles à Amiens, pour traiter de paix avec les Anglais..................... 6
 Les Français désirent plus la paix que les Anglais; Richard II redevenu presque absolu. 7
 Les oncles des deux rois, chargés de traiter la paix à Amiens......................... 10

1392. Robert III d'Écosse, et Henri III de Castille, nouveaux alliés de la France........ *page* 11
La trêve prolongée d'une année, pour donner lieu à de nouvelles négociations......... 12
Mars et avril. Charles VI tombe en *chaude maladie*, on l'emmène à Gisors pour chasser. 13
Avril. Pierre de Craon prépare dans son hôtel un guet-apens contre Clisson............ 14
2 juin. Craon rentre lui-même à Paris, et se cache dans son hôtel................... 15
13 juin. Il attaque Clisson sortant du palais, et croit l'avoir laissé mort............. 16
Colère du roi, il jure de venger Clisson ; procès de Craon............................. 17
Le duc de Bretagne refuse de livrer Craon, Charles VI rassemble une armée contre lui. 19
Juillet. Charles VI sort de Paris, s'arrête en route, et arrive enfin au Mans.......... 21
5 août. Le roi sort du Mans à la tête de son armée ; symptômes précurseurs de sa folie. 22
Il devient furieux, il attaque ses gardes, et tombe enfin épuisé..................... 23
Les ducs ses oncles s'emparent de sa personne et écartent ses conseillers............. 25
Ils reviennent à Paris ; le duc de Bourgogne s'empare du gouvernement................ 26
Il n'y eut aucune régence instituée légalement pendant tout le règne de Charles VI.... 27
Le duc de Bourgogne ne dut son pouvoir ni au droit héréditaire ni à l'élection........ 29
Il étoit cependant le moins incapable entre les trois ducs, oncles et frère du roi.... 30

1392. Le duc de Bourgogne menace Clisson, qui quitte Paris.................. *page* 32
Il fait arrêter les marmousets ou conseillers du roi.......................... 33
Clisson condamné, privé de la connétablie, et attaqué par le duc de Bretagne........ 34
1393. Janvier. Le roi recouvre la santé, on le fait vivre dans les fêtes................ 36
29 janvier. Mascarade du palais; les compagnons du roi périssent dans les flammes... *ibid.*
Le roi croyant être châtié par le ciel, veut éteindre le schisme.................. 38
Il règle par des ordonnances la tutelle et la régence de ses enfans................ 39
Il fait mettre en liberté les marmousets, mais il les exile de Paris............... 41
Avril. Nouvelles conférences à Lélinghen, les Anglais demandent le traité de Brétigny... 42
La trêve prolongée encore d'une année...... 43
Mi-juin. Nouvel accès de folie du roi; sa partialité pour Valentine Visconti; soupçons des ducs.......................... 45
Stagnation des affaires: restitution de Cherbourg au roi de Navarre.............. 47
1394. Janvier. Le roi se rétablit; son pélerinage en Bretagne; négociations avec Clisson...... 48
Désir du roi de faire le bien; établissement des tirages d'arc....................... 50
17 septembre. Il expulse de nouveau les Juifs de France......................... 52
27 mai. La trêve avec les Anglais prolongée de quatre années.................... 53

1394. La Sorbonne accuse la cour d'Avignon; ses efforts pour terminer le schisme..... *page* 54

30 juin. Proposition de Clémengis sur les trois voies de terminer le schisme............ 56

16 septembre. Mort imprévue de Clément VII. 57

28 septembre. Benoît XIII lui succède : la France hésite à le reconnoître............ 58

CHAPITRE XXII. *Le gouvernement travaille à rétablir l'ordre et la paix dans tout le royaume. — Expédition du comte de Nevers en Hongrie. — Sa captivité à Nicopolis. — Intrigues en Italie. — Gênes se donne au roi de France. — Isabelle de France mariée à Richard II. — Complot de celui-ci pour ressaisir le pouvoir absolu. — La France se soustrait à l'obédience de Benoît XIII.*—1395-1398. 60

Charles VI jouit d'un assez long intervalle de santé............................. *ibid.*

1395. La guerre civile continue en Provence entre les partisans d'Anjou et de Duras............ 62

24 janvier. Sentence du duc de Bourgogne, entre celui de Bretagne et Clisson........ 63

19 novembre. Traité d'Aucfer, réconciliation du duc de Bretagne avec Clisson........ 64

Pierre de Craon revient à Paris, chez la duchesse de Bourgogne........................ 65

Il est condamné à rembourser à la duchesse d'Anjou l'argent volé à son mari........ 66

2 février. Assemblée du clergé qui propose la voie de cession aux deux papes........ 67

Juin. Conférences avec Benoît XIII; tout le temps perdu en sermons............... 68

Août. Le roi chasse son médecin, et retombe en délire............................ 69

1395.	8 juillet. Négociation pour marier Richard II à une fille de France............. *page*	70
	La noblesse de France veut marcher contre Bajazet ; croisade en Hongrie du comte d'Eu.	72
	Sigismond demande de nouveaux secours ; croisade du comte de Nevers............	73
1396.	Mars. Départ du comte de Nevers, avec mille chevaliers, pour la Hongrie............	76
	9 mars. Double traité avec l'Angleterre; trève de vingt-huit ans, et mariage...........	78
	27 octobre. Conférence des deux rois à Guines, mariage de Richard II...............	79
	Le duc de Bourgogne contrarie l'ambition de Jean Galeaz Visconti, duc de Milan.......	81
	25 octobre. La république de Gênes se donne au roi sous condition................	83
	Charles VI annonce qu'il veut faire la guerre à Jean Galeaz.......................	84
	25 décembre. Charles VI reçoit la nouvelle de la défaite de Nicopolis................	86
	Campagne des Français en Bulgarie, leur imprudence........................	87
	28 septembre. Défaite de Nicopolis; massacre des chevaliers; captivité des princes.......	89
1397.	Nouveaux accès de folie du roi ; ordonnances expiatoires........................	91
	Deux sorciers arrivent de Languedoc pour soigner le roi........................	92
	Rachat du comte de Nevers et des prisonniers pour 200,000 ducats.................	95
	Contributions des États de Bourgogne pour ce rachat........................	96

1397. Le duc d'Orléans ne peut obtenir de conduire
à son tour une croisade à Constantinople... 98
Charles III roi de Navarre vient en France re-
demander son héritage.................... 99
Complot de Richard II pour s'emparer du pouvoir absolu................................ 101
Il détache le duc de Lancaster du duc de Glocester qu'il veut perdre................... 103
Juillet. Richard II arrête son oncle le duc de
Glocester et le fait mettre à mort........ 105
1398. Janvier. Il brouille les ducs de Norfolck et
d'Hereford, et les exile tous les deux..... 106
Octobre. Hereford reçu à Paris avec faveur
par le conseil de Charles VI.............. 107
17 avril. Confiscation du comté de Périgord
donné au duc d'Orléans................... 109
25 mars. Conférence à Reims avec Wenceslas;
son ivrognerie............................ 110
22 mai. Assemblée du clergé de France pour
terminer le schisme....................... 111
27 juillet. Soustraction d'obédience; Benoît XIII
assiégé à Avignon.......................... ibid.
1399. Février. Le siége du palais d'Avignon levé... 113
1398. 30 octobre. Supplice des deux sorciers qui
avoient voulu guérir le roi............... 115

CHAPITRE XXIII. *Déposition de Wenceslas en Allemagne,
de Richard II en Angleterre. — Le duc d'Orléans se déclare le champion de l'autorité royale en tout pays. —
Sa brouillerie ouverte avec le duc de Bourgogne. — Scandaleuses dilapidations des princes du sang. — Charles VI
abandonne tour à tour à l'un, puis à l'autre, son autorité.
— 1399-1402*.. 116

	La France éprouve tous les inconvéniens d'une aristocratie sans ses avantages.......*page*	116
	Dégradation du peuple qui conserve le gouvernement à un roi fou........................	117
1399.	Inondation, cherté, maladies pestilentielles en France...	*ibid.*
	Conquêtes de Bajazet Ilderim; dangers de l'Europe..	119
	Incapacité de Wenceslas; on songe à le déposer en Bohême et dans l'empire.............	121
	Richard II poursuit Derby dans son exil en France, et empêche son mariage............	123
	Brutalité du duc de Bourgogne en rompant le mariage de Derby avec sa nièce...........	124
	Les Anglais opprimés attendent de Derby leur délivrance....................................	125
	31 mai. Richard passe en Irlande pour venger son neveu Roger Mortimer...............	127
	17 juin. Derby s'allie au duc d'Orléans contre Richard II et le duc de Bourgogne.......	128
	4 juillet. Il change de parti, et débarque en Angleterre avec l'aide de Bourgogne......	129
	20 août. Richard II prisonnier de Derby, et déposé...	130
	Indignation des princes français, ils veulent s'emparer de la Guienne.....................	131
1400.	14 février. Mort de Richard II; Derby reconnu sous le nom de Henri IV.................	133
	29 janvier. La trève entre l'Angleterre et la France confirmée provisoirement.........	135
1399.	1er novembre. Mort de Jean IV, duc de Bretagne; succession de Jean V, protégé par le duc de Bourgogne...........................	136

1400. 20 août. Déposition de Wenceslas; Robert nommé roi des Romains............ *page* 137

Désordre des finances, pillées tour à tour par les ducs d'Orléans et de Bourgogne....... 138

1401. 7 janvier. Ordonnance pour soumettre les finances à quelque contrôle............ 140

Apanages donnés aux fils du roi........... 141

9 mai. Le gouvernement de Languedoc rendu au duc de Berri...................... 143

10 mars. La succession de Foix accordée au captal de Buch....................... 144

Louis II d'Anjou abandonne le royaume de Naples et revient en Provence........... *ibid.*

Nouvelles grâces accordées par Charles VI aux ducs d'Orléans et de Bourgogne....... 146

Jalousie d'Orléans contre Bourgogne. Il veut secourir Wenceslas et Benoît XIII........ 147

Il s'allie au duc de Gueldres et il remplit Paris de satellites armés................... 149

Décembre. Bourgogne appelle aussi ses soldats à Paris; danger des bourgeois entre ces deux armées........................... 150

1402. Janvier. Les deux ducs réconciliés par Berri, congédient leurs soldats............... *ibid.*

28 février. Révocation des grâces accordées par le roi; exceptions en faveur des princes... 152

17 mars. Plaidoyer sur la soustraction d'obédience entre les universités de Paris et Toulouse............................. 153

Embarras de Henri IV en Angleterre, entouré de révoltés......................... 155

14 août. Renouvellement de la trêve avec l'Angleterre, par l'influence de Bourgogne.... 156

1402. Henri IV épouse la duchesse de Bretagne ; Bourgogne chargé de la garde du duc et du duché.................................... *page* 156

7 août. Défi envoyé par le duc d'Orléans au roi d'Angleterre......................... 159

18 avril. Le duc d'Orléans s'empare de la direction des finances pendant une absence de Bourgogne................................. 161

Bourgogne dénonce au peuple les malversations du duc d'Orléans..................... 162

24 juin. La direction des finances donnée au duc de Bourgogne......................... 163

Son inquisition sur les contrats frauduleux qu'il punit par des amendes.................... 164

Décembre. Ordonnance du roi en faveur des représentations théâtrales de la passion.... 166

Séjour de l'empereur Manuel Paléologue à Paris....................................... 167

Riches présens que lui fait le roi quand il retourne en Grèce........................... 169

CHAPITRE XXIV. *La France se remet sous l'obédience de Benoît XIII.—La trêve avec l'Angleterre est confirmée, et cependant les hostilités recommencent. — Mort du duc de Bourgogne.—Gouvernement désastreux du duc d'Orléans. — 1403-1405*........................ 170

La tyrannie des Valois fut presque toujours absurde et brutale......................... *ibid.*

Cependant la nation continua à faire des pas vers la civilisation........................ 171

Le pauvre souffre moins encore là où tout manque, mais où le travail est demandé, que là où tout abonde, mais où le travail est sans salaire........................... 173

TABLE CHRONOLOGIQUE

1402. Signes qui indiquent que la richesse se reproduisoit et s'accroissoit.................*page* 174

La France abandonnée comme un vaisseau que les courans portent sur des écueils........ 175

Aucun motif de guerre étrangère, quoiqu'elle fût imminente............................ *ibid.*

Aucune disposition à la guerre civile, qui l'étoit aussi................................ 176

1403. 12 mars. Benoît XIII échappe au blocus de son palais à Avignon....................... 178

Les cardinaux et les bourgeois d'Avignon se soumettent à lui......................... 179

25 mai. Le duc d'Orléans fait décider par surprise que l'obédience lui sera rendue..... 180

26 avril. Ordonnance qui appelle la reine au conseil................................. 182

Ordonnance qui supprime la régence, même pour un roi enfant........................ 183

27 juin. Renouvellement de la trève avec l'Angleterre à Lélinghen.................... 185

Hostilités sur les côtes de Bretagne et sur celles d'Angleterre........................ 187

Novembre. Le duc d'Orléans, à Avignon, négocie avec le pape....................... 189

Juillet. Sorciers employés par le bailli de Dijon, puis brûlés......................... 190

Activité de l'Église dans la persécution des sorciers................................ 192

1404. 7 janvier. Le duc de Bretagne fait hommage au roi, et retourne en Bretagne.......... 193

27 avril. Mort de Philippe-le-Hardi duc de Bourgogne; ses dettes................... 195

1404. 22 mai. Le duc d'Orléans s'empare de tout le pouvoir; tailles iniques qu'il impose.. *page* 196

Le duc d'Orléans s'empare à main armée de l'argent du trésor...................... 197

9 juin. Le duché de Nemours donné au roi de Navarre en échange de Cherbourg........ 198

25 février. Protestation du roi d'Angleterre sur son désir de conserver la paix.......... 199

14 juillet. La France s'allie à Owen Glendower, chef des Gallois...................... 201

Dissipation du duc d'Orléans qui ne défend point la France..................... 202

Le comte de la Marche ne peut se résoudre à quitter les plaisirs de Paris pour l'armée... 203

Hostilités de part et d'autre entre des chefs d'aventuriers....................... 204

Malgré ces hostilités, Henri IV ne déclare point la trêve rompue...................... 206

Disgrâce de Charles de Savoisy, maître d'hôtel de la reine......................... 208

1er octobre. Mort de Boniface IX, succession d'Innocent VII à Rome................. 210

Les deux papes sentent la nécessité de mettre fin au schisme...................... 211

1405. 16 mai. Benoît XIII arrive à Gênes pour se rapprocher de son rival............... 213

CHAPITRE XXV. *Anarchie du royaume. — Le duc de Bourgogne enlève à force ouverte le roi et le dauphin au duc d'Orléans. — Hostilités avec les Anglais. — Le schisme prolongé par la mauvaise foi des deux papes. — Le duc de Bourgogne fait assassiner le duc d'Orléans. —* 1405-1407.................................. 215

Les troubles sous Charles VI ne forment point

de grands caractères comme les autres révolutions.......................... *page* 215

1405. Nous ne pressons point notre récit, pour que le lecteur ne se fasse pas illusion sur la durée du mal......................... 216

Conseil des princes ; la reine et le duc d'Orléans................................. 218

Les ducs de Berri et de Bourbon, le roi de Sicile, le roi de Navarre................. 220

Le duc de Bourgogne et les autres princes du sang............................... 221

5 mars. Taille imposée au peuple malgré les ducs de Bourgogne et de Bretagne........ 223

16 mars. Mort de Marguerite de Flandre ; son fils va recueillir son héritage............. *ibid.*

Dilapidations de la reine et d'Orléans en son absence............................ 225

Dettes du duc d'Orléans qu'il ne paye jamais.. 226

Il se fait donner la Normandie ; résistance des Normands........................... 228

Le duc de Bourgogne attaqué par les Anglais ne peut obtenir d'aide de France........ 229

14 août. Il marche vers Paris à la tête d'une petite armée........................... 231

25 août. Il force le duc de Bavière à lui rendre les enfans de France qu'il enlevoit........ 232

26 août. Bourgogne accuse l'administration d'Orléans, devant le conseil des princes... 233

Orléans rassemble ses partisans à Melun, pour la guerre civile....................... 234

Terreur du duc de Berri, capitaine général des Parisiens............................. 236

ET ANALYTIQUE. 637

1405. 20 septembre. Orléans se rend maître du pont de Charenton et se prépare à la bataille. *page* 238

12 octobre. Ordonnance de pacification de Vincennes.................................... 239

7 novembre. Exhortation de Jean Gerson au conseil du roi................................. 241

Violence faite au roi pour le tirer de la saleté. 242

Ravages commis par trois seigneurs français dans le pays de Galles..................... 244

Entreprises militaires de quelques autres particuliers....................................... 246

1406. 27 janvier. Nouvelle brouillerie et nouvelle réconciliation des princes.................. 247

Mariages des princes, et leurs fêtes.......... 248

Nouvelles négociations avec l'Angleterre, sans résultat....................................... 249

Septembre. Armée du marquis de Pont qui attaque la Lorraine........................... 251

Armée du duc de Bourgogne, destinée contre Calais, qui se dissipe sans voir l'ennemi... 253

Armée du duc d'Orléans en Guienne, qui échoue aux siéges de Blaye et de Bourg.... 255

6 novembre. Mort d'Innocent VII. 2 Décembre. Élection de Grégoire XII................ 257

Les cours de Rome et d'Avignon forcées de se faire des avances........................... 258

Défiance des deux cours qui s'attendent toujours au parjure............................... 259

Nécessité et difficulté d'une abdication simultanée des deux papes...................... 260

1407. Négociation d'une ambassade française avec Benoît XIII................................ 261

Puis avec Grégoire XII........................ 262

1407. Les deux papes poussés l'un contre l'autre jusque sur le golfe de Gênes, s'y arrêtent. *page* 265

Trèves partielles entre les Français et les Anglais.................................. 266

7 septembre. Suspension du droit de prise, pendant quatre ans...................... 268

23 avril. Mort de Clisson ; querelle du prévôt de Paris avec l'Université............ 269

Maladie du duc d'Orléans ; sa réconciliation avec le duc de Bourgogne.............. 270

23 novembre. Guet-apens dressé au duc d'Orléans par d'Auquetonville............... 272

Il est assassiné ; douleur qu'en témoigne le duc de Bourgogne....................... 273

Bourgogne s'avoue l'auteur du crime et quitte Paris................................... 274

CHAPITRE XXVI. *Retour du duc de Bourgogne à Paris ; il avoue et justifie son crime. — Il est obligé de s'éloigner pour faire la guerre aux Liégeois. — Il est accusé par la duchesse d'Orléans. — Paix de Chartres entre lui et les enfans d'Orléans. — Concile de Pise. — Boucicault chassé de Gênes. —* 1408-1409........................ 277

1407. Le crime du duc de Bourgogne étoit odieux dans toutes ses circonstances............... *ibid.*

Mais il n'inspira point d'horreur à son parti, ou aux Parisiens............................. 278

Les princes seuls en furent effrayés pour eux-mêmes.................................. 280

10 décembre. La duchesse d'Orléans vient à Paris en demander justice............... 281

1408. Le duc de Bourgogne demande et obtient l'appui de tous ses feudataires............... 282

1408. Il a une conférence à Amiens avec les princes du sang............................ *page* 284

Il entre à Paris, et s'y prépare à faire l'apologie de son crime........................ 286

8 mars. Sermon de Jean Petit pour justifier l'assassinat du duc d'Orléans.............. 287

Profession publique du devoir de tuer les tyrans. 288

Le duc d'Orléans accusé de sorcellerie et d'empoisonnement......................... 290

L'accusation ne se rapporte qu'à des temps très antérieurs........................... 291

Pouvoir du duc de Bourgogne; retraite de la reine et des princes.................... 292

25 mai. La France déclarée neutre entre les deux papes............................ 293

Inquiétude que cause à Bourgogne la guerre des Liégeois contre leur évêque......... 294

Cruautés exercées par le comte de Hainaut dans l'État de Liége...................... 295

5 juillet. Bourgogne sort de Paris pour rassembler une armée dans les Pays-Bas..... 297

26 août. La reine rentre à Paris; elle y est suivie par la duchesse d'Orléans......... *ibid.*

5 septembre. La reine déclarée présidente du conseil............................... 298

11 septembre. Sermon de Serisy pour justifier le duc d'Orléans..................... 300

Hésitation des princes et du Parlement à faire le procès au duc de Bourgogne....... 302

12 septembre. Trois députés que le conseil envoie à Bourgogne se joignent à son armée.. 303

23 septembre. Bataille de Hasbain. Les Liégeois défaits par Bourgogne.............. 304

1408. Horrible traitement des Liégeois par leur évêque Jean-sans-Pitié.................*page* 306
Terreur des princes à la nouvelle de cette bataille; le roi et la reine quittent Paris..... 307
4 décembre. Mort de la duchesse d'Orléans à Blois............................... 308
24 novembre. Rentrée de Bourgogne à Paris, où il se conduit en maître............... 309
1409. Le comte de Hainaut médiateur entre la reine et Bourgogne......................... 310
1ᵉʳ février. Le duc consent à quitter Paris et à retourner à Lille.................... 311
9 mars. Bourgogne à Chartres, demande au roi et aux princes d'Orléans de l'excuser... 312
Paix fourrée de Chartres, sans aucune garantie. 315
Impossibilité de donner une garantie sans quelque autorité nationale................ 316
Fin mars. Le roi rentre à Paris; plusieurs princes s'attachent au duc de Bourgogne... 317
7 juillet. Le roi de Navarre s'allie au duc de Bourgogne............................. 318
Renouvellement des traités avec l'Angleterre et l'Espagne............................. 319
1408. Mai. Les cardinaux des deux obédiences se réunissent pour convoquer un concile.... 320
1409. Concile de Pise. 15 juin, élection d'Alexandre V................................. 321
Oppression des Génois par le maréchal Boucicault............................... 322
Fin d'août. Boucicault veut soumettre la Lombardie à la France..................... 324
6 septembre. Soulèvement de Gênes; les Français chassés d'Italie.................... 326

CHAPITRE XXVII. *Supplice de Montagu ordonné par le duc de Bourgogne. — Le duc d'Orléans épouse la fille du comte d'Armagnac. — Factions des Bourguignons et des Armagnacs. — Guerre civile. — Les deux partis sollicitent et obtiennent tour à tour l'alliance de l'Angleterre. — Siége et traité de Bourges. — 1409-1412.. page* 328

        Fêtes et divertissemens de la cour à Paris... *ibid.*
        Le goût des plaisirs contribua peut-être à maintenir l'unité de la monarchie............ 329

1409. 22 septembre. Fête donnée par le grand-maître Montagu ; sa fortune brillante........... 330
        Haine du duc de Bourgogne pour Montagu... 332
        7 octobre. Montagu arrêté et mis à la torture. 333
        17 octobre. Il a la tête tranchée ; ses biens confisqués............................... 334
        Le duc de Bourgogne seul maître du royaume. 336
        11 novembre. Traité d'alliance entre la reine et le duc de Bourgogne................. 337
        1er décembre. Le roi préside le conseil, et approuve le supplice de Montagu.......... 338
        27 décembre. Assemblée de la noblesse, présidence du conseil donnée au dauphin..... 339
        Expédition de Louis d'Anjou contre Rome, d'accord avec les Florentins............. 342

1410. 2 janvier. Après son retour en France, l'armée qu'Anjou a quittée prend Rome...... 344
        Avril. Mariage d'une princesse de Bourgogne avec le fils de Louis d'Anjou............ 345
        Mariage du duc d'Orléans avec la fille du comte d'Armagnac........................... 347
        15 avril. Traité de Gien entre les ducs d'Or-

léans, de Berri, de Bourbon, de Bretagne, etc............................*page* 347

1410. Mi-juillet. Préparatifs de guerre des ducs de Bourgogne et d'Orléans...................... 349
Cruauté des soldats d'Armagnac, qui donnent leur nom au parti d'Orléans............... 350
2 novembre. Paix de Bicêtre; les ducs de Bourgogne, Berri et Orléans éloignés de Paris. 352
Difficulté de former un tiers-parti, quand il n'y avoit point de notabilité nationale....... 353

1411. Janvier. Les princes du sang exclus du conseil se préparent de nouveau à la guerre... 354
Le conseil du roi acquiert un peu de consistance en punissant les brigands........... 357
L'Université l'affoiblit en maintenant contre lui les immunités du clergé............. 358
14 juillet. Le duc d'Orléans déclare de nouveau la guerre au duc de Bourgogne..... 359
Le comte de Saint-Pol, gouverneur de Paris, donne des armes aux bouchers........... 361
Tyrannie des bouchers, zélés pour le parti de Bourgogne............................. 362
Guerre cruelle que font les Armagnacs dans l'Artois................................. 363
28 août. Le conseil du roi invoque l'aide de Bourgogne.............................. 364
Entrée en France des milices de Flandre; elles organisent le pillage................ 365
Septembre. Elles prennent et détruisent la ville de Ham............................. 366
Armagnacs et Bourguignons en présence; retraite des milices de Flandre............. 367

1411. Octobre. Les Armagnacs s'approchent de Paris, et en pillent les environs............*page* 369

12 octobre. Ils prennent le pont de Saint-Cloud; atrocités de la guerre........................ 370

Le duc de Bourgogne, à Pontoise, obtient des secours d'Angleterre................... 372

23 octobre. Le duc de Bourgogne entre à Paris avec les Anglais............................ 373

9 novembre. Il reprend Saint-Cloud sur les Armagnacs; retraite du duc d'Orléans..... 375

Les Armagnacs chassés du nord de la France. 376

1412. Cruauté du duc de Bourgogne; supplice de ses prisonniers................................ 377

Destitution des partisans du duc d'Orléans... 380

Le duc d'Orléans entre en traité avec les Anglais. 381

18 mai. Alliance des Armagnacs avec les Anglais pour démembrer la France......... 383

Saisie des papiers de Jacques le Grand, ambassadeur des Armagnacs.................. 385

Louis d'Anjou revenu du royaume de Naples attaque le duc d'Orléans................ 386

14 mai. Charles VI prend l'oriflamme contre le duc de Berri........................... 387

11 juin. Il assiége son oncle et ses cousins à Bourges................................... 388

Juillet et août. Mortalité dans l'armée royale devant Bourges........................... 389

15 juillet. Conférence et traité de Bourges... 390

CHAPITRE XXVIII. *Domination des bouchers à Paris; — mécontentement qu'ils témoignent des mœurs du duc de Guienne. — Les bouchers sont chassés de la ville. — Le roi se joint aux Armagnacs, et attaque le duc de Bourgogne. — Soumission de celui-ci. — Paix d'Arras. — 1412-1414.* 392

TABLE CHRONOLOGIQUE

1412. 22 août. Assemblée des princes à Auxerre. *page* 392
Mi-septembre. Retour des princes à Paris; difficultés pour la restitution des condamnés. 394
Réparation à la mémoire de Montagu............ 395
Négociations avec les Anglais; menaces de Henri IV... 396

1413. 20 mars. Mort de Henri IV; renouvellement de la trêve avec son fils Henri V.......... 398
Janvier. Convocation des États à Paris...... 399
30 janvier. Ouverture des États; les députés ne savent pas délibérer..................... 400
9 février. Les États congédiés sans avoir rien fait... 402
13 février. Remontrance de l'Université et des bourgeois de Paris..................... 403
Elle indique l'état des finances et leur dilapidation....................................... 404
24 février. Ordonnance de Bourgogne pour destituer les financiers..................... 405
28 avril. La Bastille occupée par des Essarts; fermentation des bouchers................. 406
29 avril. La Bastille attaquée, des Essarts se rend au duc de Bourgogne................. 407
Les insurgés à Saint-Paul veulent voir le dauphin.. 409
Jean de Troyes reproche au dauphin ses mauvaises mœurs................................. 411
Arrestation de beaucoup de serviteurs du dauphin dans son palais...................... 412
Sermon d'Eustache de Pavilly au dauphin sur ses désordres............................ 414
La persécution des riches bourgeois n'avoit laissé au peuple pour chefs que des bouchers. 415

1413. Le comte de Vertus s'échappe de Paris; le dauphin veut s'échapper aussi..........*page* 416

18 mai. Les Cabochiens, ou bouchers, font prendre au roi le chaperon blanc........ 418

25 mai. Ordonnance pour la réforme du royaume................................ 419

4 juin. Supplice de quelques courtisans du dauphin............................ 420

Emprunt forcé réparti par les Cabochiens; leurs prévarications.................... 421

1ᵉʳ juillet. Supplice de Pierre des Essarts.... 423

Fureur du dauphin pour le plaisir; reproches que lui adresse Jacqueville............ 424

22 juillet. Conférences à Pontoise avec les députés des princes.................... 426

La bourgeoisie désire la paix, et se sépare des Cabochiens...................... 427

3 août. Elle s'arme et va chercher le dauphin, qui se met à sa tête................ 429

Les ducs avec la bourgeoisie vont délivrer tous les prisonniers; fuite des bouchers....... 430

8 août. Paix de Pontoise publiée........... 432

Destitution des Bourguignons, remplacés par des Armagnacs.................... *ibid.*

Le duc de Bourgogne quitte Paris; supplice de quelques uns de ses partisans........... 433

31 août. Rentrée des princes du parti d'Armagnac à Paris........................ 434

5 à 18 septembre. Diverses ordonnances contre les Bourguignons.................... 435

20 novembre. Le roi de Sicile renvoie Catherine de Bourgogne qui étoit fiancée à son fils... 436

1413. Les princes reprochent au dauphin ses plaisirs
honteux.......................*page* 437
4 et 22 décembre. Le dauphin demande au
duc de Bourgogne de le délivrer......... 438
1414. 11 février. Le duc de Bourgogne à Montmartre;
les portes lui sont fermées.............. 440
La doctrine de Jean Petit condamnée par la
Sorbonne.............................. 441
1ᵉʳ avril. Le roi prend l'oriflamme pour marcher contre le duc de Bourgogne......... 443
7 mai. Il prend Compiègne et Noyon....... 444
20 mai. Il prend Soissons; pillage et massacres
dans cette ville........................ 445
Soumission du comte de Nevers; défaite d'un
corps bourguignon..................... 446
12 juillet. Prise de Bapaume.............. 448
28 juillet. L'armée royale investit Arras...... *ibid.*
Le frère et la sœur du duc de Bourgogne demandent la paix pour lui............... 449
4 septembre. Soumission du duc de Bourgogne; traité d'Arras................... 450
11 septembre. Les assiégeans brûlent leur camp
et reviennent en désordre............... 451

CHAPITRE XXIX. *Le dauphin renvoie de Paris tous les princes. — Descente de Henri V en Normandie ; bataille d'Azincourt. — Le duc de Bourgogne menace Paris. — Mort du premier dauphin. — Tyrannie du comte d'Arma- gnac. — Mort du second dauphin. — Le troisième dauphin relègue la reine à Tours.* — 1414-1417......... 453

L'anarchie de la France toujours la même pendant la folie du roi......................*ibid.*

1414. Les princes du sang remplacés par d'autres aussi ineptes que leurs prédécesseurs. *page* 454

1er octobre. Le dauphin de retour à Paris retombe dans ses débauches et ses prodigalités. 456

Le duc de Berri prétend que le peuple n'a point droit de savoir pourquoi les princes font la paix ou la guerre.................. 457

Les hostilités et les supplices continuent malgré la paix d'Arras..................... 458

1415. 5 janvier. Sermons devant la cour contre le duc de Bourgogne................... 459

25 février. Le traité d'Arras confirmé à Paris. 460

Négociations avec Henri V; ses prétentions exorbitantes........................ 461

Ambassade anglaise à Paris; fêtes qu'on lui donne.............................. 462

Avril. Le dauphin fait sortir les princes de Paris, et les exclut du gouvernement...... 464

Il pille le trésor de sa mère et fait arrêter sa femme............................ 465

Le duc de Bourgogne veut se rapprocher du dauphin, il en est repoussé............. 466

13 avril-28 juillet. Ambassade de France en Angleterre......................... 467

Henri V, pendant ce temps, hâte ses préparatifs de guerre............................ 468

31 août. Le dauphin veut se réconcilier au duc de Bourgogne, mais l'éloigne de l'armée... 470

Taille extraordinaire levée sur le peuple..... 471

1er août. Découverte d'une conspiration qui arrête quelques jours Henri V........... 472

14 août. Descente de Henri V en Normandie; siége de Harfleur..................... 473

1415. 22 septembre. Harfleur se rend ; maladies dans le camp anglais.................... *page* 474

Fin septembre. Armée française commandée par le roi à Rouen........................ 476

7 octobre. Henri V se met en route de Harfleur pour Calais..................... 477

19 octobre. Il passe la Somme à Béthencourt ; les Français veulent lui couper le passage.. 478

24 octobre. Les Français, commandés par Albret, prennent position à Azincourt...... 480

25 octobre. Les deux armées en bataille ; supériorité des Français................. 481

Le terrain mal choisi par les Français ; tristesse dans leur camp...................... 483

Henri V mène ses Anglais en un seul corps à l'attaque........................... 484

L'avant-garde française mise en désordre par les archers anglais.................. 485

Fausses manœuvres des Français ; leur déroute. 486

Henri V à l'approche d'un corps d'armée fait massacrer ses prisonniers............. 487

Grand nombre des morts et des prisonniers français............................ 488

2 novembre. Henri V ramène son armée en Angleterre........................... 489

18 décembre. Mort du dauphin duc de Guienne............................. 491

29 décembre. Le comte d'Armagnac arrive à Paris et s'empare du gouvernement...... 493

1416. Le duc de Bourgogne à Lagny menace Paris pendant dix semaines................. 494

1er mars. L'empereur Sigismond vient à Paris pour la paix de l'Église................ 495

1416. Concile de Constance; déposition de Jean XXIII;
　　　　abdication de Benoît XII............*page* 496
　　　Réformateurs en Bohême et en Angleterre;
　　　　procès de Jean Petit annulé.............. 497
　　　Tyrannie du comte d'Armagnac à Paris...... 499
　　　Il veut surprendre Harfleur, et est repoussé.. 500
　　　13 juin. Mort du duc de Berri; ses fiefs passent
　　　　au nouveau dauphin......................... 502
　　　Tous les princes du sang entrent en négocia-
　　　　tions avec Henri pour trahir la France.... 503
　　　Le dauphin Jean retenu en Hainaut; Armagnac
　　　　s'oppose à son retour...................... 505
　　　12 novembre. Alliance du dauphin Jean avec le
　　　　duc de Bourgogne............................ *ibid.*
1417. Janvier. Conférences à Compiègne avec le dau-
　　　　phin Jean................................... 507
　　　4 avril. Mort du dauphin Jean; soupçons d'em-
　　　　poisonnement................................ 508
　　　29 avril. Mort du roi de Sicile; tyrannie d'Ar-
　　　　magnac...................................... 509
　　　Supplice de Boisredon; la reine reléguée à Tours
　　　　par le dauphin Charles..................... 510

CHAPITRE XXX. *Tyrannie du comte d'Armagnac. — Le duc de Bourgogne enlève la reine de Tours. — Ses partisans se rendent maîtres de Paris. — Armagnac est tué. — Massacres dans les prisons de Paris. — Conquête de la Normandie par Henri V. — Le dauphin mis à la tête du parti d'Armagnac. — 1417-1419*............. 513

1417. Les Français désirent la paix, même au prix
　　　　de l'indépendance nationale............... *ibid.*
　　　Tyrannie du comte d'Armagnac demeuré seul
　　　　maître du roi et du dauphin............. 514

1417. Expédiens violens par lesquels il se procure de l'argent..................*page* 515

Manifeste du duc de Bourgogne contre lui; ses conquêtes en Picardie............ 516

Août. Il passe l'Oise et la Seine, et s'avance jusqu'à Montrouge................ 518

Armagnac contient les Parisiens par la terreur, et évite tout combat............ 519

1er novembre. Le duc de Bourgogne enlève la reine Isabeau à Tours............ 521

La reine prétend à l'administration du royaume, et la cède au duc de Bourgogne........ 522

Janvier-juillet. Négociations pour une trève avec les Anglais.................. 524

1er août-13 octobre. Henri V attaque et soumet plusieurs places de Normandie........ 525

Le duc de Bretagne, la reine de Sicile, la Flandre et l'Artois promettent d'être neutres. 526

Le duc de Bourgogne à Troyes licencie son armée........................ 528

1418. 30 janvier. Il supprime des taxes oppressives. 529

16 février. Il établit à Troyes un nouveau Parlement........................ *ibid.*

3 avril. Il convoque les États de Languedoc, et soulève cette province............ 530

Février. Armagnac et Charles VI assiégent Senlis........................ 531

19 avril. Ils sont forcés de lever le siége..... 532

Janvier à mai. Henri V poursuit ses conquêtes en Normandie.................... 533

23 mai. Projet de traité de Montereau, rejeté par Armagnac.................... 534

1418. 29 mai. Conjuration de Périnet le Clerc contre
Armagnac........................... *page* 537
Il livre Paris à Lille-Adam et aux Bourguignons. 538
Tannegui du Châtel enlève le dauphin dans
son lit et s'enferme à la Bastille........... 539
Le comte d'Armagnac jeté en prison avec beaucoup de ses partisans..................... 540
1ᵉʳ juin. Tentative de Tannegui pour reprendre
Paris............................... 541
11 juin. La Bastille se rend aux Bourguignons;
Tannegui et le dauphin à Melun.......... 542
Les vassaux de Lille-Adam entrent à Paris
pour piller........................... 544
12 juin. Soulèvement de la populace pour massacrer les prisonniers................... 545
Massacre des Armagnacs dans toutes les prisons de Paris.......................... 546
14 juillet. Le duc de Bourgogne rentre à Paris
avec la reine......................... 547
Juin à octobre. Misère et épidémie à Paris; remords des assassins..................... 548
21 août. Nouveau massacre des prisonniers dirigé par le bourreau Capeluche........... 550
Les assassins exclus de la ville; supplice de Capeluche............................... 552
Le duc de Bourgogne fait révoquer la condamnation de Jean Petit................... 553
Le dauphin âgé de seize ans, chef nominal du
parti armagnac....................... 554
Vains efforts du duc de Bourgogne pour faire
sa paix avec le dauphin................ 555
Les deux partis négocient avec Henri V, au
lieu de défendre la Normandie........... 556

1418. Fin juin. Henri V investit Rouen.......*page* 557
Les bourgeois de Rouen crient le grand *haro*
au roi et au duc de Bourgogne........... 559
Octobre et novembre. Le duc de Bourgogne et
le dauphin négocient avec Henri V....... 561
Fin décembre. Le duc avertit les gens de Rouen
qu'il ne peut les secourir............... 562
1419. 19 janvier. Rouen livré à Henri V........... 563
Avril et mai. Trèves entre les Bourguignons,
les Armagnacs et les Anglais............ 565

CHAPITRE XXXI. *Négociations de paix.* — *Assassinat du duc de Bourgogne.* — *Arrestation du duc de Bretagne.* — *Le dauphin déclaré indigne du trône.* — *Traité de Troyes.*—*Les rois de France et d'Angleterre font la guerre au dauphin.* — *Mécontentement des Français.* — *Mort de Henri V et de Charles VI.* — 1419-1422...... 567

1419. Désir universel des peuples d'avoir la paix... *ibid.*
Les princes las de la guerre ; les Anglais épuisés par leurs victoires................. 568
Le duc de Bourgogne désire vivement se réconcilier au dauphin.................. 570
29 mai. Conférence de Meulan entre le duc de
Bourgogne et Henri V................. 571
30 juin. Ils se séparent mécontens l'un de l'autre. 573
11 juillet. Conférence du duc de Bourgogne et
du dauphin au ponceau de Pouilly........ 574
Traité de paix, après lequel les deux princes
demeurent séparés.................... 575
29 juillet. Surprise, pillage et massacre de
Pontoise par les Anglais............... 577
30 juillet. Le duc de Bourgogne se retire à
Troyes sans pourvoir à la défense de Paris. 578

1419.	Le dauphin rassemble une armée et demande une nouvelle conférence............*page*	579
	Les Armagnacs déterminés à se défaire du duc de Bourgogne................	580
	Le pont de Montereau préparé par eux pour la conférence................	581
	10 septembre. Le duc de Bourgogne tué sur le pont de Montereau................	582
	Manifeste du dauphin pour expliquer ce meurtre................	584
	12 septembre. Assemblée à Paris qui s'engage à venger cette mort................	585
	Philippe nouveau duc de Bourgogne se prépare à venger son père................	586
	2 décembre. Il promet à Henri V la couronne de France................	587
	Le dauphin se retire dans le Midi........	589
1420.	15 février. Le comte de Foix se déclare pour lui, avec les États de Languedoc........	590
	Le dauphin engage les comtes de Penthièvre dans un complot contre le duc de Bretagne.	591
	12 février. Le duc de Bretagne arrêté par ses cousins de Penthièvre................	592
	5 juillet. Il est délivré par le courage de sa femme................	593
	Décadence de la France sous les Valois; la nation dégoûtée d'eux................	*ibid.*
	Conséquences probables de l'union de la France avec l'Angleterre................	595
	28 mars. Le duc de Bourgogne à Troyes rend hommage à Charles VI................	597
	9 avril. Signature des préliminaires du traité de Troyes................	*ibid.*

TABLE CHRONOLOGIQUE

1420. 21 mai. Traité de Troyes. Mariage de Henri V avec Catherine........................*page* 599

Premiers mécontentemens que causent les Anglais par leur arrogance................. 600

2 juin, la ville de Paris, 10 décembre, les États-généraux, acceptent le traité de Troyes... 601

24 juin. Cruautés de Henri V au siége de Montereau.. 602

Siége de Melun, que le dauphin ne tente point de faire lever............................... 603

18 novembre. Melun se rend à Henri V; cruauté du vainqueur................................ 604

Décembre. Henri V à Paris; horrible misère du peuple................................... 605

1421. 3 janvier. Le dauphin ajourné en Parlement et condamné par contumace............... 606

Le dauphin abandonné par tous les princes du sang.. 607

Mécontentement qu'excite Henri V......... 608

23 mars. Le duc de Clarence tué à Baugé en combattant les Armagnacs................. 609

11 juin. Henri V ramène d'Angleterre une nouvelle armée............................. 610

31 août. Victoire du duc de Bourgogne sur les Armagnacs à Mons en Vimeu............. 611

Cruauté des gens de guerre; férocité du bâtard de Vaurus à Meaux........................ 613

1422. Le dauphin reste en Languedoc pendant le siége de Meaux............................. 615

Négociations des princes du sang avec Henri V; retour en France d'Arthur de Bretagne.... 617

1422. 2 mars. Tentative d'Offemont pour entrer dans Meaux.................. ....*page* 618
10 mai. Meaux livré aux Anglais; leur cruauté. 619
Juillet. Le dauphin menace Cône, et se retire devant le duc de Bourgogne.............. 621
31 août. Mort de Henri V à Vincennes...... 622
21 octobre. Mort de Charles VI............. 623

FIN DE LA TABLE.

DE L'IMPRIMERIE DE CRAPELET,
rue de Vaugirard, n° 9.

www.ingramcontent.com/pod-product-compliance
Lightning Source LLC
Chambersburg PA
CBHW050321240426
43673CB00042B/1493